Christine Peyton

Word 2010

Word 2010

Die Anleitung in Bildern

von
Christine Peyton

Sie haben Fragen, Wünsche oder Anregungen zum Buch?
Gerne sind wir für Sie da:

Anmerkungen zum Inhalt des Buches: maike.luebbers@vierfarben.de
Bestellungen und Reklamationen: service@vierfarben.de
Rezensions- und Schulungsexemplare: julia.bruch@vierfarben.de

An diesem Buch haben viele mitgewirkt, insbesondere:

Lektorat Maike Lübbers
Korrektorat Petra Bromand, Düsseldorf
Herstellung Iris Warkus
Einbandgestaltung Marc Thoben, Köln
Coverentwurf Daniel Kratzke
Layout Vera Brauner
Satz Markus Miller, München
Druck Himmer AG, Augsburg

Gesetzt wurde dieses Buch aus der Linotype Syntax (10,25 pt/14,25 pt) in Adobe InDesign CS5. Und gedruckt wurde es auf mattgestrichenem Bilderdruckpapier (115 g/m^2). Hergestellt in Deutschland.

Bibliografische Information der Deutschen Nationalbibliothek
Die Deutsche Nationalbibliothek verzeichnet diese Publikation in der Deutschen National-bibliografie; detaillierte bibliografische Daten sind im Internet über http://dnb.d-nb.de abrufbar.

ISBN 978-3-8421-0005-6

1. Auflage 2011
© Vierfarben, Bonn 2011
Vierfarben ist ein Verlag der Galileo Press GmbH
Rheinwerkallee 4, D-53227 Bonn
www.vierfarben.de

Der Verlagsname Vierfarben spielt an auf den Vierfarbdruck, eine Technik zur Erstellung farbiger Bücher. Der Name steht für die Kunst, die Dinge einfach zu machen, um aus dem Einfachen das Ganze lebendig zur Anschauung zu bringen.

Liebe Leserin, lieber Leser,

vielen Dank, dass Sie sich für ein Buch von Vierfarben entschieden haben!

Der ideelle Wert eines handgeschriebenen Textes oder die Nostalgie der Schreibmaschine sind unbestreitbar. Aber wer erst einmal Geschmack an der Textverarbeitung am Computer gefunden hat, der wird ihre Unkompliziertheit und die Zeitersparnis nicht mehr missen wollen. Keine Schreibfehler mehr am Ende des Blattes, die mühsam korrigiert werden müssen, dafür aber eine Menge Möglichkeiten, um den Text ansprechend zu gestalten.

In diesem Buch zeigt Ihnen Christine Peyton, was mit Microsoft Word alles möglich ist. Ob es um das Verfassen eines einfachen Briefes oder beispielsweise um die gefällige Gestaltung eines Lebenslaufes geht – Schritt für Schritt werden Sie durchs Programm geführt und können so Ihre Vorstellungen einfach und schnell zu Papier bringen.

Dabei wurde dieses Buch natürlich mit größter Sorgfalt geschrieben und hergestellt. Sollten Sie dennoch einmal Fehler finden oder inhaltliche Anregungen haben, freue ich mich, wenn Sie mit mir in Kontakt treten. Für konstruktive Kritik bin ich dabei ebenso dankbar wie für lobende Worte. Aber zunächst einmal wünsche ich Ihnen viel Freude beim Lesen!

Ihre Maike Lübbers
Lektorat Vierfarben

maike.luebbers@vierfarben.de

Inhalt

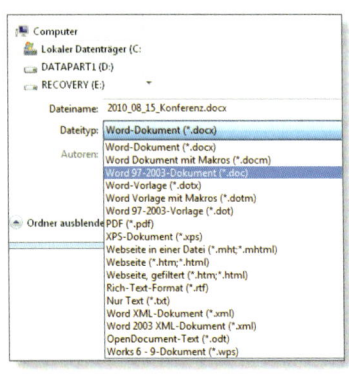

Inhalt

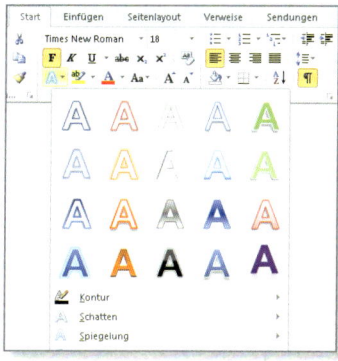

Inhalt

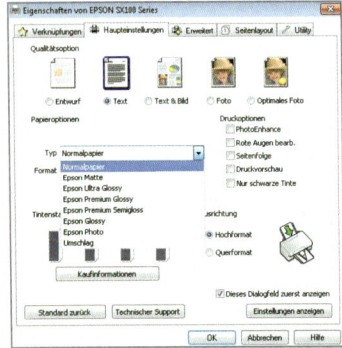

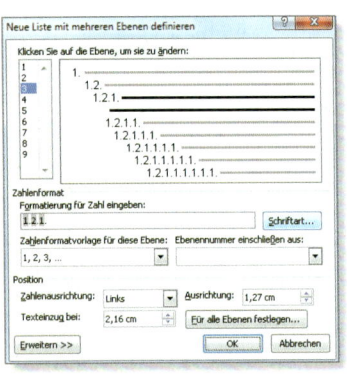

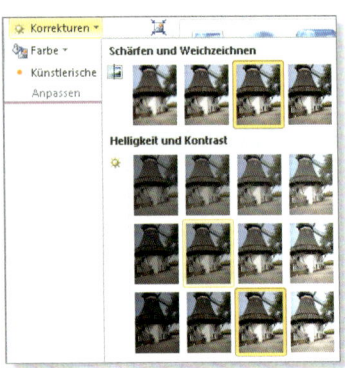

Inhalt

Kapitel 1:
Bevor es losgeht

Bevor wir in die Textverarbeitung mit Word einsteigen, beginnen wir erst einmal mit den Grundlagen. Wenn Sie sich mit diesen Arbeitstechniken schon auskennen, umso besser – ansonsten machen wir Sie nun mit der Bedienung des Computers und dem Start des Programms vertraut.

❶ Tastatur, Maus und Touchpad

Sowohl mit der Maus als auch mit der Tastatur können Sie das Programm steuern, durch Ihr Dokument navigieren oder Befehle ausführen. Das Touchpad ist dabei die moderne Form der Maus – direkt in den Laptop integriert.

❷ Erste Schritte

Dann geht es weiter mit Word 2010 selbst. Wie wird es geöffnet und welche Einstellungen sollten Sie zuerst vornehmen, um sich die Arbeit zu erleichtern? Blenden Sie z. B. Steuerzeichen ein, oder lernen Sie, wie Sie Änderungen zurücknehmen.

① Tastatur, Maus und Touchpad

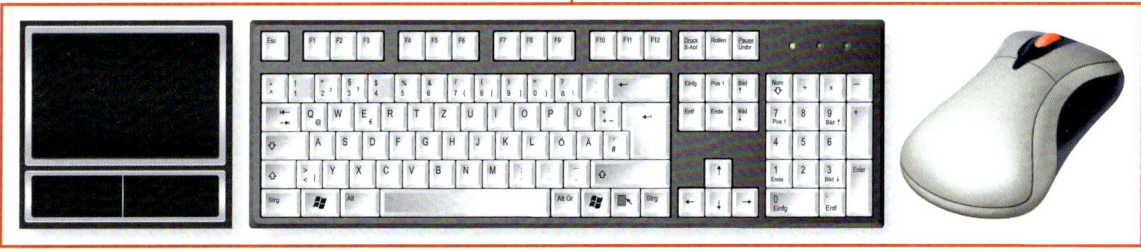

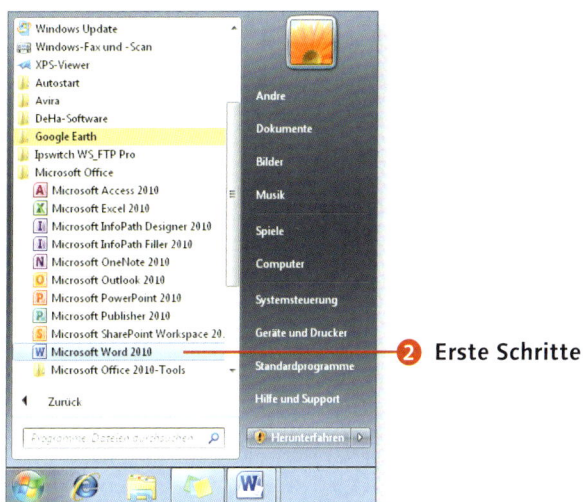

② Erste Schritte

So funktioniert die Tastatur

Wir möchten Ihnen zunächst zeigen, wie Sie die Tastatur am PC benutzen und welche Besonderheiten sie hat.

1 Großschreibung

Starten Sie Word, und dann nur keine Scheu: Schreiben Sie einfach mal drauflos! Die Anordnung der Zeichen entspricht mehr oder weniger der einer klassischen Tastatur. Für die Großschreibung eines Zeichens drücken Sie die ⬆-Taste ❶.

2 Der Nummernblock

Rechts an der PC-Tastatur befindet sich der Nummernblock ❷ für die bequeme Eingabe von Zahlen und Rechenoperatoren. Den Block schalten Sie mit der Num-Taste an (eine LED leuchtet) oder aus; dann navigieren Sie mit den Tasten durch den Text.

3 Tastenbelegung

Die sogenannte *zweite Belegung* (z. B. das Prozentzeichen % auf der 5) erzeugen Sie, indem Sie mit gedrückter ⬆-Taste ❸ die jeweilige Taste drücken. Für die *dritte Belegung*, z. B. die geschweifte Klammer auf der 7-Taste, halten Sie die Alt Gr-Taste ❹ gedrückt.

4 Die Pfeiltasten

Durch einen Text wandern Sie mit den Pfeiltasten ❺: Sie gehen nach unten ⬇, nach oben ⬆, nach rechts ➡ oder links ⬅. Praktisch: Die Ende-Taste setzt den Cursor direkt auf das letzte Zeichen einer Zeile, die Pos 1-Taste auf das erste Zeichen.

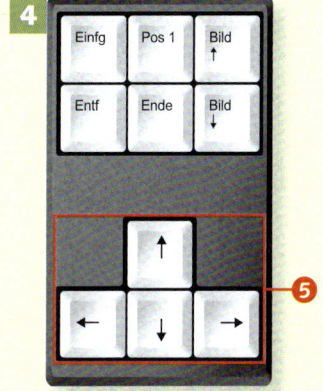

5 Die Escape-Taste

Die Esc-Taste ❻ ist oft von unschätzbarem Wert. *Esc* steht für »escape«, also »fliehen«. Mit dieser Taste können Sie geöffnete Dialoge wieder verlassen oder eine angefangene Aktion abbrechen.

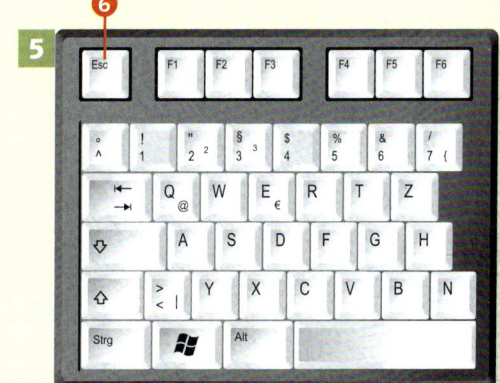

6 Die Steuerung-Taste

Die Strg-Taste ❼ löst in der Regel in Zusammenhang mit einem anderen Zeichen eine Aktion aus, z.B. wird durch Drücken von Strg + C ein markierter Text kopiert. Die Tastenkombination Strg + V fügt den kopierten Text an der Cursorposition ein.

Dauerhaftes Großschreiben

Drücken Sie einmal die ⇧-Taste ❽, um durchweg großzuschreiben. Jetzt bewirkt die ⇧-Taste, dass Buchstaben klein geschrieben werden. Durch erneutes Drücken lösen Sie die ⇧-Taste wieder.

Der Umgang mit der Maus

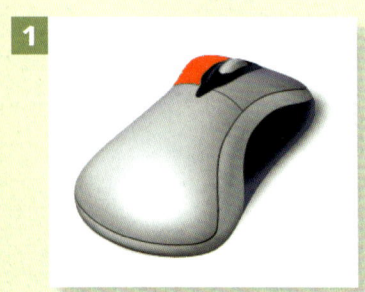

Mit der Maus bewegen Sie den Mauszeiger über den Monitor; per Mausklick werden die meisten Befehle und Aktionen ausgelöst.

1 Linksklick

In einem Word-Dokument setzen Sie per Klick auf die linke Maustaste den Cursor an eine andere Stelle. Außerdem starten Sie per Linksklick Befehle, öffnen Auswahllisten und Dialoge etc. – je nachdem, wo Sie klicken.

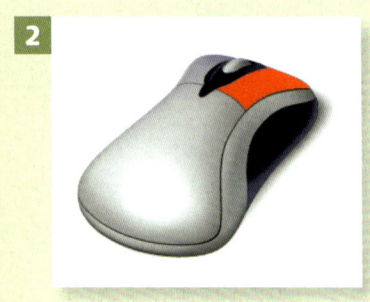

2 Rechtsklick

Die Maus hat auch eine rechte Taste. Wenn Sie die rechte Maustaste drücken, rufen Sie in der Regel ein *Kontextmenü* auf. Dies sind Menüs mit variierenden Befehlen; die Auswahl ist jeweils abhängig von der Stelle, an der Sie geklickt haben.

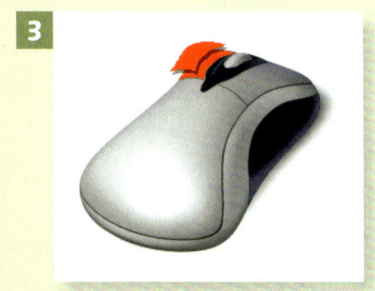

3 Doppelklick

Mitunter benötigen Sie auch einen Doppelklick, d. h., Sie klicken möglichst schnell zweimal hintereinander auf die linke Maustaste. In Word markiert ein Doppelklick z. B. ein Wort. Ordner (Verzeichnisse) werden per Doppelklick geöffnet.

4 Das Scrollrad

Auch das Verhalten des Scrollrades ist von der Position des Mauszeigers abhängig. Befindet er sich auf einem Text, wandern Sie mit dem Scrollrad durch den Text. Ist der Mauszeiger auf einer Registerkarte des Menübandes, wechseln Sie die aktive Registerkarte.

5 Mit der Maus ziehen

Mit der Maus können Sie auch »ziehen«; dazu halten Sie die linke Maustaste gedrückt und wandern in eine Richtung. Für diese Aktion gibt es unterschiedliche Einsatzgebiete. Ziehen Sie beispielsweise an der Bildlaufleiste, um sich im Text nach unten bzw. oben zu bewegen.

6 Mit rechts ziehen

Dieses »Ziehen« geht auch mit der rechten Maustaste. Möchten Sie z. B. im Explorer eine Datei kopieren, können Sie sie mit gedrückter rechter Maustaste an den Zielort ziehen. Lassen Sie die Maustaste los, erscheint ein Auswahlmenü mit den Befehlen zum Kopieren oder Verschieben.

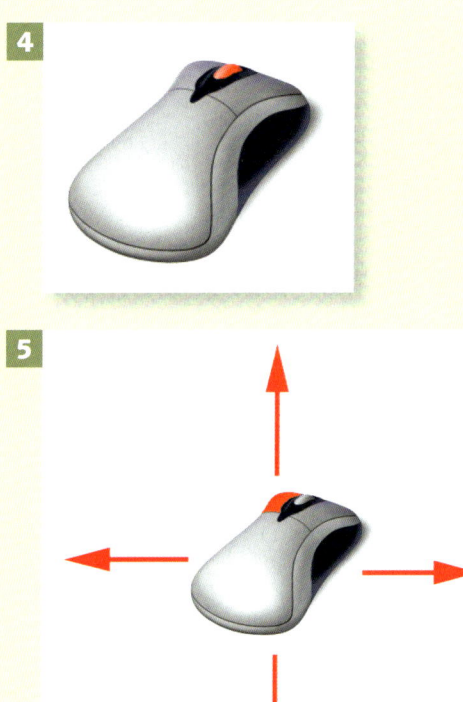

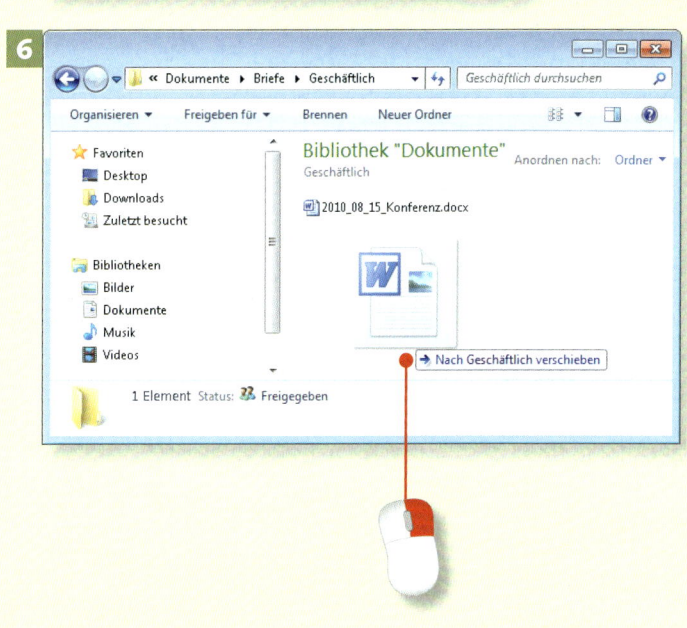

Wie weit scrollt das Rad?

Sie können über **Start ▶ System-steuerung ▶ Maus** auf der Registerkarte **Rad** die Schrittweite des Scrollrades bestimmen.

Das Touchpad

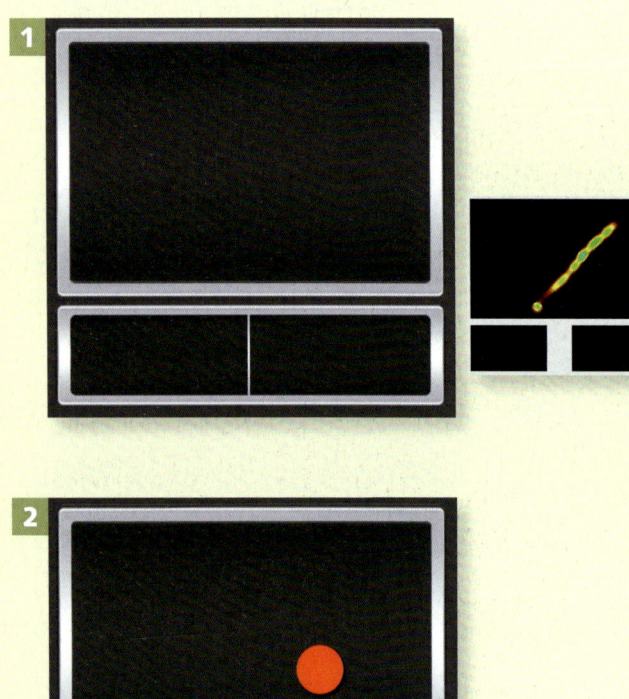

Das Touchpad finden Sie bei den meisten Notebooks oder Netbooks. Sie können damit wie mit einer Maus den Mauscursor bewegen und Aktionen ausführen. Es wird mit den Fingerkuppen bedient, sodass Sie auf die Maus verzichten können.

1 Der Mauszeiger

Zur Positionierung des Mauszeigers fahren Sie mit einer Fingerkuppe leicht über das Touchpad. Der Mauszeiger auf dem Monitor folgt der Bewegung Ihres Fingers.

2 Die Tasten

Unterhalb des Touchpads sind zwei Tasten angeordnet, deren Funktionen denen der Maustasten entsprechen. Für einen Linksklick reicht aber auch ein kurzes Antippen des Touchpads.

3 Doppelklick

Wie mit der Maus können Sie auch mit dem Touchpad einen Doppelklick ausführen. Dazu benutzen Sie die linke Taste Ihres Touchpads. Alle neueren Touchpads unterstützen inzwischen auch den Doppelklick durch zweimaliges Antippen.

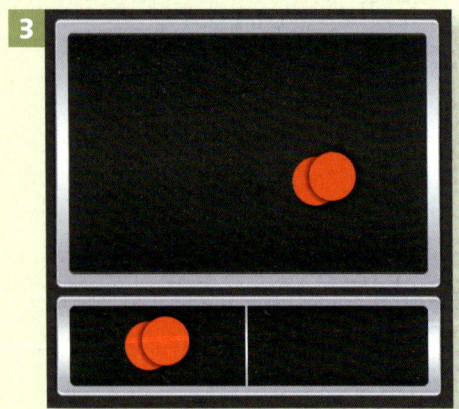

4 Scrollen

Auch scrollen können Sie mit dem Touchpad, indem Sie mit Ihren Fingerkuppen darüberstreichen.

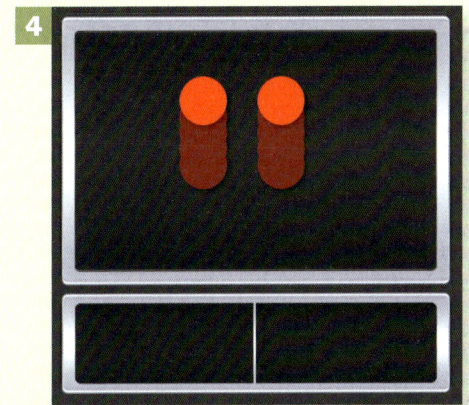

5 Ziehen

Das Bewegen der Maus mit gedrückter Maustaste (zum Ziehen oder Markieren) können Sie ebenfalls simulieren. Führen Sie einen anderthalbfachen Klick aus, also einen Doppelklick, ohne den Finger nach dem zweiten Klick vom Touchpad abzuheben. Gehen Sie dann gleich in eine Mausbewegung über.

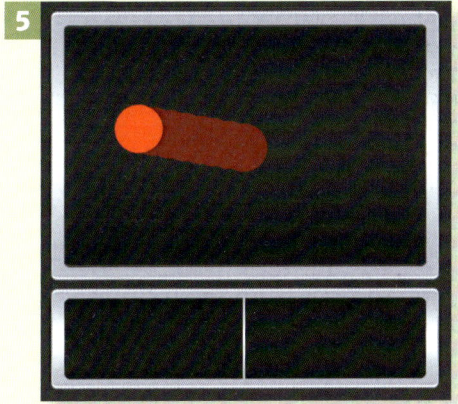

6 Rechtsklick

Für den Rechtsklick verwenden Sie die rechte Taste Ihres Touchpads. Bei einigen Touchpads erzeugt auch das Antippen mit drei Fingern einen Rechtsklick. Hierzu sind meistens ein aktueller Treiber und schlanke Finger notwendig.

Touchpad versus Maus

Der Umgang mit dem Touchpad als vollwertigem Mausersatz ist etwas gewöhnungsbedürftig. Insbesondere der anderthalbfache Klick (auch *Pinch* genannt) zum Ziehen bedarf einiger Übung und gelingt selten auf Anhieb.

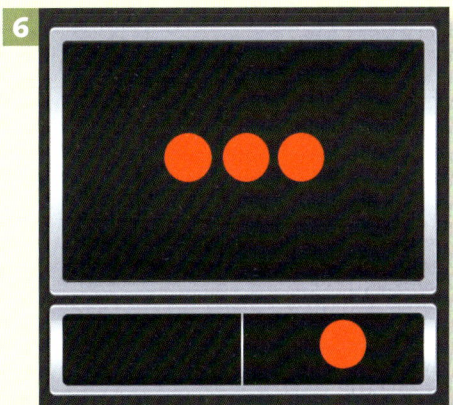

Kniffe und Tricks, die das Leben mit Word erleichtern

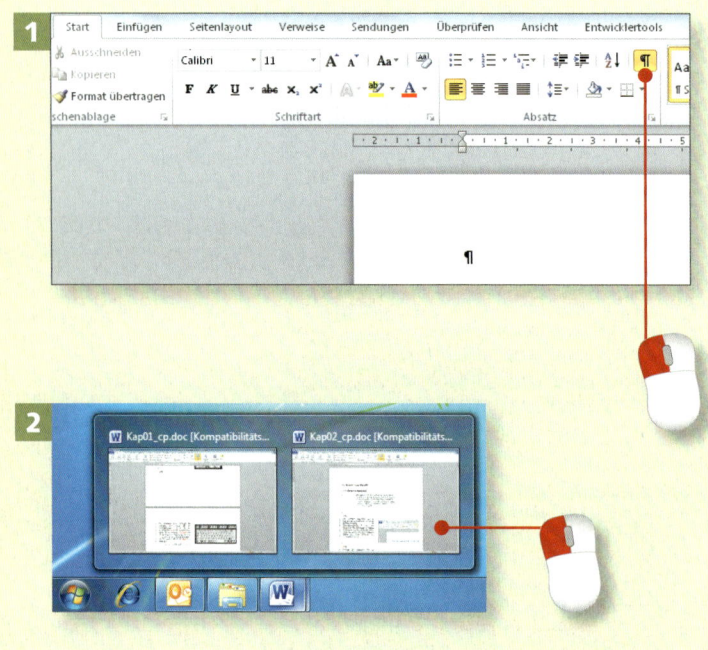

Manche Tricks, Kniffe und Einstellungen machen das Leben mit Word noch einfacher.

1 Formatierungszeichen

Formatierungszeichen erleichtern die Arbeit und sind nur auf dem Bildschirm zu sehen. Blenden Sie sie also ein, indem Sie auf das Symbol **Alle anzeigen** auf der Registerkarte **Start** klicken.

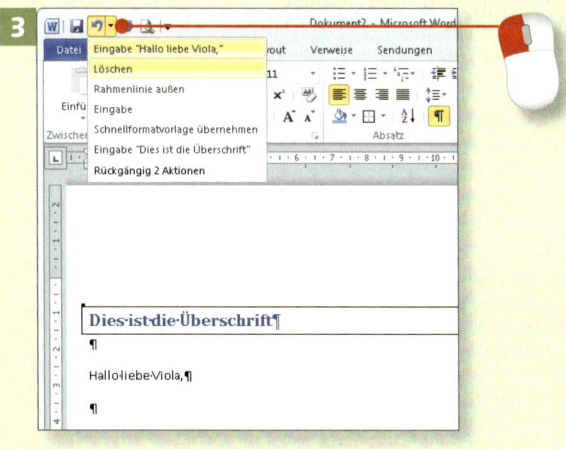

2 Dokumente wechseln

Mehrere gleichzeitig geöffnete Dateien werden auf der Taskleiste unten am Bildschirm angezeigt. Wenn Sie den Mauszeiger darauf führen, erscheinen alle Dokumente in einem kleinen Vorschaufenster. Ein Klick öffnet das Dokument.

3 Aktionen zurücknehmen

Auch in Word gibt es das Symbol **Rückgängig**. Mit dieser praktischen Funktion können Sie Aktionen einfach wieder zurücknehmen, als ob nichts geschehen wäre. Mehrere Aktionen auf einmal machen Sie über den Auswahlpfeil ungeschehen.

4 Immer speichern

Speichern Sie Ihre Dokumente zwischendurch, dazu ist nur ein Mausklick erforderlich. Dies hat nicht nur den Vorteil, dass Sie Ihre Arbeit regelmäßig sichern. Wenn etwas schiefgelaufen ist, können Sie das Dokument ohne zu speichern schließen und dann wieder öffnen, um den vorherigen Zustand wiederherzustellen.

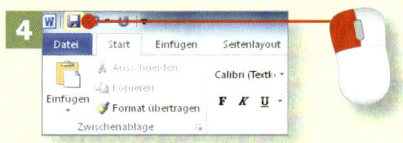

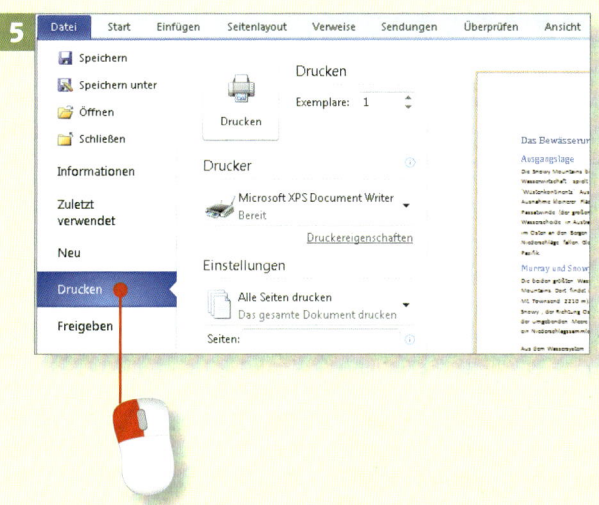

5 Druckvorschau

Nur die Druckvorschau zeigt das Dokument so an, wie es im Druck aussehen wird. Sie rufen die Druckvorschau über **Datei ▸ Drucken** auf.

6 Markieren und formatieren

In der Regel gilt: Erst markieren, dann agieren! Setzen Sie den Cursor vor das Wort und ziehen Sie ihn mit gedrückter Maustaste darüber. Stellen Sie auf der Registerkarte **Start** die gewünschte Formatierung ein. Wenn Sie ein einzelnes Wort formatieren möchten, reicht es, den Cursor in dieses Wort zu setzen.

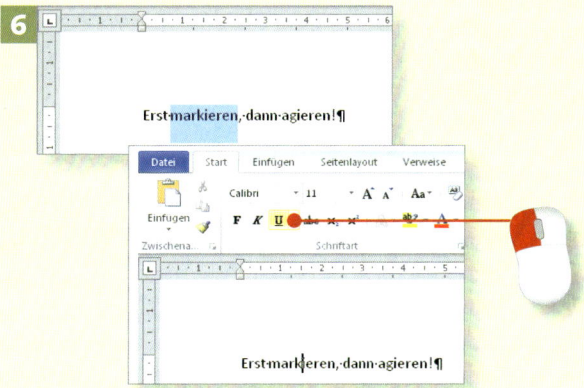

Word starten

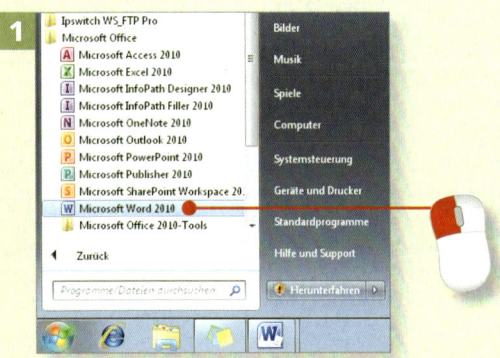

Viele Wege führen nach Rom und auch zur Arbeit mit Word. Die gängigsten sechs Wege beschreiben wir in diesem Abschnitt.

Schritt 1

Der klassische Weg, Word aufzurufen, ist der über das Startmenü: Klicken Sie mit der Maus auf **Start ▸ Alle Programme ▸ Microsoft Office ▸ Microsoft Word 2010**.

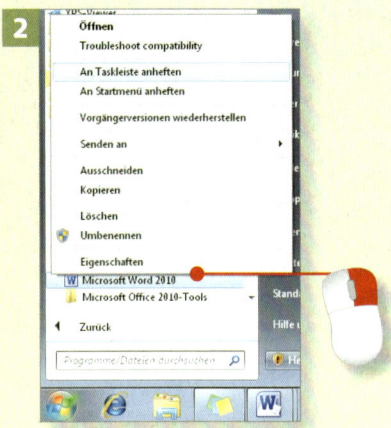

Schritt 2

Praktisch ist es, Word als Symbol auf die Taskleiste zu legen. Dazu klicken Sie im Startmenü den Programmnamen mit der rechten Maustaste an und wählen **An Taskleiste anheften** aus dem Kontextmenü. Ein einfacher Mausklick auf das Symbol öffnet anschließend das Programm.

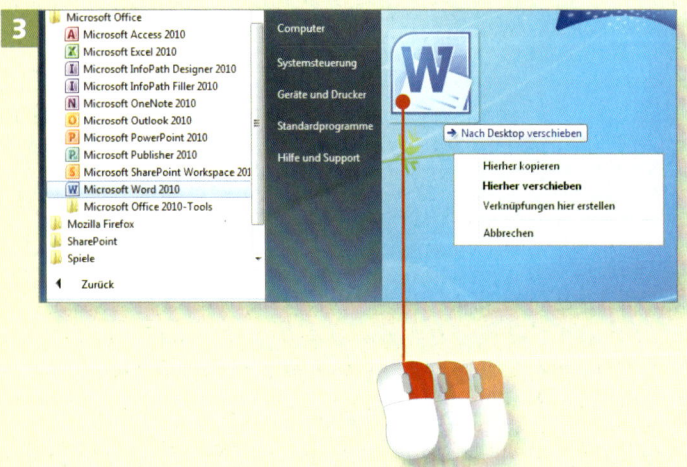

Schritt 3

Schnellen Zugriff auf das Programm haben Sie auch, wenn Sie es als Symbol irgendwo auf dem Desktop ablegen. Dazu ziehen Sie den Programmnamen aus dem Startmenü mit gedrückter rechter Maustaste auf den Desktop. Im folgenden Kontextmenü wählen Sie **Hierher kopieren**.

Schritt 4

Sie rufen das Programm auch auf, wenn Sie im *Windows-Explorer* (den Sie am schnellsten per Rechtsklick auf **Start** aufrufen) eine Word-Datei doppelt anklicken. Mit dieser Aktion werden Word selbst und die entsprechende Datei in Word geöffnet.

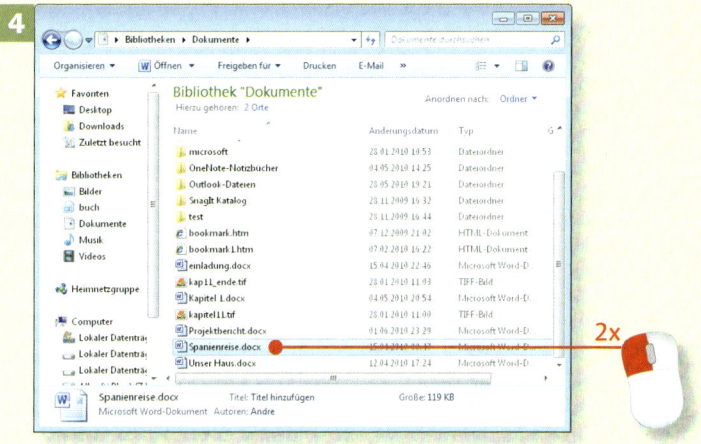

Schritt 5

Wenn Sie Word ein paarmal aufgerufen haben, erscheint der Programmeintrag automatisch direkt im Startmenü, also gleich nach dem Klick auf das **Start**-Symbol. Dafür können Sie auch selbst sorgen. Klicken Sie den Programmeintrag mit der rechten Maustaste an, und wählen Sie im Kontextmenü **An Startmenü anheften**.

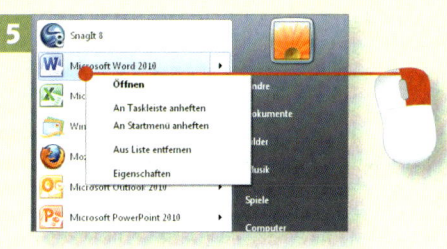

Schritt 6

Im Startmenü werden für die angehefteten Programme Untermenüs angeboten, die die zuletzt verwendeten Dateien enthalten. Klicken Sie auf den Pfeil neben dem Programm und dann auf die gewünschte Datei, um diese direkt im entsprechenden Programm zu öffnen.

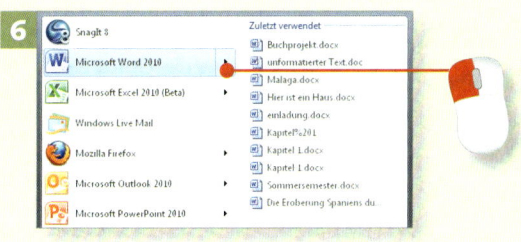

Programme aus der Taskleiste entfernen
Um aufzuräumen, klicken Sie ein Programmsymbol mit rechts an und wählen im Kontextmenü **Dieses Programm von der Taskleiste lösen**.

Kapitel 2:
Was ist wo in Word?

❶ Die Registerkarten

Im oberen Teil des Programmfensters sehen Sie die Registerkarten. Auf jeder einzelnen finden sich Befehlsgruppen zu unterschiedlichen Arbeitsschritten. Über den kleinen Pfeil unten rechts in den Gruppen können Sie Dialogfenster mit weiteren Optionen öffnen.

❷ Den Bildschirm einrichten

Die Bildschirmansicht lässt sich verändern, sodass Sie sie optimal an Ihre Bedürfnisse anpassen können. Verkleinern Sie beispielsweise die Ansicht, um mehrere Blätter nebeneinander zu sehen, oder lassen Sie sich das Dokument als Vollbild anzeigen (ohne Menüband).

1 **Die Registerkarten**

Den Bildschirm **2**
einrichten

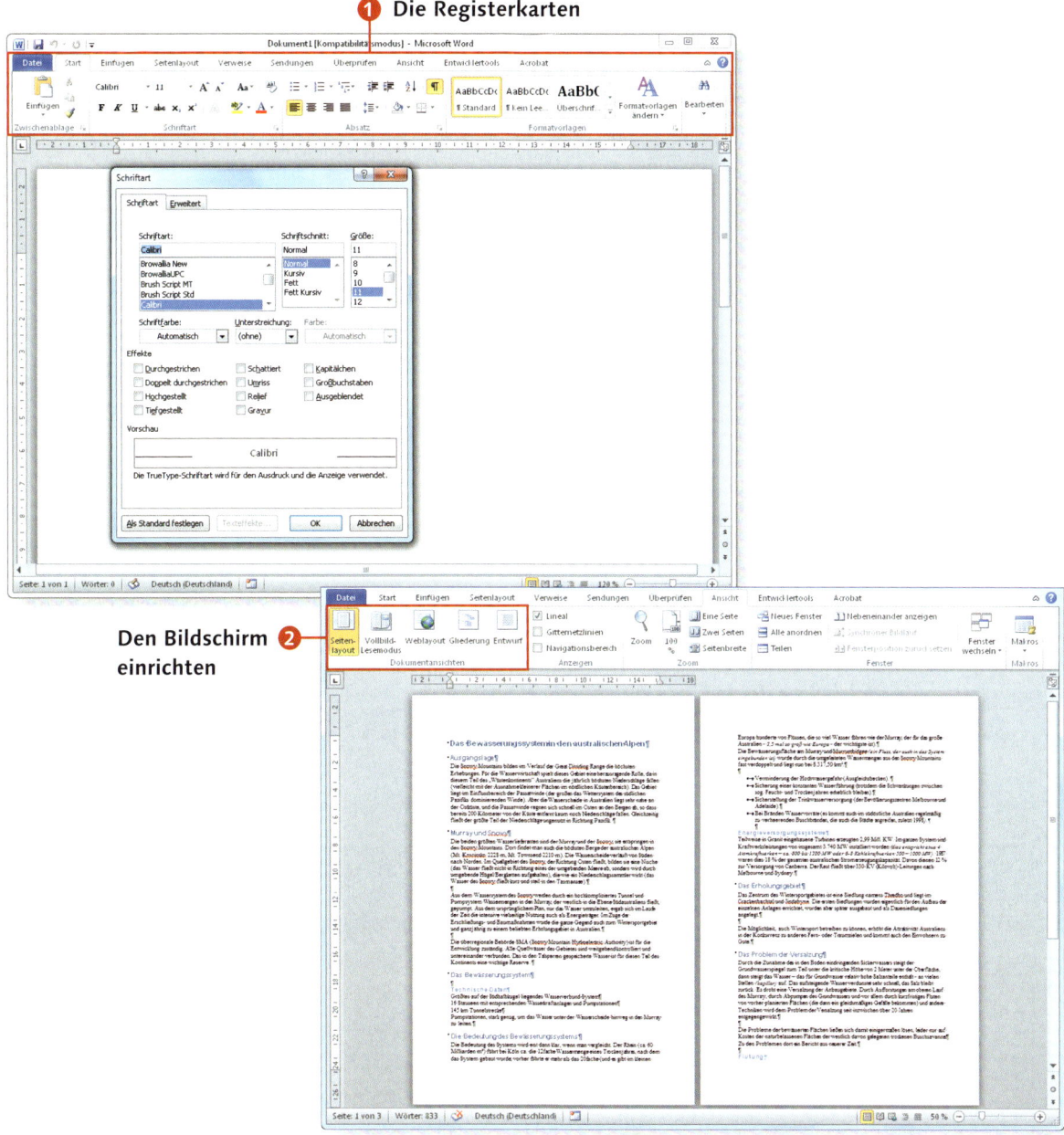

Ein erster Überblick

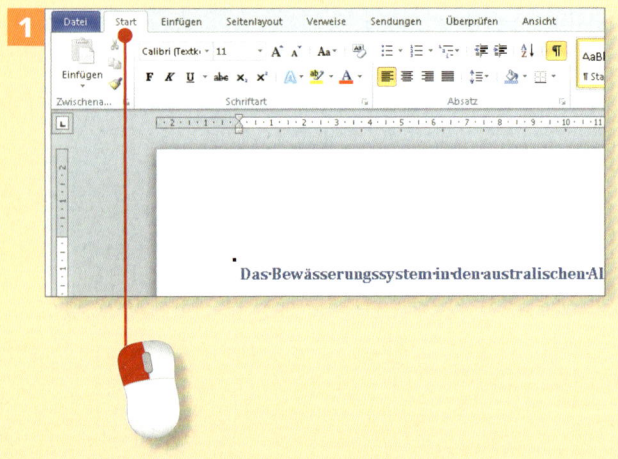

Für Nutzer, die bereits mit älteren Word-Versionen gearbeitet haben, gibt Word 2010 so manches Rätsel auf. Aber auch den Neueinsteigern helfen wir bei der ersten Orientierung.

Schritt 1

Die wichtigen Funktionen sind in Registerkarten gesammelt, die sich auf dem Menüband befinden. Wechseln Sie zwischen den Registerkarten, indem Sie auf die jeweilige Bezeichnung klicken, z. B. **Start**, **Einfügen** oder **Seitenlayout**.

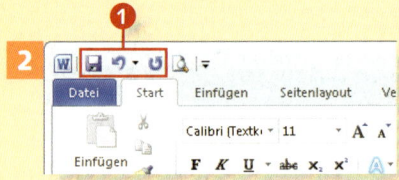

Schritt 2

Oberhalb des Menübandes links am Bildschirm befindet sich die Symbolleiste für den Schnellzugriff. Hier haben Sie in der Standardeinstellung Zugriff auf die Symbole **Speichern**, **Rückgängig** und **Wiederholen** ❶.

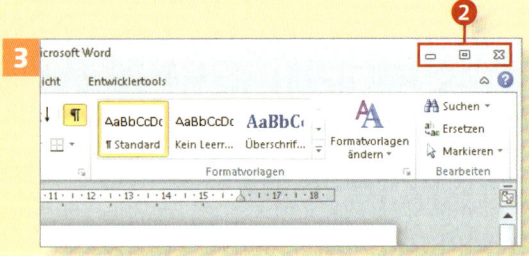

Schritt 3

Rechts oben am Bildschirm ❷ finden sich die Symbole **Minimieren** (zum Ablegen des Programms auf der Taskleiste), **Verkleinern** (ist Word bereits in einem verkleinerten Fenster geöffnet, heißt das Symbol dann **Maximieren**) und **Schließen** (zum Schließen eines Dokuments).

Schritt 4

Klicken Sie auf das Symbol **Verklei-nern**, um Word in einem Fenster darzustellen. Die Größe des Fensters können Sie verändern, indem Sie den Mauszeiger an den Rand bzw. eine der Ecken des Fensters führen und mit gedrückter Maustaste nach innen oder nach außen ziehen.

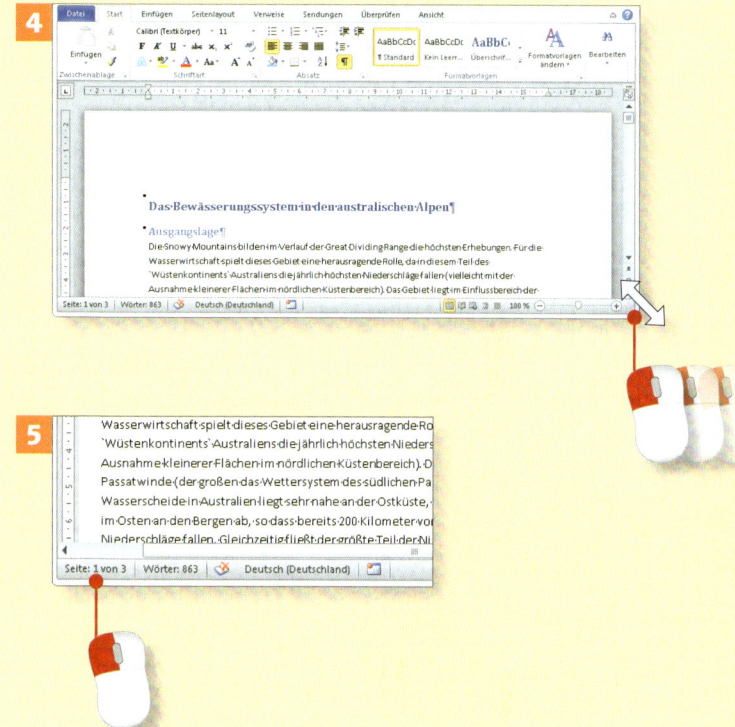

Schritt 5

Unterhalb des Arbeitsbereichs befin-det sich die Statusleiste, wo u. a. die Seitenzahl des Dokuments angezeigt wird. Wenn dort z. B. »1 von 3« steht, befindet sich der Cursor auf der Seite 1 eines dreiseitigen Do-kuments. Wenn Sie darauf klicken, können Sie schnell zwischen den Seiten des Dokuments wechseln.

Schritt 6

Rechts unten in der Statusleiste entdecken Sie die Symbole zum Wechseln der Ansicht (dazu mehr im Abschnitt »Die verschiedenen Ansichten« ab Seite 32) und den Regler bzw. die Plus- und Minuszei-chen zur Veränderung des Zooms der Darstellung. Testen Sie ruhig ein-mal durch Verschieben des Reglers, wie sich das Dokument ändert.

Die Hilfe

Nach wie vor bietet Word eine Hilfe an. Sie rufen sie auf, indem Sie auf das Fragezeichen rechts oben am Bildschirm klicken.

Die Registerkarten im Überblick

Alles, was Word kann, ist auf Registerkarten gesammelt. Wir stellen Ihnen im Folgenden kurz alle Registerkarten vor.

1 »Start«

Normalerweise ist nach dem Aufrufen des Programms die Registerkarte **Start** geöffnet. Hier finden Sie in den verschiedenen Gruppen gängige Möglichkeiten zum Formatieren sowie z. B. die Befehle zum Ausschneiden, Kopieren und Einfügen.

2 »Datei«

Das Register **Datei** – auch als *Backstage* bezeichnet – bietet Befehle für den alltäglichen Umgang mit Word, u. a. **Speichern unter**, **Öffnen**, ein leeres Dokument öffnen (**Neu**) und **Drucken**.

3 »Einfügen«

Auf der Registerkarte **Einfügen** sind alle Befehle zum Einfügen der verschiedenen Elemente gesammelt, z. B. Tabellen, Grafiken, Formen, Textfelder und Symbole. Auch Kopf- und Fußzeilen fügen Sie hier mithilfe der entsprechenden Symbole ein.

4 »Seitenlayout«

Mit den Befehlen auf der Registerkarte **Seitenlayout** richten Sie Ihr Dokument ein. Hier können Sie u. a. die Breite der Seitenränder festlegen, die Ausrichtung des Dokuments bestimmen (Hoch- oder Querformat) und Zeilennummern hinzufügen. Auch die Designs sind hier zu finden.

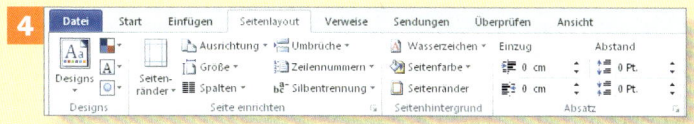

5 »Verweise«

Für wissenschaftliche Arbeiten und lange Dokumente ist die Registerkarte **Verweise** wichtig. Hier finden Sie Funktionen wie **Fußnote einfügen**, **Inhaltsverzeichnis**, **Literaturverzeichnis**, **Querverweis** und **Index einfügen**.

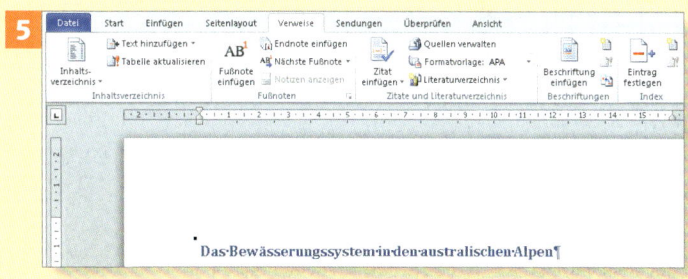

6 »Sendungen«

Auf der Registerkarte **Sendungen** sind alle Befehle rund um die Seriendruckfunktion von Word gesammelt. Hier starten Sie den Seriendruck, erstellen die Empfängerliste, fügen Seriendruckfelder ein und führen beide Dateien zu einem Serienbrief zusammen.

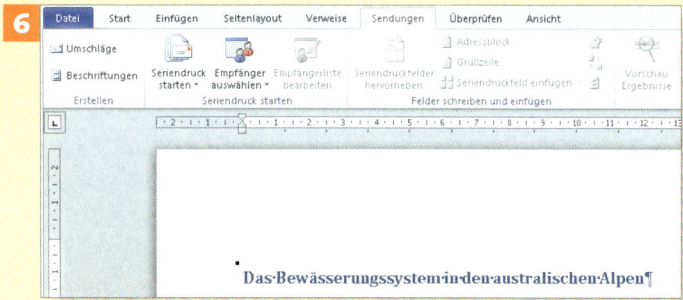

Die Registerkarten im Überblick (Forts.)

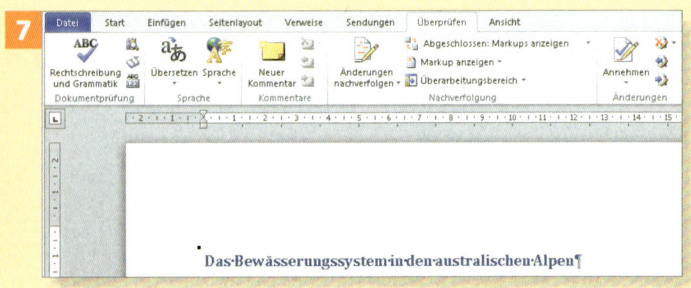

7 »Überprüfen«

Die Registerkarte **Überprüfen** enthält im Wesentlichen Befehle, die Sie für die Arbeit im Team benötigen. Sie können z. B. Kommentare einfügen, Änderungen anzeigen lassen und Änderungen annehmen bzw. ablehnen. Auch die Rechtschreibprüfung finden Sie hier.

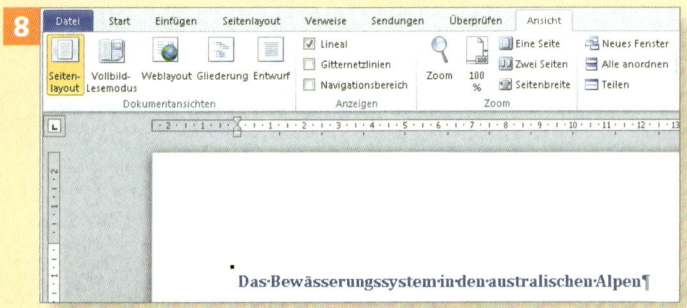

8 »Ansicht«

Auf der Registerkarte **Ansicht** wechseln Sie zwischen den verschiedenen Ansichten von Word, die jeweils für bestimmte Arbeiten besonders geeignet sind. Auch der Zoom zum Ändern der Größe des Dokuments ist hier zu finden.

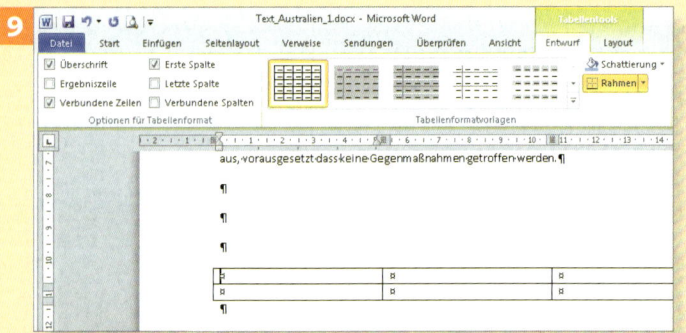

9 »Tabellentools«

Sobald Sie eine Tabelle eingefügt haben und der Cursor in der Tabelle steht, werden die beiden Registerkarten (**Entwurf** und **Layout**) der **Tabellentools** zur weiteren Bearbeitung der Tabelle eingeblendet.

Die Kontexttools

Die Kontextregisterkarten sind nicht auf den ersten Blick sichtbar. Sie tauchen erst auf, wenn sich der Cursor auf bestimmten Bildschirmelementen befindet. Die Kontextregisterkarten sind in **Tabellen-**, **Bild-**, **Zeichen-** sowie **Kopf- und Fußzeilentools** gruppiert.

10 »Bildtools«

Für die Bearbeitung von Bildern und Grafiken steht die Registerkarte **Format** der **Bildtools** parat. Sie wird eingeblendet, sobald Sie ein Bild in Ihr Dokument einfügen und es markieren.

11 »Zeichentools«

Die Registerkarte **Format** der **Zeichentools** wiederum erscheint, wenn Sie in Ihrem Dokument Zeichenelemente (**Formen**) wie Pfeile oder Rechtecke oder ein Textfeld markieren. Auch eine eingefügte WordArt (siehe dazu den Abschnitt »Formatierte Formen« ab Seite 148) blendet die **Zeichentools** ein.

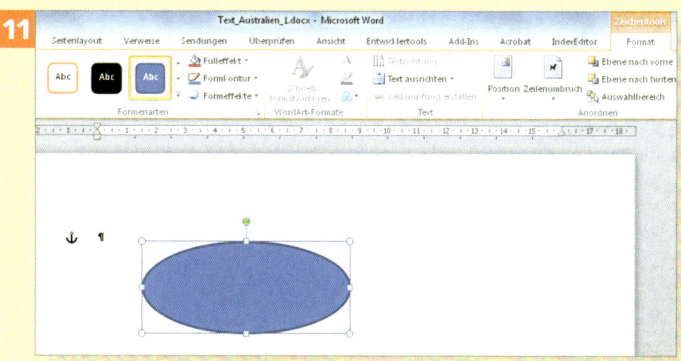

12 »Kopf- und Fußzeilentools«

Wenn Sie mit Kopf- und Fußzeilen arbeiten, finden Sie auf der Registerkarte **Entwurf** der **Kopf- und Fußzeilentools** verschiedene Befehle, um z. B. Datumsangaben oder Seitenzahlen einzufügen.

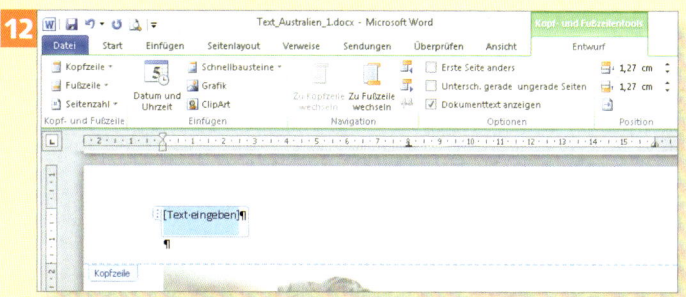

i

Weitere Tools

Neben den bisher erwähnten Registerkarten gibt es noch weitere Tools mit Registerkarten, z. B. **Diagrammtools** oder **SmartArt-Tools**.

Der Umgang mit Registerkarten

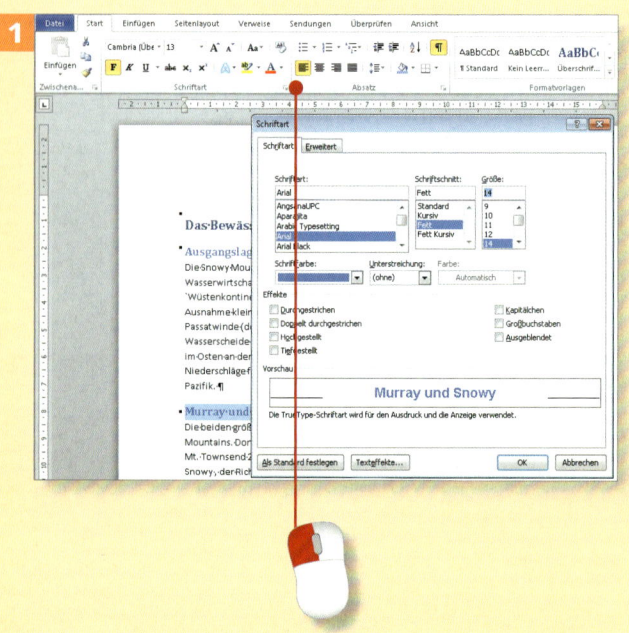

Sie finden auf den Registerkarten nicht nur Symbole, sondern können hier auch weitere Dialoge öffnen.

Schritt 1

An einigen Gruppen der Registerkarten sind kleine Pfeile zu sehen, mit denen Sie *Dialoge* öffnen. Wenn Sie z. B. auf der Registerkarte **Start** auf den Pfeil bei **Schriftart** klicken, wird ein Dialog geöffnet, der die Befehle zur Zeichenformatierung bündelt.

Schritt 2

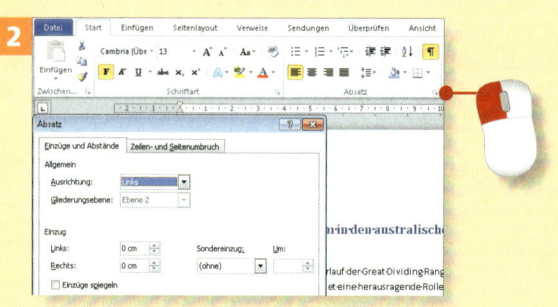

Ein Klick auf den Pfeil in der Gruppe **Absatz** öffnet den Dialog **Absatz**. Hier sind die Befehle zur Absatzformatierung (die Ausrichtung wie z. B. Blocksatz, Einzüge und Zeilenabstand) gesammelt.

Schritt 3

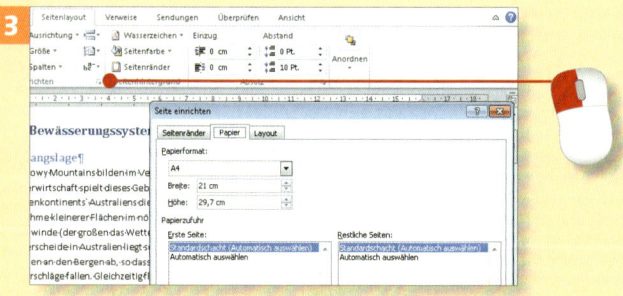

Die Registerkarte **Seitenlayout** enthält die Symbole zur Einrichtung der Seite (**Seitenränder**, **Ausrichtung** etc.). Diese Einstellungen können Sie in einem Rutsch im Dialog **Seite einrichten** vornehmen, den Sie per Klick auf den Pfeil an der gleichnamigen Gruppe erreichen.

Schritt 4

Achten Sie auf die Pfeile neben ❶ (ab und zu auch unter ❷) den Symbolen auf den Registerkarten. Ein Klick auf diese Pfeile öffnet Menüs (Auswahllisten) mit weiteren Optionen und Varianten.

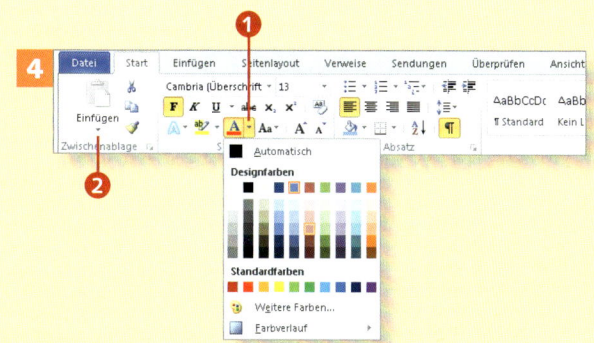

Schritt 5

Nicht selten verbergen sich die Dialoge, die Einstellungsmöglichkeiten bündeln, hinter der letzten Option der Menüs, die Sie per Klick auf den Auswahlpfeil eines Symbols aufrufen. Wenn Sie z. B. auf **Seitenlayout ▸ Spalten ▸ Weitere Spalten** klicken, wird der Dialog **Spalten** geöffnet.

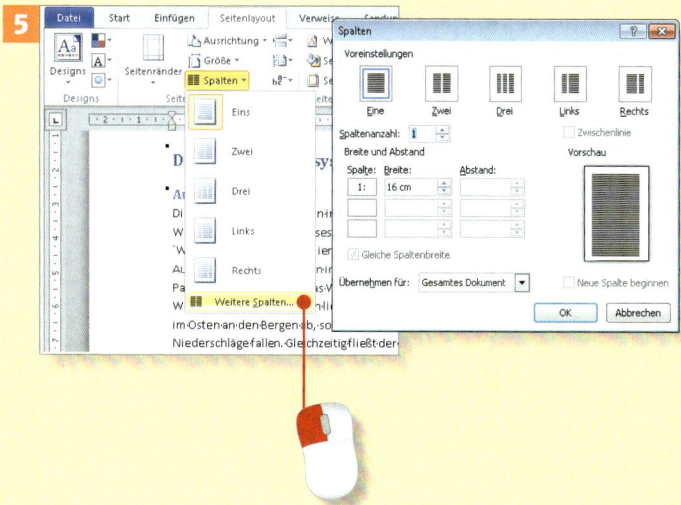

Schritt 6

Auch über die Auswahlliste des Symbols **Rahmen** (Registerkarte **Start ▸ Rahmen**) öffnen Sie einen entsprechenden Dialog. Wenn Sie hier auf **Rahmen und Schattierung** klicken, wird der gleichnamige Dialog aufgerufen, der alle Befehle für den Umgang mit Rahmen, Linien und Schattierungen bündelt.

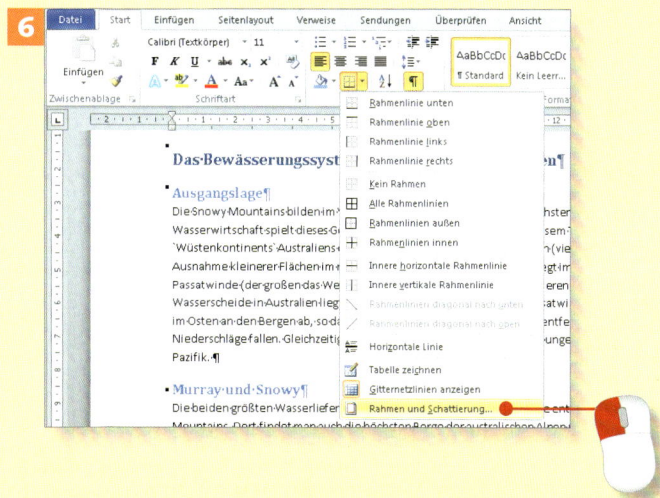

Die verschiedenen Ansichten

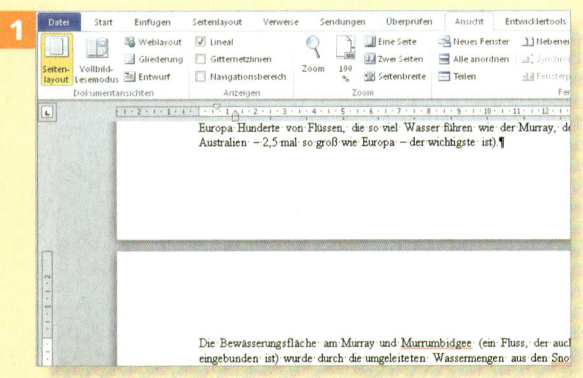

Die verschiedenen Ansichten von Word beeinflussen die Art und Weise, wie ein Dokument auf dem Bildschirm angezeigt wird, nicht aber den eigentlichen Ausdruck.

Schritt 1

Klicken Sie auf **Ansicht ▸ Seitenlayout**. In dieser Ansicht sehen Sie Ihr Dokument mehr oder minder so, wie es im Ausdruck ausgegeben wird. Die Seitenränder werden angezeigt, zwischen den Seiten ist ein deutlicher Abstand zu sehen.

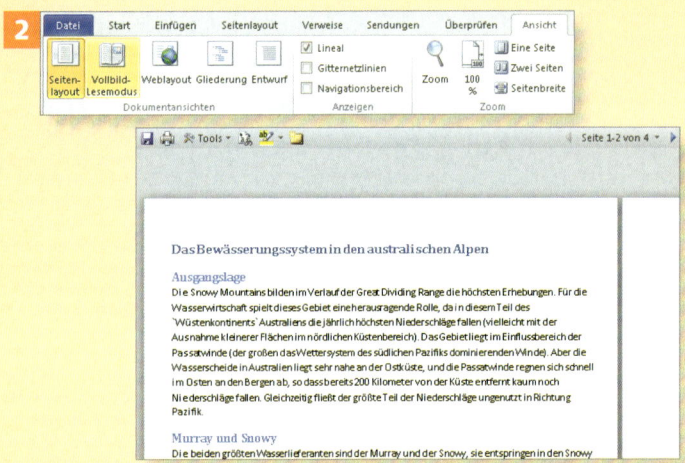

Schritt 2

Wenn Sie ein Dokument bequem lesen möchten, wählen Sie **Ansicht ▸ Vollbild-Lesemodus**. Das Menüband wird ausgeblendet, übrig bleibt oben links eine Leiste mit einigen wenigen Symbolen zum Umgang mit diesem Modus.

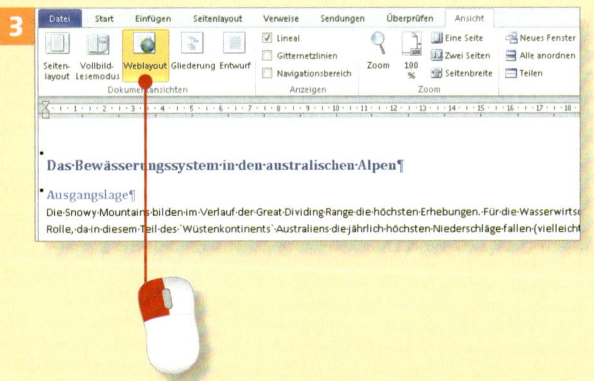

Schritt 3

Word-Dokumente lassen sich auch in einem Format speichern, das das Dokument als Webseite in einem Browser anzeigen kann. Das **Weblayout** (zu erreichen über **Ansicht ▸ Weblayout**) zeigt, wie Ihr Dokument als Webseite aussehen würde.

Schritt 4

Klicken Sie auf **Ansicht ▸ Gliederung**, um Ihr Dokument in der Gliederungsansicht zu sehen. Diese Ansicht bietet sich für längere Texte mit hierarchischen Gliederungsebenen an, da das Dokument nach Überschriften strukturiert angezeigt wird.

Schritt 5

Um ein Dokument schlicht und ohne Seitenränder anzeigen zu lassen, wählen Sie **Ansicht ▸ Entwurf**. Bestimmte Elemente eines Dokuments (z. B. Kopf- und Fußzeilen) werden in der Entwurfsansicht nicht angezeigt. Der Seitenumbruch erscheint als gepunktete Linie, nicht als Lücke.

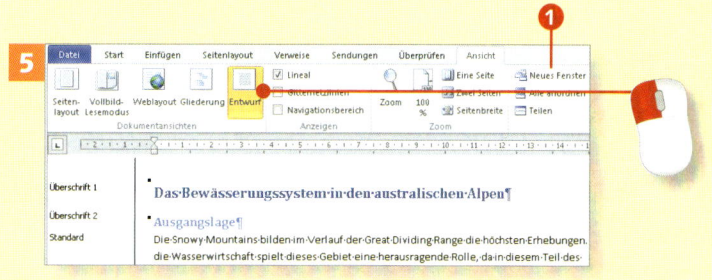

Schritt 6

Praktisch: Sie können problemlos zwischen den Ansichten hin und her wechseln, indem Sie einfach auf das entsprechende Symbol der gewünschten Ansicht in der Statusleiste unten rechts am Bildschirm klicken.

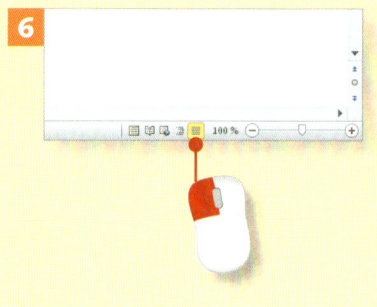

ℹ Neues Fenster

Auch die Möglichkeit, das aktuelle Dokument in einem neuen Fenster zu öffnen, finden Sie auf der Registerkarte **Ansicht**. Klicken Sie dazu auf das Symbol **Neues Fenster ❶**.

Den Bildschirm einrichten

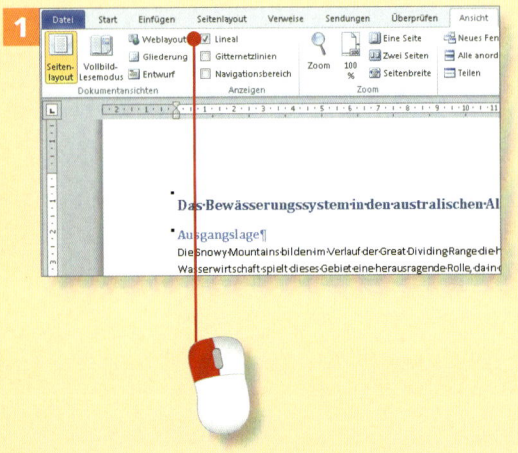

Auch den Bildschirm können Sie in vielerlei Hinsicht an Ihre Bedürfnisse anpassen.

Schritt 1

Um oben und links Lineale anzuzeigen, mit deren Hilfe Tabstopps, Seitenränder und Einzüge ersichtlich sind, klicken Sie auf der Registerkarte **Ansicht** auf **Lineal**. Die Seitenränder werden auf dem Lineal grau dargestellt.

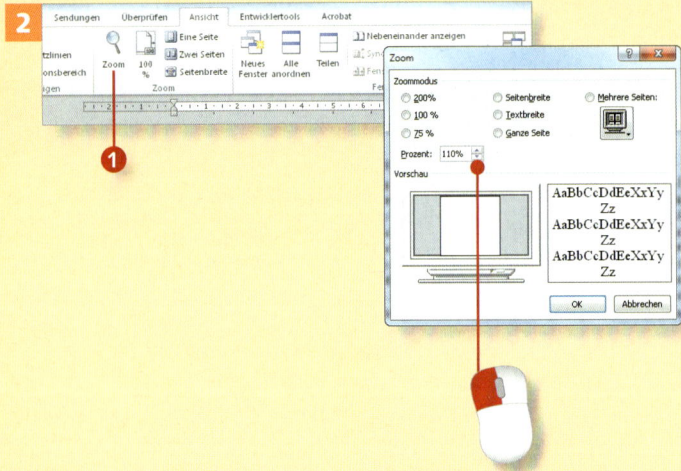

Schritt 2

Die Größe des angezeigten Dokuments ändern Sie mit dem Zoom. Den Zoomfaktor bestimmen Sie auf der Registerkarte **Ansicht**. Klicken Sie hier auf das Symbol **Zoom** ❶, um den gleichnamigen Dialog aufzurufen. Im Feld **Prozent** stellen Sie den gewünschten Zoomfaktor ein.

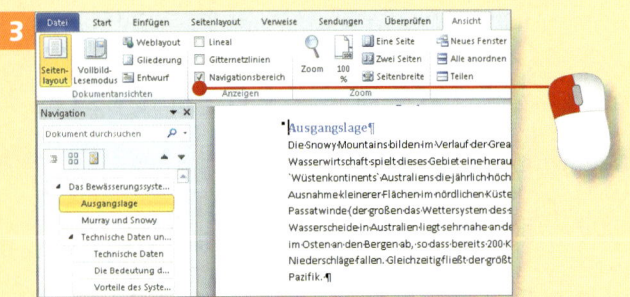

Schritt 3

Im Navigationsbereich, den Sie über **Ansicht ▸ Navigationsbereich** einblenden, werden die Überschriften Ihres Dokuments aufgelistet, sofern Sie Formatvorlagen für Überschriften verwendet haben. Per Klick auf eine Überschrift springt der Cursor direkt zur entsprechenden Zeile.

Schritt 4

Die Symbolleiste für den Schnell-zugriff können Sie um Funktionen erweitern, die Sie häufig benötigen. Klicken Sie dazu auf den Pfeil ganz rechts auf der Symbolleiste, und aktivieren Sie im Menü die gewünschten Befehle. Der Eintrag **Weitere Befehle** öffnet einen Dialog, der alle Word-Befehle zur Auswahl stellt.

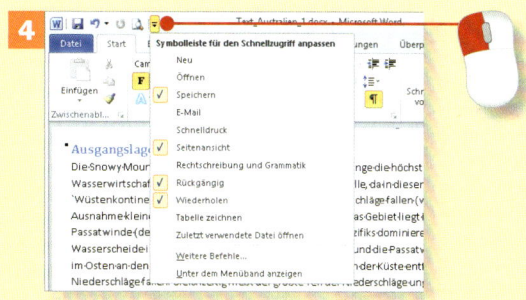

Schritt 5

Das Menüband mit den einzelnen Registerkarten nimmt einen recht großen Bereich auf dem Bildschirm in Anspruch. Sie können es fast komplett ausblenden. Klicken Sie dazu auf das kleine Symbol **Menü-band minimieren** rechts am Bild-schirm.

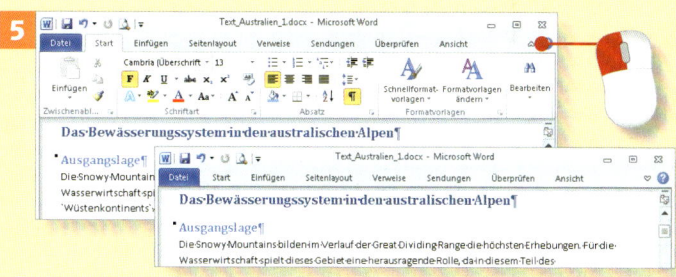

Schritt 6

Wenn Sie jetzt auf einen der Regis-terkartennamen klicken, wird das entsprechende Register eingeblen-det und legt sich über den Text. Wenn Sie einen Befehl auswählen oder in den Text klicken, wird das Register wieder ausgeblendet.

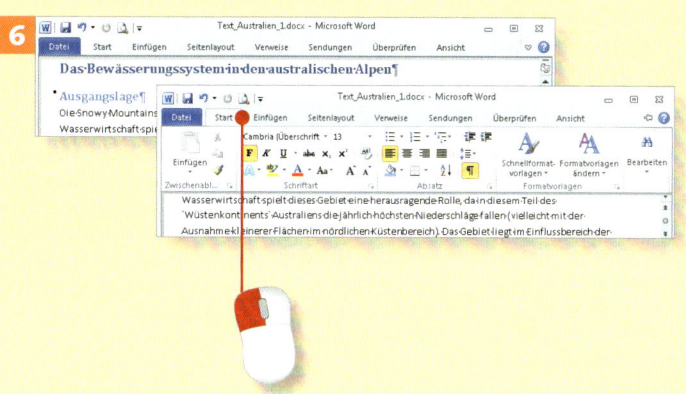

i

Das Menüband wieder anzeigen

Wenn Sie das Menüband mit den Registerkarten wie-der dauerhaft auf dem Bildschirm vorfinden möchten, klicken Sie auf das Symbol **Menüband erweitern** (zuvor war dies das Symbol **Menüband minimieren**).

Kapitel 3:
Mit Dokumenten umgehen

Das Dokument ist der Ausgangspunkt jeglicher Arbeit mit Word. In diesem Kapitel erfahren Sie mehr zum Erstellen, Speichern und Öffnen eines Dokuments sowie zu den praktischsten Einstellungen.

❶ Dateien erstellen, speichern und öffnen

Über das Register **Datei** können Sie neue Dokumente anlegen und speichern oder bereits bestehende Dateien öffnen. Speichern Sie ein Dokument im Dateiformat *.docx*, wenn Sie alle Funktionen nutzen wollen, mit der Endung *.doc*, wenn es auch in älteren Word-Versionen genutzt werden soll, oder als PDF, um es per E-Mail zu verschicken.

❷ Die Seite einrichten

Entscheiden Sie über die Registerkarte **Seitenlayout**, wie das Blatt selbst aussehen soll: im Hoch- oder Querformat, mit schmaleren Seitenrändern oder beispielsweise auch in mehreren Spalten angelegt.

❸ Kopf- und Fußzeilen

Schließlich können Sie auch Kopf- und/oder Fußzeilen ergänzen. Dort steht dann beispielsweise (automatisch) das aktuelle Datum oder die Seitenzahl.

Dateien erstellen, speichern und öffnen

**Die Seite
einrichten**

**Kopf- und
Fußzeilen**

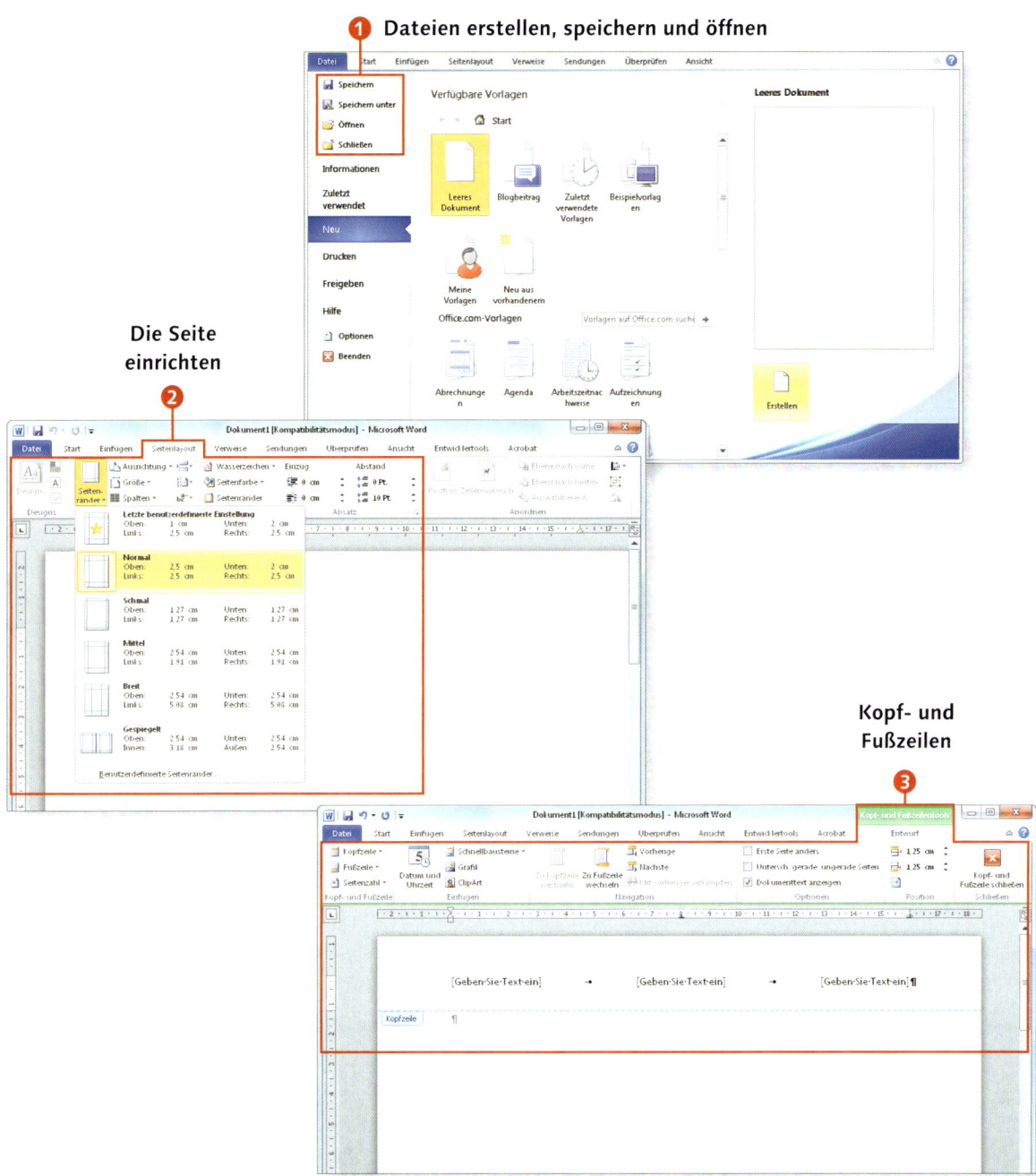

Ein neues Dokument erstellen

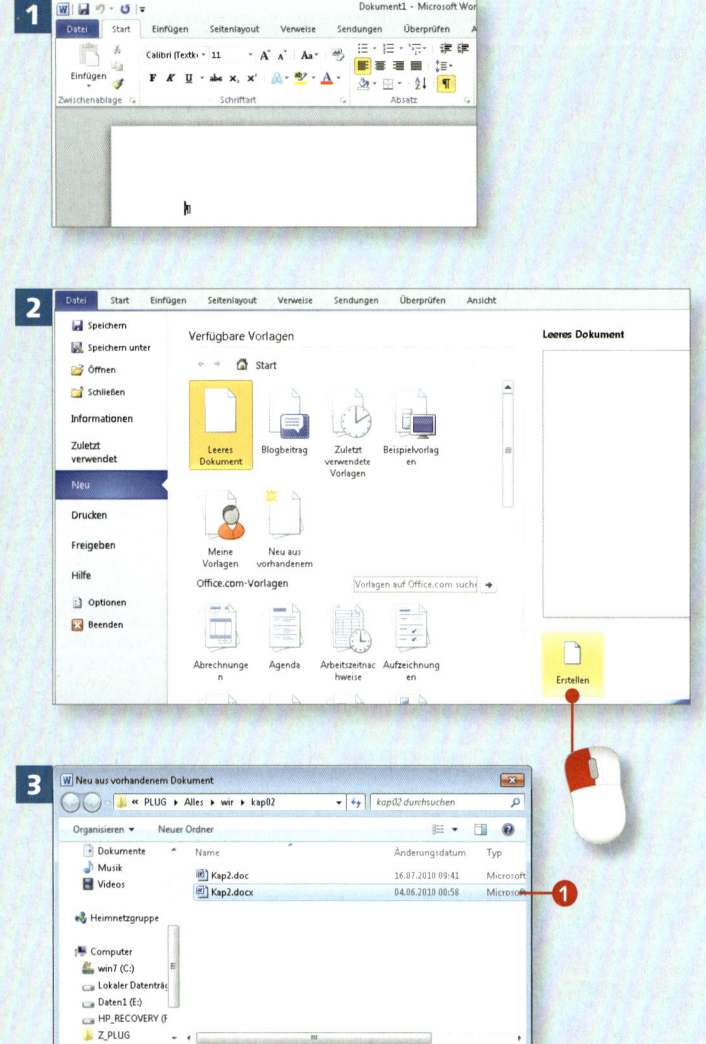

Wenn Sie zu Beginn Ihrer Arbeit in Word ein neues leeres Dokument öffnen, sehen Sie ein jungfräulich weißes Blatt auf dem Bildschirm und können sofort loslegen.

Schritt 1

Um in Word etwas zu schreiben, brauchen Sie zunächst natürlich ein leeres Blatt. In der Regel wird ein solches Dokument automatisch angezeigt, nachdem Sie Word aufgerufen haben.

Schritt 2

Wenn Sie während der Arbeit ein neues Dokument beginnen möchten, klicken Sie auf der Registerkarte **Datei** auf **Neu**. Im folgenden Dialog (**Verfügbare Vorlagen**) belassen Sie es bei **Leeres Dokument** und klicken auf **Erstellen**.

Schritt 3

Wenn Sie eines Ihrer bereits erstellten Dokumente als Basis für ein neues Dokument nutzen möchten, klicken Sie auf der Registerkarte **Datei** auf **Neu** und anschließend auf **Neu aus vorhandenem**. Im nachfolgenden Dialog wählen Sie das Basisdokument aus ❶ und klicken auf **Neu erstellen**.

Per Tastatur zu einem leeren Dokument

Drücken Sie einfach die Tastenkombination Strg + N, um ein leeres Blatt zu öffnen.

Schritt 4

Word bietet auch eine Reihe von Vorlagen, also vorbereitete, teils ausgefüllte Dokumente für bestimmte Zwecke an, die Sie als Basis für Ihr neues Dokument nutzen können. Öffnen Sie das Register **Datei ▸ Neu**, und klicken Sie im Bereich **Start** auf **Beispielvorlagen**.

Schritt 5

Wählen Sie anhand der Vorschaubildchen eine Vorlage aus, und klicken Sie auf **Erstellen**. Daraufhin wird ein neues Dokument auf Basis dieser Vorlage erstellt.

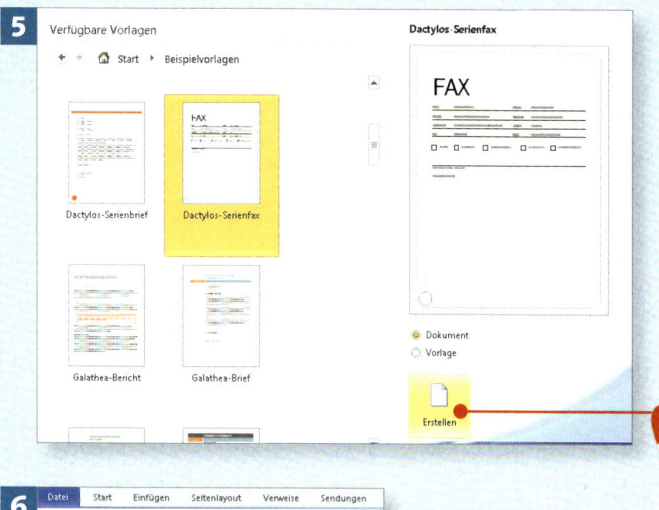

Schritt 6

Wenn Sie online sind, haben Sie Zugriff auf weitere Vorlagen über *Office.com*. Wählen Sie im Bereich **Office.com-Vorlagen** die gewünschte Kategorie ❷. In der Liste der Vorlagen, die dann angezeigt werden, entscheiden Sie sich für ein Muster. Klicken Sie auf **Download**, um das neue Dokument zu erstellen.

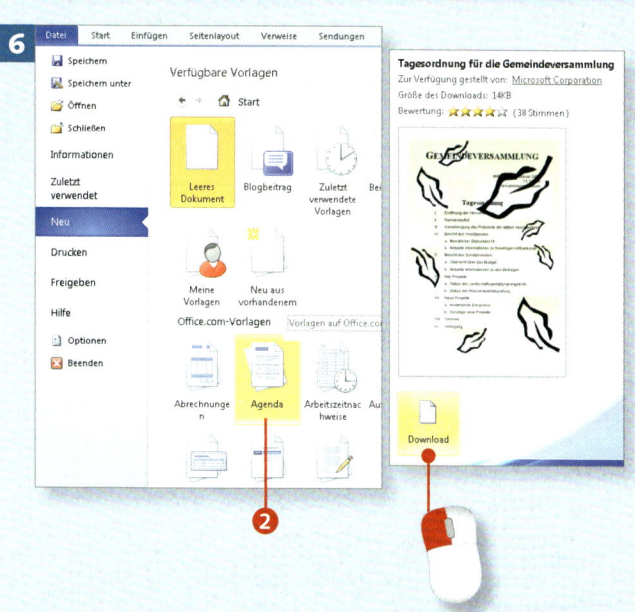

ℹ Ihre Downloads bei »Meine Vorlagen«

Auf alle Office.com-Vorlagen, die Sie verwendet haben, können Sie über **Meine Vorlagen** im Dialog **Verfügbare Vorlagen** auch offline zugreifen.

Eine vorhandene Datei öffnen

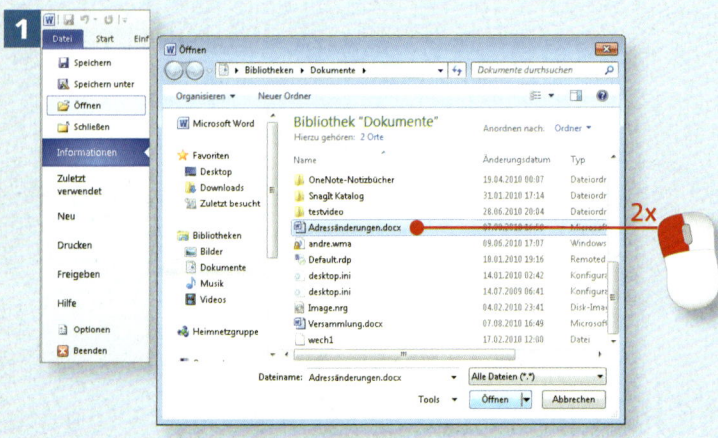

Dokumente können zur Weiterbearbeitung immer wieder aufgerufen werden. Sie müssen natürlich zuvor gespeichert worden sein.

Schritt 1

Um ein bereits gespeichertes Dokument erneut aufzurufen, klicken Sie auf der Registerkarte **Datei** auf **Öffnen**. Wenn Sie sich im richtigen Ordner befinden, markieren Sie die gewünschte Datei und klicken auf **Öffnen**. Ein Doppelklick auf die Datei funktioniert auch.

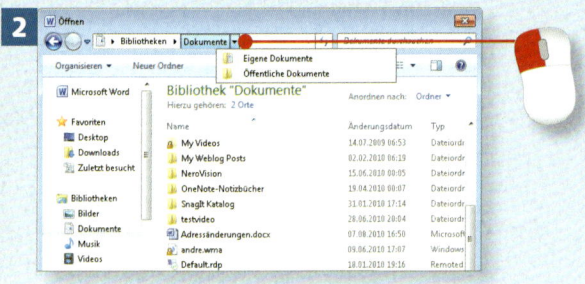

Schritt 2

Um in einen anderen Ordner zu wechseln, klicken Sie im Adressfeld auf den Ordnernamen oder auf den Pfeil daneben, um die Liste der Unterordner zu sehen. Per Mausklick öffnen Sie den jeweiligen Ordner und per Doppelklick dann die Datei.

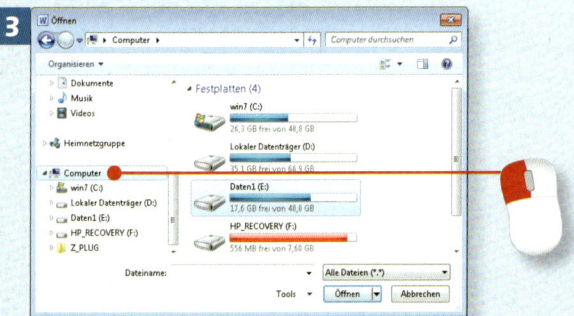

Schritt 3

Auch über den linken Bereich im Dialog **Öffnen** können Sie zu anderen Ordnern wandern. Klicken Sie hier auf **Computer**, um eine Liste aller Laufwerke zu erhalten. Per Doppelklick auf den Laufwerksnamen rechts wird die Ordnerstruktur auf dem Laufwerk eingeblendet.

Bibliotheken

Vereinfacht gesagt, sind Bibliotheken Sammlungen von Verweisen zu Ordnern.

Schritt 4

Praktisch: Klicken Sie im Register **Datei** auf **Zuletzt verwendet**. Rechts tauchen (in der Standardeinstellung) die 20 zuletzt geöffneten Dateien auf. Per Klick können Sie eine dieser Dateien aufrufen.

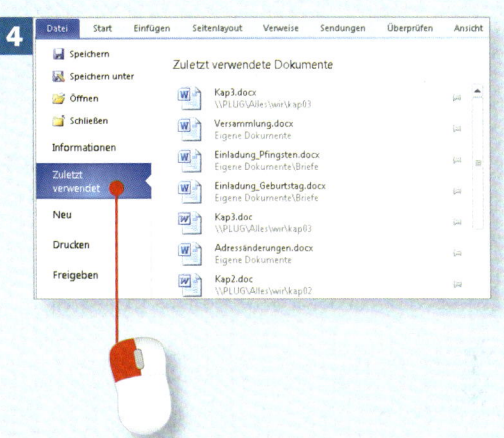

Schritt 5

Auch über den Windows-Explorer lassen sich Dateien aufrufen. Öffnen Sie den gewünschten Ordner, indem Sie entweder auf den Ordnernamen im Adressfeld klicken oder auf den Pfeil für die Liste der Unterordner.

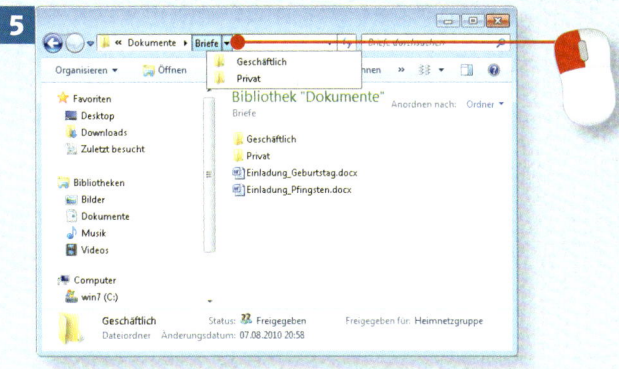

Schritt 6

Klicken Sie im linken Bereich auf **Dokumente**, dann tauchen rechts die von Microsoft für Ihre Dateien vorgesehenen Ordner auf. Wenn Sie doppelt auf einen Dateinamen klicken, wird die Datei im zugehörigen Programm geöffnet.

Standardprogramme ändern

Sie können festlegen, mit welchem Programm Dateien geöffnet werden. Klicken Sie dazu im Kontextmenü der Datei auf **Öffnen mit ▸ Standardprogramm auswählen**, und wählen Sie ein passendes Programm aus.

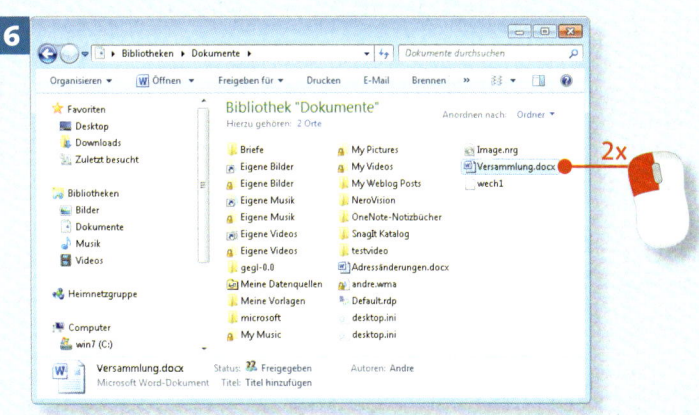

Dateien speichern

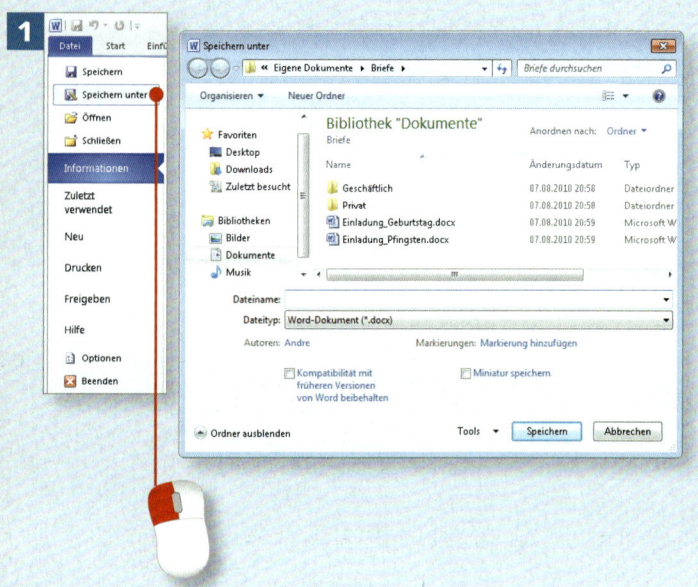

Das Speichern ist das A und O bei der Arbeit mit Word (und jedem anderen Programm). Denken Sie regelmäßig daran, so ersparen Sie sich eine Menge Ärger.

Schritt 1

Um ein noch nicht gespeichertes Dokument zu sichern, klicken Sie auf der Registerkarte **Datei** auf **Speichern unter**. Daraufhin öffnet sich der gleichnamige Dialog.

Schritt 2

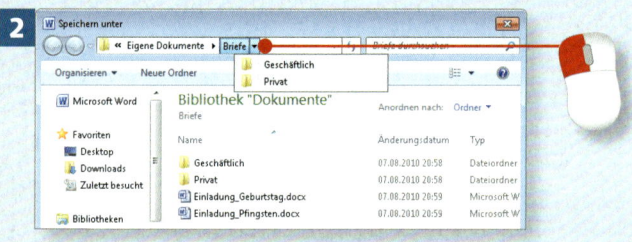

Suchen Sie zunächst den Ordner, in dem Sie die Datei ablegen möchten. Zum Wandern in der Ordnerstruktur nutzen Sie das Adressfeld oben im Dialog. Ein Klick auf den Ordnernamen öffnet den Ordner, ein Klick auf den Pfeil zeigt die Unterorder an, die dann per Mausklick zu öffnen sind.

Schritt 3

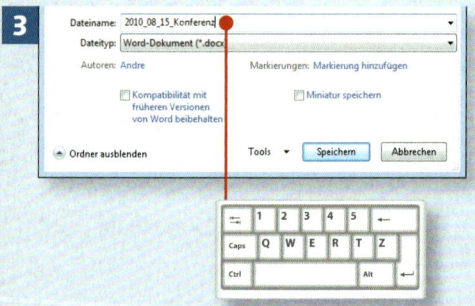

Wenn Sie den gewünschten Ordner geöffnet haben, geben Sie im Feld **Dateiname** den Dateinamen ein. Die Erweiterung (*.docx*) schreiben Sie nicht mit, Word vergibt sie automatisch (siehe dazu den Abschnitt »Die Dateiformate von Word« ab Seite 44). Klicken Sie dann auf **Speichern**.

Schritt 4

Möchten Sie einen neuen Ordner für das Dokument anlegen? Dann öffnen Sie den entsprechenden Überordner und klicken auf **Neuer Ordner** ❶. Ein gelbes Symbol mit der Bezeichnung »Neuer Ordner« erscheint. Geben Sie ihm einen passenden Namen und drücken die ⏎-Taste.

Schritt 5

Sobald ein Dokument gespeichert ist, taucht der Dateiname am Kopf des Programmfensters auf. Denken Sie nun daran, regelmäßig nachzuspeichern. Dazu klicken Sie einfach auf das Symbol **Speichern** in der Symbolleiste für den Schnellzugriff.

Schritt 6

Wenn Sie Word schließen und Änderungen an einem Dokument noch nicht gespeichert sind, fragt Word, wie Sie verfahren möchten. Normalerweise sollten Sie in diesem Dialog auf **Speichern** klicken, es sei denn, Sie verzichten bewusst auf die letzten Änderungen.

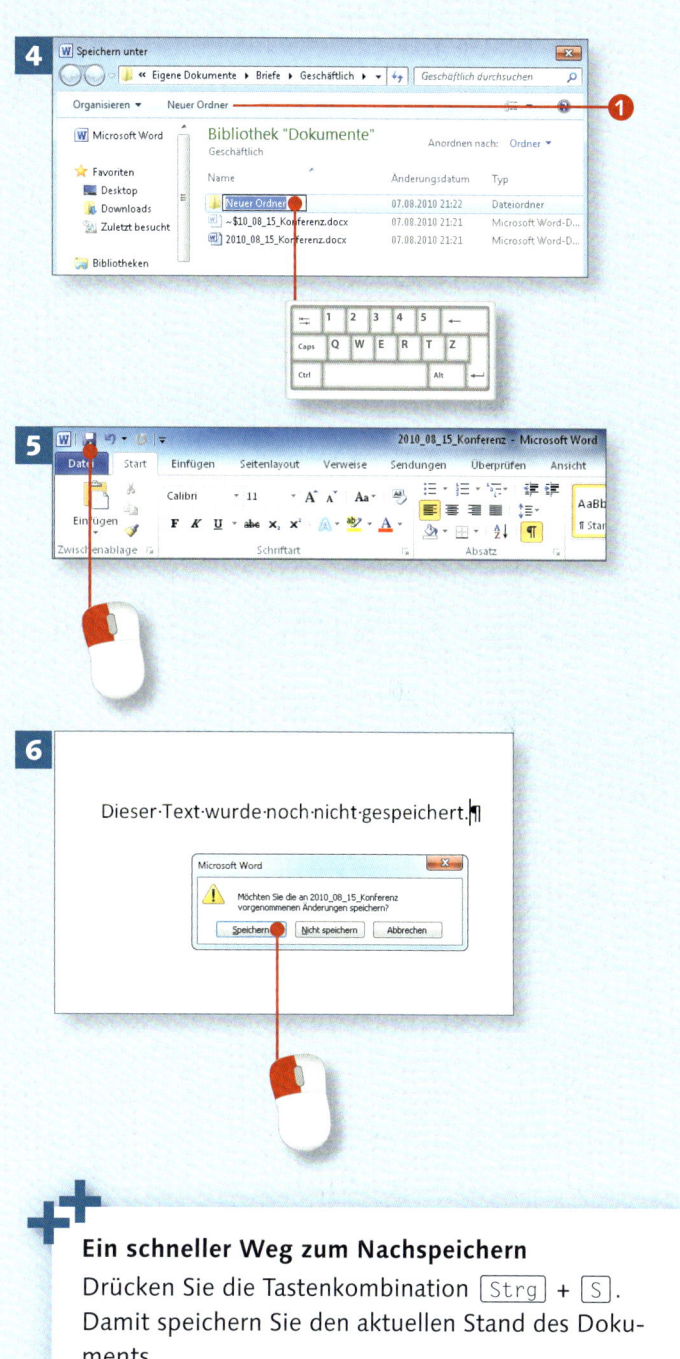

Ein schneller Weg zum Nachspeichern

Drücken Sie die Tastenkombination ⌜Strg⌝ + ⌜S⌝. Damit speichern Sie den aktuellen Stand des Dokuments.

Die Dateiformate von Word

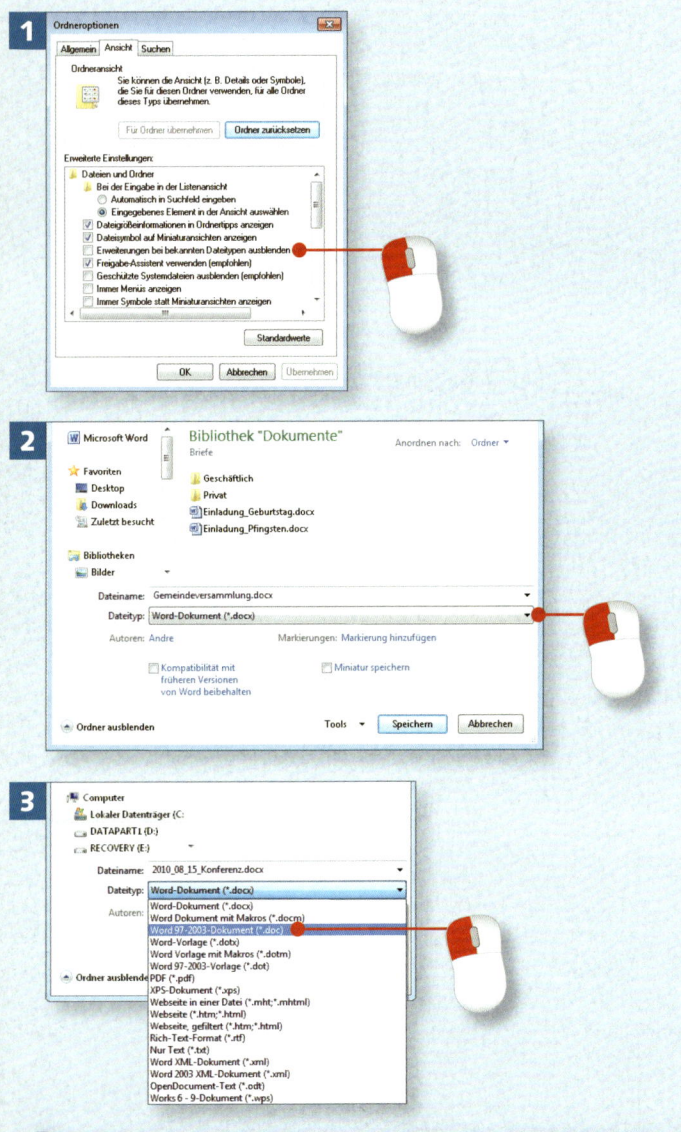

Dateiendungen wie .doc oder .docx sind wie Familiennamen. An ihnen lässt sich erkennen, aus welchem Programm ein Dokument bzw. eine Datei stammt.

Schritt 1

Dokumente werden in bestimmten Formaten gespeichert. Diese tauchen als Erweiterung nach dem Punkt in einem Dateinamen auf, z. B. *Einladung.docx*. Um diese Erweiterungen einzublenden, gehen Sie über **Start ▸ Systemsteuerung ▸ Ordneroptionen** zur Registerkarte **Ansicht**. Entfernen Sie das Häkchen vor **Erweiterungen bei bekannten Dateitypen ausblenden**.

Schritt 2

Wenn Sie eine Datei nicht im Standardformat abspeichern möchten, sondern z. B. in einem Format einer älteren Programmversion, klicken Sie im Dialog **Speichern unter** auf den Auswahlpfeil am Feld **Dateityp**.

Schritt 3

In der Auswahlliste steht, in welchen anderen Formaten Sie ein Word-Dokument abspeichern können. Wie Sie in der Abbildung sehen, sind zahlreiche Formate möglich.

Ansicht der Systemsteuerung
Der in Schritt 1 beschriebene Weg gilt für die Ansicht **Kleine** (oder **Große**) **Symbole**. Um die Anzeige zu verändern, klicken Sie im Fenster der Systemsteuerung auf den Pfeil am Feld **Anzeige**.

Schritt 4

Soll die Datei beispielsweise in Word 2003 oder einer älteren Version zu öffnen sein, wählen Sie **Word 97-2003-Dokument (doc)**. Wird die Datei geöffnet, erscheint dann neben dem Dateinamen im Kopf des Fensters der Zusatz **[Kompatibilitätsmodus]**. Mitunter gehen dann jedoch bestimmte Formatierungen verloren.

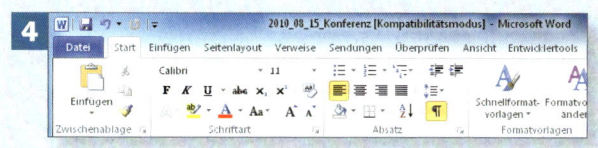

Schritt 5

Sie können auch dauerhaft ein Dateiformat festlegen, in dem Word speichern soll. Öffnen Sie die Word-Optionen (**Datei ▸ Optionen**) und dort den Bereich **Speichern**. In der Auswahl des Feldes **Dateien in diesem Format speichern** legen Sie das gewünschte Format fest.

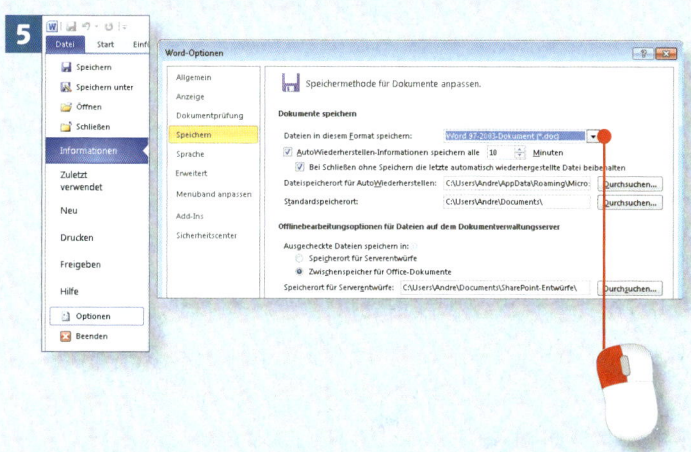

Schritt 6

Sie können mit Word direkt PDF-Dokumente (z. B. für die Weitergabe per E-Mail) erstellen, indem Sie als Dateityp **PDF (*.pdf)** auswählen. Nach dem Speichern wird die neue Datei im PDF-Reader geöffnet, sofern er installiert ist.

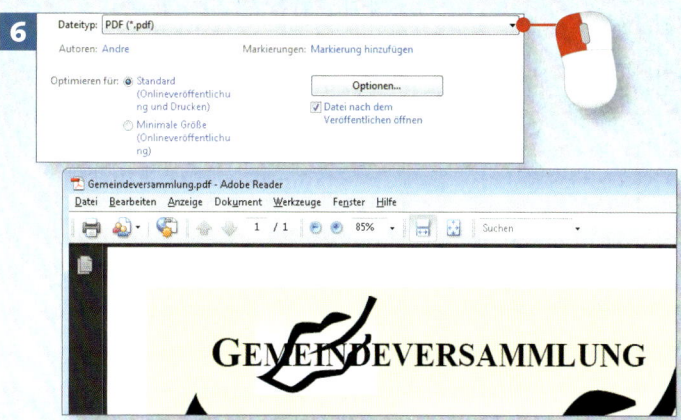

Dokumente gekonnt organisieren

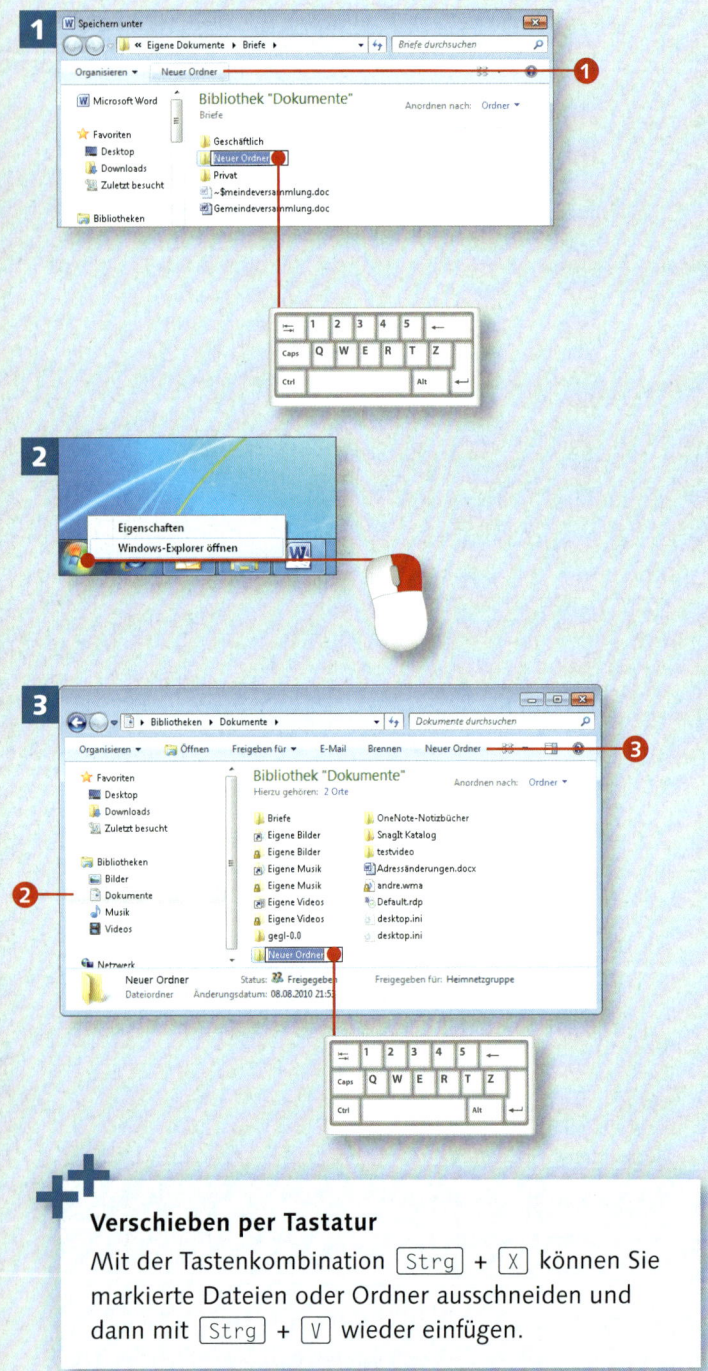

Die Suche nach einer bestimmten Datei ersparen Sie sich, wenn Sie von Beginn an mit einer durchdachten Ordnerstruktur arbeiten.

Schritt 1

Um im Dialog **Speichern unter** einen neuen Ordner zu erstellen, klicken Sie einfach auf **Neuer Ordner** ❶, und vergeben Sie einen Namen. Achten Sie darauf, dass Sie sich wirklich im richtigen Ordner befinden.

Schritt 2

Der richtige Ort für Ihre Ordner- und Dateiverwaltung ist der Windows-Explorer. Rufen Sie ihn auf, indem Sie mit der rechten Maustaste auf das Symbol **Start** und dann (mit der linken Maustaste) auf **Windows-Explorer öffnen** klicken.

Schritt 3

Im Windows-Explorer klicken Sie links auf den Ordner, in den Sie einen weiteren Ordner einfügen möchten, z. B. **Dokumente** ❷. Dann klicken Sie auf **Neuer Ordner** ❸ und überschreiben den Vorschlag neben dem Ordnersymbol mit einem neuen Namen.

Verschieben per Tastatur

Mit der Tastenkombination Strg + X können Sie markierte Dateien oder Ordner ausschneiden und dann mit Strg + V wieder einfügen.

Schritt 4

Liegt eine Datei in einem »falschen« Ordner, können Sie sie im Windows-Explorer in den richtigen verschieben. Markieren Sie die Datei, klicken Sie sie mit rechts an, und wählen Sie **Ausschneiden** aus dem Kontextmenü. Aktivieren Sie den Zielordner, und wählen Sie im Kontextmenü **Einfügen**.

Schritt 5

Um eine Datei zu löschen, markieren Sie sie (im Windows-Explorer), klicken sie mit der rechten Maustaste an und wählen im Kontextmenü **Löschen**. Genauso gut können Sie einfach die Entf-Taste drücken.

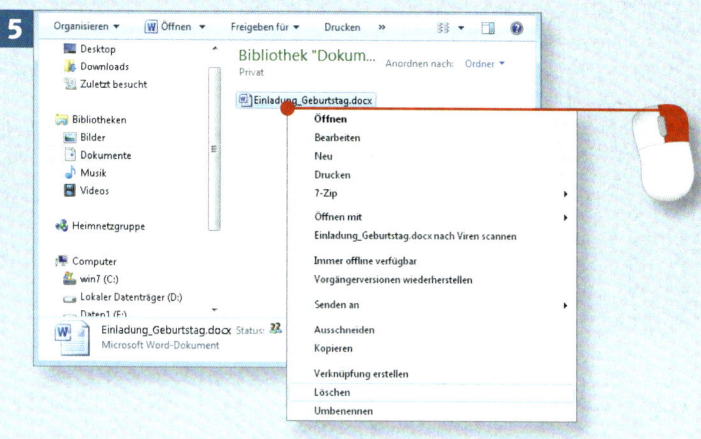

Schritt 6

Nun fällt Ihnen auf, dass der Dateiname, den Sie vergeben haben, doch nicht passt. Benennen Sie die Datei einfach um. Dazu markieren Sie sie und wählen im Kontextmenü **Umbenennen**. Geben Sie einen neuen Namen ein, und drücken Sie dann die ↵-Taste.

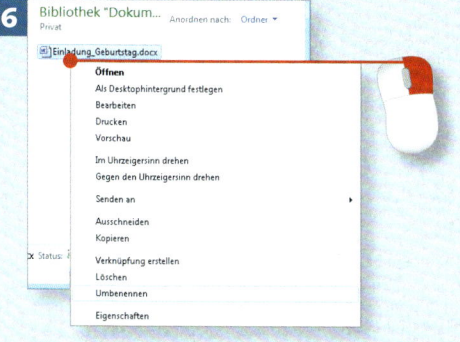

Dateien umbenennen

Markieren Sie die Datei, und drücken Sie F2, um den Dateinamen zu ändern, ohne das Kontextmenü zu bemühen.

Die Seite einrichten

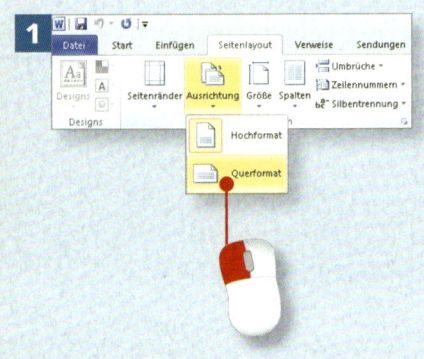

Word bietet Ihnen eine Standardseite, mit der Sie sofort arbeiten können. Sie können sich eine Seite aber auch ganz nach Ihrem Geschmack einrichten.

Schritt 1

Im Standard schreiben Sie auf einem Blatt mit der Einstellung **Hochformat**. Auf einer Seite mit einer vielspaltigen Tabelle ist aber z. B. das Querformat passender. Aktivieren Sie die Registerkarte **Seitenlayout**, und klicken Sie auf das Symbol **Ausrichtung**. Wählen Sie **Querformat**.

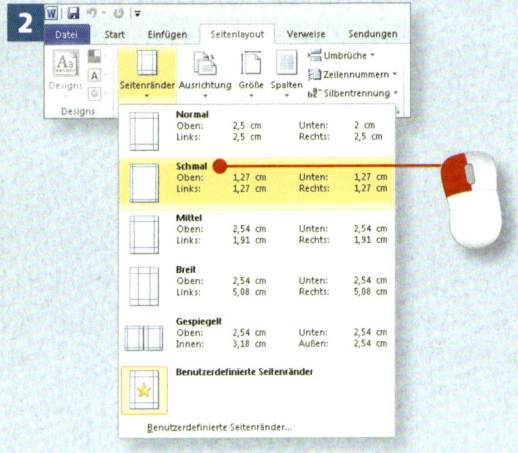

Schritt 2

Selbstverständlich können Sie die Standard-Seitenränder verändern. Aktivieren Sie die Registerkarte **Seitenlayout**, und klicken Sie auf das Symbol **Seitenränder**. Im Menü suchen Sie sich ein passendes Layout aus und klicken es an.

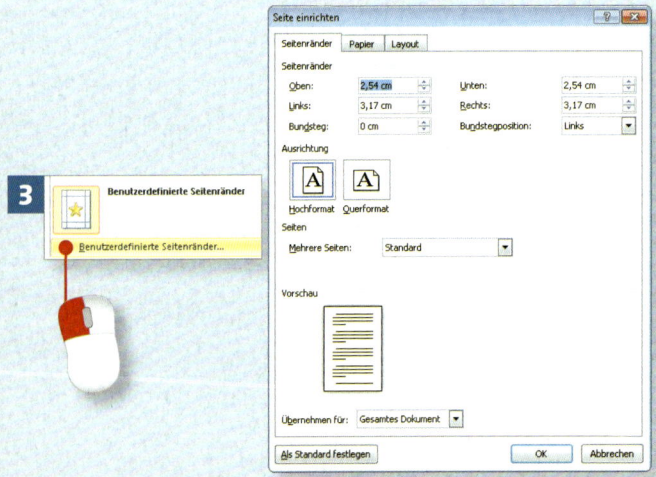

Schritt 3

Um die Breite der Seitenränder selbst zu bestimmen, wählen Sie unten im Menü **Benutzerdefinierte Seitenränder**. Dies öffnet einen Dialog, in dem Sie die passenden Maße manuell eintragen können.

Schritt 4

In der Standardeinstellung schreiben Sie einspaltig. Wenn Sie Ihrem Blatt eine Art Zeitungslayout verpassen wollen, richten Sie mehrere Spalten ein. Klicken Sie auf der Registerkarte **Seitenlayout** auf **Spalten**, und wählen Sie die Anzahl der Spalten.

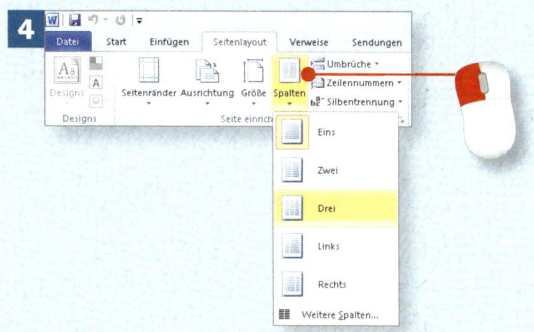

Schritt 5

Sie können die Spalten und Seitenränder auch im Lineal mit der Maus verändern. Blenden Sie die Lineale über **Ansicht ▸ Lineal** ein, sollten sie nicht bereits angezeigt werden.

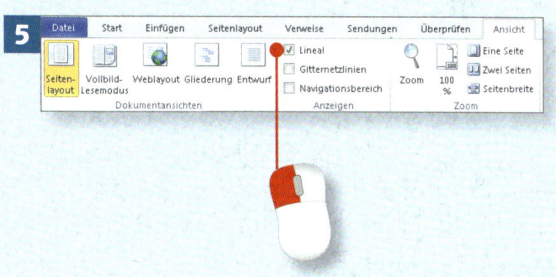

Schritt 6

Wenn Sie die Maus jetzt auf den farblich angedeuteten Seitenrändern im Lineal positionieren, wird der Mauszeiger zum Doppelpfeil, und Sie können die Ränder mit gedrückter Maustaste verschieben. Übrigens: Die »Sanduhren« ❶ zeigen die Absatzeinzüge an (mehr dazu in Kapitel 5, »Text gestalten und formatieren«, ab Seite 72).

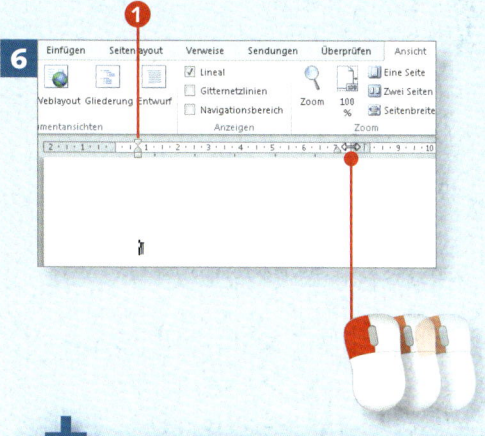

Formatierungszeichen sind Freunde

Blenden Sie die Formatierungszeichen ein. Diese sind nur auf dem Bildschirm zu sehen, werden aber nicht ausgedruckt. Klicken Sie auf der Registerkarte **Start** auf das Symbol **Alle anzeigen** (die Absatzmarke).

Kopf- und Fußzeilen einfügen und bearbeiten

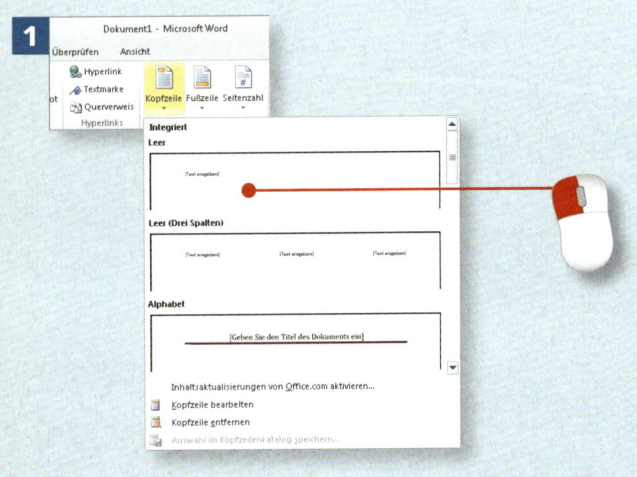

Einmal angelegt, tauchen Kopf- und Fußzeilen automatisch auf jeder Seite des Dokuments auf. Wir beschreiben hier nur den Umgang mit Kopfzeilen – mit den Fußzeilen machen Sie es einfach genauso.

Schritt 1

Um eine Kopfzeile einzufügen, klicken Sie auf der Registerkarte **Einfügen** auf **Kopfzeile**. Für eine Kopfzeile ohne Layout klicken Sie im Menü auf **Leer**. Daraufhin öffnet sich in Ihrem Dokument der Bereich für die Kopfzeile, in den Sie nun einfach Text eintippen.

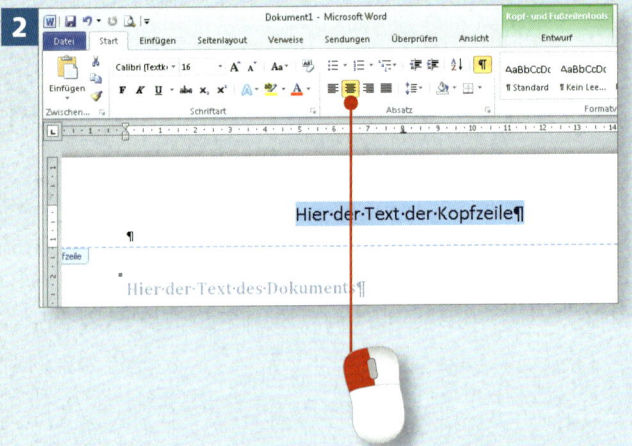

Schritt 2

Um den Text der Kopfzeile zu formatieren, können Sie die klassischen Optionen auf der Registerkarte **Start** nutzen. Setzen Sie den Text beispielsweise in die Mitte, indem Sie auf **Zentriert** klicken.

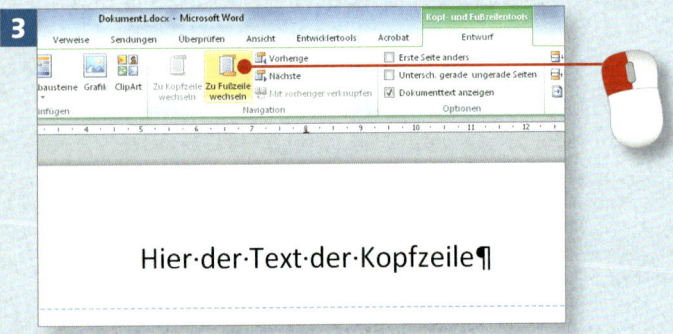

Schritt 3

Auf der Registerkarte **Entwurf** der **Kopf- und Fußzeilentools** finden Sie Symbole zur weiteren Bearbeitung der Kopfzeile. Um von der Kopfzeile in die Fußzeile zu springen, klicken Sie auf **Zu Fußzeile wechseln**.

Schritt 4

Wie Sie auf der Registerkarte **Ent-wurf** sehen, können Sie einer Kopf-zeile Grafiken und ClipArts **❶** hin-zufügen. Klicken Sie einfach auf die entsprechenden Symbole. Informa-tionen zur weiteren Bearbeitung der Grafiken finden Sie in Kapitel 8, »Mit Grafiken arbeiten«, ab Seite 134.

Schritt 5

Auch ein Datum und/oder die Uhr-zeit sind schnell eingefügt. Klicken Sie auf das Symbol **Datum und Uhrzeit**. Im nächsten Dialog wählen Sie ein Format. Wenn Sie wünschen, dass das Datum jeweils beim Öffnen der Datei aktualisiert wird, aktivie-ren Sie die Option **Automatisch aktualisieren ❷**.

Schritt 6

Den Abstand der Kopf- oder Fuß-zeile vom Seitenrand regeln Sie in den Feldern **Kopfzeile von oben** bzw. **Fußzeile von unten** auf der Registerkarte **Entwurf**. Klicken Sie daneben auf die jeweiligen Pfeilreg-ler. Der Effekt stellt sich unmittelbar ein.

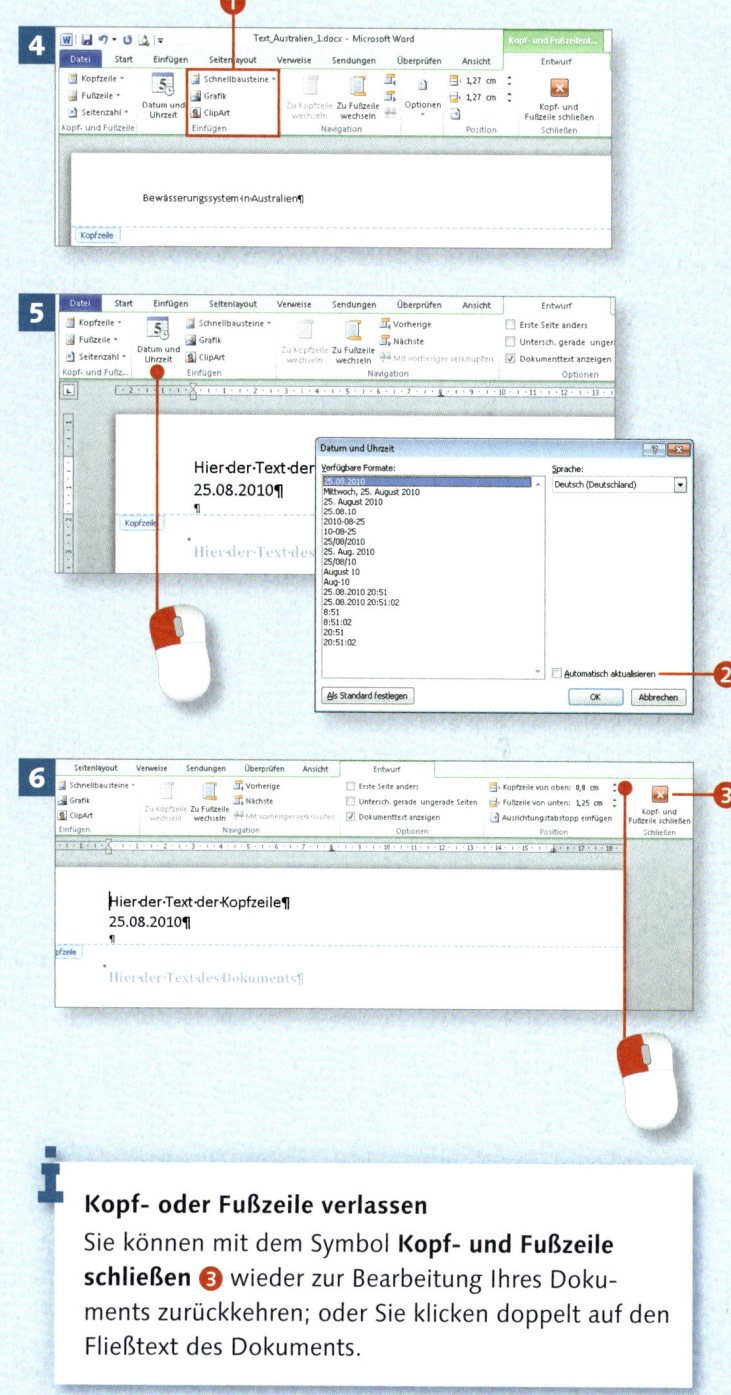

i

Kopf- oder Fußzeile verlassen
Sie können mit dem Symbol **Kopf- und Fußzeile schließen ❸** wieder zur Bearbeitung Ihres Doku-ments zurückkehren; oder Sie klicken doppelt auf den Fließtext des Dokuments.

Kopf- und Fußzeilen einfügen und bearbeiten (Forts.)

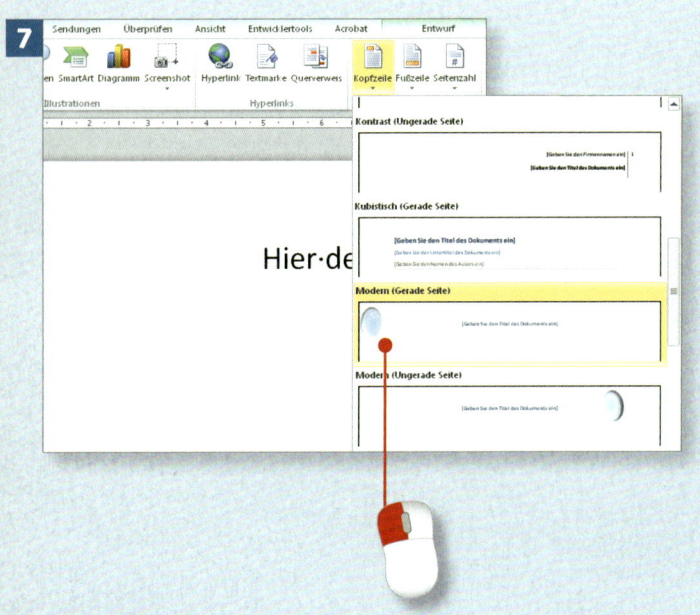

Schritt 7

Wenn Sie es sich bequem machen wollen, fügen Sie eine Kopfzeile mit Layout ein. Klicken Sie auf dem Register **Einfügen** auf **Kopfzeile** und für eine Kopfzeile mit einem auffallenden Design z. B. auf die Vorlage **Modern**.

Schritt 8

Sie erhalten eine Art Kugel mit Datums- und Textbereich. Überschreiben Sie den Text im Feld **Titel**.

Schritt 9

Um in diese Kopfzeile ein Datum einzufügen, klicken Sie innerhalb der Kugel zuerst auf den Bereich **Wählen Sie das Datum aus**. Sodann erscheint rechts daneben ein Pfeil.

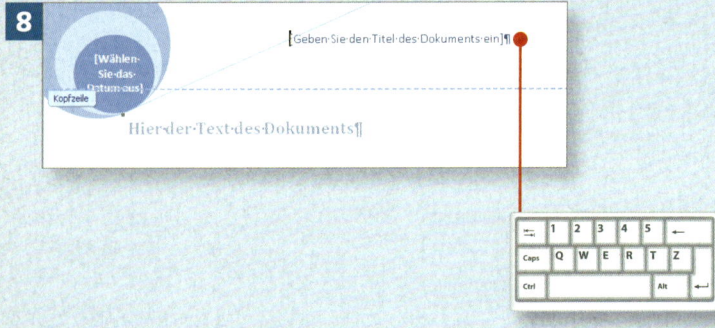

---

i

Kopfzeilenbereich wieder einblenden

Um die Kopfzeile erneut zu bearbeiten, doppelklicken Sie im Dokument darauf, oder wählen Sie den Eintrag **Kopfzeile bearbeiten** im Menü des Symbols **Kopfzeile** auf der Registerkarte **Einfügen**.

Schritt 10

Klicken Sie auf diesen Pfeil. Es öffnet
sich ein Menü mit einem Kalender.
Hier markieren Sie das gewünschte
Datum (mit den Pfeilen am Kopf
des Menüs können Sie durch die
Monate wandern).

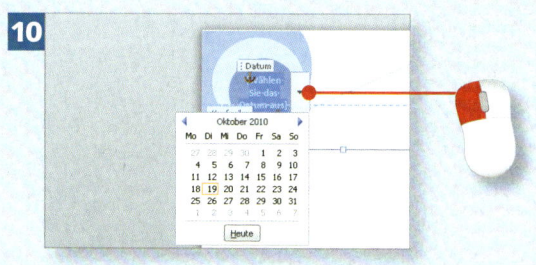

Schritt 11

Wenn Sie auf die Grafik in der Kopfzeile klicken, wird die Registerkarte
Format der **Zeichentools** eingeblendet. Mithilfe dieser Registerkarte
können Sie die Grafik verändern.
Klicken Sie beispielsweise auf **Fülleffekt**, um in der Farbpalette eine
andere Farbe für die Kugel einzustellen.

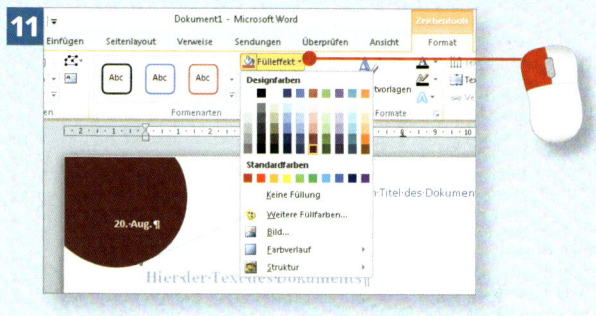

Schritt 12

Sie entfernen eine Kopfzeile wieder, indem Sie auf der Registerkarte
Kopf- und Fußzeilentools im Menü
des Symbols **Kopfzeile** den Eintrag
Kopfzeile entfernen wählen. In
diesem Menü können Sie außerdem
auch ein anderes Layout für die
Kopfzeile einstellen.

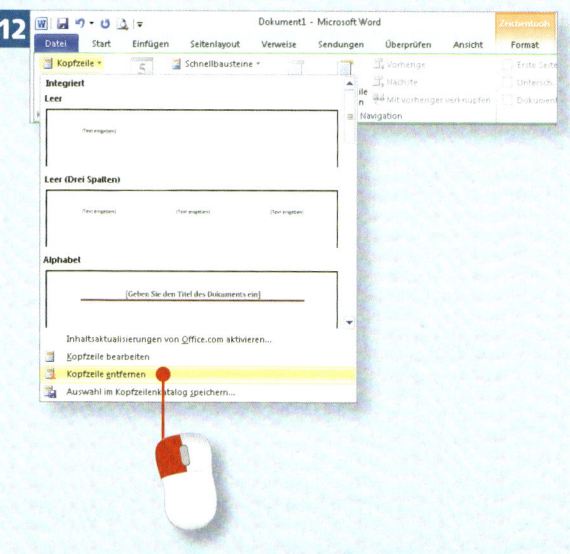

Seitenzahlen einfügen

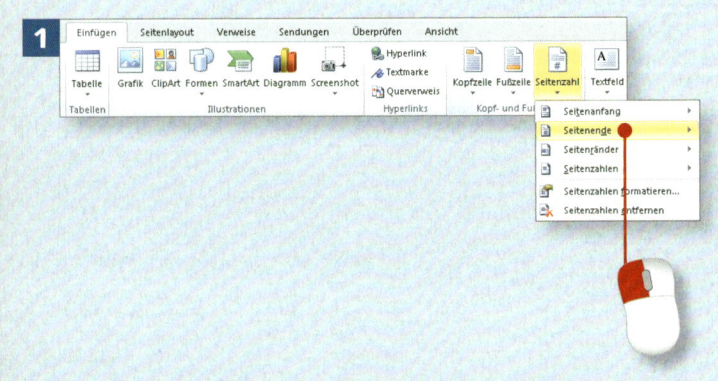

Für jedes längere Dokument emp-
fiehlt es sich, Seitenzahlen einzufügen
– denken Sie daran, wie mühselig
es wäre, einen Stapel Papier ohne
Seitenzahlen wieder zu sortieren,
wenn er auf dem Fußboden gelandet
ist.

Schritt 1

Im Normalfall stehen die Seitenzahlen am Seitenende. Klicken Sie
auf der Registerkarte **Einfügen**
auf **Seitenzahl**, und wählen Sie
die Menüoption **Seitenende**. Gibt
es bereits eine Fußzeile, wird die
Seitenzahl dort eingefügt, ansonsten
wird eine neue Fußzeile angelegt.

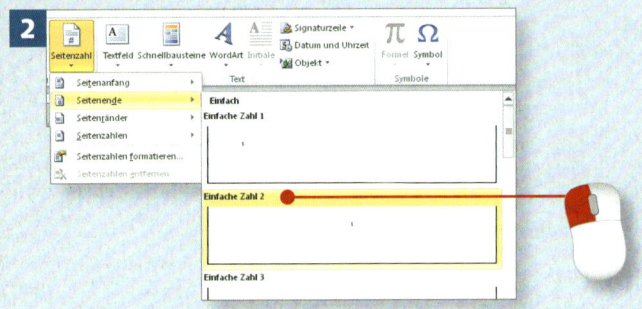

Schritt 2

Sie erhalten ein Menü mit diversen
Layout-Optionen. Für eine schlichte
Seitenzahl in der Mitte klicken Sie
auf **Einfache Zahl 2**. Damit springen
Sie auch automatisch in die Fußzeile.

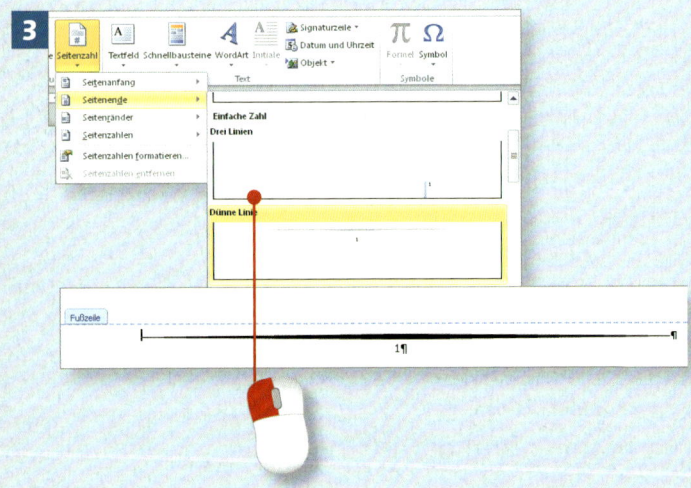

Schritt 3

Sie können aber auch ohne große
Mühe für ein Layout sorgen. Wie
wäre es beispielsweise mit einer Linie über der Seitenzahl? Wählen Sie
dazu im Auswahlmenü des Eintrags
Seitenende die Option **Dünne Linie**.

Schritt 4

Das Format der Seitenzahlen ändern Sie, indem Sie im Menü des Symbols **Seitenzahl** auf **Seitenzahlen formatieren** klicken.

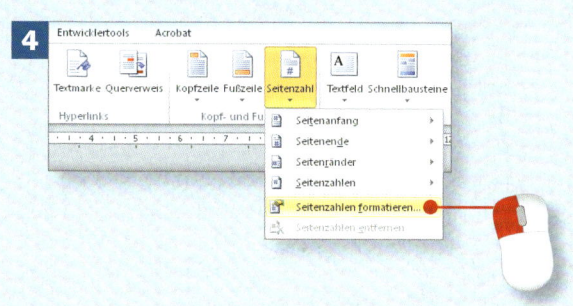

Schritt 5

Der Dialog **Seitenzahlenformat** öffnet sich. Klicken Sie auf den Pfeil am Feld **Zahlenformat**. Sie erhalten eine Auswahlliste, die sowohl Buchstaben als auch römische Ziffern anbietet.

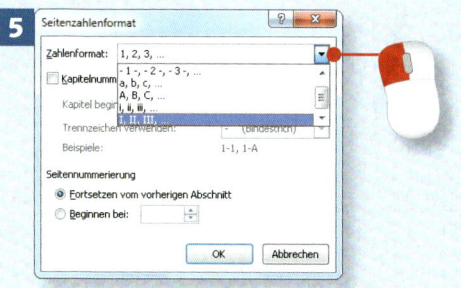

Schritt 6

Wenn Sie eine Kopf- oder Fußzeile eingefügt haben, erscheint das Register **Kopf- und Fußzeilentools**. Hier können Sie z. B. einstellen, dass auf der ersten Seite keine Seitenzahl erscheinen soll. Klicken Sie auf **Erste Seite anders**. Word fügt dann für die erste Seite neue leere Kopf- und Fußzeilen ein, beginnt die Zählung auf der zweiten Seite allerdings dennoch mit 2.

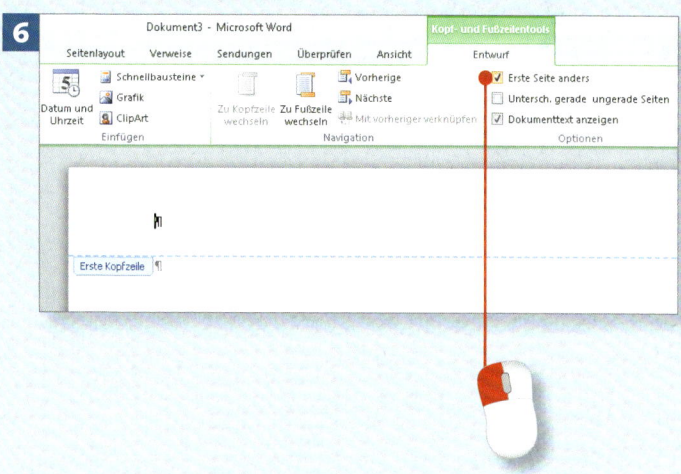

Eine 1 auf der 2. Seite

Damit Word auf der zweiten Seite mit 1 zu zählen beginnt, aktivieren Sie die Fußzeile und wählen **Seitenzahl ▸ Seitenzahl formatieren**. Geben Sie im Feld **Beginnen bei** des Dialogs »**0**« ein.

Kapitel 4:
Mit Texten umgehen

Der Sinn und Zweck von Word 2010 ist es in erster Linie, Texte zu schreiben und zu bearbeiten. Wie das Programm Ihnen dabei unter die Arme greift, zeigen wir Ihnen in diesem Kapitel.

❶ Text eingeben und korrigieren

Gerade wenn es schnell gehen muss, schleichen sich beim Tippen schon mal Fehler ein. Word verhilft Ihnen zu einem korrekten Text, indem es eine Rechtschreib- und Grammatikprüfung anbietet oder z. B. einfache Buchstabendreher selbstständig berichtigt.

❷ Änderungen auf die Schnelle

Wenn Änderungen für mehrere Wörter oder ganze Passagen gelten sollen, markieren Sie diese, bevor Sie einen Befehl ausführen. Auf diese Weise lassen sich Textteile auch kopieren oder ausschneiden und komplett verschieben.

❸ Suchen und ersetzen

Kommt Ihnen nachträglich in den Sinn, dass Sie beispielsweise lieber »Harald« statt »Harry« schreiben möchten, können Sie mit der Tastenkombination Strg + F das eine Wort suchen und automatisch durch das andere ersetzen. Das funktioniert sogar mit Formaten wie Fett- oder Kursivschrift.

❶ Text eingeben und korrigieren

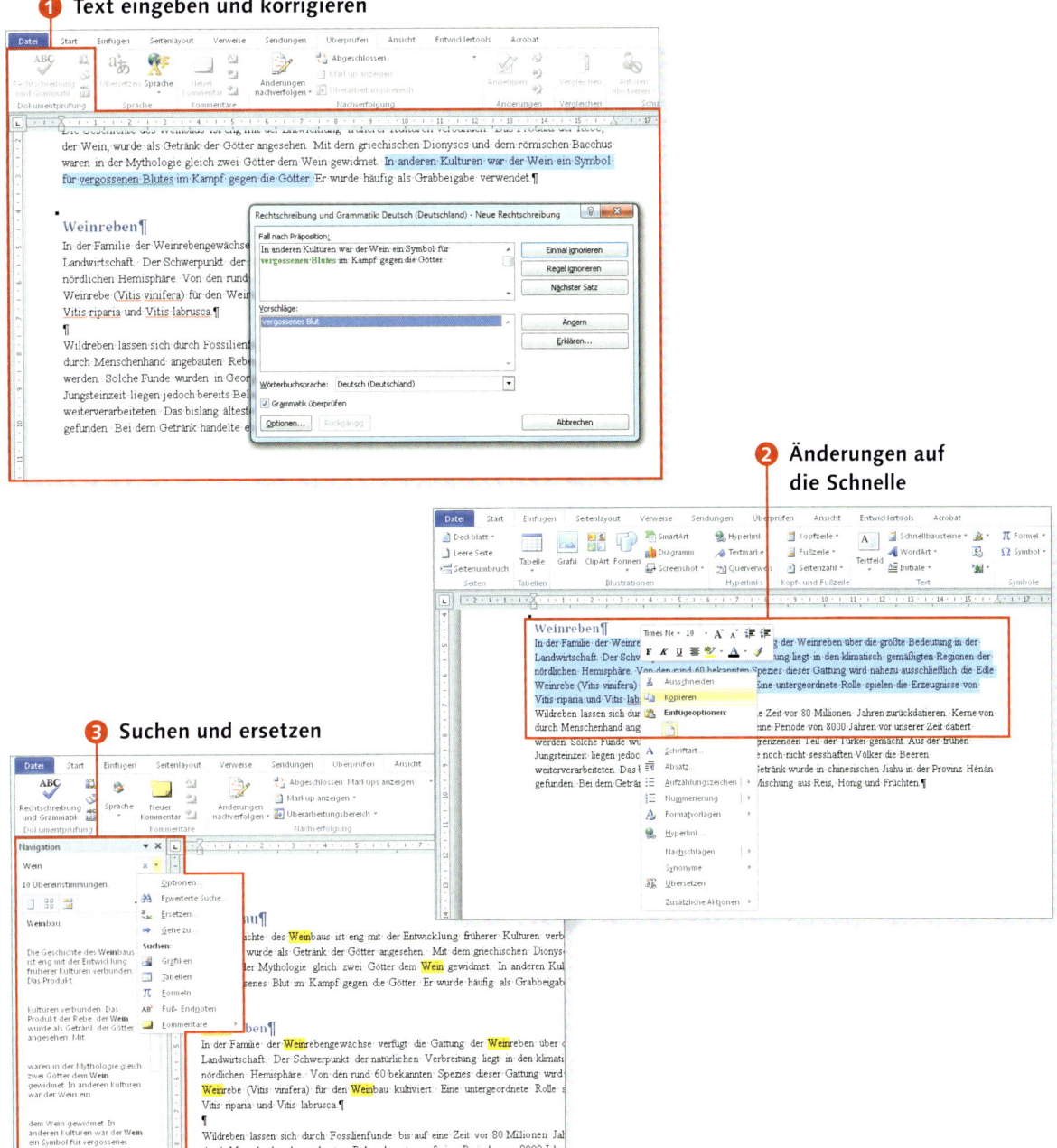

❷ Änderungen auf die Schnelle

❸ Suchen und ersetzen

Text eingeben

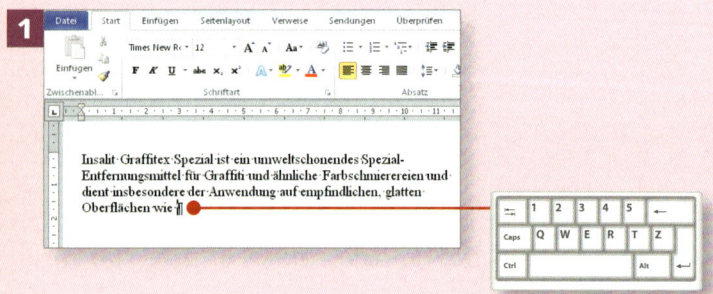

Kommen wir nun zu den Grundlagen der Textverarbeitung. Erst einmal geht es ans Schreiben selbst, dann zeigen wir Ihnen, wie sich Korrekturen und nachträgliche Änderungen der Textstruktur vereinfachen lassen.

Schritt 1

Fangen Sie einfach an zu schreiben – zwar nicht ohne Punkt und Komma, aber ohne am Zeilenende einen Zeilenumbruch mit der ⏎-Taste zu erzeugen. Word bricht die Zeilen am rechten Rand automatisch um.

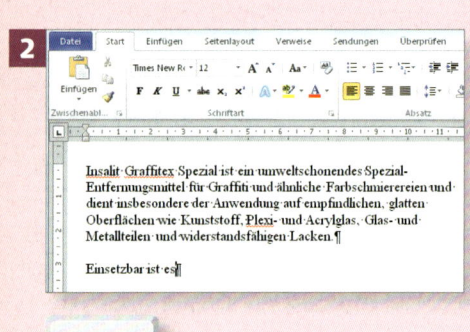

Schritt 2

Nur wenn Sie einen Absatz benötigen, drücken Sie einmal die ⏎-Taste bzw. zweimal für eine leere Zeile. Wenn Sie nun weiterschreiben, beginnt ein neuer Absatz.

Schritt 3

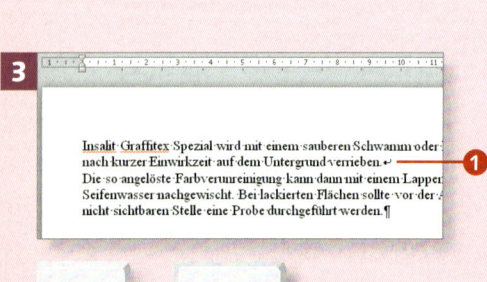

Wenn Sie keinen neuen Absatz erzeugen, aber dennoch in einer neuen Zeile weiterschreiben möchten, hilft ein sogenannter *weicher Zeilenumbruch* ❶. Drücken Sie dazu die Tastenkombination ⇧ + ⏎.

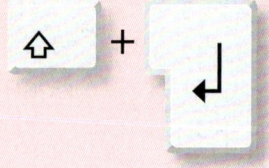

Schritt 4

Word kümmert sich auch um den *Seitenumbruch*. Wenn der untere Rand einer Seite erreicht ist, wandert der Cursor auf die nächste Seite. In der Statuszeile ❷ steht jetzt **Seite: 2 von 2**.

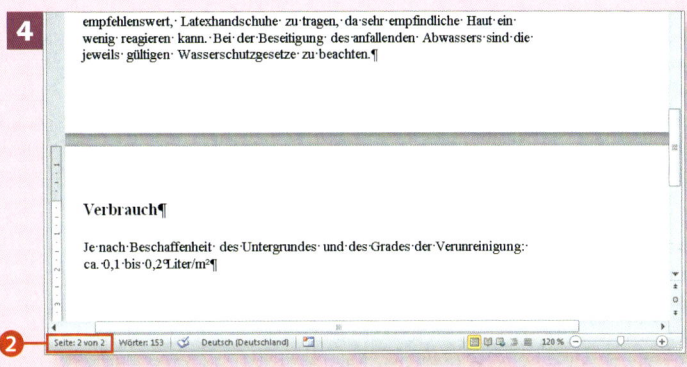

Schritt 5

Sie können einen Seitenumbruch auch »erzwingen«: Drücken Sie dazu `Strg` + `↵`. Dieser Seitenumbruch wird (in der Ansicht **Seitenlayout**) als gestrichelte Linie dargestellt.

Schritt 6

Sie können verhindern, dass der Zeilenumbruch z.B. zwischen einer Zahl und einer Maßeinheit erfolgt. Dazu fügen Sie ein geschütztes Leerzeichen ein: `Strg` + `⇧` + `⎵`. Das geschützte Leerzeichen wird als hochgestellter Kreis angezeigt.

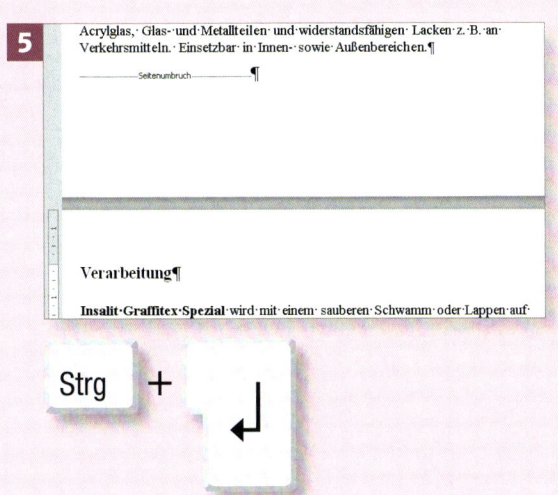

ℹ Seitenumbruch in Absätzen

Wie Word mit Seitenumbrüchen in einem Absatz umgeht, legen Sie im Dialog **Absatz** (Registerkarte **Zeilen- und Seitenumbruch**) fest. Klicken Sie auf **Start** und in der Gruppe **Absatz** auf den kleinen Pfeil.

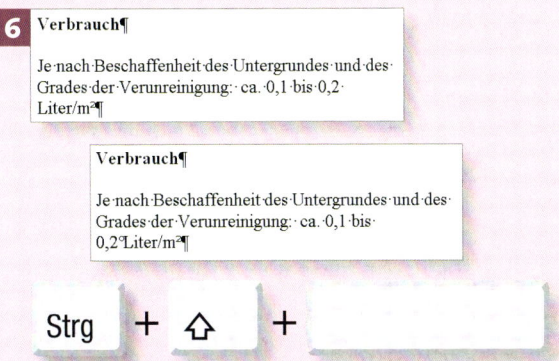

Fehlerfreie Texte – Korrigieren in Word

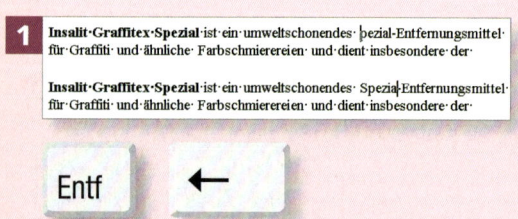

Trotz aller ausgefeilten Funktionen, die Word bietet – die einfache Tatsache, dass man das Geschriebene unbegrenzt korrigieren kann, gehört zu den bestechenden Vorteilen dieses Textverarbeitungsprogramms.

Schritt 1

Sie können Fehler einfach manuell korrigieren. Die [Entf]-Taste löscht Zeichen rechts, die [←]-Taste Zeichen links des Cursors. Halten Sie diese Tasten gedrückt, werden gleich mehrere Zeichen gelöscht.

Schritt 2

Haben Sie ein oder mehrere Zeichen vergessen, tippen Sie sie einfach an Ort und Stelle ein. Die Zeichen werden am Cursor eingefügt, der alte Text rutscht weiter nach rechts – es sei denn, Sie schreiben im *Überschreibmodus*.

Schritt 3

Falsch geschriebene Wörter werden mit einer roten Wellenlinie unterstrichen. Klicken Sie das unterstrichene Wort mit rechts an: Häufig bietet das Kontextmenü einen Korrekturvorschlag, den Sie per Mausklick übernehmen können.

---

i

Überschreibmodus

Im Überschreibmodus wird der Text beim Tippen nicht nach rechts weggeschoben, sondern die vorhandenen Zeichen werden überschrieben. Sie aktivieren diesen Modus über **Datei ▶ Optionen ▶ Erweitert**. Setzen Sie ein Häkchen vor **Überschreibmodus verwenden**.

Schritt 4

Eigennamen stehen nicht von Haus aus im Word-Wörterbuch. Sie können sie aber darin aufnehmen, damit sie zukünftig nicht mehr bemängelt werden. Klicken Sie das Wort mit rechts an, und wählen Sie **Hinzufügen zum Wörterbuch**.

Schritt 5

Sie können ein Dokument auch in einem Dialog »durchkorrigieren«. Klicken Sie auf der Registerkarte **Überprüfen** auf **Rechtschreibung und Grammatik ❶**. Im oberen Bereich werden die falschen Wörter rot angezeigt, im unteren Bereich erhalten Sie Korrekturvorschläge, die Sie per Klick auf **Ändern** übernehmen können.

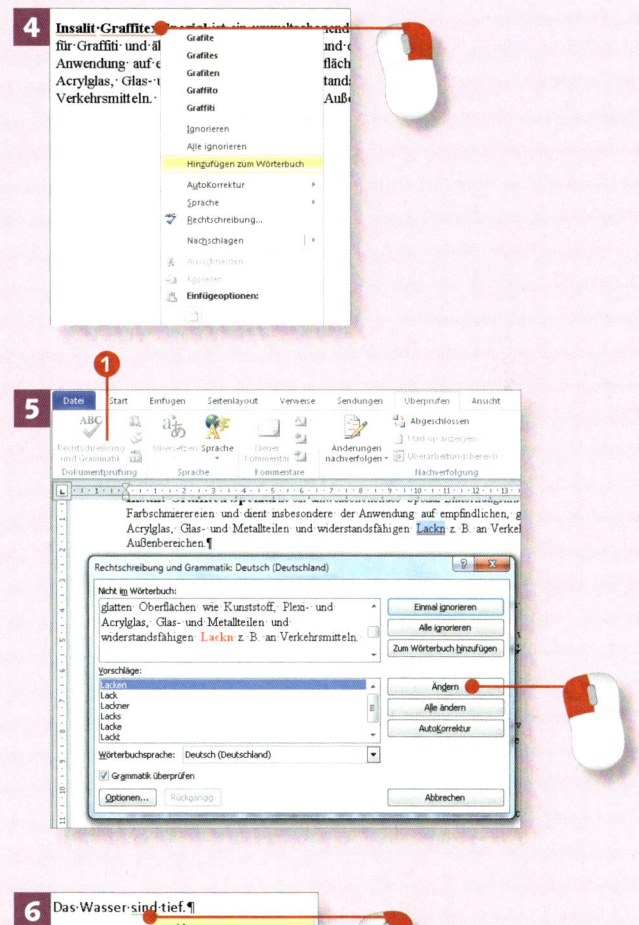

Schritt 6

Mitunter zeigt Word auch grüne Wellenlinien an. Sie weisen darauf hin, dass etwas mit der Grammatik nicht stimmt. Klicken Sie mit der rechten Maustaste darauf, um den Korrekturvorschlag zu sehen.

! Word ist kein Grammatik-Experte!

Vertrauen Sie Word jedoch nicht blind. Bei komplexen, verschachtelten Sätzen erkennt Word oft nicht, dass die Grammatik korrekt ist.

Text markieren

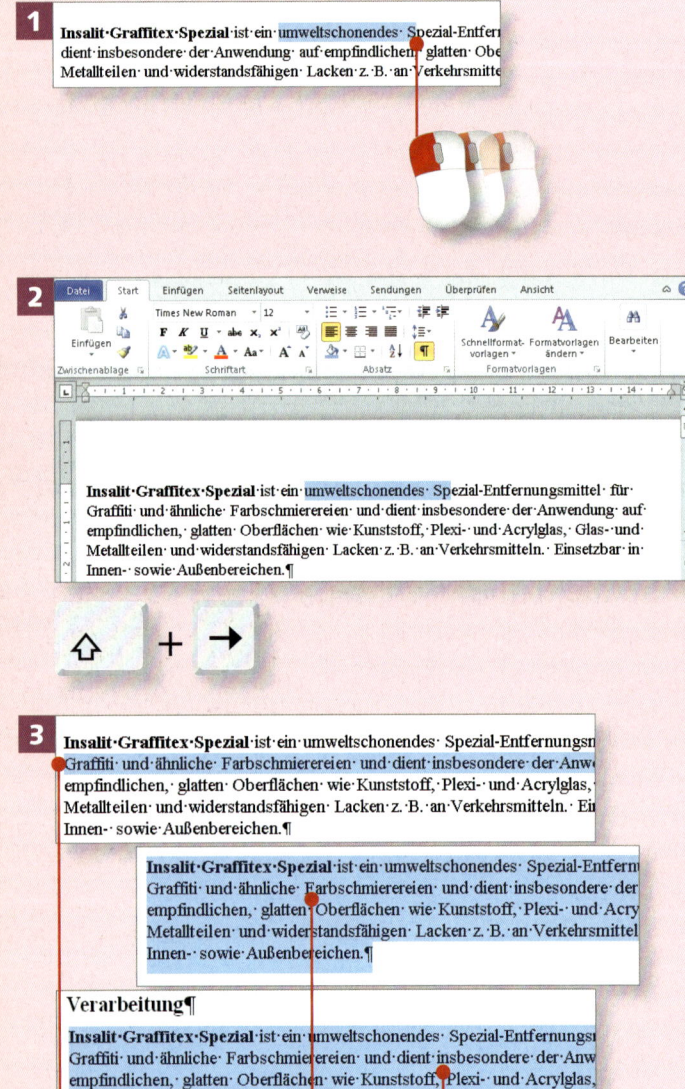

Das Markieren von Textpassagen ist das A und O bei der Arbeit mit Word. Vergessen Sie es nicht – ansonsten bleiben die meisten Ihrer Aktionen ergebnislos.

Schritt 1

Um Text zu markieren, ziehen Sie einfach den Cursor mit gedrückter linker Maustaste über den zu markierenden Text. Achten Sie darauf, dass Sie vorher den Cursor an den Anfang des ersten Wortes (oder an dessen Ende, aber nicht mittig) setzen.

Schritt 2

Es muss nicht immer die Maus sein! Auch mit der Tastatur können Sie markieren. Markieren Sie Text beispielsweise, indem Sie den Cursor vor das Wort setzen, die ⇧-Taste gedrückt halten und dann mit → oder ↓ über den Text »fahren«.

Schritt 3

Neben diesen beiden Methoden gibt es eine Reihe von »Tricks«, mit denen bestimmte Textteile (Zeilen, Absätze etc.) markiert werden können. Ein Klick links neben dem Text markiert die jeweilige Zeile, ein Doppelklick den Absatz, ein Dreifachklick das gesamte Dokument.

Schritt 4

Um einzelne Wörter, also nicht zusammenhängenden Text zu markieren, können Sie die Mehrfach-Markierung nutzen. Markieren Sie ein Wort, halten Sie die `Strg`-Taste gedrückt, und markieren Sie das nächste Wort etc.

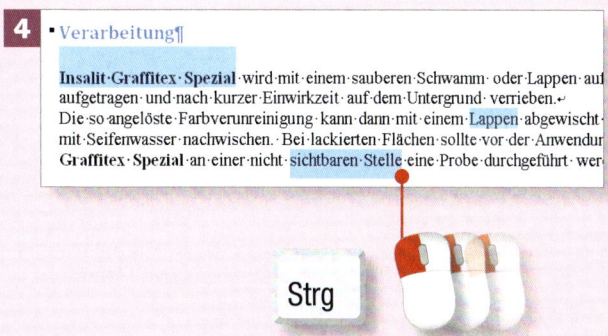

Schritt 5

Word bietet auch eine Reihe von Befehlen zum Markieren an. Klicken Sie auf der Registerkarte **Start** auf **Markieren**. Im Menü gibt es u.a. den Befehl **Alles markieren**, mit dem Sie ebenfalls das gesamte Dokument markieren können.

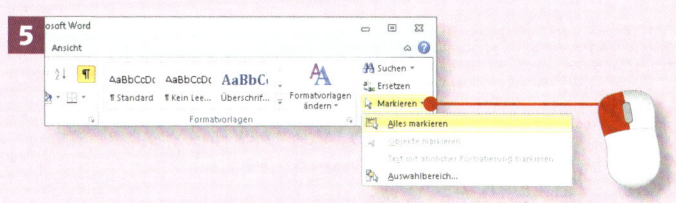

Schritt 6

Wenn Sie z. B. alle kursiv formatierten Wörter markieren wollen, setzen Sie den Cursor in das erste formatierte Wort, und wählen Sie **Markieren ▸ Alle Textbestandteile mit ähnlicher Formatierung auswählen**.

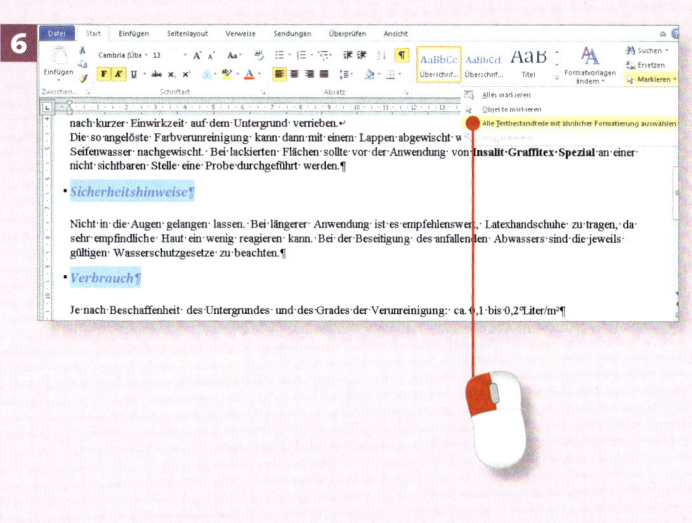

➕ Tastatur versus Maus

Es gibt unzählige Methoden zum Markieren. PC-Anfängern empfehlen wir, die Tastatur zu verwenden, weil der Text so nicht versehentlich verschoben werden kann.

Text suchen

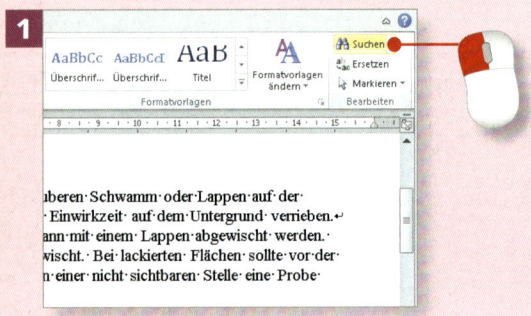

Um in einem langen Dokument einen bestimmten Begriff oder eine Passage zu finden, muss man nicht den gesamten Text lesen – schneller geht es mit der Suchfunktion.

Schritt 1

Zum Auffinden eines bestimmten Textes bzw. Wortes stehen mehrere Möglichkeiten zur Verfügung. Klicken Sie auf der Registerkarte **Start** auf **Suchen**. Daraufhin öffnet sich links am Bildschirm ein Navigationsbereich.

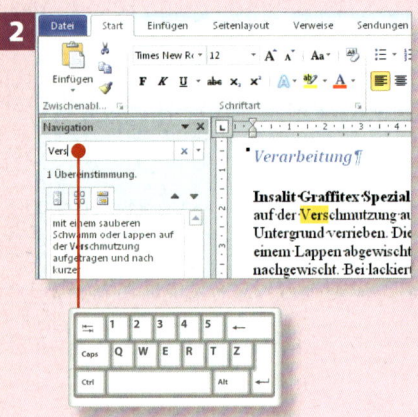

Schritt 2

Im oberen Feld **Dokument durchsuchen** geben Sie den Begriff ein, den Sie finden möchten. Der Cursor »hüpft« daraufhin zu der Stelle, an der dieser Begriff erstmalig im Dokument auftaucht. Er wird gelb unterlegt und so angezeigt.

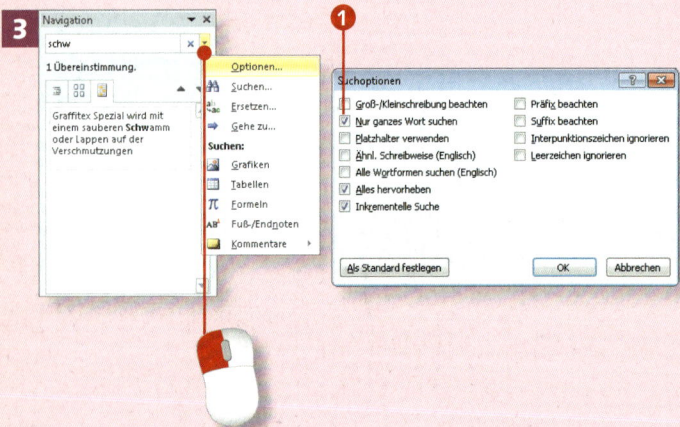

Schritt 3

Klicken Sie auf den Pfeil am Eingabefeld, um Ihre Suche zu verfeinern. Wenn Sie verhindern möchten, dass der Cursor bereits nach der Eingabe weniger Zeichen zu einem Wort hüpft, klicken Sie auf **Optionen** und im Dialog auf **Nur ganzes Wort suchen** ❶.

Schritt 4

Mithilfe von Textmarken können Sie gezielt zu einem Wort bzw. einer Position springen. Setzen Sie den Cursor z. B. vor »Sicherheitshinweise«, und klicken Sie auf der Registerkarte **Einfügen** auf **Textmarke** ➋. Geben Sie der Textmarke einen Namen, und klicken Sie auf **Hinzufügen**.

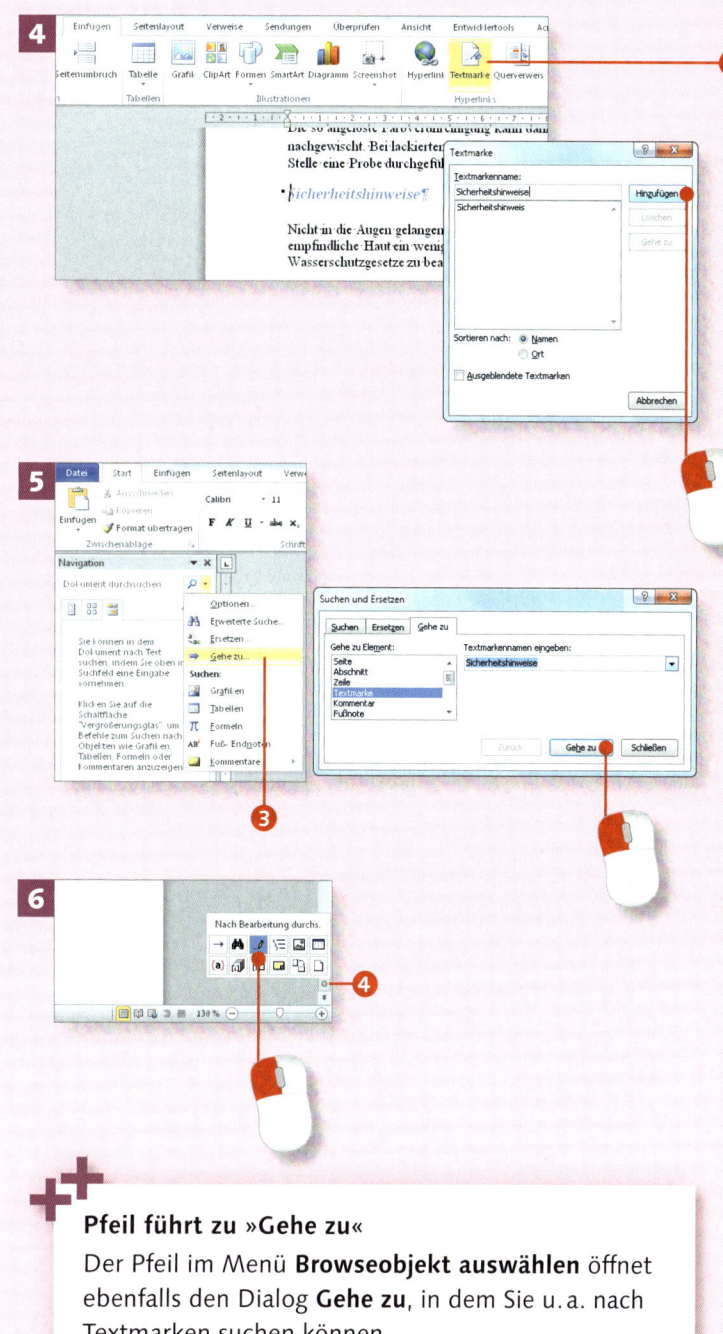

Schritt 5

Um gezielt zu dieser Stelle zu springen, klicken Sie im Navigationsbereich auf den Pfeil am Suchfeld und wählen **Gehe zu** ➌. Markieren Sie im Dialog die Textmarke, wählen Sie im rechten Bereich den Textmarkennamen, und klicken Sie auf **Gehe zu**.

Schritt 6

Klicken Sie auf den kleinen Kreis ➍ unter der rechten Bildlaufleiste (**Browseobjekt auswählen**), und wählen Sie im folgenden Menü, wonach Sie suchen möchten, z. B. **Nach Bearbeitung durchsuchen**. Schon springt der Cursor zur zuletzt bearbeiteten Textpassage.

Pfeil führt zu »Gehe zu«
Der Pfeil im Menü **Browseobjekt auswählen** öffnet ebenfalls den Dialog **Gehe zu**, in dem Sie u. a. nach Textmarken suchen können.

Text ersetzen

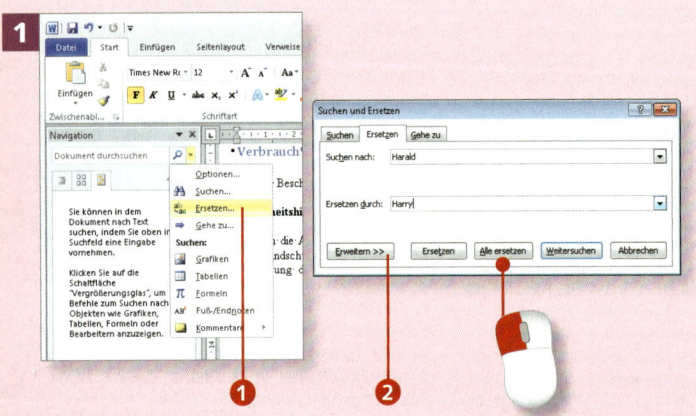

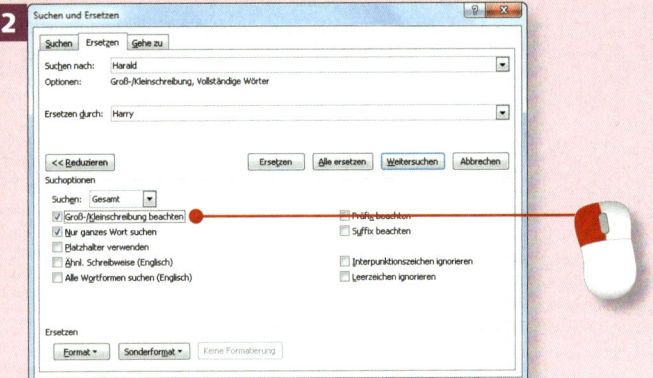

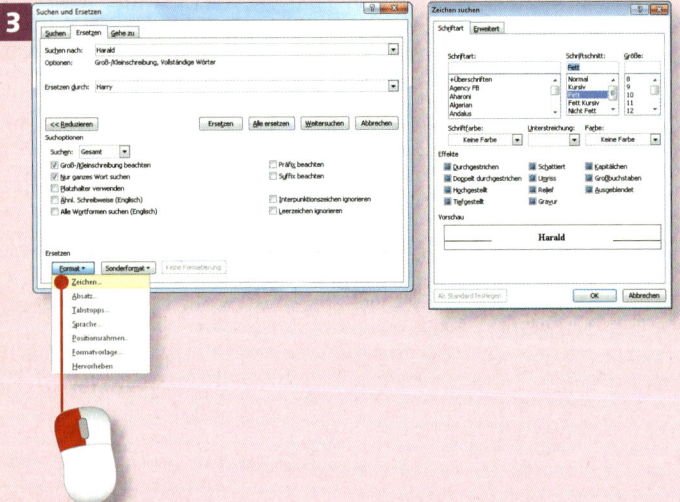

Sie haben in einem Text x-mal »Harald« geschrieben, entscheiden sich zu guter Letzt aber doch für »Harry«. Dies ist ein Fall für die Funktion »Ersetzen«.

Schritt 1

Klicken Sie auf den Pfeil am Suchfeld, und wählen Sie **Ersetzen** ❶. Im Feld **Suchen nach** geben Sie das zu ersetzende Wort ein. In das Feld **Ersetzen durch** schreiben Sie das neue Wort. Klicken Sie auf **Alle ersetzen**.

Schritt 2

Um die Funktion **Ersetzen** genauer einzustellen, klicken Sie im Dialog auf **Erweitern** ❷. Im Bereich **Suchoptionen** haken Sie die gewünschten Einstellungen an.

Schritt 3

Auch Formatierungen lassen sich schnell ersetzen. Klicken Sie in das Feld **Suchen nach**, und wählen Sie z. B. **Format ▸ Zeichen**. Stellen Sie im zugehörigen Dialog eine Formatierung ein, und bestätigen Sie mit **OK**.

i

Einzüge ersetzen
Um Einzüge oder den Zeilenabstand zu ersetzen, klicken Sie unter **Ersetzen** auf **Format ▸ Absatz**.

Schritt 4

Klicken Sie danach in das Feld **Ersetzen durch ❸**, und rufen Sie (über **Format ▸ Zeichen**) erneut den Dialog **Zeichen ersetzen** auf. Dort aktivieren Sie die neuen Formate und bestätigen sie mit **OK**. Dann klicken Sie im ersten Dialogfenster auf **Alle ersetzen**.

Schritt 5

Ganz ähnlich lassen sich auch Formatierungen zurücknehmen. Klicken Sie in das Feld **Suchen nach**, und stellen Sie (wenn es um eine Zeichenformatierung geht) über **Format ▸ Zeichen** die Formatierung ein, die gelöscht werden soll. Setzen Sie den Cursor in das Feld **Ersetzen durch**, und klicken Sie auf **Keine Formatierung**.

Schritt 6

Word behebt häufig vorkommende Buchstabendreher automatisch: Aus »adners« wird z. B. »anders«. Um diese AutoKorrektur zu ergänzen, öffnen Sie über **Datei ▸ Optionen** das Dialogfenster **Word-Optionen**. Klicken Sie im Bereich **Dokumentprüfung** auf **AutoKorrektur-Optionen**. Im nachfolgenden Dialog nehmen Sie Ihre Eingaben vor.

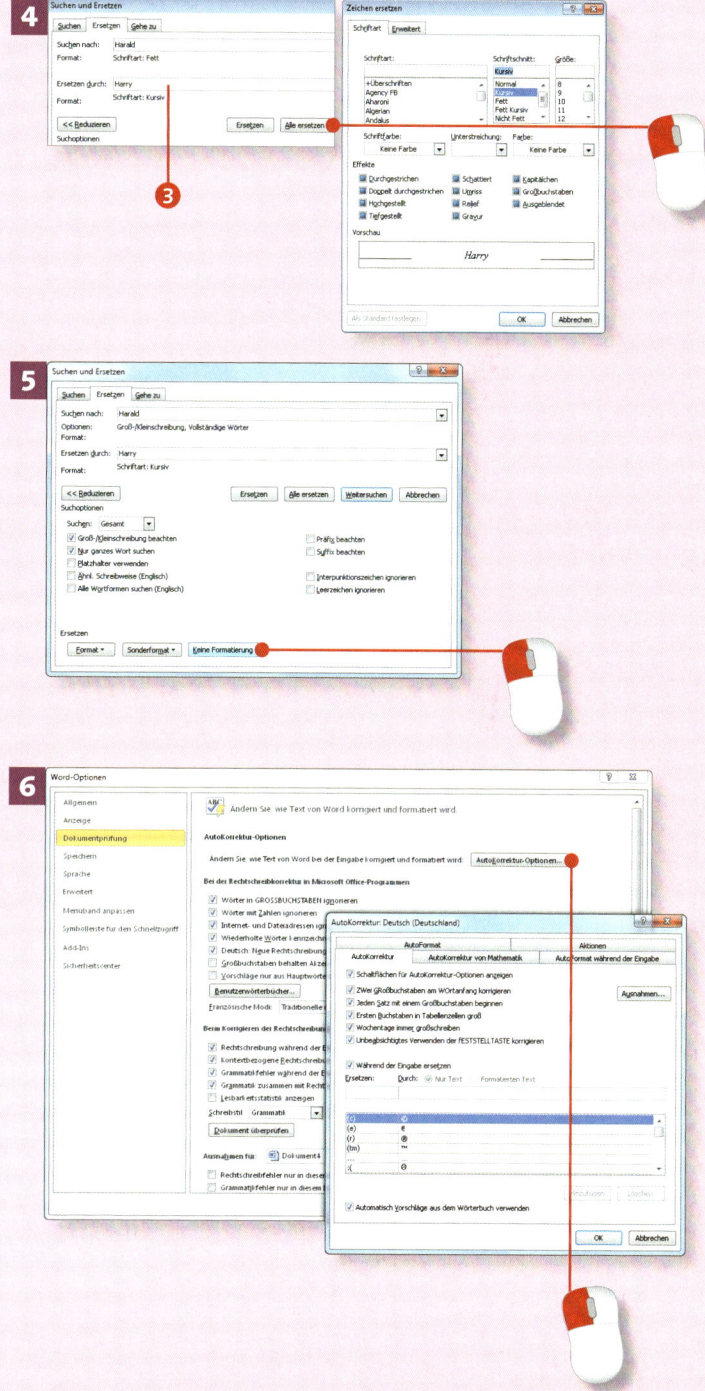

Text kopieren und verschieben

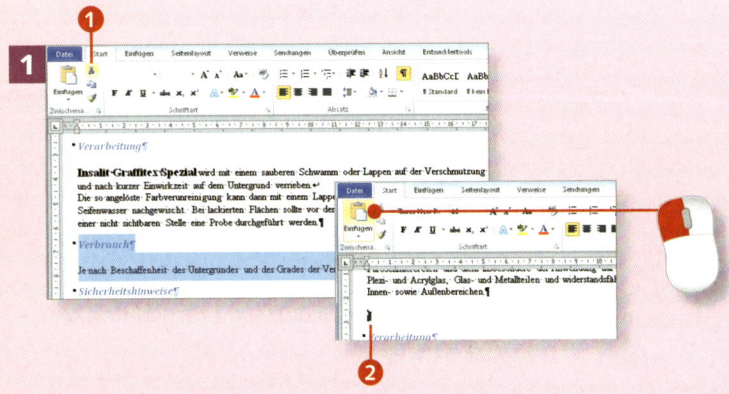

Selten sitzt ein Text auf Anhieb. Umso besser, dass sich Textpassagen ganz einfach verschieben lassen. Und wollen Sie einen brillanten Satz gleich zweimal verwenden, ist das auch kein Problem.

Schritt 1

Markieren Sie die Textpassage, die an einer anderen Stelle im Dokument besser aufgehoben wäre. Klicken Sie auf der Registerkarte **Start** auf das Symbol **Ausschneiden** ❶. Setzen Sie den Cursor an den »Zielort« ❷, und klicken Sie auf **Einfügen**.

Schritt 2

Sie können hier auch mit der Tastatur arbeiten. Sie markieren den zu verschiebenden Text, drücken Strg + X, wandern zu der Stelle, an der der Text eingefügt werden soll, und drücken Strg + V.

Schritt 3

Wollen Sie bestimmen, mit welcher Formatierung der Text wieder eingefügt wird, klicken Sie auf den Pfeil am Symbol **Einfügen**. Sie können zwischen verschiedenen Einfügeoptionen wählen.

Einfügeoptionen

Die Option **Ursprüngliche Formatierung beibehalten** fügt den Text so ein, wie er formatiert war; **Nur den Text übernehmen** verwirft die ursprüngliche Formatierung; **Formatierung zusammenführen** ist eine Mischung aus beidem.

Schritt 4

Besonders schnell können Sie Text per *Drag & Drop* (»Ziehen und Fallenlassen«) verschieben. Markieren Sie den Text, führen Sie den Mauszeiger an die Markierung, und ziehen Sie den Text mit gedrückter linker Maustaste an den neuen Ort. Der kleine vertikale Strich gibt an, wo der Text eingefügt wird.

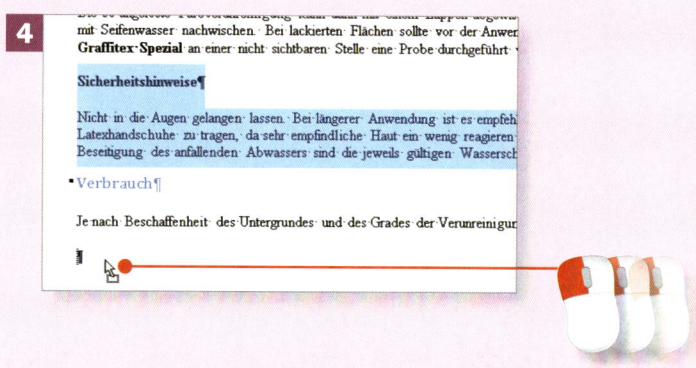

Schritt 5

Soll eine markierte Textpassage nicht ausgeschnitten, sondern kopiert und eingefügt werden, klicken Sie auf der Registerkarte **Start** auf **Kopieren**. Die nächsten Schritte sind identisch mit denen zum Ausschneiden.

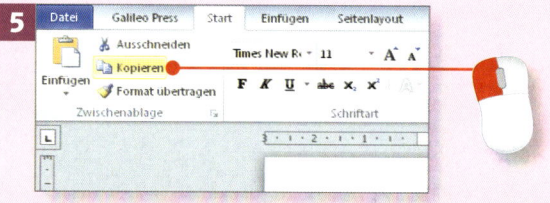

Schritt 6

Auch zum Kopieren können Sie mit Drag & Drop arbeiten. Markieren Sie den Text, und ziehen Sie ihn mit gedrückter rechter Maustaste. Beim Loslassen erscheint ein Menü, das die Option **Hierhin kopieren** anbietet.

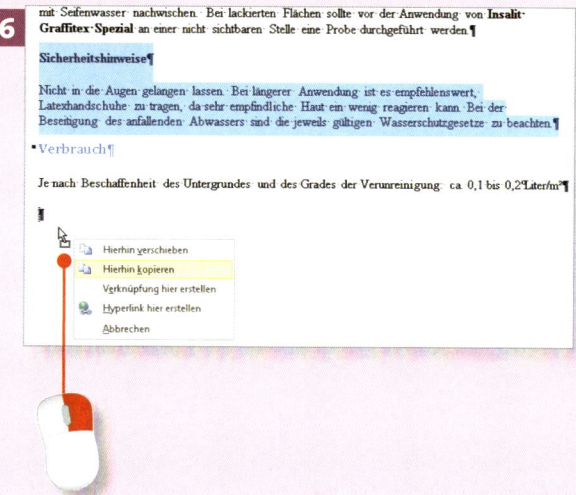

Das Menüband anpassen

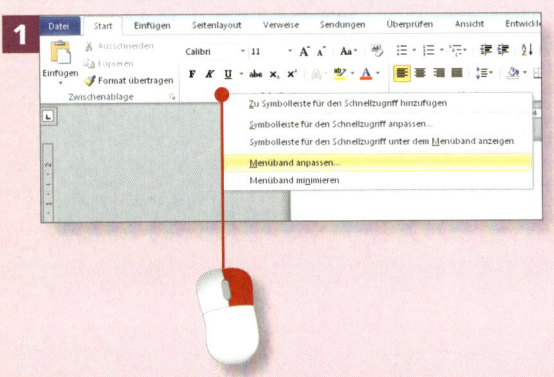

Jeder hat im Umgang mit Word bestimmte Vorlieben und Bedürfnisse und nutzt einige Formatierungen und Befehle häufig, andere eher selten. Gängige Befehle sind auf der Registerkarte »Start« vereint. Sie können sie anpassen oder sogar eine eigene Registerkarte mit Befehlen erstellen.

Schritt 1

Um eine eigene Registerkarte mit ausgewählten Befehlen anzulegen, klicken Sie das Menüband mit der rechten Maustaste an, und wählen Sie im Kontextmenü **Menüband anpassen**.

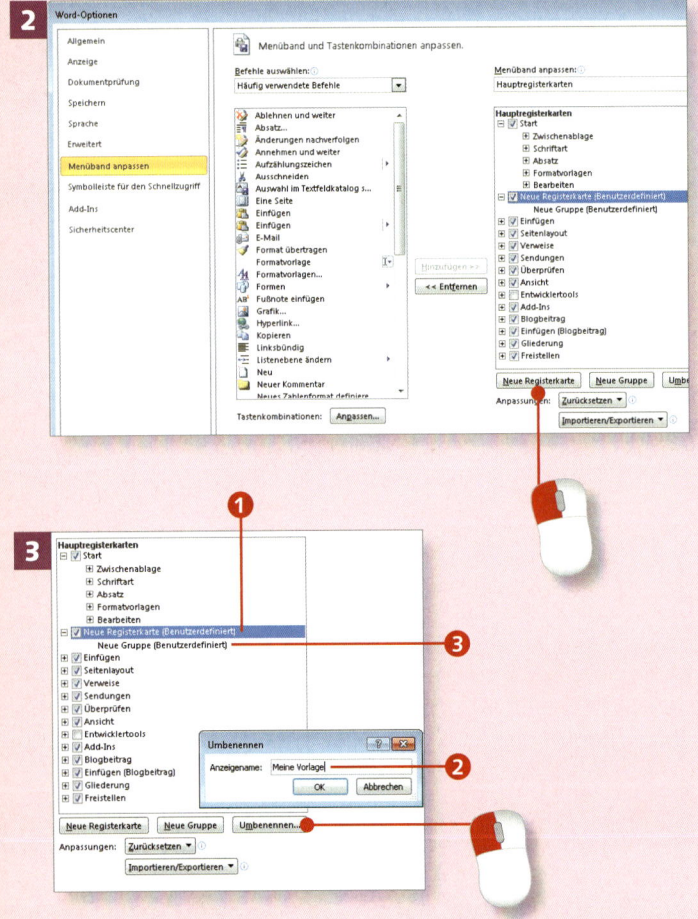

Schritt 2

Im Fenster **Word-Optionen** klicken Sie auf die Schaltfläche **Neue Registerkarte**. Daraufhin erscheint der Eintrag **Neue Registerkarte** in der Liste der Hauptregisterkarten.

Schritt 3

Um der Registerkarte einen Namen zu geben, markieren Sie den Eintrag **Neue Registerkarte** ❶, und klicken Sie auf **Umbenennen**. Im Dialog **Umbenennen** geben Sie eine Bezeichnung ❷ ein. Ebenso verfahren Sie mit dem Eintrag **Neue Gruppe** ❸.

Schritt 4

Um die Registerkarte mit Symbolen für Befehle und Funktionen zu füllen, wählen Sie im Feld **Befehle auswählen** die Befehlsgruppen aus, die in der Auswahlliste auftauchen sollen.

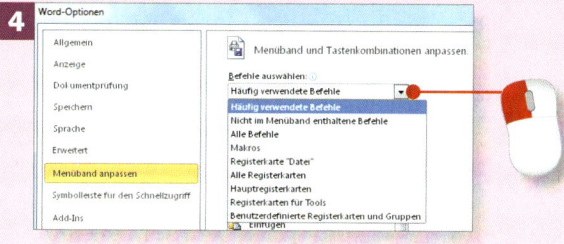

Schritt 5

Markieren Sie im rechten Bereich die Bezeichnung der Gruppe, die Sie mit Befehlen füllen wollen, und dann links jeweils den Befehl, der dort auftauchen soll. Klicken Sie auf **Hinzufügen**. Auf diese Weise legen Sie Befehle in die Gruppe.

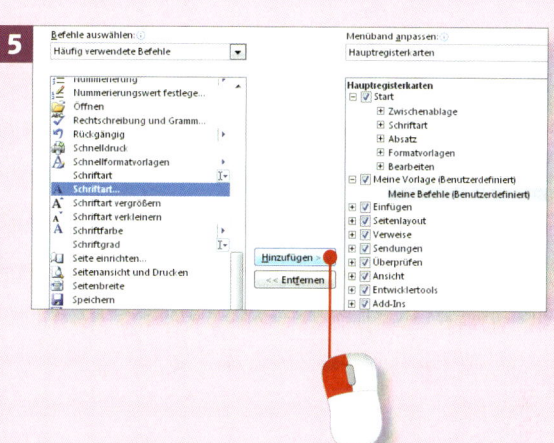

Schritt 6

Um die neue Registerkarte um weitere Gruppen zu ergänzen, markieren Sie sie und klicken auf **Neue Gruppe**. Danach verfahren Sie, wie in den Schritten 4 und 5 beschrieben. Wenn Sie eine Registerkarte ausblenden möchten, entfernen Sie das Häkchen vor dem Namen ❹. Verlassen Sie den Dialog mit **OK**.

i

Gruppen und Befehle sortieren

Mit den Pfeilschaltflächen rechts neben der Liste der Registerkarten können Sie das ausgewählte Element in der Reihenfolge verschieben.

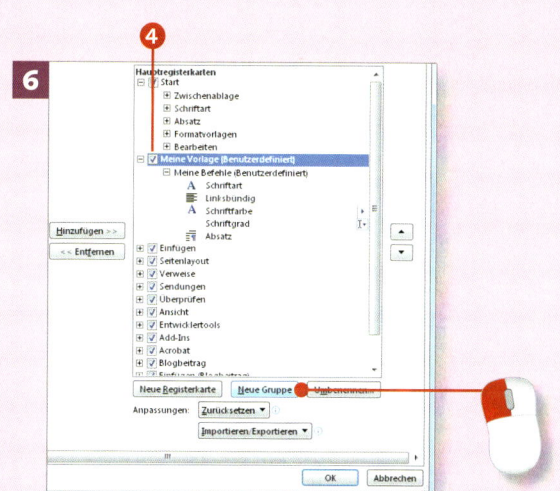

Kapitel 5:
Text gestalten und formatieren

Wie Sie Formatierungen in Word realisieren, erfahren Sie in diesem Kapitel. So lässt sich die Seite schön gestalten, und wichtige Abschnitte können hervorgehoben werden.

❶ Schriften und Texteffekte

Sie können die Schriftart, ihre Größe oder Farbe selbst verändern oder aber auf fertige Formatvorlagen zurückgreifen. Versehen Sie den Text z. B. mit einem Rahmen oder einer Hintergrundfarbe. Darüber hinaus gibt es (jedoch nur im Dateiformat *.docx*) erweiterte Effekte wie Schattierungen oder Spiegelungen.

❷ Ordnung in den Text bringen

Normalerweise orientiert sich der Text am linken Blattrand. Sie können ihn aber auch rechtsbündig ausrichten oder z. B. einzelne Textteile zentrieren. Um die Lesbarkeit zu erhöhen, lässt sich u. a. der Zeilenabstand anpassen.

❸ Ergänzungen

Wenn Sie nicht als einziger an einem Dokument arbeiten, ist der Änderungsmodus sehr nützlich. Hiermit können Sie Textkorrekturen kenntlich machen und Kommentare ergänzen. Ebenfalls nützlich ist das Register **Verweise**, über das sich Fußnoten oder auch ein automatisches Inhaltsverzeichnis einfügen lassen.

① Schriften und Texteffekte

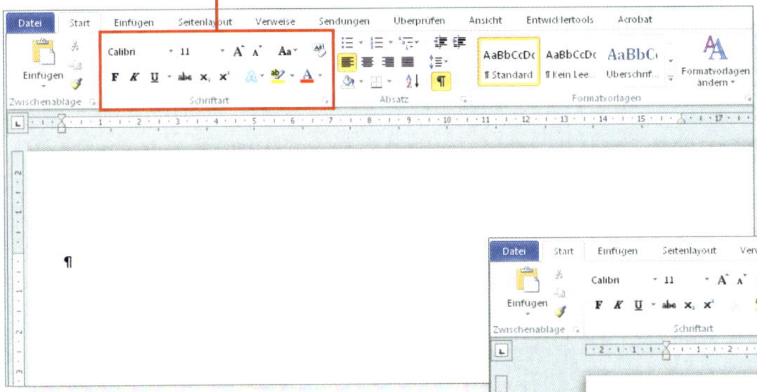

② Ordnung in den Text bringen

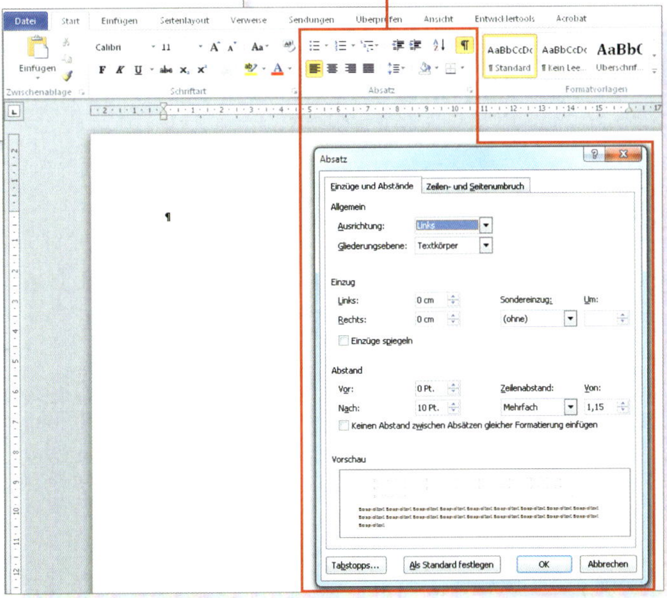

③ Ergänzungen

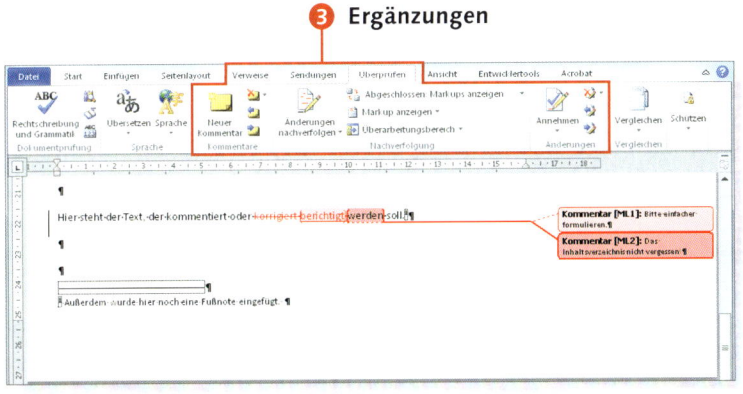

Schriftarten festlegen

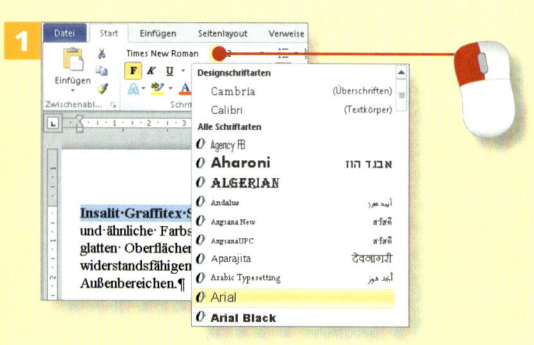

Word bietet Schriftarten in Hülle und Fülle. Für jeden Geschmack und jeden Zweck ist etwas dabei.

Schritt 1

Um die Schriftart zu verändern, markieren Sie den relevanten Textteil. Klicken Sie dann auf der Registerkarte **Start** auf den Pfeil neben **Schriftart**. Aus der Liste wählen Sie per Mausklick die gewünschte Schriftart aus.

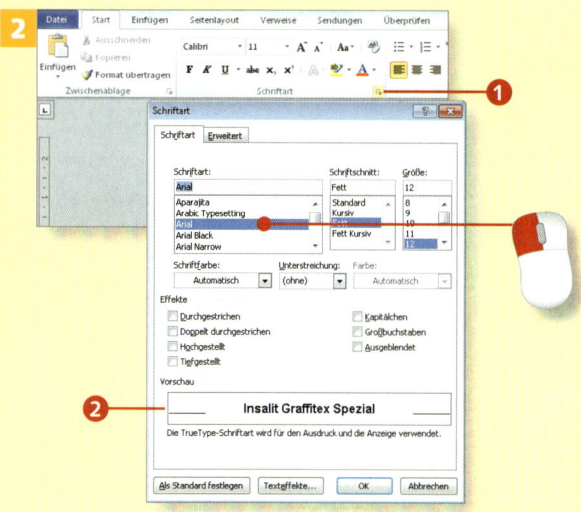

Schritt 2

Die Schriftart lässt sich auch im Dialog einstellen. Klicken Sie auf der Registerkarte **Start** auf den Pfeil ❶ der Gruppe **Schriftart**. Im Dialog klicken Sie im gleichnamigen Feld auf die gewünschte Schriftart. Achten Sie dabei auf die Vorschau ❷.

Schritt 3

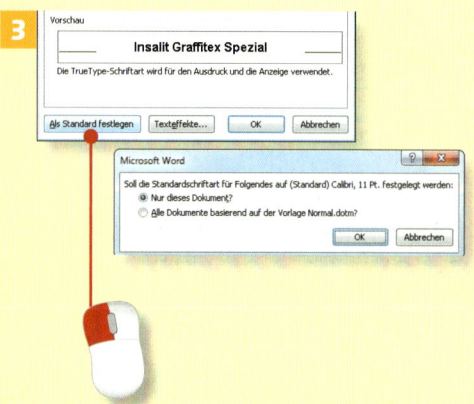

Im Dialog **Schriftart** können Sie auch eine Schriftart zur Standardschriftart machen. Markieren Sie die Schriftart, und klicken Sie auf die Schaltfläche **Als Standard festlegen**. Im nächsten Dialog aktivieren Sie eine der beiden Optionen und klicken auf **OK**.

Schritt 4

Sie können auch mit der rechten Maustaste arbeiten. Markieren Sie den relevanten Text, und rufen Sie per Rechtsklick das Kontextmenü auf. Wählen Sie **Schriftart**, um den gleichnamigen Dialog aufzurufen.

Schritt 5

Schriftzeichen, die Sie für andere Sprachen benötigen, z. B. das spanische ñ, finden Sie auf der Registerkarte **Einfügen** über **Symbol ▸ Weitere Symbole ❸**. In der Auswahl der **Schriftart (normaler Text)** wird diese sogenannte *Tilde* angeboten. Markieren Sie das Symbol, und klicken Sie auf **Einfügen**.

Schritt 6

Schriftarten für Windows werden normalerweise als *.ttf*-Dateien verteilt. Wenn Sie eine solche Datei haben, klicken Sie sie im Windows-Explorer mit der rechten Maustaste an und wählen im Kontextmenü den Eintrag **Installieren**.

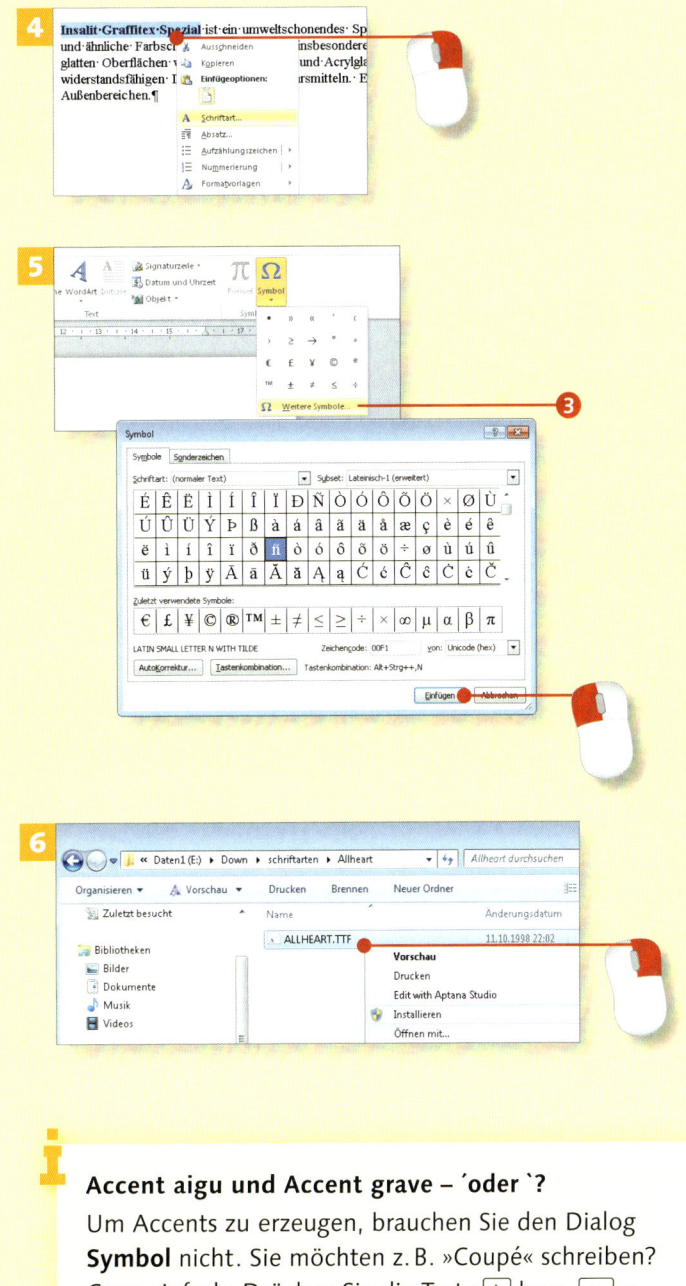

Accent aigu und Accent grave – ´oder `?

Um Accents zu erzeugen, brauchen Sie den Dialog **Symbol** nicht. Sie möchten z. B. »Coupé« schreiben? Ganz einfach: Drücken Sie die Taste ´ bzw. ⇧ + ´, und schreiben Sie dann erst das »e«.

Schriftgrößen festlegen

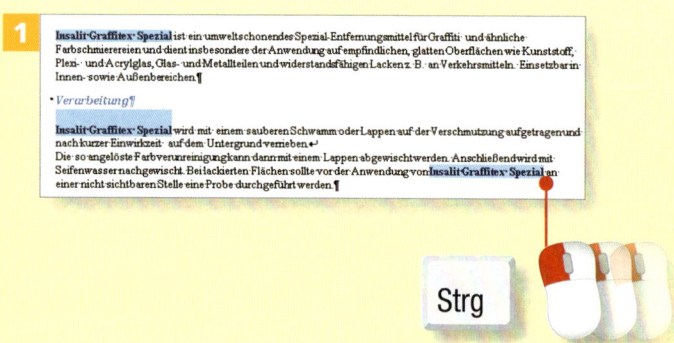

Die Schriftgröße wird in Punkt gemessen. Je höher die Zahl, desto größer die Schrift. In Word heißt es übrigens »Schriftgrad«, nicht »Schriftgröße«.

Schritt 1

Um die Schrift einer Textpassage zu vergrößern, markieren Sie zunächst den Text. Denken Sie daran, dass Sie auch nicht zusammenhängende Textpassagen mithilfe der Strg-Taste markieren können.

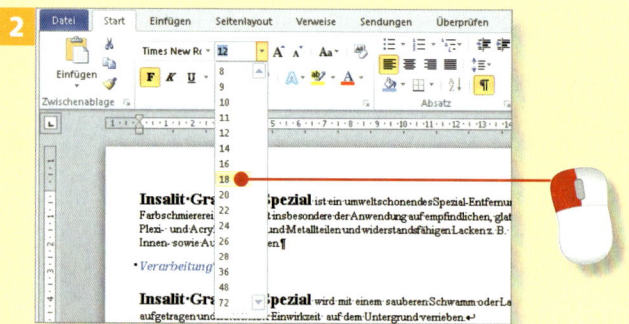

Schritt 2

Klicken Sie auf der Registerkarte **Start** auf den Pfeil am Symbol **Schriftgrad**. In der Liste wählen Sie die gewünschte Schriftgröße aus und übernehmen sie per Mausklick.

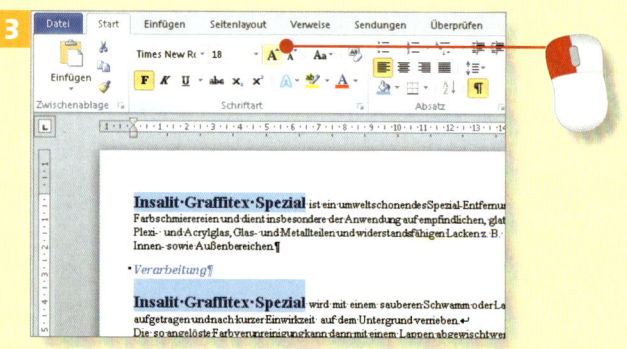

Schritt 3

Sie können auch mit den Symbolen **Schriftart vergrößern** und **Schriftart verkleinern** arbeiten. Klicken Sie nach dem Markieren auf eines der beiden Symbole. Die Schrift wird um einen Punkt vergrößert bzw. verkleinert.

Den Dialog »Schriftart« im Kontextmenü aufrufen
Sie können den Dialog **Schriftart** auch über das Kontextmenü des markierten Textabschnitts aufrufen. Wählen Sie dort den Eintrag **Schriftart**.

Schritt 4

Wenn Sie eine Standardschriftgröße einstellen bzw. die Standardeinstellung ändern möchten, klicken Sie auf der Registerkarte **Start** auf den Pfeil an der Gruppe **Schriftart**, um den gleichnamigen Dialog zu öffnen.

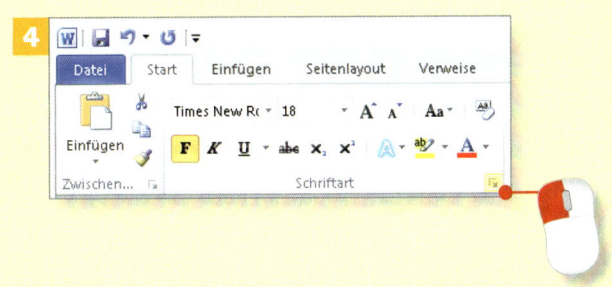

Schritt 5

Wählen Sie im Dialog **Schriftart** die gewünschte Schriftgröße, und klicken Sie unten auf die Schaltfläche **Als Standard festlegen**.

Schritt 6

Bestimmen Sie im nächsten Fenster, ob der Standard nur für das gerade aktive Dokument gelten soll oder für alle Dokumente, die auf der genutzten Formatvorlage basieren. Klicken Sie dann auf **OK**.

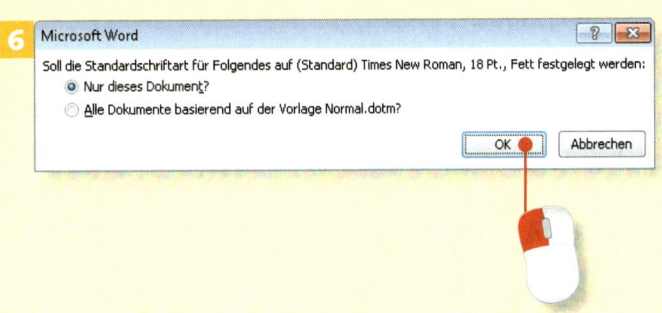

Standard festlegen

Mit der Schaltfläche **Als Standard festlegen** legen Sie nicht nur die Schriftgröße, sondern alle im Dialog gewählten Einstellungen als Standard fest.

Schriftfarben festlegen

Schriftfarben können einen Text optisch lebendiger machen. Aber greifen Sie nicht zu tief in den Farbtopf – auch hierbei ist weniger oft mehr!

Schritt 1

Wie bei den bisherigen Aktionen markieren Sie zunächst den Text. Klicken Sie dann auf den Pfeil am Symbol **Schriftfarbe**, und wählen Sie per Mausklick die gewünschte Farbe aus der Palette aus.

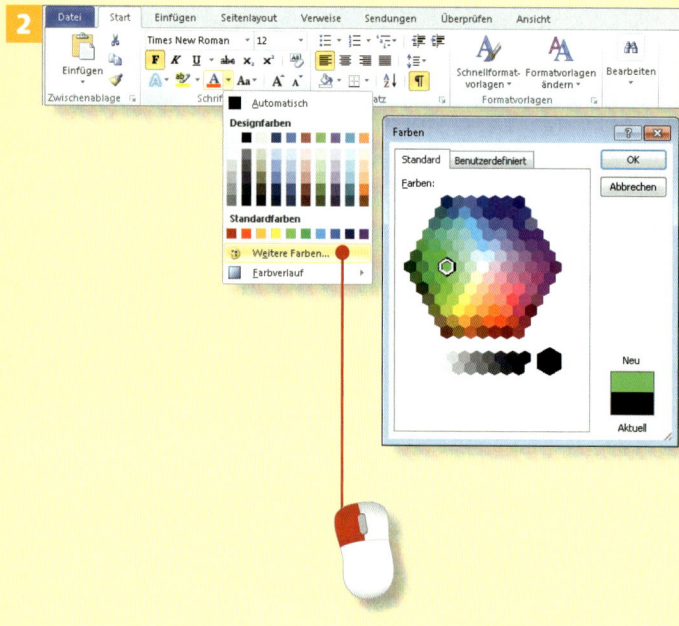

Schritt 2

Eine noch größere Auswahl an Farben erhalten Sie, wenn Sie auf die Option **Weitere Farben** im Menü **Schriftfarbe** klicken. Wählen Sie hier eine Farbe aus dem Sechseck aus.

Schritt 3

Auf der Registerkarte **Benutzerdefiniert** des Dialogs **Farben** stellen Sie per Klick auf das Farbfeld die Grundfarbe ein, die Sie mittels des Schiebereglers rechts daneben verfeinern können. Ziehen Sie dafür mit gedrückter linker Maustaste am Farbbalken.

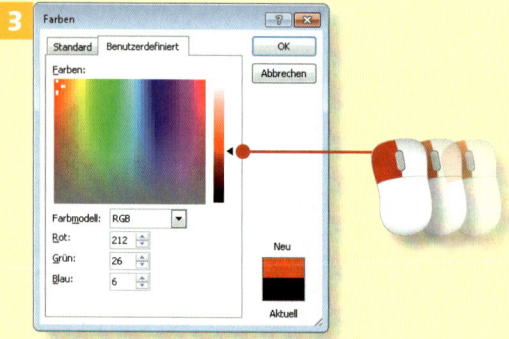

Schritt 4

Für Schriftzüge lässt sich auch ein Farbverlauf einstellen. Führen Sie den Mauszeiger auf **Farbverlauf** im Menü des Symbols **Schriftfarbe**, und fahren Sie mit der Maus über die verschiedenen Varianten. Der Effekt zeigt sich im Text. Per Klick übernehmen Sie eine Variante in die Auswahl.

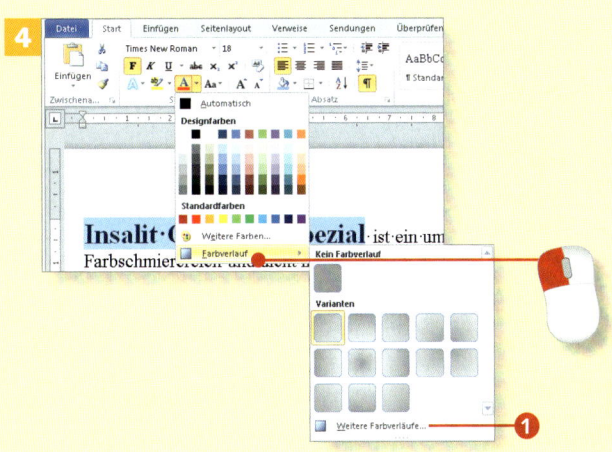

Schritt 5

Ein Farbverlauf lässt sich verfeinern, wenn Sie im Menü auf **Weitere Farbverläufe** ❶ klicken. Der Dialog **Texteffekte formatieren** bietet eine Reihe von Möglichkeiten. Wählen Sie links den Effekttyp, und stellen Sie im rechten Bereich die gewünschten Details ein.

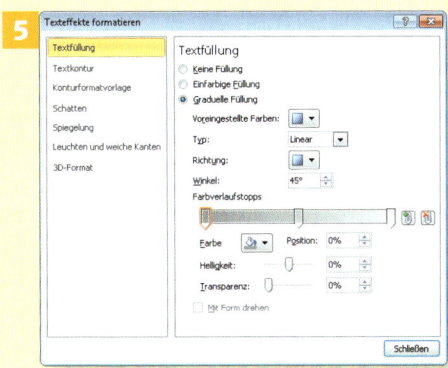

Schritt 6

Wie wäre es beispielsweise mit einem Schatten? Klicken Sie auf **Schatten**. In der Auswahlliste des Feldes **Voreinstellungen** wählen Sie die Art des Schattens und im Feld **Farbe** seine Farbe. Mit den weiteren Optionen verfeinern Sie den Effekt nach Wunsch.

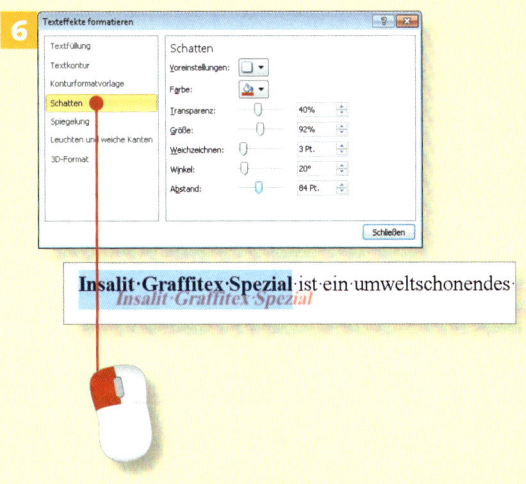

Wo sind die Effekte?

Einige der hier vorgestellten Zeichenformatierungen und Effekte sind nur bei großer Schrift sichtbar!

Text mit Hervorhebungen und Effekten versehen

Es gibt weitere Möglichkeiten, einen Text optisch aufzuwerten. Die Texteffekte bieten Schattierungen, Spiegelungen und einiges andere mehr.

Schritt 1

Markieren Sie den relevanten Text, und klicken Sie auf den Pfeil am Symbol **Texteffekte**. Das Menü bietet eine Reihe von Füllungen, die Sie per Mausklick auf den ausgewählten Text übertragen. Es ist jedoch nur beim Dateiformat *.docx* vorhanden.

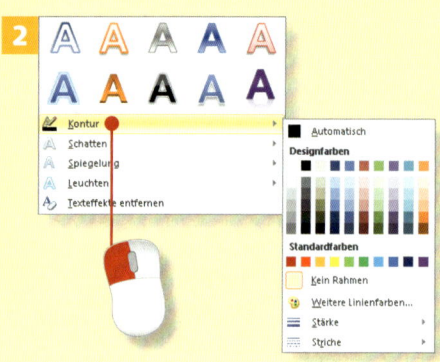

Schritt 2

Sie finden dort zahlreiche weitere Effekte. Wenn Sie den Mauszeiger auf **Kontur** führen, erhalten Sie eine Farbpalette, um eine Farbe für die Kontur der Buchstaben auszuwählen. Auch für die Art der Kontur (Menüpunkt **Striche**) werden Optionen angeboten.

Schritt 3

Interessant ist auch der Effekt **Spiegelung**. Der ausgewählte Text taucht als angedeutete Spiegelung erneut auf. Klicken Sie im Menü auf **Spiegelung**, und wählen Sie per Mausklick eine der Varianten, die im Untermenü angeboten werden.

Schritt 4

Sie können Textpassagen auch zum Leuchten bringen. Klicken Sie im Menü auf **Leuchten**, und wählen Sie per Mausklick eine Variante. Mit den Leuchtfarbenoptionen (**Leuchten ▸ Leuchtfarbenoptionen**) lässt sich dieser Effekt noch verfeinern.

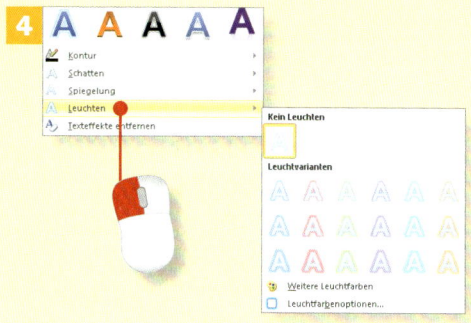

Schritt 5

Haben Sie zu tief in den Effekte-Topf gegriffen, können Sie zum schlichten Text zurückkehren, indem Sie im Menü des Symbols **Texteffekte** auf **Texteffekte entfernen** klicken. Denken Sie daran, den betreffenden Text vorher zu markieren.

Schritt 6

Auch der Dialog **Schriftart**, den Sie per Klick auf den Pfeil an der Gruppe **Schriftart** aufrufen, bietet den Bereich **Effekte ❶**.

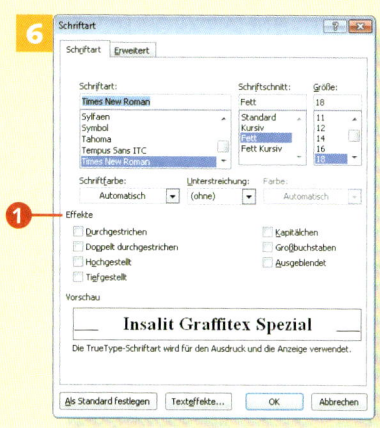

Alle Effekte in einem Dialog

Die hier gezeigten Effekte können Sie nicht nur über die Symbole aufrufen, sondern auch über den Dialog **Texteffekte formatieren** (**Texteffekte ▸ Schatten ▸ Weitere Schatten**).

Erweiterte Zeichenformatierungen

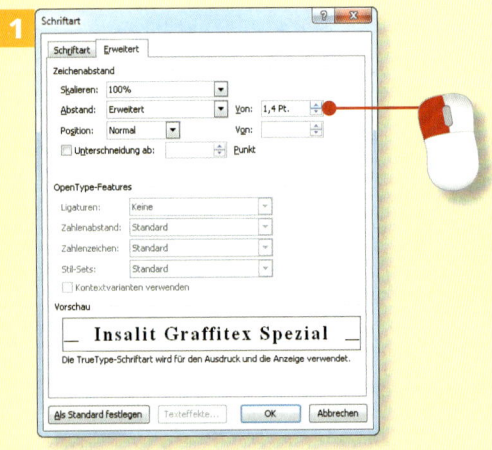

Mitunter muss der Abstand zwischen einzelnen Zeichen verändert werden. Im Dialog »Schriftart« lassen sich weitere Effekte einstellen.

Schritt 1

Klicken Sie auf der Registerkarte **Start** auf den Pfeil an der Gruppe **Schriftart**. Im gleichnamigen Dialog klicken Sie auf die Registerkarte **Erweitert**. Hier wählen Sie im Feld **Abstand** die Option **Erweitert** und im Feld **Von** die Punktzahl der Erweiterung.

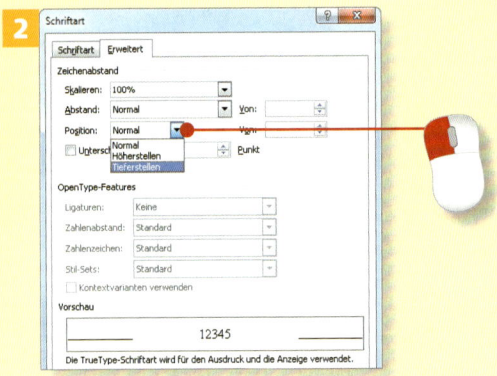

Schritt 2

Im Feld **Position** finden Sie **Höherstellen** und **Tieferstellen**. Beides wird (meistens) für Zahlen benötigt, die ein wenig höher oder niedriger als der Text stehen. Wählen Sie **Tieferstellen**, und stellen Sie daneben die Punkte ein.

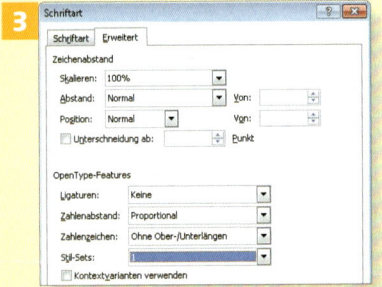

Schritt 3

Im unteren Bereich der Registerkarte **Erweitert** werden **OpenType-Features** angeboten, die den Ausdruck Ihres Dokuments sehr professionell wirken lassen. Sie umfassen **Ligaturen**, Optionen für **Zahlenabstand** und **Zahlenzeichen** sowie **Stil-Sets**.

Schritt 4

Für diese OpenType-Features müssen Sie eine Schriftart verwenden, die OpenType unterstützt, wie etwa Calibri oder Cambria. Wählen Sie dann auf der Registerkarte **Erweitert** im Feld **Ligaturen** z. B. **Nur Standard** (nur die Ligaturen, die für die jeweilige Sprache geeignet sind).

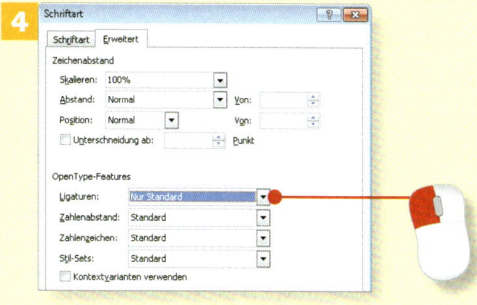

Schritt 5

Text mit Zahlen ist lesbarer, wenn Sie im Feld **Zahlenabstand** die Option **Proportional** wählen. So vermeiden Sie, dass der Abstand der sehr schmalen 1 zu anderen Zahlen größer ist als der Abstand der breiten 8. Mit der Option **Tabellarisch** hat jede Zahl die gleiche Breite.

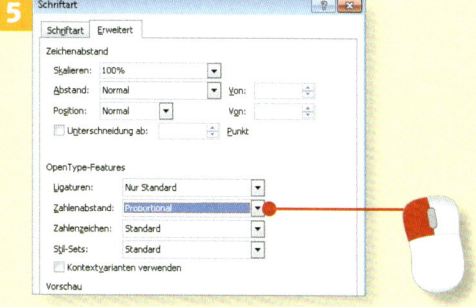

Schritt 6

Sie können die Darstellung des Textes auch ändern, indem Sie ihm ein anderes Stil-Set zuweisen. Wenn Sie in der Liste **Stil-Sets** auf die Zahl klicken, wird im Feld **Vorschau** veranschaulicht, wie der Text aussehen wird.

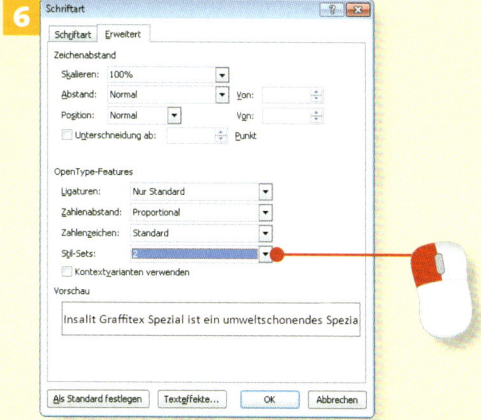

Absätze und Texte ausrichten

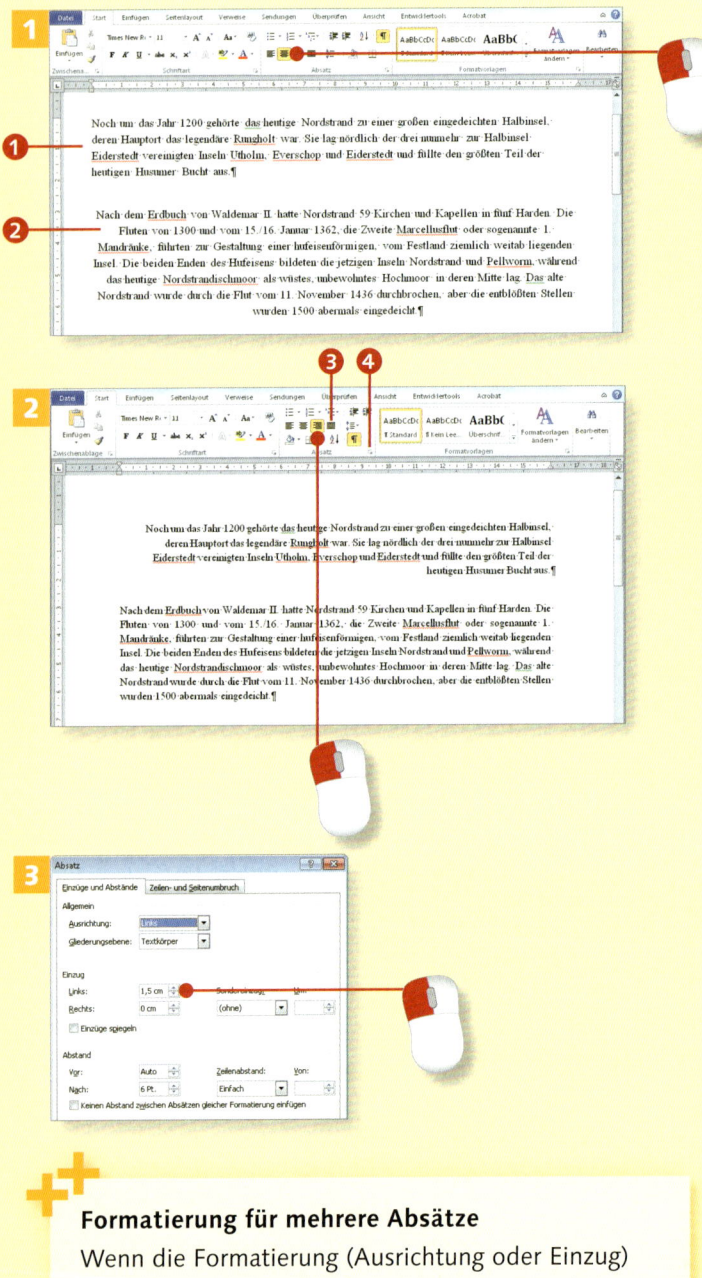

Sie kennen linksbündigen Text, zentrierte Überschriften oder Blocksatz? Nichts anderes verbirgt sich hinter den Befehlen zur Ausrichtung. Auch mit Einzügen werden Absätze angeordnet.

Schritt 1

Standardmäßig ist ein Dokument linksbündig ❶ ausgerichtet. Um einen Absatz beispielsweise mittig auszurichten ❷, setzen Sie den Cursor (irgendwo) in den jeweiligen Absatz und klicken auf das Symbol **Zentriert**.

Schritt 2

Genauso verfahren Sie, wenn Sie einen Absatz rechtsbündig ausrichten oder in Blocksatz setzen möchten. Klicken Sie wie hier auf **Rechtsbündig** bzw. auf **Blocksatz** ❸.

Schritt 3

Absätze lassen sich auch vom Rand ein wenig nach rechts einrücken – man nennt dies *Einzug*. Klicken Sie auf der Registerkarte **Start** auf den Pfeil an der Gruppe **Absatz** ❹. Im Dialog **Absatz** geben Sie im Feld **Einzug Links** das Maß für den Einzug ein, z. B. »1,5 cm«.

➕➕ Formatierung für mehrere Absätze

Wenn die Formatierung (Ausrichtung oder Einzug) für mehrere Absätze gelten soll, müssen Sie diese Absätze vorher alle markieren.

Schritt 4

Neben normalen Einzügen bietet Word auch *Sondereinzüge*. Dazu gehören der *Erstzeileneinzug* (nur die erste Zeile des Absatzes wird eingerückt) und ein *hängender Einzug* (alle Zeilen des Absatzes mit Ausnahme der ersten Zeile werden eingerückt).

Schritt 5

Für den Erstzeileneinzug wählen Sie im Dialog **Absatz** im Feld **Sondereinzug Erste Zeile**. Dann geben Sie daneben im Feld **Um** an, um viele Zentimeter die erste Zeile eingerückt werden soll. Achten Sie auf die Vorschau.

Schritt 6

Für einen hängenden Einzug wählen Sie im Dialog **Absatz** im Feld **Sondereinzug** die Option **Hängend**. Im Feld **Um** geben Sie an, um viele Zentimeter die Zeilen des Absatzes eingerückt werden sollen.

Einzüge mit dem Lineal

Sie können die Einzüge auch mit der »Sanduhr« im Lineal einstellen: Ziehen Sie am unteren Teil, um den ganzen Absatz einzuziehen, am oberen Teil für den Erstzeileneinzug und am mittleren Dreieck für den hängenden Einzug.

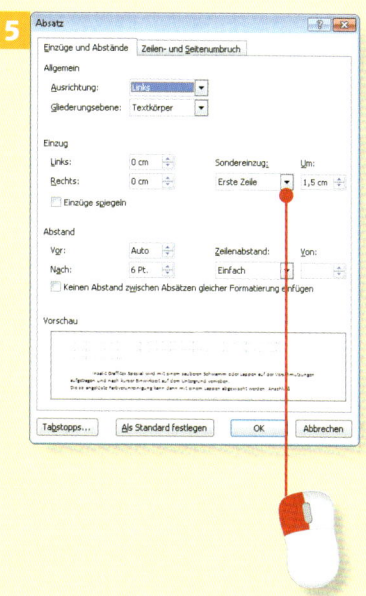

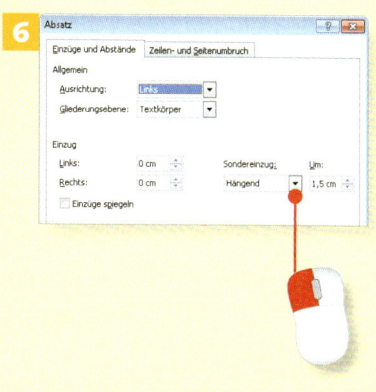

Abstand zwischen Zeilen und Absätzen festlegen

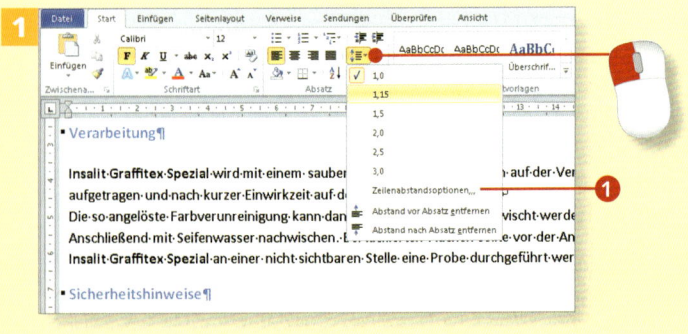

Standardmäßig wird in Word 2010 ein Zeilenabstand von 1,15 verwendet, mitunter ist jedoch ein größerer bzw. anderer Abstand geboten.

Schritt 1

Der Zeilenabstand ist schnell geändert. Setzen Sie den Cursor in den entsprechenden Absatz, und klicken Sie auf der Registerkarte **Start** auf das Symbol **Zeilen- und Absatzabstand**. Aus der Liste wählen Sie per Mausklick den gewünschten Zeilenabstand aus.

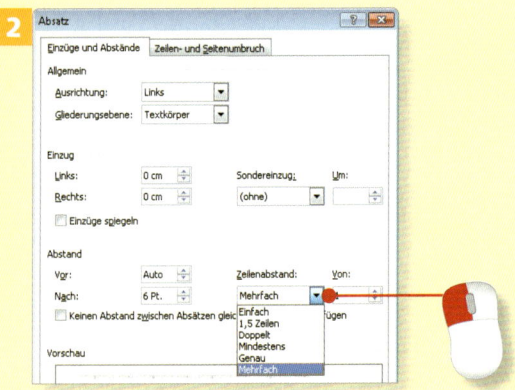

Schritt 2

Weitere Optionen für den Zeilenabstand erhalten Sie im Dialog **Absatz**. Wählen Sie in der Liste des Symbols **Zeilen- und Absatzabstand** den Eintrag **Zeilenabstandsoptionen** ➊. Klicken Sie auf den Pfeil neben dem Feld **Zeilenabstand** im Dialog.

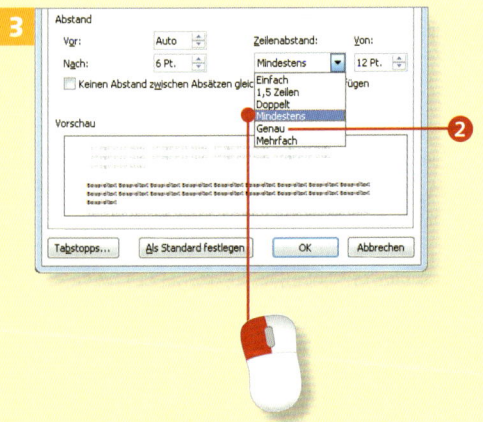

Schritt 3

Wählen Sie die Option **Mindestens**, um für das größte Schriftzeichen (oder eine Grafik) in einer Zeile den erforderlichen Abstand zwischen den Zeilen festzulegen. Mit der Option **Genau** ➋ passen Sie den Zeilenabstand optimal an die gewählte Schriftgröße an.

Schritt 4

Zur Veränderung des Abstandes zwischen Absätzen klicken Sie auf der Registerkarte **Seitenlayout** in der Gruppe **Absatz** auf den Pfeil neben **Vor** oder **Nach**, und wählen Sie den gewünschten Abstand.

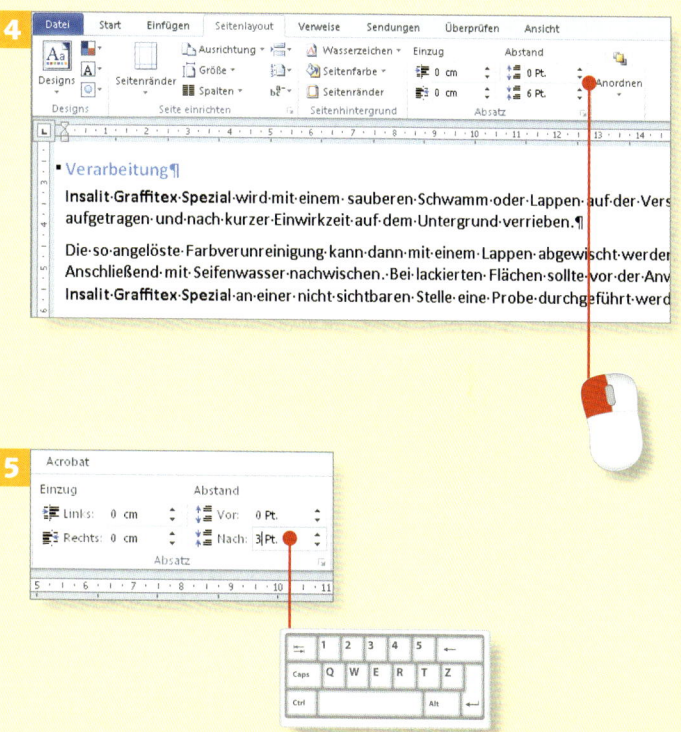

Schritt 5

Sie müssen sich nicht an die Sprünge in der Liste der Felder **Vor** bzw. **Nach** halten. Wenn Ihnen 6 Punkt zu viel sind, klicken Sie einfach in das Feld und geben einen anderen Wert ein, z. B. »3 Pt«.

Schritt 6

Einen Abstand von 12 Punkt können Sie auch auf die Schnelle einstellen. Klicken Sie auf der Registerkarte **Start** auf das Symbol **Zeilen- und Absatzabstand**, und wählen Sie aus dem Menü **Abstand vor Absatz hinzufügen** bzw. **Abstand nach Absatz entfernen**.

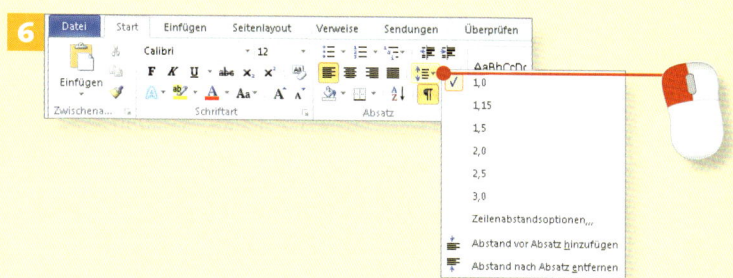

Den Dialog »Absatz« aufrufen
Den Dialog **Absatz** können Sie natürlich auch auf der Registerkarte **Start** über den Pfeil an der Gruppe **Absatz** aufrufen.

Rahmen und Linien um Texte und andere Elemente setzen

Text zu umranden oder einzelne Linien zu ziehen, sind tolle Möglichkeiten, um bestimmte Passagen vom Rest des Textes abzugrenzen.

Schritt 1

Um einem ganzen Absatz einen Rahmen zu geben, setzen Sie den Cursor in den Absatz. Klicken Sie auf der Registerkarte **Start** auf den Pfeil am Symbol **Rahmen**. Im Menü wählen Sie **Rahmenlinien außen**.

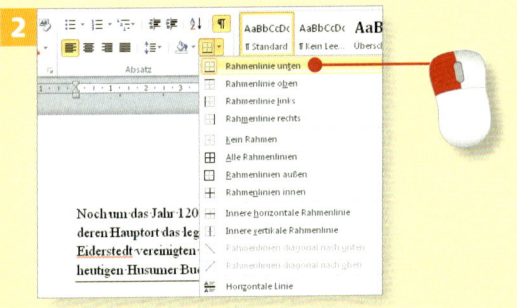

Schritt 2

Mit den Optionen im Menü des Symbols **Rahmen** können Sie nicht nur einen geschlossenen Rahmen um eine Textpassage setzen, sondern auch einzelne Linien ziehen. Um beispielsweise eine Linie unterhalb eines Absatzes zu erzeugen, klicken Sie auf **Rahmenlinie unten**.

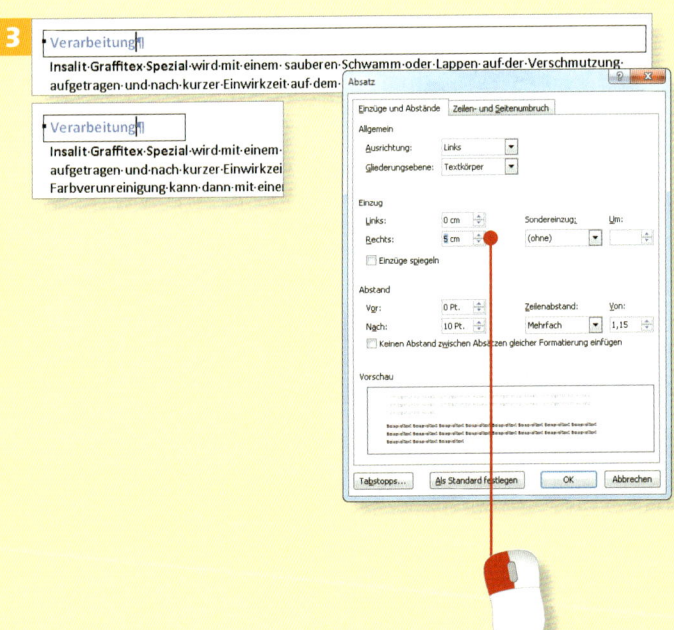

Schritt 3

Sie möchten eine linksbündige Überschrift einrahmen und stellen fest, dass der Rahmen zu groß ist? Kein Problem! Klicken Sie auf der Registerkarte **Start** auf den Pfeil bei **Absatz**, und stellen Sie im Feld **Einzug Rechts** einen Wert ein, z. B. »5 cm«.

Schritt 4

Um einen Rahmen zu setzen, der
sich exakt um ein Stück Text legt
(also keinen ganzen Absatz umrandet), markieren Sie den betreffenden
Text. Achten Sie darauf, dass Sie
die Absatzmarke nicht mit markieren. Dann klicken Sie im Menü des
Symbols **Rahmen** auf **Rahmenlinien
außen**.

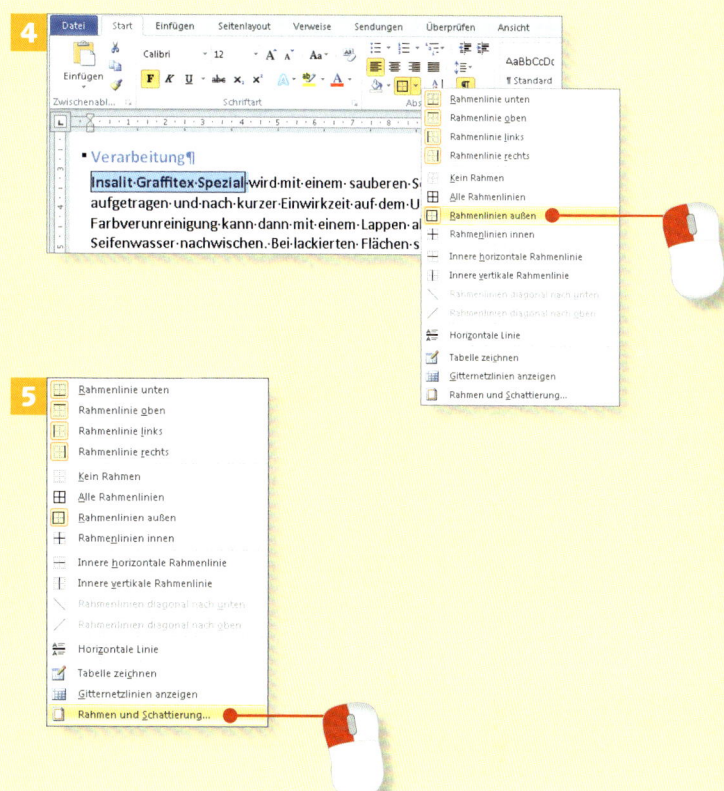

Schritt 5

Um weitere Optionen für Rahmen
und Linien zu sehen, klicken Sie
im Menü des Symbols **Rahmen**
auf **Rahmen und Schattierung**. Im
zugehörigen Dialog können Sie u. a.
die Linienart und die Farbe des Rahmens einstellen.

Schritt 6

Wählen Sie in der Liste **Formatvorlage** zunächst z. B. eine gestrichelte
Linie ❶ und dann eine Farbe aus
der Farbpalette ❷. Klicken Sie nach
diesen Einstellungen auf das Symbol
Kontur. Achten Sie auf den Bereich
Vorschau rechts; hier wird der Effekt
angedeutet.

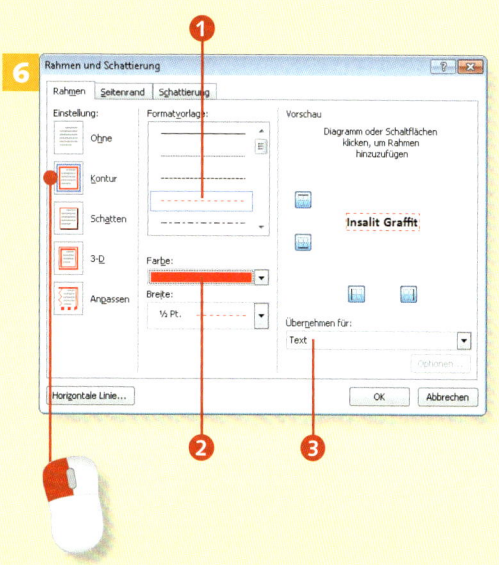

> **Absatz oder Text?**
>
> Im Feld **Übernehmen für** ❸ legen
> Sie fest, auf welchen Bereich sich
> die Einstellungen beziehen sollen.

Rahmen und Linien um Texte und andere Elemente setzen (Forts.)

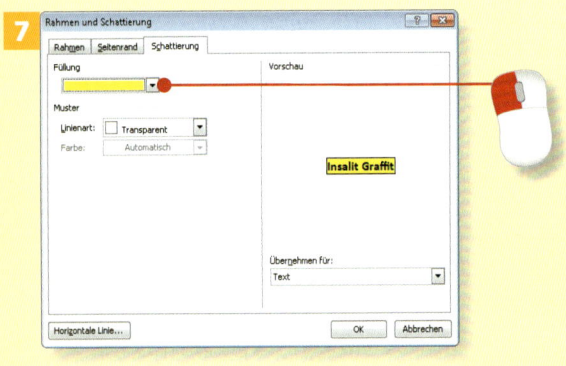

Schritt 7

Ein Rahmen kann auch mit einer Farbe gefüllt werden. Klicken Sie im Dialog **Rahmen und Schattierung** auf die Registerkarte **Schattierung** und dann auf den Pfeil am Feld **Füllung**. Wählen Sie aus der Palette die gewünschte Farbe für den Hintergrund des Rahmens aus.

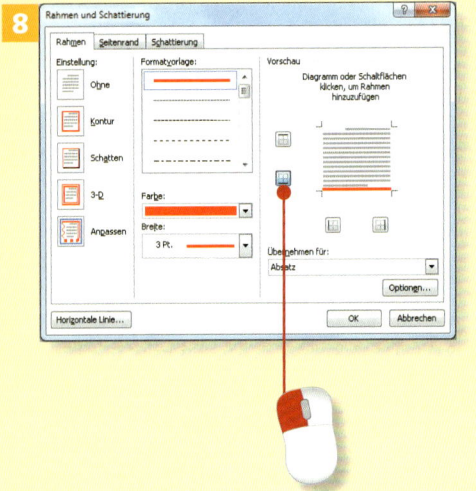

Schritt 8

Wenn Sie nur einzelne Linien ziehen wollen, verfahren Sie ähnlich, nur dass Sie dann nicht auf **Kontur** klicken, sondern auf eines der Symbole im Vorschaubereich (für eine Rahmenlinie oberhalb, unterhalb, links oder rechts des Absatzes). Denken Sie daran, den Cursor vorher im Absatz zu platzieren.

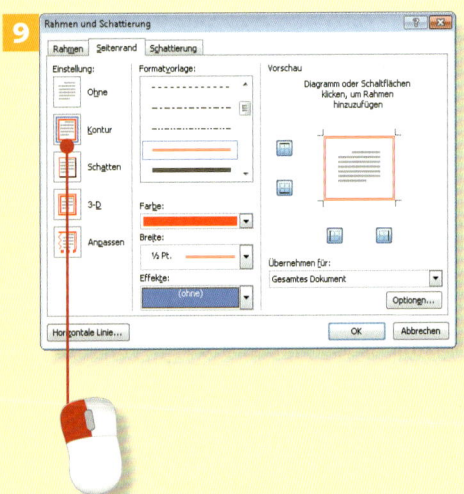

Schritt 9

Sie können nicht nur Text und Absätze umranden, sondern auch eine ganze Seite. Dazu klicken Sie im Dialog **Rahmen und Schattierung** auf die Registerkarte **Seitenrand**. Wählen Sie eine Linienart und eine Farbe, und klicken Sie dann auf **Kontur**.

Der Bereich »Einstellung«
Hier können Sie auch Konturen mit 3D-Effekt oder Schatten vergeben. Mit der Option **Ohne** entfernen Sie alle Rahmeneinstellungen.

Schritt 10

Um einzelne Seitenlinien oben, unten, rechts und/oder links zu setzen, klicken Sie auf die entsprechenden Symbole im Bereich **Vorschau**. Sie können auch direkt auf die dort sichtbaren Seitenränder klicken.

Schritt 11

Etwas Besonderes verbirgt sich hinter der Auswahl des Feldes **Effekte**. Hier finden Sie *Piktogramme*, aus denen der Seitenrahmen gebildet werden kann. Sobald Sie eines anklicken, sehen Sie den Effekt im Vorschaubereich. Mit **OK** bestätigen Sie die Auswahl.

Schritt 12

Etwas dezenter wirken die aus Piktogrammen gebildeten Seitenrahmen mit kleineren Bildchen. Klicken Sie dazu auf den nach unten weisenden Pfeil am Feld **Breite**. Die Vorschau zeigt die Veränderung.

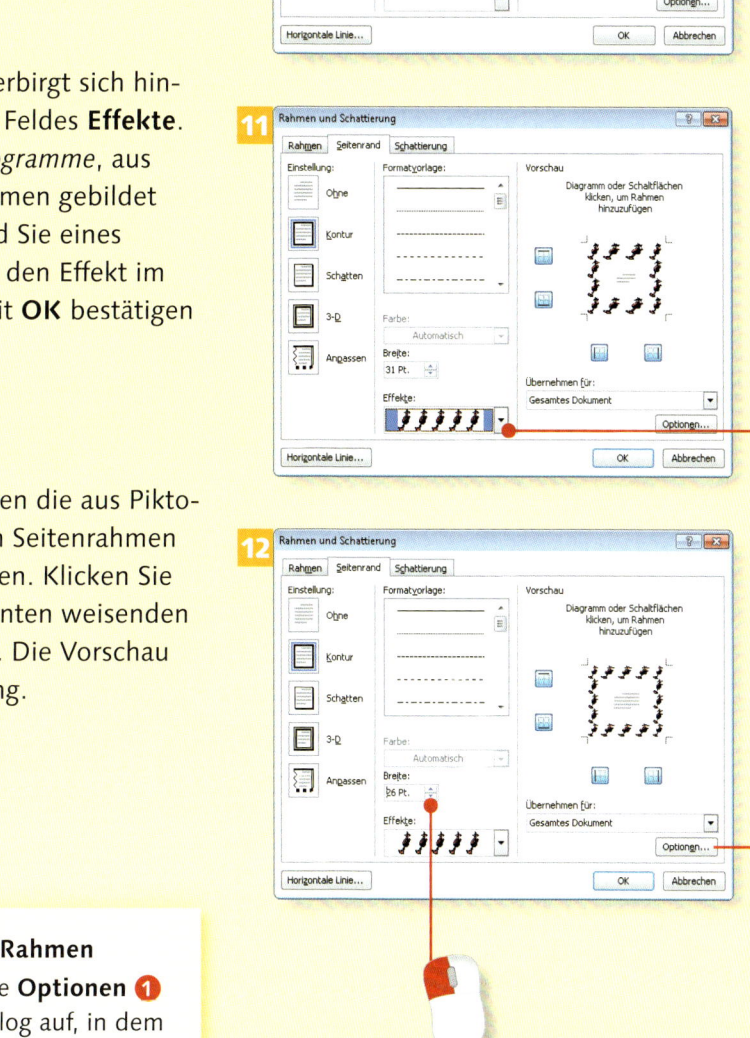

Optionen für den Rahmen

Mit der Schaltfläche **Optionen** ❶ rufen Sie einen Dialog auf, in dem Sie den Abstand des Rahmens zum Text bestimmen können.

Schattierungen einfügen

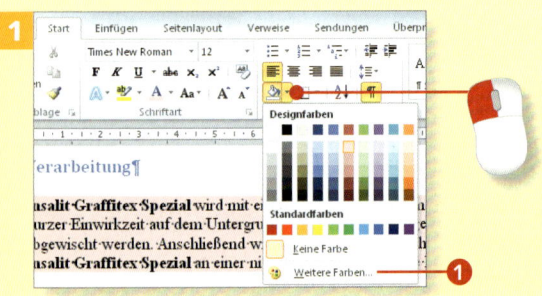

Den Hintergrund von Textpassagen zu schattieren, ist ein weiteres optisches Gestaltungsmittel; wenn es sparsam eingesetzt wird, kann es sehr wirkungsvoll sein.

Schritt 1

Setzen Sie den Cursor in den Absatz, der eine Schattierung erhalten soll, und klicken Sie auf der Registerkarte **Start** auf den Pfeil am Symbol **Schattierung**. Wählen Sie per Klick eine Farbe aus der Palette der Designfarben aus.

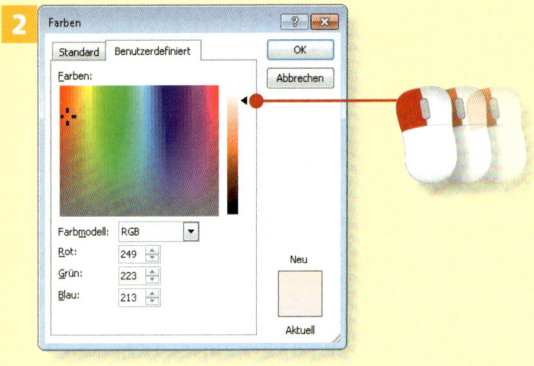

Schritt 2

Eine größere Auswahl verbirgt sich hinter dem Eintrag **Weitere Farben** ❶. Auf der Registerkarte **Benutzerdefiniert** klicken Sie im Bereich **Farben** zunächst auf Ihre Wunschfarbe. Mit dem Schieberegler können Sie die Farbe einstellen.

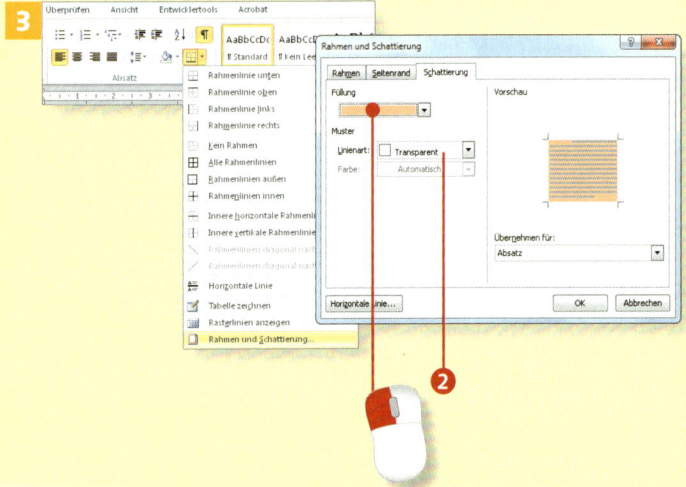

Schritt 3

Öffnen Sie dann über das Symbol **Rahmen** (Registerkarte **Start**) den Dialog **Rahmen und Schattierung** und hier die Registerkarte **Schattierung**. Stellen Sie bei **Füllung** zunächst eine Farbe ein, und wählen Sie in der Auswahl des Feldes **Linienart** ❷ ihre Dichte.

Schritt 4

Um beliebig lange Textpassagen (nicht den kompletten Absatz) mit einer Schattierung zu hinterlegen, müssen Sie den Text zunächst markieren. Dann beginnen Sie wieder mit Schritt 1.

Schritt 5

Für eine zentrierte Überschrift mit Schattierung setzen Sie den Cursor in die Überschrift und wählen eine Farbe. Um die Schattierung etwas zu kürzen, klicken Sie auf den Pfeil an der Gruppe **Absatz** und stellen in den Feldern **Einzug Links** und **Einzug Rechts** jeweils einen geeigneten Wert ein, z. B. »2 cm«.

Schritt 6

Um eine Schattierung wieder loszuwerden, setzen Sie den Cursor in den schattierten Absatz, klicken auf den Pfeil am Symbol **Schattierung** und wählen **Keine Farbe**. Geht es nur um ein Stück Text, müssen Sie es zunächst markieren.

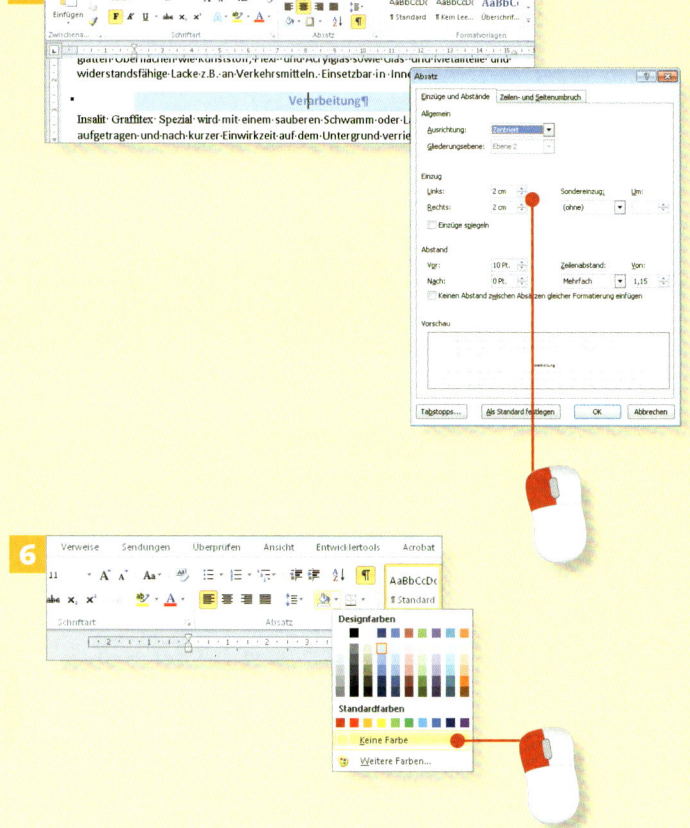

Schattierungen entfernen

Vergessen Sie das Symbol **Formatierung löschen** auf der Registerkarte **Start** nicht! Auch Schattierungen werden Sie hiermit wieder los.

Mit Abschnitten arbeiten

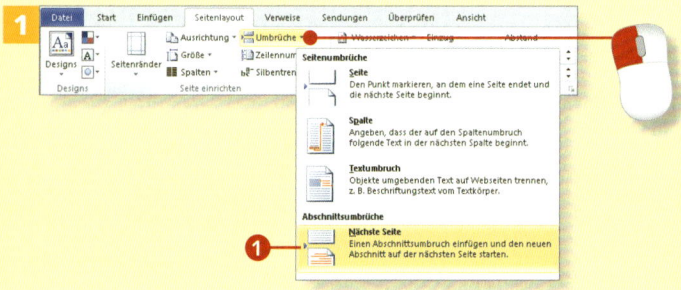

Abschnitte benötigen Sie, um unterschiedliche Seitenformatierungen in einem Dokument anzuwenden. Dazu gehören z. B. Kopf- und Fußzeilen, Spalten, Seitenränder oder die Seitenausrichtung.

Schritt 1

Setzen Sie den Cursor an die Position, an der der Abschnittswechsel eingefügt werden soll. Wechseln Sie zur Registerkarte **Seitenlayout**. Klicken Sie dann auf den Auswahlpfeil des Symbols **Umbrüche**.

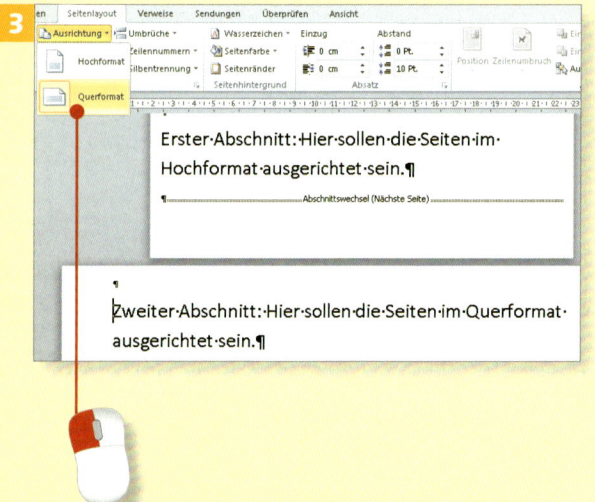

Schritt 2

Um z. B. die Ausrichtung der nachfolgenden Seite zu ändern, wählen Sie in der Auswahlliste den Eintrag **Nächste Seite** ❶. Im Dokument wird der Abschnittswechsel mit einer doppelt gepunkteten Linie angezeigt.

Schritt 3

Setzen Sie den Cursor in den eben erstellten Abschnitt, und wählen Sie auf der Registerkarte **Seitenlayout** im Menü des Symbols **Ausrichtung** die Option **Querformat**. Die Wirkung zeigt sich sofort.

Abschnittswechsel löschen

Sie löschen einen Abschnittswechsel, indem Sie den Cursor vor die doppelt gepunktete Linie setzen und die ⌷Entf⌷-Taste drücken.

Schritt 4

Wenn Ihr Text oben auf einer Seite in zwei Spalten und unten in drei Spalten angeordnet werden soll, benötigen Sie einen fortlaufenden Abschnittswechsel. Platzieren Sie den Cursor dort, wo das dreispaltige Layout beginnen soll.

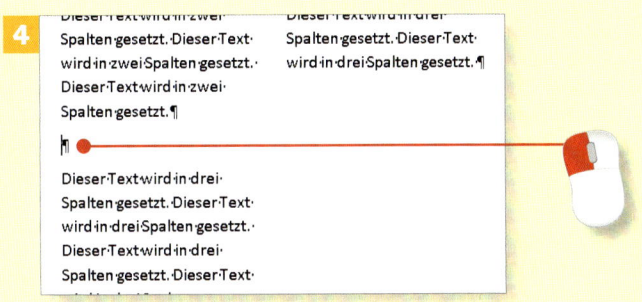

Schritt 5

Klicken Sie auf der Registerkarte **Seitenlayout** im Menü des Symbols **Umbrüche** auf die Option **Fortlaufend**. Auch der fortlaufende Abschnittswechsel wird als doppelt gepunktete Linie angezeigt.

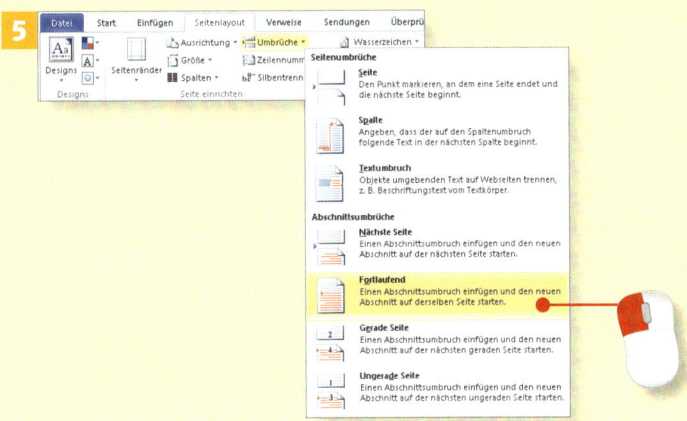

Schritt 6

Um den eben erzeugten Abschnitt dreispaltig zu setzen, setzen Sie den Cursor in diesen Abschnitt und wählen auf der Registerkarte **Seitenlayout** im Menü des Symbols **Spalten** die Option **Drei**.

Abschnitte formatieren

Um Abschnitte zu formatieren, klicken Sie in den bekannten Dialogen auf **Übernehmen für**. Dort bestimmen Sie, ob die Formatierung für das gesamte Dokument oder den ausgewählten Abschnitt (in dem der Cursor stand) gelten soll oder ob die Formatierung einen neuen Abschnitt erzeugt.

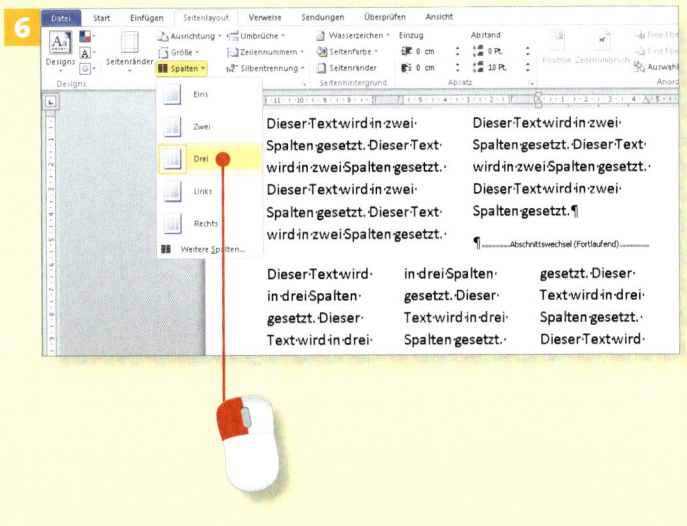

Abschnitte mit verschiedenen Kopfzeilen

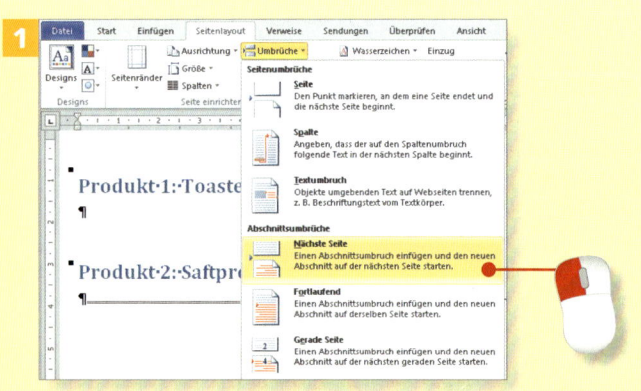

Pro Abschnitt können Sie unterschiedliche Kopfzeilen anlegen, sodass Sie z. B. für einen Produktkatalog je Produkt einen anderen Text in die Kopfzeile schreiben können.

Schritt 1

Fügen Sie vor jedem Produkt einen Abschnittswechsel **Nächste Seite** ein. Sie können auch einen fortlaufenden Abschnittswechsel verwenden, allerdings erscheint dann die Überschrift für das neue Produkt unter Umständen noch mit der Kopfzeile des vorherigen Produkts.

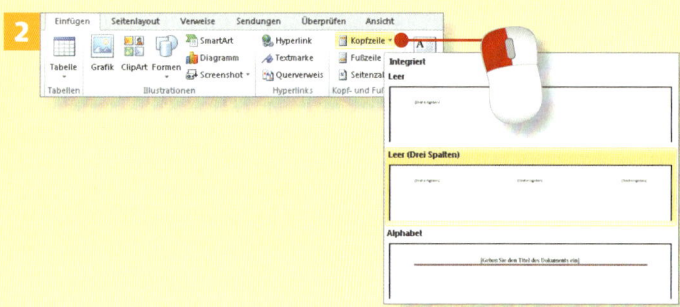

Schritt 2

Erstellen Sie über **Einfügen ▸ Kopfzeile** die Kopfzeile. Diese wird zunächst für das gesamte Dokument angezeigt, weil die Kopfzeilen der Abschnitte verknüpft sind und den Inhalt der Kopfzeile des vorhergehenden Abschnitts übernehmen.

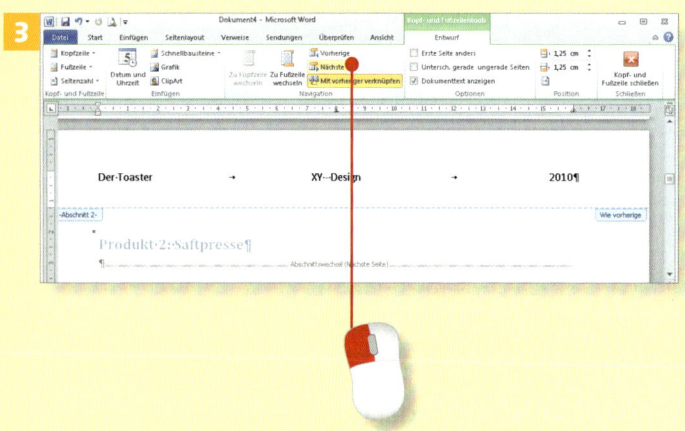

Schritt 3

Wandern Sie mit den Symbolen **Vorherige** bzw. **Nächste** auf der Registerkarte **Entwurf** der **Kopf- und Fußzeilentools** zu der Kopfzeile des nächsten Abschnitts (z. B. **Abschnitt 2**).

Schritt 4

Sie erkennen an dem Symbol **Mit vorheriger verknüpfen** und an der Beschriftung **Wie vorherige ➊**, dass die jeweilige Kopfzeile den Inhalt der Kopfzeile des Abschnitts 1 übernimmt. Klicken Sie auf das Symbol **Mit vorheriger verknüpfen**, um einen anderen Text einzugeben.

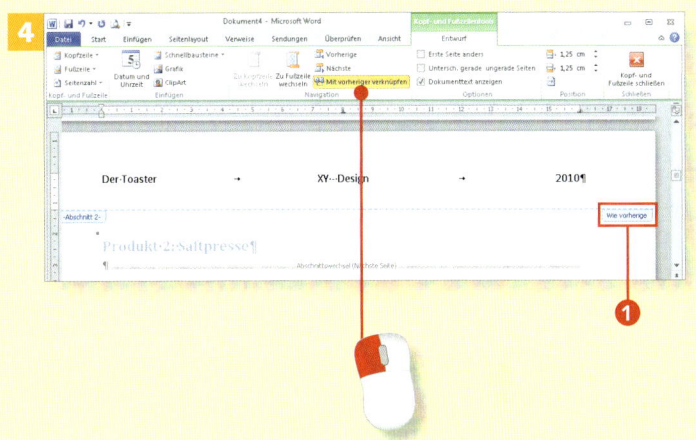

Schritt 5

Die Beschriftung **Wie vorherige** an der Kopfzeile verschwindet, und auch das Symbol **Mit vorheriger verknüpfen** ist nicht mehr markiert. Sie können nun die Kopfzeile des Abschnitts bearbeiten. Auf diese Weise gehen Sie Abschnitt für Abschnitt durch Ihr Dokument.

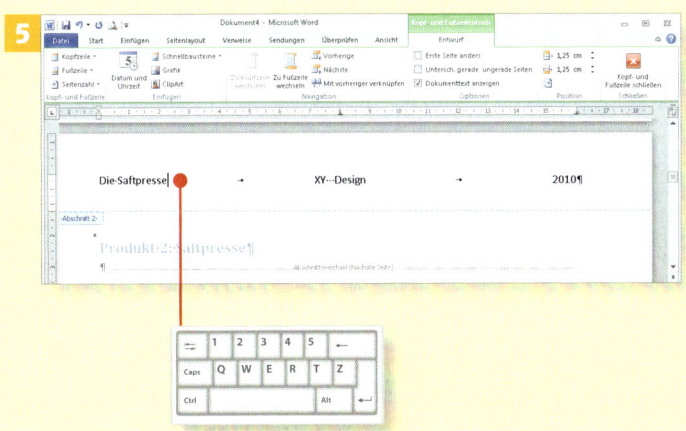

Schritt 6

Wenn Sie über das Symbol **Mit vorheriger verknüpfen** die Kopfzeile wieder mit der vorherigen in Einklang bringen, wird der Inhalt gelöscht und durch den der vorherigen Kopfzeile ersetzt. Bevor Word den Inhalt löscht, müssen Sie dies in einem Dialog bestätigen.

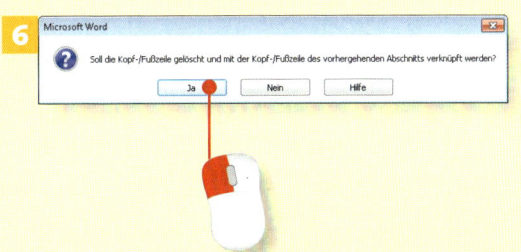

Fußnoten einfügen

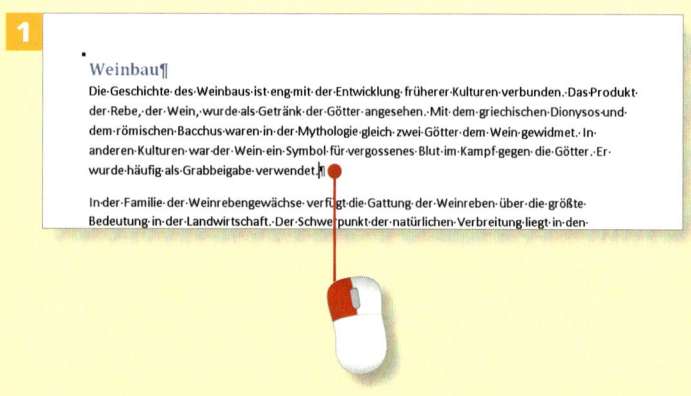

Anmerkungen, Literaturhinweise, Quellenangaben etc. gehören in Fußnoten, die in der Regel durchnummeriert werden. Mit Word lässt sich das bestens bewerkstelligen.

Schritt 1

Zuerst setzen Sie den Cursor genau dorthin, wo das Fußnotenzeichen im Text erscheinen soll. Achten Sie darauf, dass Sie den Cursor direkt, also ohne Leerstelle, hinter das Zeichen setzen.

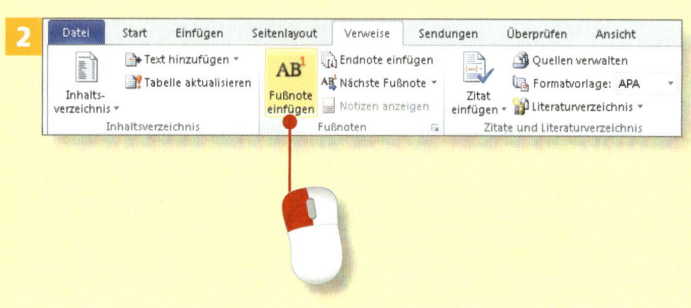

Schritt 2

Aktivieren Sie nun die Registerkarte **Verweise**. Sofern Sie keine weiteren Einstellungen vornehmen möchten (für das Fußnotenzeichen oder Ähnliches), klicken Sie auf das Symbol **Fußnote einfügen**.

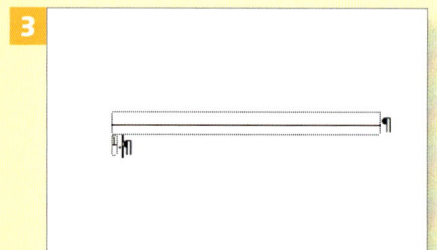

Schritt 3

Dadurch wandert der Cursor direkt in den Fußnotenbereich, der automatisch durch eine kurze Linie vom Rest des Textes abgegrenzt ist. Am Anfang der Zeile sehen Sie eine hochgestellte 1 (für die erste Fußnote).

Schritt 4

Schreiben Sie nun Ihren Text in die Fußnote. Sollte der Text länger als eine Zeile sein, sieht es besser aus, wenn Sie einen hängenden Einzug (für alle Zeilen bis auf die erste) einstellen. Ziehen Sie dazu am entsprechenden Symbol auf dem Lineal.

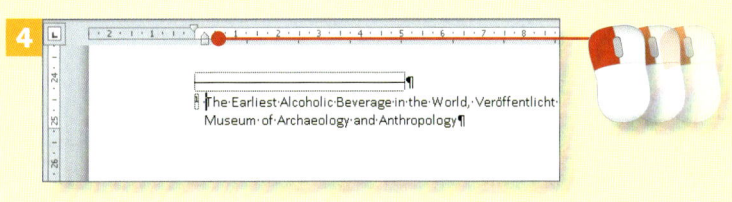

Schritt 5

Um weitere Einstellungen für Fußnoten vorzunehmen, klicken Sie auf der Registerkarte **Verweise** auf den Pfeil an der Gruppe **Fußnoten**. Im Dialog könnten Sie sich z. B. auch für Endnoten (»Fußnoten« am Ende des Dokuments) entscheiden oder ein anderes Zahlenformat wählen.

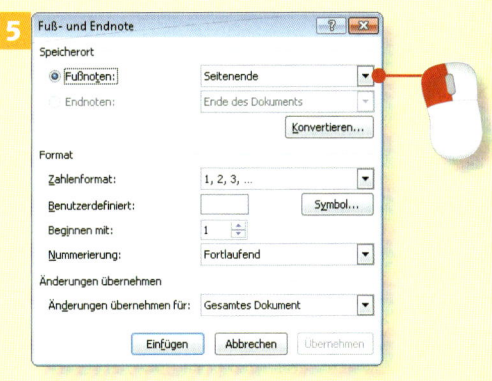

Schritt 6

Sie werden Fußnoten auch leicht wieder los. Markieren Sie das kleine Fußnotenzeichen im Text, und drücken Sie die ⎡Entf⎤-Taste. Dadurch wird die gesamte Fußnote gelöscht.

Word zählt mit!

Word kümmert sich um die fortlaufende Nummerierung. Wenn Sie eine Fußnote löschen oder nachträglich eine weitere einfügen, wird die Nummerierung angepasst.

Mit Formatvorlagen arbeiten

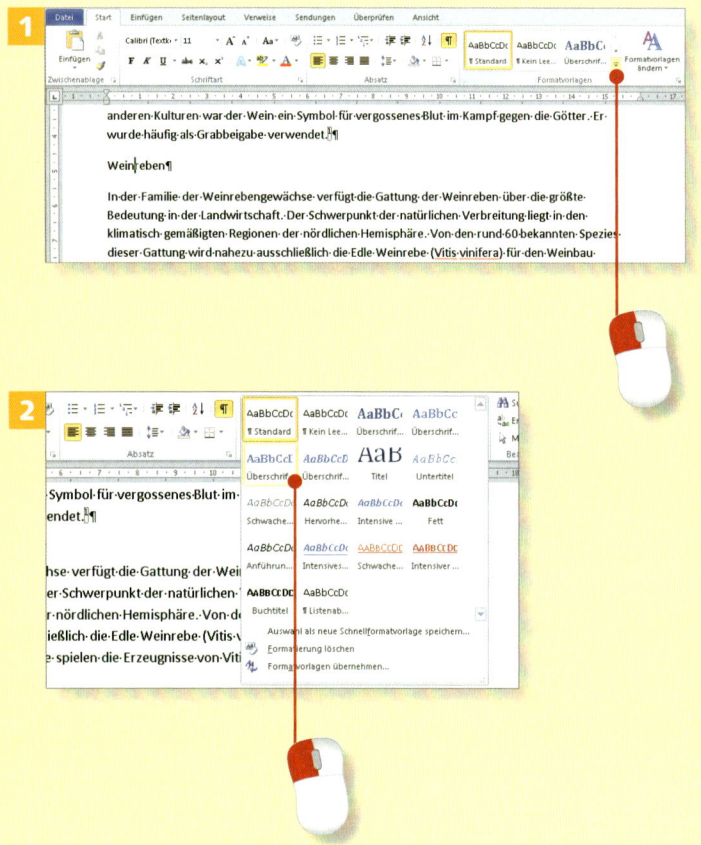

Eine praktische Sache: Formatvorlagen bündeln diverse Formatierungen in Vorlagen, die Sie Absätzen einfach per Mausklick zuweisen können.

Schritt 1

Um eine Formatvorlage zuzuweisen, setzen Sie den Cursor in den entsprechenden Absatz, und klicken Sie auf der Registerkarte **Start** auf den Pfeil des Bereichs **Formatvorlagen**.

Schritt 2

Im Menü sehen Sie eine Auswahl der Formatvorlagen, die *Schnellformatvorlagen*. Fahren Sie mit der Maus über die Bezeichnungen, dann sehen Sie die Auswirkungen direkt im Text. Klicken Sie auf eine Vorlage, um sie zu übernehmen.

Schritt 3

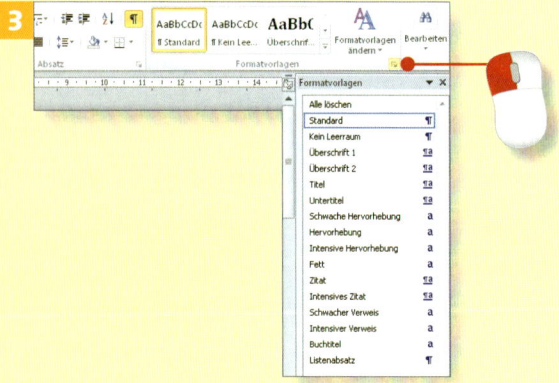

Um das gesamte Angebot an Formatvorlagen zu überblicken, klicken Sie auf den Pfeil an der Gruppe **Formatvorlagen**. Daraufhin wird der Aufgabenbereich **Formatvorlagen** eingeblendet, im dem eine größere Auswahl angezeigt wird.

Schritt 4

Um alle vorhandenen Formatvorlagen zu sehen, klicken Sie ganz unten auf den Link **Optionen** ❶. Im Dialog wählen Sie im Feld **Anzuzeigende Formatvorlagen auswählen** die Option **Alle Formatvorlagen**.

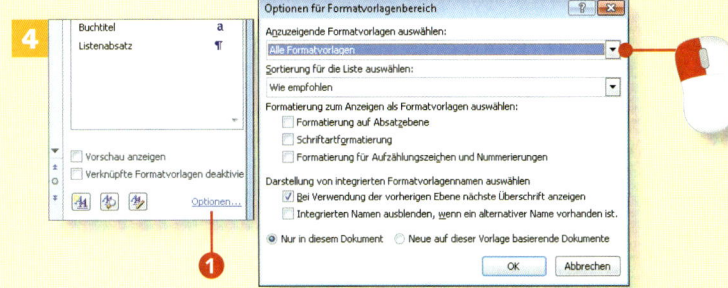

Schritt 5

Wenn Sie an einem Dokument arbeiten, in dem Sie nur bestimmte Formatvorlagen verwenden möchten, ist es sinnvoll, in dem eben erwähnten Feld die Einstellung **Verwendet** zu wählen. Die Liste im Aufgabenbereich wird so erheblich übersichtlicher.

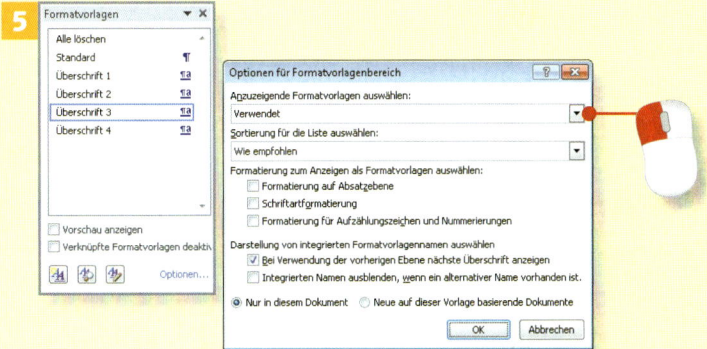

Schritt 6

Wenn Sie mit der Maus auf eine der Formatvorlagen im Aufgabenbereich zeigen (nicht klicken!), werden die Formatierungseinstellungen eingeblendet.

Vorteile der Formatvorlagen

Insbesondere bei längeren Dokumenten sind Formatvorlagen nützlich, weil Sie wiederkehrende Formatierungen mit einem Mausklick zuweisen können. Auch das Ändern der Formatierung, z. B. aller Überschriften, geht schnell, da Sie nur die entsprechende Formatvorlage anpassen müssen.

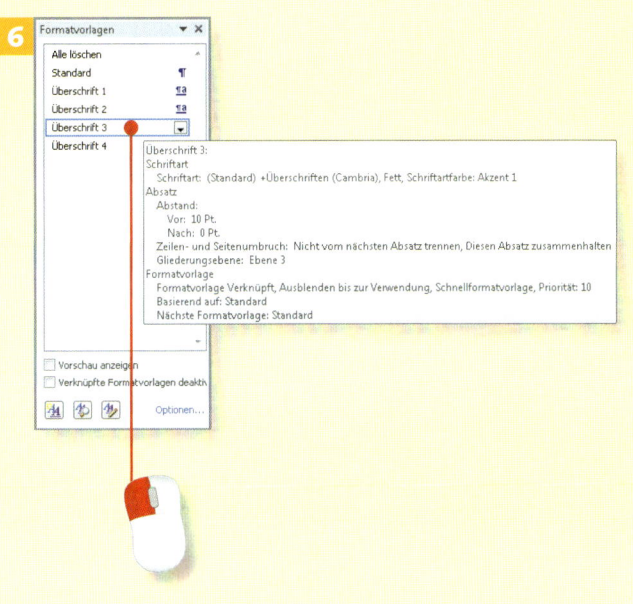

Fertige Formatvorlagen ändern

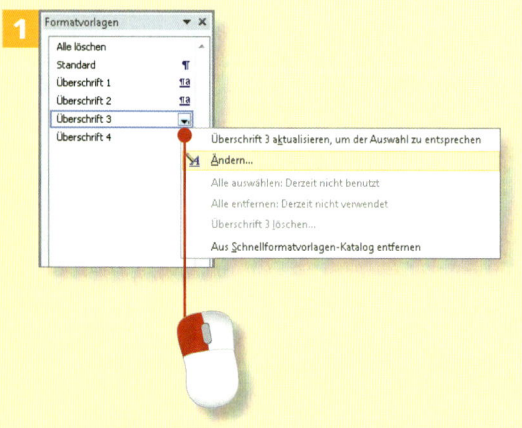

Wenn Sie mit den Eigenschaften einer Vorlage nicht vollkommen zufrieden sind, können Sie sie auch verändern und an Ihre Vorstellungen anpassen. Wir zeigen, wie das geht.

Schritt 1

Lassen Sie sich die Formatvorlagen im Aufgabenbereich anzeigen, indem Sie auf den Pfeil an der Gruppe **Formatvorlagen** klicken. In der Liste klicken Sie auf den Pfeil rechts der Vorlage, die Sie ändern möchten (z. B. **Überschrift 3**). Im Menü wählen Sie **Ändern**.

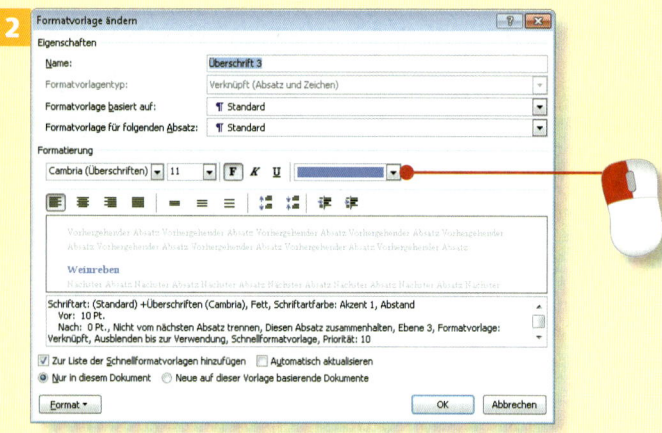

Schritt 2

Es öffnet sich der Dialog **Formatvorlage ändern**. Einige Formatierungseinstellungen können Sie unmittelbar im Dialog ändern, z. B. Schriftgröße und/oder Farbe.

Schritt 3

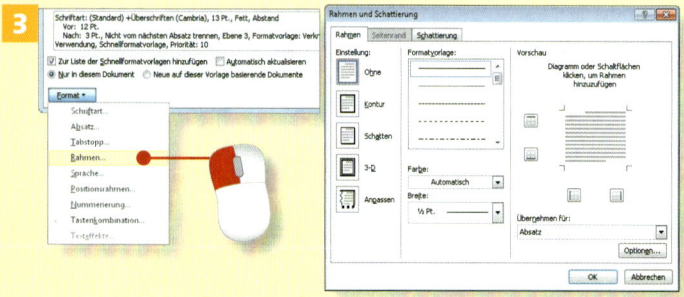

Für manche Einstellungen, z. B. einen Rahmen, klicken Sie unten im Dialogfenster **Formatvorlage ändern** auf **Format** und wählen im Menü **Rahmen**. Dies öffnet den bereits beschriebenen Dialog **Rahmen und Schattierung**.

Schritt 4

Wenn Sie dafür sorgen möchten, dass die (geänderte) Formatvorlage in der Gruppe **Schnellformatvorlagen** auf der Registerkarte **Start** auftaucht, aktivieren Sie die Option **Zur Liste der Schnellformatvorlagen hinzufügen**.

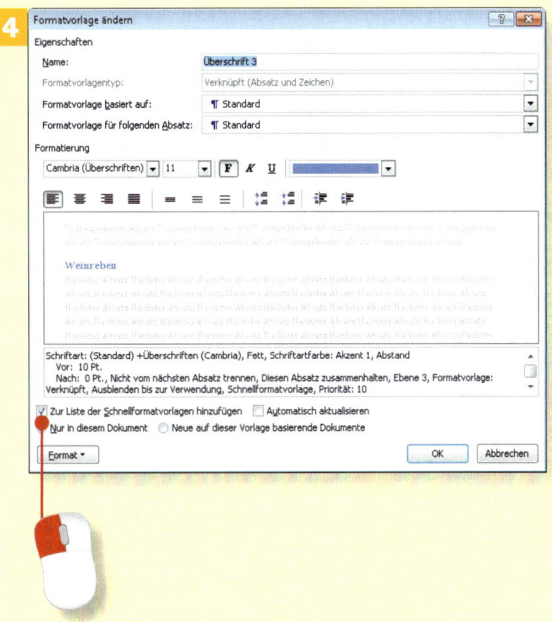

Schritt 5

Sollen die Veränderungen an der Formatvorlage nur im aktuellen Dokument gelten, aktivieren Sie die Option **Nur in diesem Dokument**. In neuen Dokumenten hat die Formatvorlage dann wieder die Standardeinstellungen (gemäß der Dokumentvorlage).

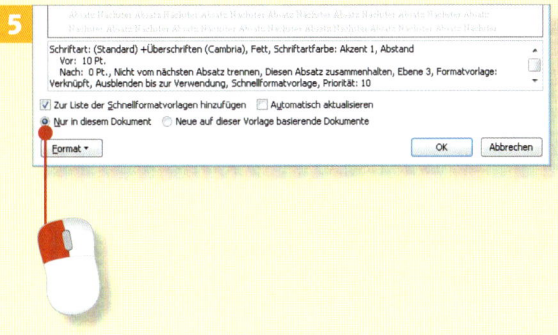

Schritt 6

Achten Sie auch auf das Feld **Formatvorlage für folgenden Absatz**. Hier stellen Sie ein, in welcher Formatvorlage Sie nach dem Drücken der ⏎-Taste weiterschreiben.

Arbeit im Team – Kommentare

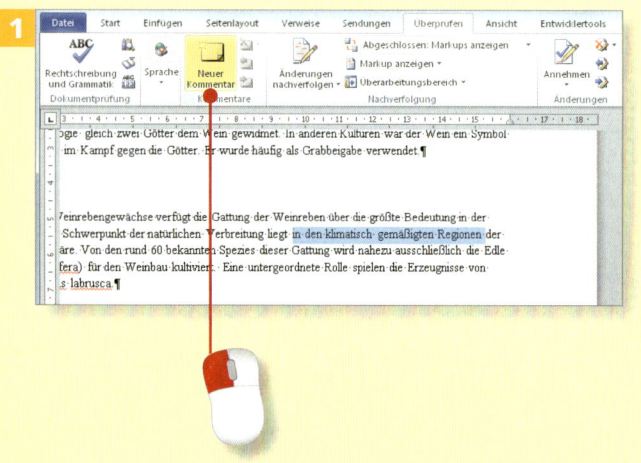

Teamwork wird überall großgeschrieben! Word geht mit diesem Trend und bietet etliche Möglichkeiten der Zusammenarbeit.

Schritt 1

Um einen Text mit einem Kommentar zu versehen, aktivieren Sie die Registerkarte **Überprüfen**. Markieren Sie das Textstückchen, das Sie kommentieren möchten, und klicken Sie auf das Symbol **Neuer Kommentar**.

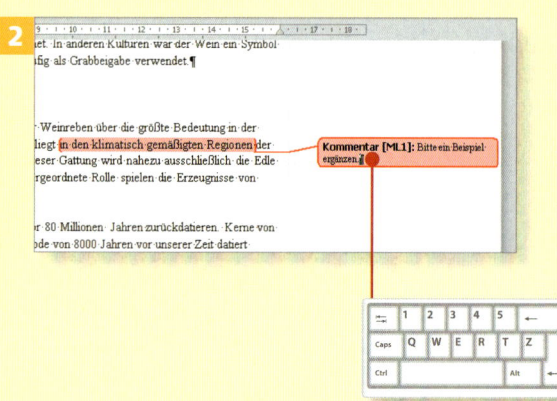

Schritt 2

Am rechten Rand des Dokuments wird in der Ansicht **Seitenlayout** eine »Sprechblase« eingeblendet, und der markierte Text wird in Klammern gesetzt. In die Sprechblase schreiben Sie Ihren Kommentar, z. B. einen Änderungsvorschlag.

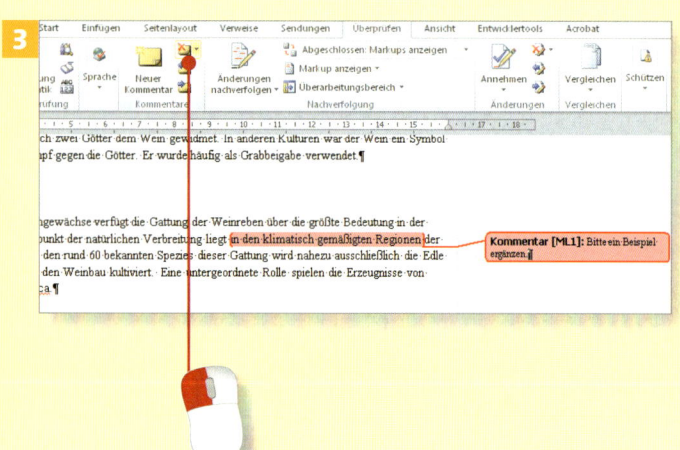

Schritt 3

Wenn Sie einen Kommentar wieder entfernen möchten, klicken Sie in die entsprechende Sprechblase und dann auf das Symbol **Löschen**.

Schritt 4

Um alle Kommentare in einem Rutsch aus dem Dokument zu entfernen, klicken Sie auf den Pfeil am Symbol **Löschen** und auf **Alle Kommentare im Dokument löschen**.

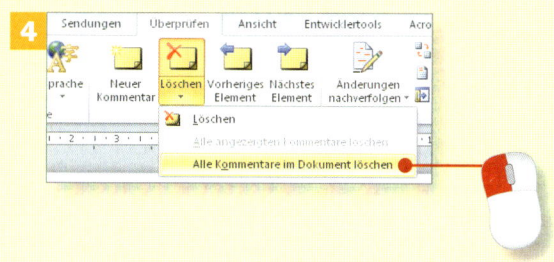

Schritt 5

Sie können im Dokument auch von einem Kommentar zum nächsten springen. Dazu setzen Sie den Cursor in die erste Sprechblase und klicken auf das Symbol **Nächster Kommentar**.

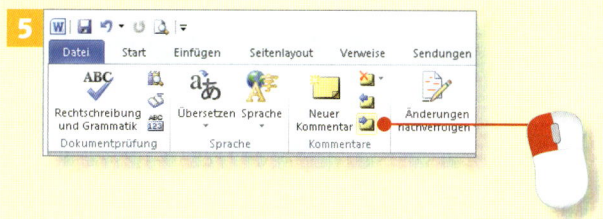

Schritt 6

Kommentare können Sie der Reihe nach annehmen oder ablehnen. Zum Ablehnen klicken Sie auf den Pfeil am Symbol **Ablehnen** und dann auf **Ablehnen und weiter**. Der Kommentar wird gelöscht, und der Cursor springt automatisch in die nächste Sprechblase.

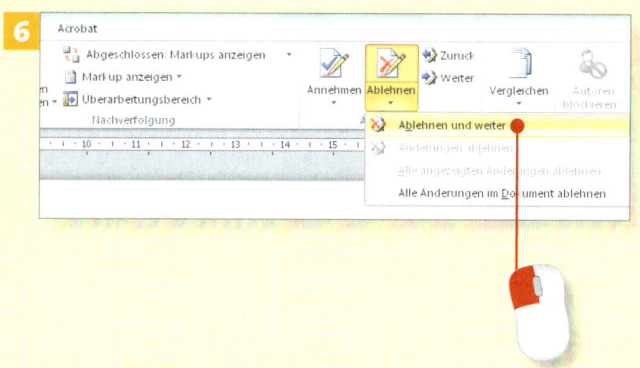

Anzeige von Änderungen
Wie Änderungen im Dokument angezeigt werden, können Sie auf der Registerkarte **Überprüfen ▸ Markup anzeigen ▸ Sprechblasen** bestimmen.

Arbeit im Team – Kommentare (Forts.)

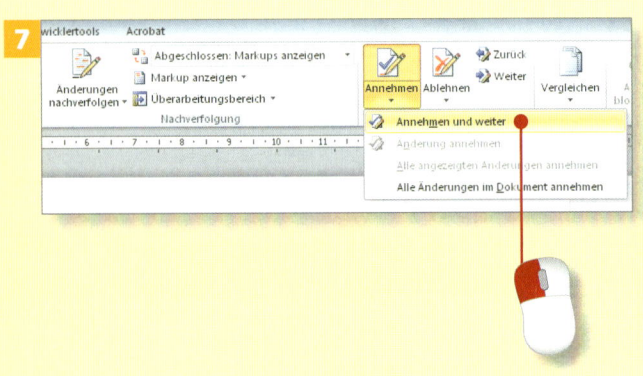

Schritt 7

Wie mit dem Symbol **Nächster Kommentar** springen Sie mit dem Menüeintrag **Annehmen und weiter** des Symbols **Annehmen** zum nächsten Kommentar des Dokuments.

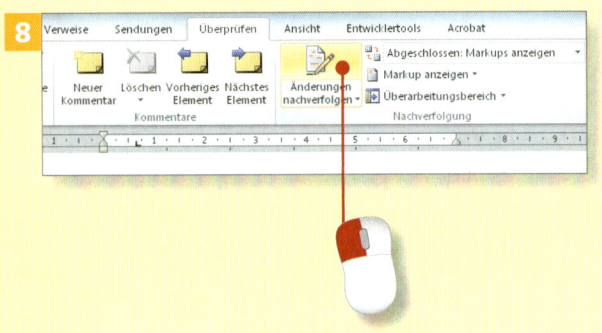

Schritt 8

Sollen Änderungsvorschläge direkt in einen Text übernommen werden können, arbeiten Sie am besten im *Überarbeitungsmodus*. Klicken Sie dazu auf der Registerkarte **Überprüfen** auf das Symbol **Änderungen nachverfolgen**.

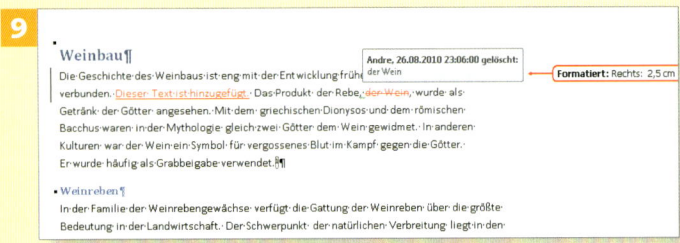

Schritt 9

Schreiben Sie eine Ergänzung zum Text. Sie wird farbig abgehoben und unterstrichen. Wenn Sie Text löschen, wird er durchgestrichen. Verharren Sie mit der Maus auf dem Text, wird in einer Infobox angezeigt, wer was wann geändert hat. Änderungen der Formatierung werden am Rand in Sprechblasen angezeigt.

Schritt 10

Wenn Sie einen Text mit sichtbaren Änderungen bekommen, können Sie sie annehmen oder ablehnen. Setzen Sie den Cursor in die erste Änderung (in den Text oder in die Sprechblase), und klicken Sie z. B. auf **Annehmen ▸ Annehmen und weiter**.

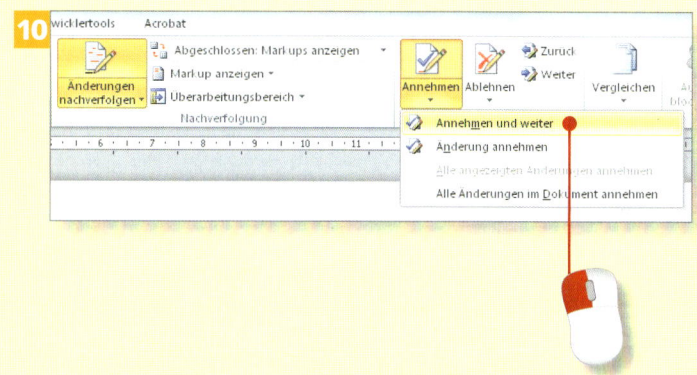

Schritt 11

Schneller geht es über das Kontextmenü. Klicken Sie mit rechts auf die Änderung und im Menü z. B. auf **Änderung ablehnen**. Wurde ein Text gelöscht, verschwindet daraufhin die Markierung, und das Gelöschte wird wieder nahtlos in den Text eingefügt.

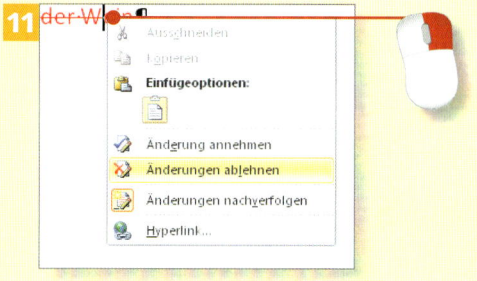

Änderungsmodus

Die Änderungen zu verfolgen, ist hilfreich, wenn mehrere Personen an einem Dokument arbeiten. So sehen Sie auf einen Blick, wer was geändert hat, da die Änderungen jeweils anders farblich markiert werden.

Eigene Dokumentvorlagen erstellen

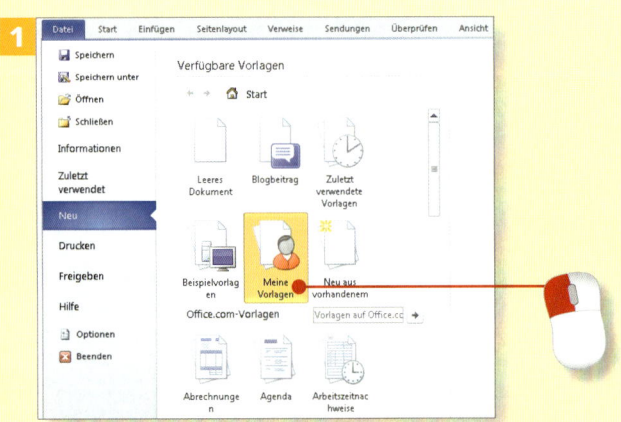

Eine Dokumentvorlage enthält alle Einstellungen, die Sie benötigen: Seitenlayout, Formatierungen, Formatvorlagen etc. So nimmt ein neues Dokument im Nu Form an.

Schritt 1

Für das Protokoll der wöchentlichen Teamsitzung sparen Sie sich mit einer Dokumentvorlage viel Arbeit, denn Sie können das Grundgerüst in einer Vorlage erstellen. Klicken Sie dazu auf **Datei ▸ Neu** und in der Auswahl auf **Meine Vorlagen**.

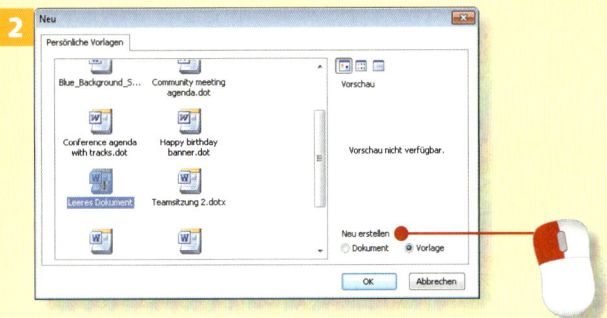

Schritt 2

Im Dialog **Neu** wählen Sie links **Leeres Dokument** und aktivieren die Option **Vorlage**. Klicken Sie dann auf **OK**. Als Nächstes speichern Sie die neue Dokumentvorlage ab.

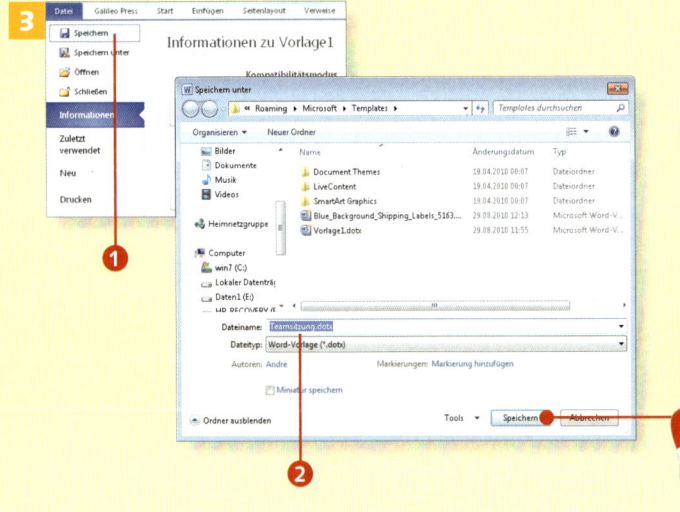

Schritt 3

Klicken Sie dazu auf **Datei ▸ Speichern ❶**. Im Dialog ist automatisch der Ordner **Templates** geöffnet. Geben Sie der Vorlage einen Namen ❷, und belassen Sie es beim Dateityp **Word-Vorlage (*.dotx)**. Klicken Sie dann auf **Speichern**.

Schritt 4

Nehmen Sie die Einstellungen für Ihre neue Dokumentvorlage vor. Sie können z. B. Texte und Formatierung in die Dokumentvorlage einbinden. All diese Einstellungen sind später in den Dokumenten, die auf dieser Dokumentvorlage basieren, bereits vorhanden.

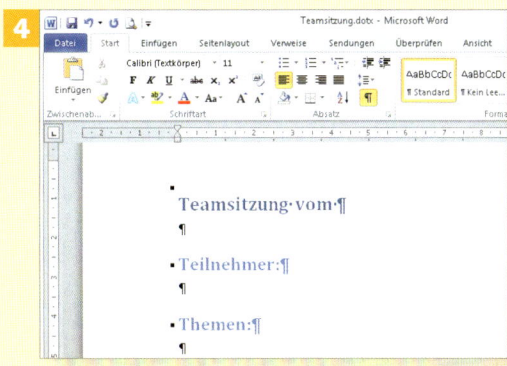

Schritt 5

Es bietet sich an, aus jedem Namen einen *AutoText* zu erstellen, sodass Sie ihn später schnell in die Teilnehmerliste einfügen können. Schreiben Sie dazu den entsprechenden Namen, und markieren Sie ihn.

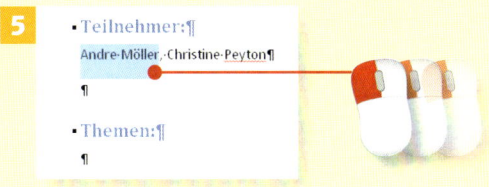

Schritt 6

Klicken Sie auf der Registerkarte **Einfügen** in der Gruppe **Text** auf das Symbol **Schnellbausteine**, im Menü auf **AutoText** und dann auf **Auswahl im AutoText-Katalog speichern**.

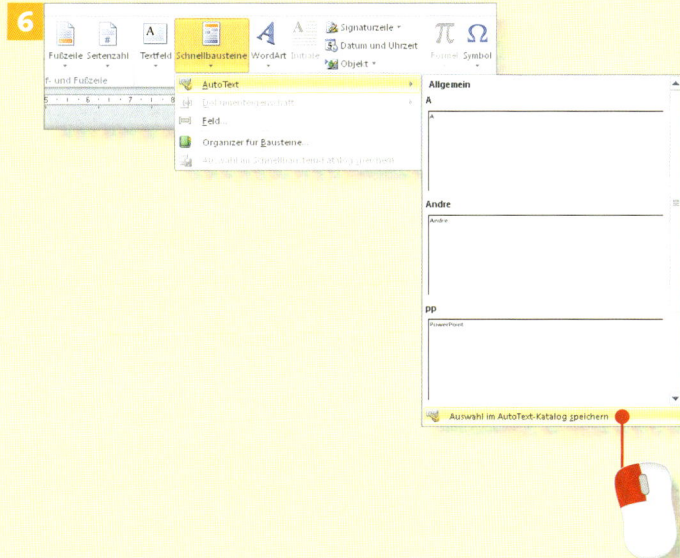

AutoTexte speichern

Es ist sinnvoll, die AutoTexte in der Dokumentvorlage zu speichern, weil sie dann für jeden zur Verfügung stehen, an den Sie die Dokumentvorlage weitergeben.

Eigene Dokumentvorlagen erstellen (Forts.)

Schritt 7

Im Dialog **Neuen Baustein erstellen** geben Sie im Feld **Name** ❶ das Kürzel ein, mit dem Sie den AutoText später aufrufen. Im Feld **Speichern in** muss der Name der Dokumentvorlage eingetragen sein (deshalb wurde die Dokumentvorlage bereits in Schritt 3 gespeichert). Verfahren Sie genauso für alle Teilnehmer der Teambesprechung.

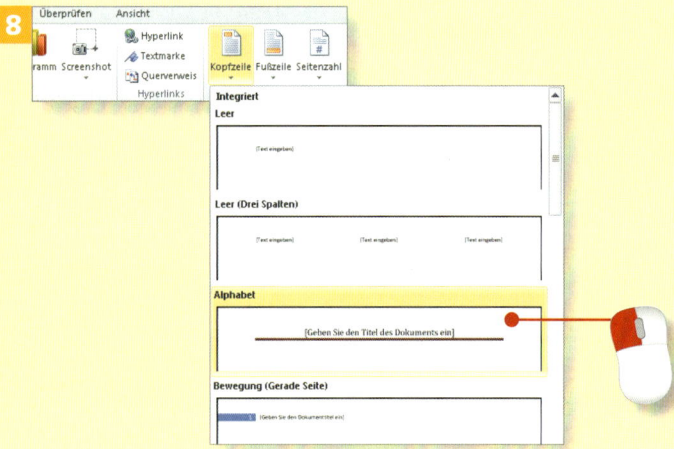

Schritt 8

Jetzt gönnen Sie der Vorlage noch eine Kopfzeile. Klicken Sie dazu auf der Registerkarte **Einfügen** auf das Symbol **Kopfzeile**, und wählen Sie im Untermenü das gewünschte Layout, z. B. **Alphabet**.

Schritt 9

Passen Sie nun die Texte und das Layout der Kopfzeile an den Einsatzzweck der Dokumentvorlage an, und formatieren Sie sie nach Wunsch.

Schritt 10

Wenn Sie alle Einstellungen für die Dokumentvorlage vorgenommen haben, löschen Sie alle Texte und Elemente, die zum Erstellen der Vorlage wichtig waren, aber im späteren Dokument nicht vorhanden sein sollen. Anschließend speichern Sie die Vorlage erneut (**Datei ▸ Speichern**).

Schritt 11

Um die Vorlage für ein neues Dokument zu nutzen, klicken Sie auf **Datei ▸ Neu** und im Fenster auf **Meine Vorlagen** ②. Unter **Persönliche Vorlagen** sehen Sie Ihre Vorlage. Markieren Sie sie, und klicken Sie auf **OK**. Achten Sie darauf, dass im Bereich **Neu erstellen** die Option **Dokument** aktiviert ist.

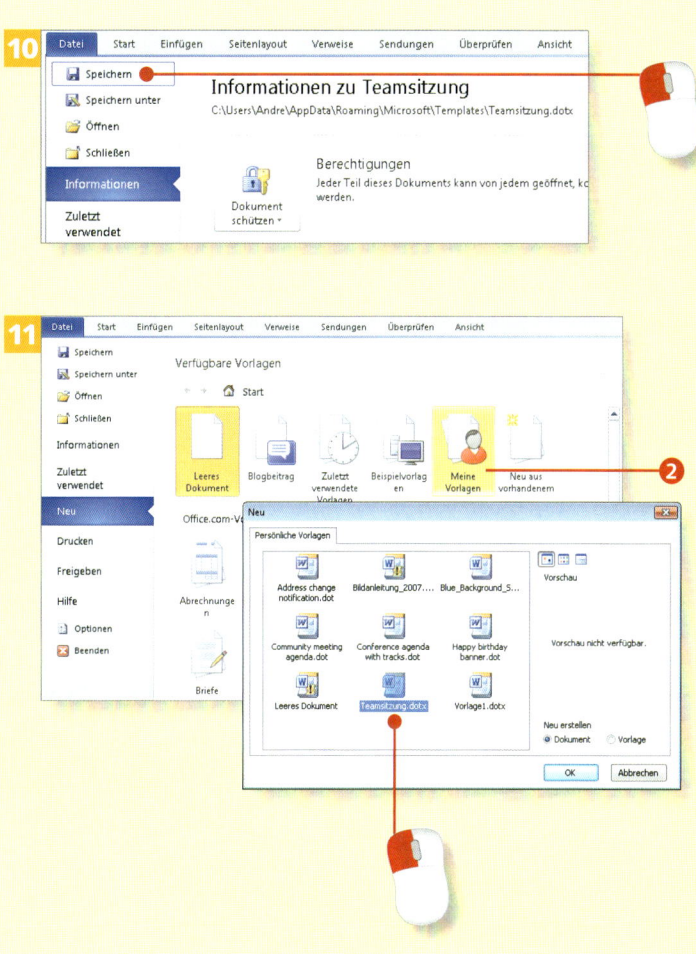

Schritt 12

Die Namen der Teilnehmer können Sie per AutoText einfügen. Geben Sie das Kürzel ein, und drücken Sie ⌨ F3 . Abschließend speichern Sie das Dokument über **Datei ▸ Speichern unter**. Als Dateityp muss ein »normales« Word-Format eingestellt sein (.doc/.docx).

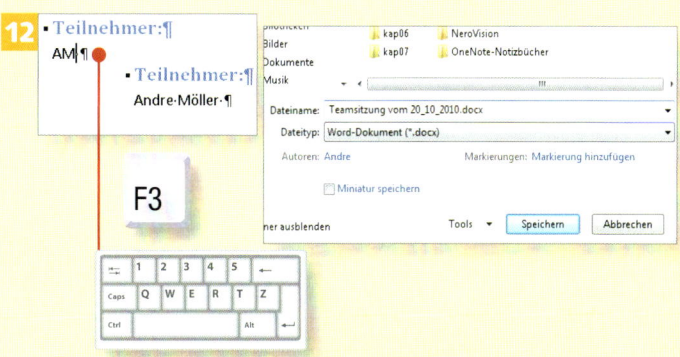

Kapitel 6:
Problemloses Drucken

Obwohl wir im Zeitalter der Digitalisierung leben, kommt man oft nicht umhin, Texte buchstäblich auf Papier zu bringen. In diesem Kapitel lernen Sie die Druckfunktion von Word 2010 kennen.

❶ Die Druckvorschau

Über das Register **Datei** können Sie sich eine Vorschau anzeigen lassen, die dem späteren Ausdruck entspricht. Hier nehmen Sie zudem sämtliche Druckereinstellungen vor.

❷ Praktische Hinweise

Ein paar praktische Ratschläge dürfen hier auch nicht fehlen: Woran sollten Sie vorm Drucken denken, wie können Sie Tinte sparen und was machen Sie, wenn der Drucker nicht tut, was er soll?

① Die Druckvorschau

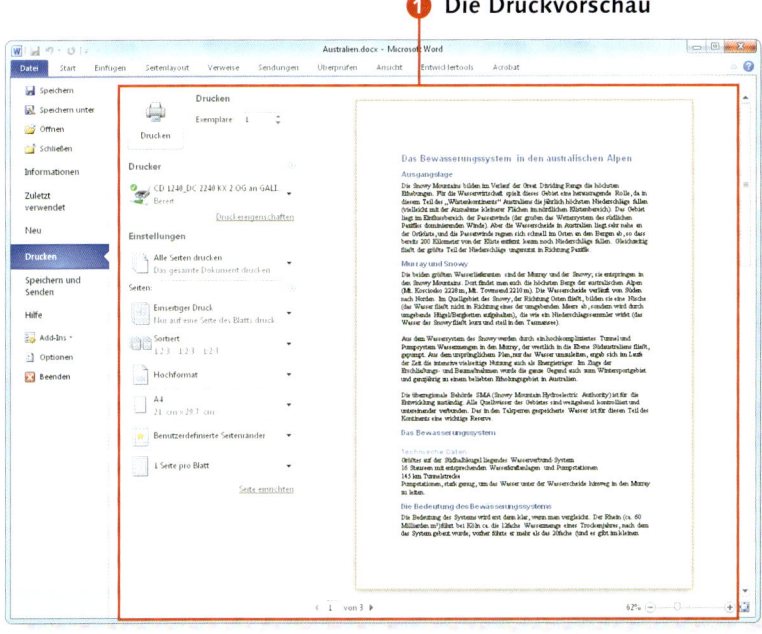

② Praktische Hinweise

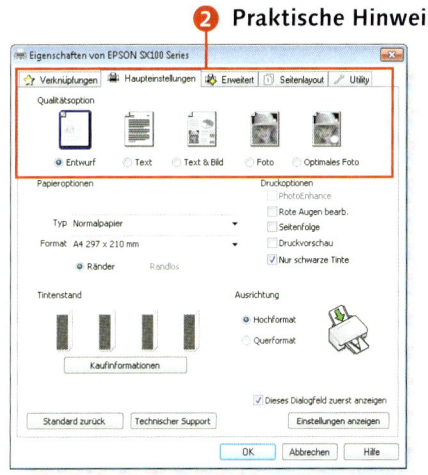

Die Druckvorschau im Dialog »Drucken«

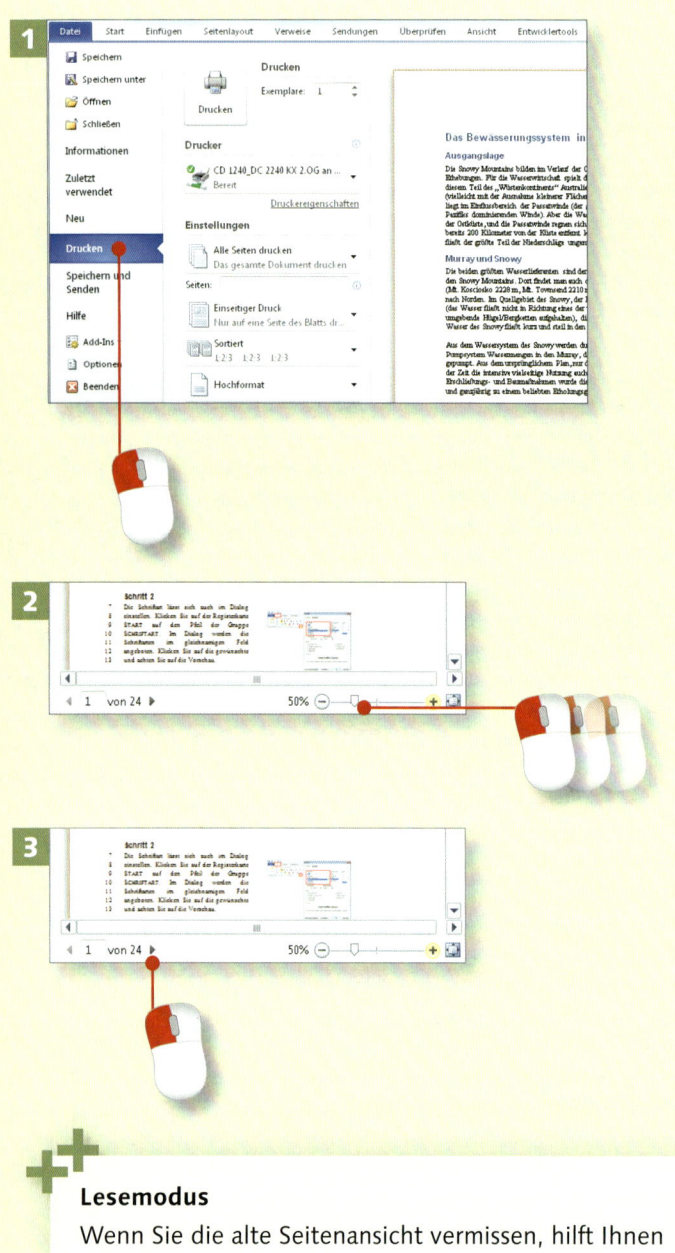

Auch Word 2010 bietet eine Druckvorschau, allerdings nicht mehr über einen Klick auf das Lupen-Symbol. Wie Sie die Vorschau finden und was Sie darüber einstellen können, zeigen wir Ihnen in diesem Abschnitt.

Schritt 1

Klicken Sie im Menü **Datei** auf **Drucken**. Die Druckvorschau wird automatisch im rechten Bereich angezeigt. Konnte man in älteren Versionen von Word in der Druckvorschau noch Änderungen durchführen, bietet Word 2010 diese Möglichkeit nicht mehr.

Schritt 2

Mit dem Zoomregler unten rechts am Bildschirm vergrößern (oder verkleinern) Sie die Ansicht; mit den Pfeilen der vertikalen Bildlaufleiste können Sie durch das Dokument wandern.

Schritt 3

Zum Wandern durch das Dokument können Sie auch die Symbole **Vorherige Seite** bzw. **Nächste Seite** unten am Bildschirm nutzen. Klicken Sie einfach auf die entsprechenden Pfeile.

Lesemodus

Wenn Sie die alte Seitenansicht vermissen, hilft Ihnen der Vollbild-Lesemodus (Registerkarte **Ansicht**). Hier können Sie das Dokument zwar nicht bearbeiten, aber immerhin Kommentare einfügen.

Schritt 4

Wenn Sie eine Seite auch in der Vorschau komplett auf einer Seite sehen
wollen, klicken Sie auf das Symbol
Auf Seite zoomen. Der Zoomfaktor
wird dann automatisch so angepasst,
dass die Seite möglichst groß angezeigt wird.

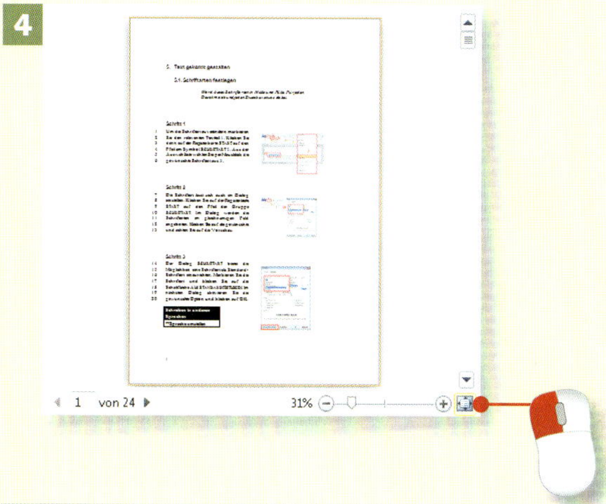

Schritt 5

Wenn Sie den Zoom dadurch verkleinern, dass Sie den Schieberegler
nach links führen, werden mehrere
Seiten des Dokuments angezeigt.

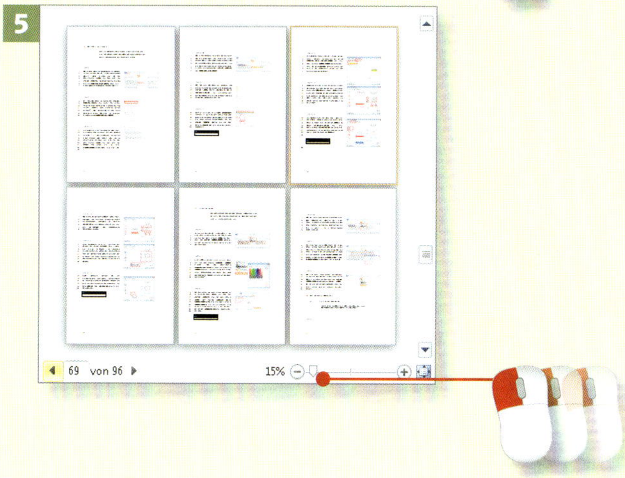

Schritt 6

Sie können die Seitenansicht auch
auf dem klassischen Weg aufrufen.
Dazu legen Sie sich das Symbol
Seitenansicht auf die Symbolleiste
für den Schnellzugriff. Klicken Sie
auf den Pfeil rechts in der Leiste,
und wählen Sie **Seitenansicht und
Drucken** aus dem Menü aus.

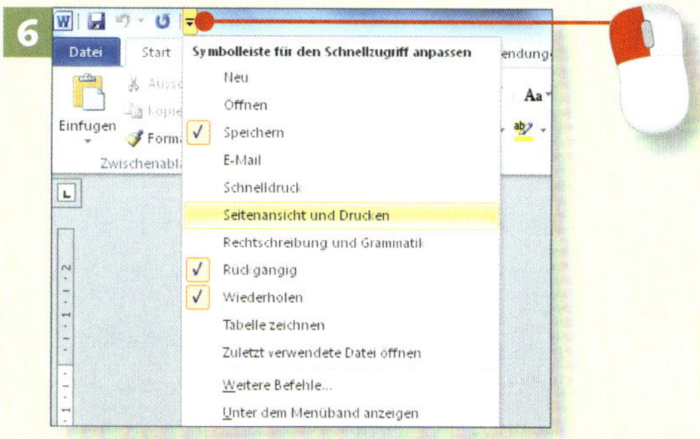

Der Schnellzugriff fehlt
Der Pfeil zum Ergänzen der Symbolleiste für den Schnellzugriff ist
nicht aktiv, wenn Sie das Register
Datei aktiviert haben.

Optionen für den Ausdruck

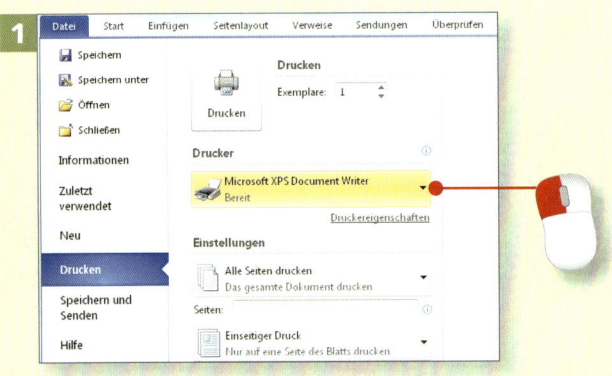

Der Dialog »Drucken« bietet eine Reihe von Einstellungsmöglichkeiten. Die wichtigsten stellen wir Ihnen in diesem Abschnitt vor.

Schritt 1

Rufen Sie über **Datei ▸ Drucken** das Fenster zum Drucken auf. Prüfen Sie zunächst, ob Sie den richtigen Drucker ausgewählt haben. Klicken Sie gegebenenfalls auf den Pfeil im Bereich **Drucker**, um den Drucker zu wechseln.

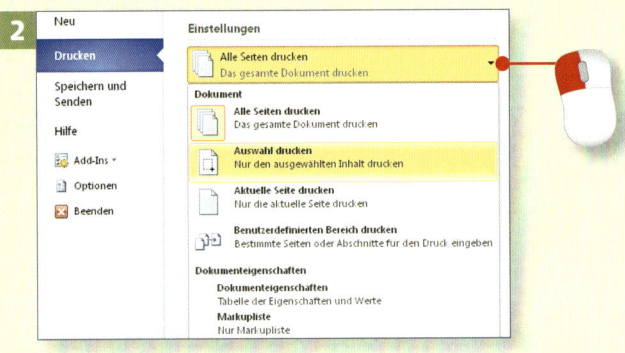

Schritt 2

Standardmäßig werden alle Seiten des geöffneten Dokuments ausgedruckt. Um dies zu ändern, klicken Sie im Bereich **Einstellungen** auf den Pfeil des ersten Feldes **Alle Seiten drucken**. Mit den Optionen der Auswahl können Sie festlegen, was gedruckt werden soll.

Schritt 3

Um einen zuvor markierten Bereich zu drucken, wählen Sie in der Auswahlliste der Einstellungen die Option **Auswahl drucken**. Mit der Option **Aktuelle Seite drucken** ❶ wird nur die Seite gedruckt, in der der Cursor steht.

Schritt 4

Um bestimmte Seiten auszudrucken, wählen Sie die Option **Benutzerdefinierten Bereich drucken**. Geben Sie darunter die Seitenzahlen durch Komma getrennt ein, z. B. »2, 3, 5«. Auch die Eingabe »3-5« (die Seiten 3 bis 5) funktioniert.

Schritt 5

Standardmäßig wird einseitig gedruckt. Sie können aber auch für einen beidseitigen Ausdruck sorgen. Klicken Sie dazu auf den Pfeil am Feld **Einseitiger Druck**, und wählen Sie die gewünschte Option.

Schritt 6

Es lassen sich auch mehrere Seiten auf einem Blatt ausdrucken. Klicken Sie dazu im Bereich **Einstellungen** auf den kleinen Pfeil am letzten Feld (**1 Seite pro Blatt**). In der Auswahlliste klicken Sie auf die gewünschte Anzahl der Seiten auf einem Blatt.

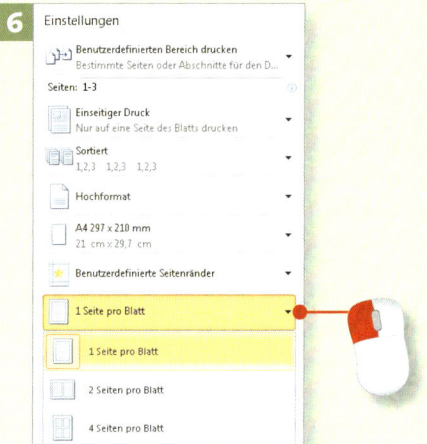

+++

Beidseitiger Druck

Wenn Ihr Drucker nicht mit beidseitigem Druck umgehen kann, müssen Sie **Beidseitiger manueller Druck** wählen und das Papier manuell drehen.

Tipps und Tricks beim Drucken

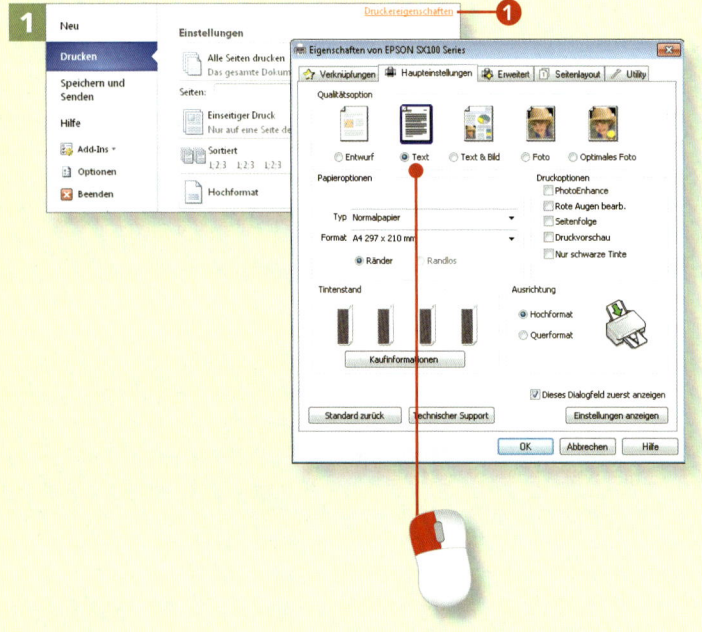

Beim Ausdrucken von Dokumenten gibt es manchmal Stolpersteine, die den Ausdruck vermiesen. Hier ein paar Tipps, damit Sie gute Ergebnisse erhalten.

Schritt 1

Die meisten Drucker bieten unterschiedliche Betriebsmodi für spezielle Ausdrucke und Papiere. Achten Sie darauf, den entsprechenden Modus zu wählen. Rufen Sie dazu die **Druckereigenschaften** ❶ auf, und wählen Sie die gewünschte Qualitätsstufe.

Schritt 2

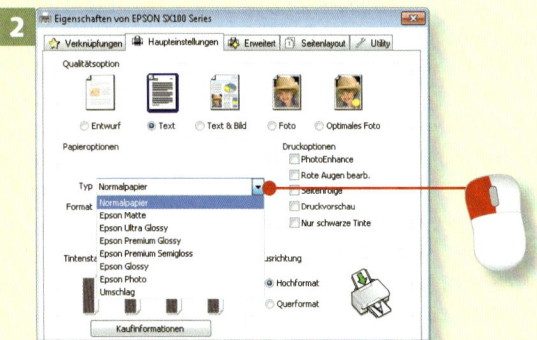

Achten Sie auch auf den richtigen Papiertyp. Insbesondere bei Tintenstrahldruckern ist dies wichtig. Was nützt das teure Papier für ein optimales Druckergebnis, wenn Sie es Ihrem Drucker nicht anbieten?

Schritt 3

Wenn die Qualität des Ausdrucks nicht von Bedeutung ist und/oder Sie auf Farbe verzichten können, aktivieren Sie **Entwurf**, und geben Sie damit dem Drucker vor, nur schwarz-weiß zu drucken. Dies beschleunigt den Ausdruck und spart Tinte.

Schritt 4

Ärgern Sie sich darüber, dass das Nachfüllen der Tintenpatronen teurer ist als der Drucker selbst? Versuchen Sie, Tinte zu sparen. Dabei hilft die Auswahl der Schriftart: Nehmen Sie z. B. **Century Gothic** statt **Arial**. Auch **Times New Roman** ist sparsam. Oder Sie installieren eine frei verfügbare Eco-Font-Schrift.

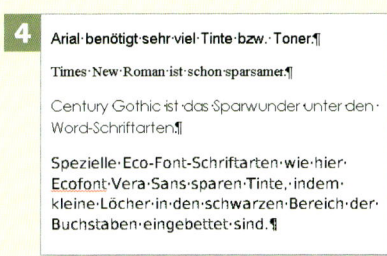

Schritt 5

Wenn der Ausdruck nicht optimal wirkt, hilft es bei Tintenstrahldruckern oft, die Druckpatronen zu reinigen bzw. neu zu justieren. Dazu nutzen Sie die Utility-Verwaltung des Druckers. Rufen Sie sie über **Start ▸ Alle Programme ▸ [Druckerhersteller]** oder über den Dialog mit den Druckereigenschaften auf.

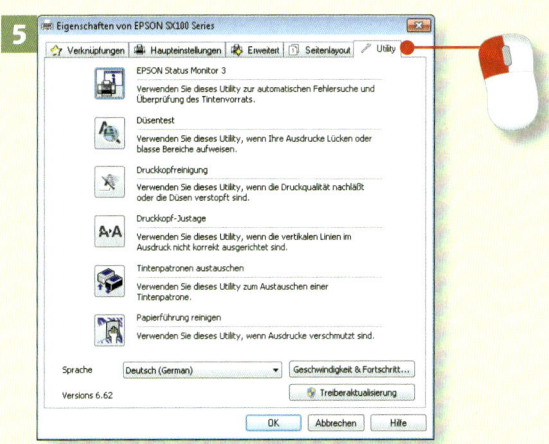

Schritt 6

Wenn Ihr Drucker einmal komplett spinnt und z. B. nur noch wilde Steuerzeichen druckt, nehmen Sie ihn vom Stromnetz, damit intern gespeicherte Druckaufträge gelöscht werden. Löschen Sie dann mit einem Klick auf **Abbrechen** alle Aufträge in der Druckerwarteschleife.

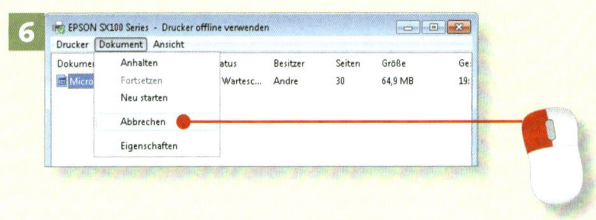

Druckereigenschaften

Der Dialog für die Druckereigenschaften sieht bei jedem Drucker bzw. Hersteller anders aus. Auch die genauen Einstellungsmöglichkeiten unterscheiden sich, doch fast alle Hersteller bieten die genannten Grundfunktionen an.

Word-Dokumente extern drucken

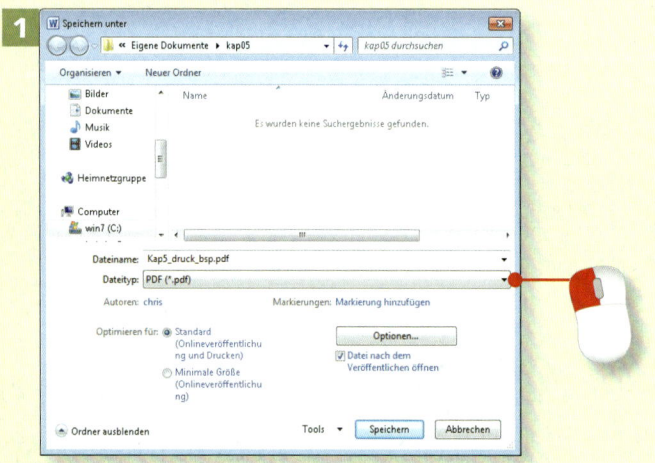

Dokumente sehen im Ausdruck verschiedener Drucker oft unterschiedlich aus. Mit diesem Problem sind Sie konfrontiert, wenn Sie Word-Dokumente per Mail verteilen oder in den Copyshop bringen. Doch auch hier gibt es Lösungen.

Schritt 1

Der einfachste Weg, um Word-Dokumente sauber per E-Mail zu verschicken, ist, sie im PDF-Format zu speichern. So kann der Empfänger das Dokument ausdrucken, aber nicht nachträglich mit Word bearbeiten. Klicken Sie dazu auf **Datei ▸ Speichern unter**, und wählen Sie im Dialog den Dateityp **PDF**.

Schritt 2

Die nächste Variante ist etwas aufwendiger. Installieren Sie den gleichen Druckertreiber wie der Empfänger, und wählen Sie diesen Drucker aus, bevor Sie mit der Formatierung beginnen.

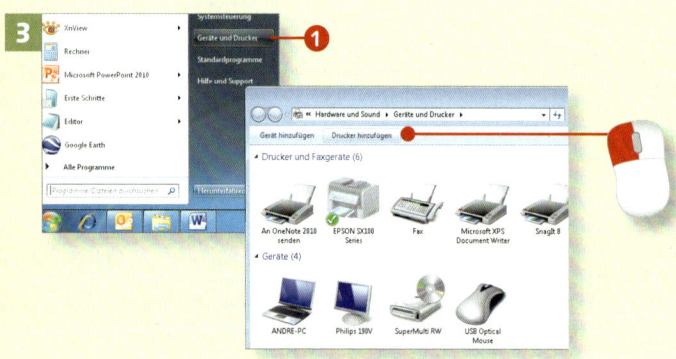

Schritt 3

Um dafür also einen Druckertreiber zu installieren, klicken Sie auf das Windows-Symbol und dann auf **Geräte und Drucker ❶**. Im folgenden Dialog klicken Sie auf **Drucker hinzufügen**.

Schritt 4

Geben Sie an, dass Sie einen lokalen Drucker hinzufügen möchten, und wählen Sie einen beliebigen Anschluss, denn der Drucker wird nicht physisch an Ihren Computer angeschlossen. Klicken Sie auf **Weiter**.

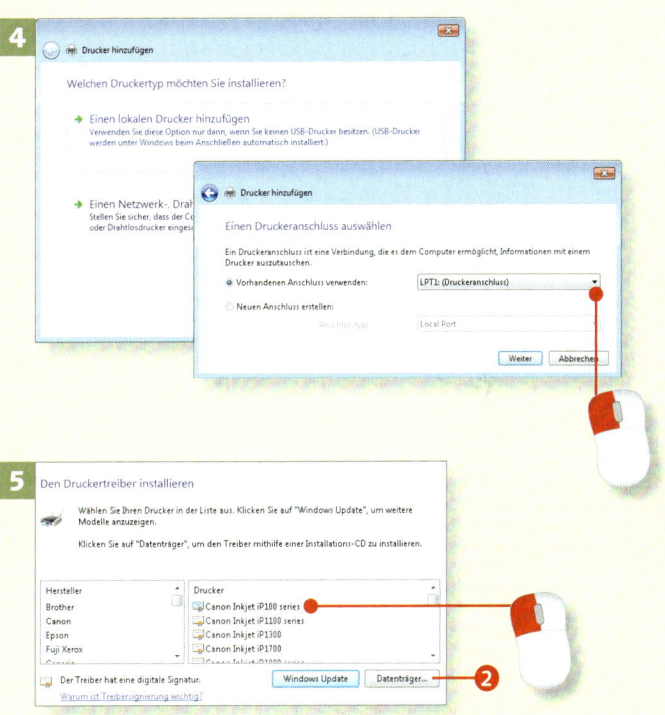

Schritt 5

Wählen Sie das Modell des Druckers, um den richtigen Treiber zu installieren, oder klicken Sie – wenn Sie einen Treiber aus dem Internet gezogen haben – auf **Datenträger ❷**, und geben Sie an, wo der Treiber gespeichert ist.

Schritt 6

Geben Sie dem Drucker einen Namen ❸, und lassen Sie ihn nicht im Netzwerk ❹ freigeben. Nach der Installation erhalten Sie eine Erfolgsmeldung. Erklären Sie den Drucker nicht zum Standard ❺. Jetzt werden Ihre Ausdrucke wie die des Empfängers aussehen.

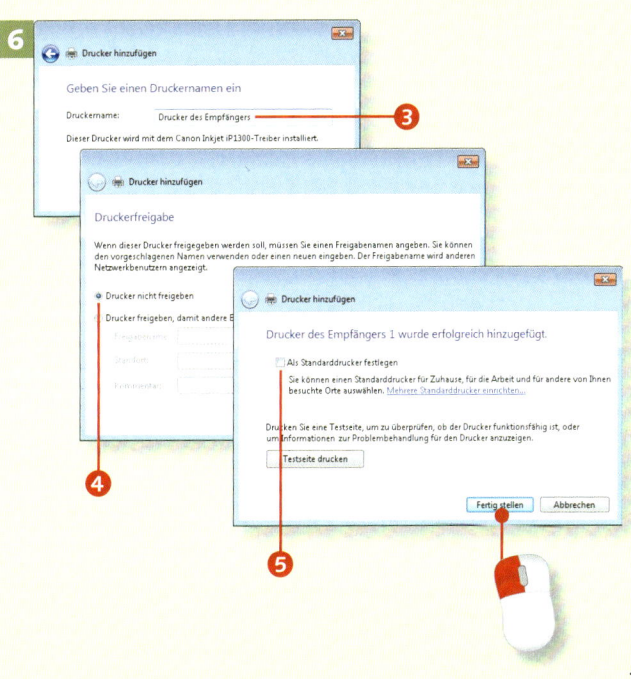

---

i

Der Treiber

Ein (Geräte-)Treiber ist ein Computerprogramm, das die »Zusammenarbeit« Ihres Computers mit einem angeschlossenen Gerät, z. B. einem Drucker, ermöglicht und steuert.

Kapitel 7:
Nummerierungen und Aufzählungen

Inhaltsverzeichnisse und Listen sind hilfreich für das Textverständnis, jedoch nur, wenn sie übersichtlich gegliedert sind. Welche Möglichkeiten Ihnen Word 2010 hierfür bietet, erfahren Sie in diesem Kapitel.

❶ Aufzählungszeichen

Sie können zwischen fortlaufenden Nummerierungen oder symbolhaften Aufzählungszeichen wählen, die nicht mit Zahlen arbeiten. Natürlich gibt es auch die Möglichkeit, selbst Symbole einzufügen oder sie z. B. andersfarbig zu gestalten.

❷ Schöne Listen

Für die Übersicht ist es sehr nützlich, Listen mit mehreren Ebenen zu erstellen, also z. B. 1.1, 1.1.1 etc. Diese lassen sich in Word 2010 automatisch einfügen. Wenn Sie Formatvorlagen wie **Überschrift 1**, **Überschrift 2** etc. genutzt haben, können Sie auch nachträglich leicht eine Nummerierung für alle Überschriften ergänzen.

① Aufzählungszeichen

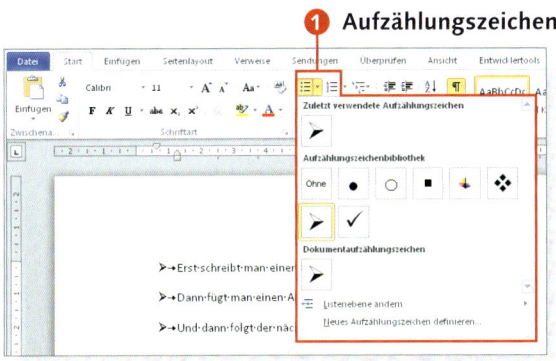

② Schöne Listen

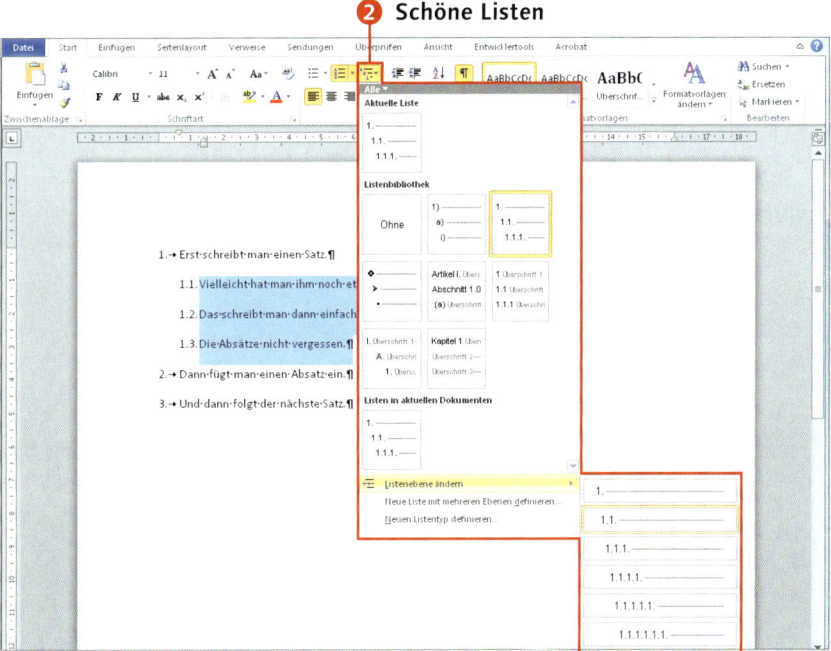

Nie mehr Ärger mit Nummerierungen

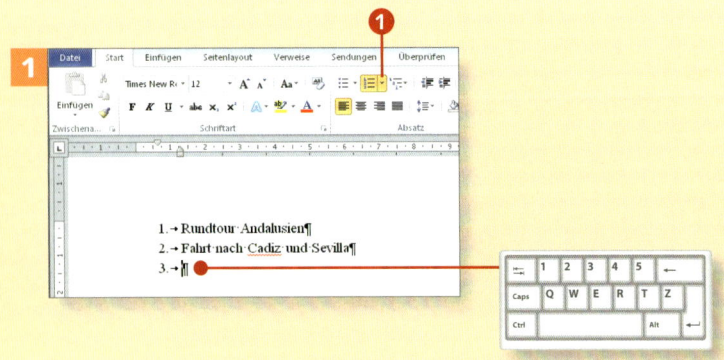

Überschriften oder Listen durchzu-nummerieren, gehört zur gängigen Strukturierung eines Textes. Damit dies reibungslos klappt, zeigen wir in diesem Abschnitt die wichtigsten Schritte und was es zu beachten gilt.

Schritt 1

Für eine einfache Nummerierung klicken Sie auf der Registerkarte **Start** auf das Symbol **Nummerierung** ❶. Es erscheint eine eingerückte 1. Dann schreiben Sie Ihren Text. Sobald Sie die ⏎-Taste drücken, wird die Nummerierung fortgesetzt.

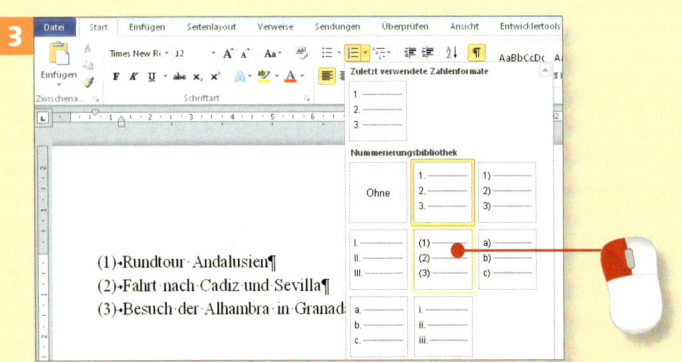

Schritt 2

Sowohl die Zahl als auch der Text werden etwas eingerückt (0,63 cm). Sie können die Einzüge mithilfe der Markierungen im Lineal verändern. Verschieben Sie einfach die Symbole für den Einzug nach links bzw. rechts.

Schritt 3

Andere Nummerierungszeichen erhalten Sie, wenn Sie auf den Pfeil am Symbol **Nummerierung** klicken. Wählen Sie aus der **Nummerierungsbibliothek** per Mausklick die gewünschte Art der Nummerierung, z. B. eine Ziffer mit Klammer.

Nummerierungszeichen nachträglich ändern
Wenn Sie die Art der Nummerierung nachträglich ändern wollen, müssen Sie den Text zuvor markieren.

Schritt 4

Um innerhalb einer Nummerierung einen neuen Absatz zu beginnen, der nicht in die Nummerierung aufgenommen werden soll, hilft nur ein Trick: Drücken Sie die ⏎-Taste, und tippen Sie ein beliebiges Zeichen. Drücken Sie erneut die ⏎-Taste. Nun können Sie das unerwünschte Nummerierungszeichen entfernen.

Schritt 5

Word nummeriert fortlaufend. Für einen anderen Wert klicken Sie auf den Pfeil am Symbol **Nummerierung**, und wählen Sie **Nummerierungswert festlegen**. Im Dialog geben Sie in das Feld **Wert festlegen auf** ➋ die Zahl ein, mit der die Nummerierung beginnen soll.

Schritt 6

In der Standardeinstellung setzt Word eine begonnene Nummerierung fort, wenn Sie mit der ⏎-Taste einen Absatz erzeugen. Diese automatische Nummerierung können Sie auch deaktivieren. Klicken Sie im Menü **Datei** auf **Optionen ▸ Dokumentprüfung ▸ AutoKorrektur-Optionen** ➌. Hier deaktivieren Sie die Option **Automatische Nummerierung**.

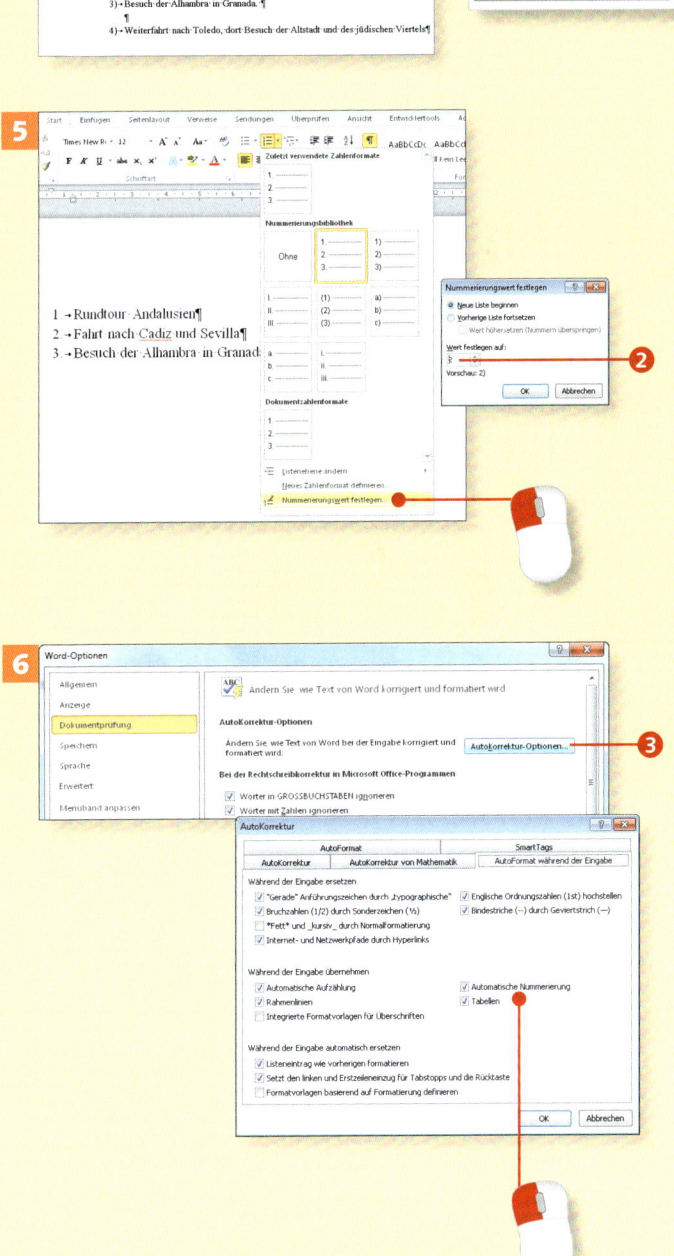

Aufzählungszeichen einfügen und ändern

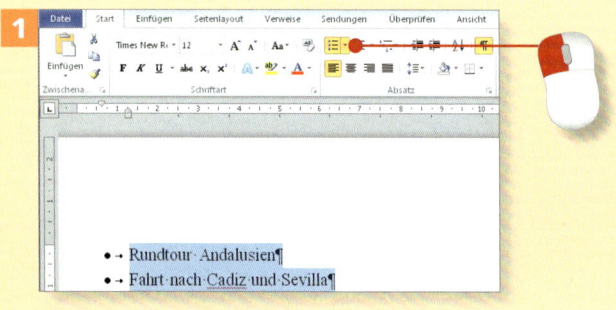

Auch Aufzählungszeichen strukturieren einen Text bzw. eine Liste. Ähnlich wie Nummerierungen lassen sie sich per Mausklick zuweisen.

Schritt 1

Auf der Registerkarte **Start** finden Sie das Symbol **Aufzählungszeichen**. Wenn Sie auf dieses Symbol klicken, wird Ihrem Text das zuletzt verwendete Aufzählungszeichen zugewiesen. Das nächste Zeichen erscheint, sobald Sie die ⏎-Taste drücken.

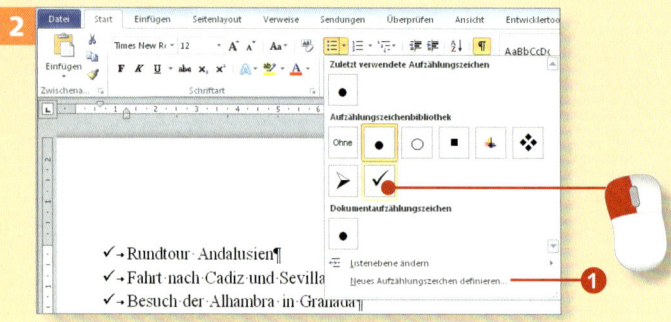

Schritt 2

Um ein anderes Aufzählungszeichen einzufügen, klicken Sie auf den Pfeil am Symbol **Aufzählungszeichen**. Wählen Sie hier per Mausklick ein Zeichen aus der **Aufzählungszeichenbibliothek**, in der die zuletzt genutzten Zeichen gesammelt sind (das Angebot ändert sich also ständig).

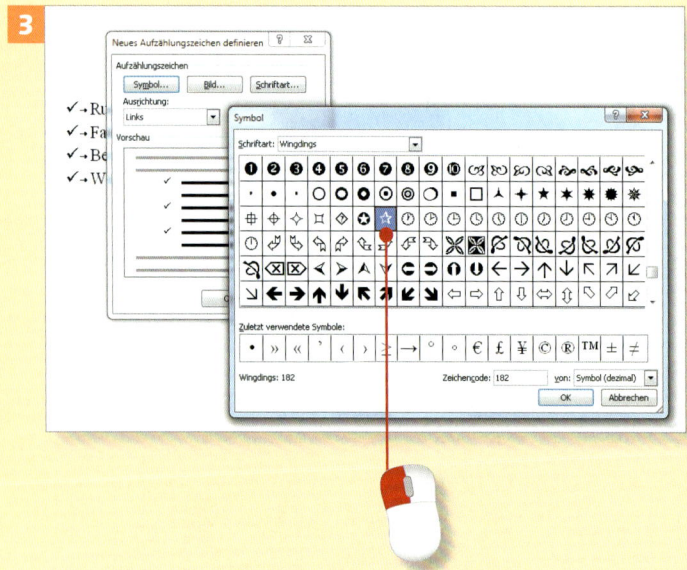

Schritt 3

Um aus einem noch größeren Angebot wählen zu können, klicken Sie im Menü des Symbols **Aufzählungszeichen** auf **Neues Aufzählungszeichen definieren** ❶. Der Dialog **Symbol** bietet je nach eingestellter Schriftart (im Feld **Schriftart**) eine Fülle unterschiedlichster Zeichen.

Schritt 4

Um die Aufzählungszeichen zu formatieren (größer, kleiner, farbig etc.), klicken Sie im Dialog **Neues Aufzählungszeichen definieren** auf **Schriftart**. Nehmen Sie im Dialog die gewünschten Einstellungen vor, und bestätigen Sie sie mit **OK**.

Schritt 5

Sie können auch kleine Bilder als Aufzählungszeichen verwenden. Klicken Sie dazu im Dialog **Neues Aufzählungszeichen definieren** auf **Bild** ❷. Im nächsten Fenster wandern Sie durch die Auswahl und übernehmen das gewünschte Bild per Mausklick.

Schritt 6

Natürlich können Sie Aufzählungszeichen auch wieder löschen. Markieren Sie dazu die Liste mit den Aufzählungszeichen, und klicken Sie erneut auf das Symbol **Aufzählungszeichen**.

Grafische Symbole

Auf der Suche nach besonderen Symbolen werden Sie vor allem in den Schriftarten Wingdings und Webdings fündig werden.

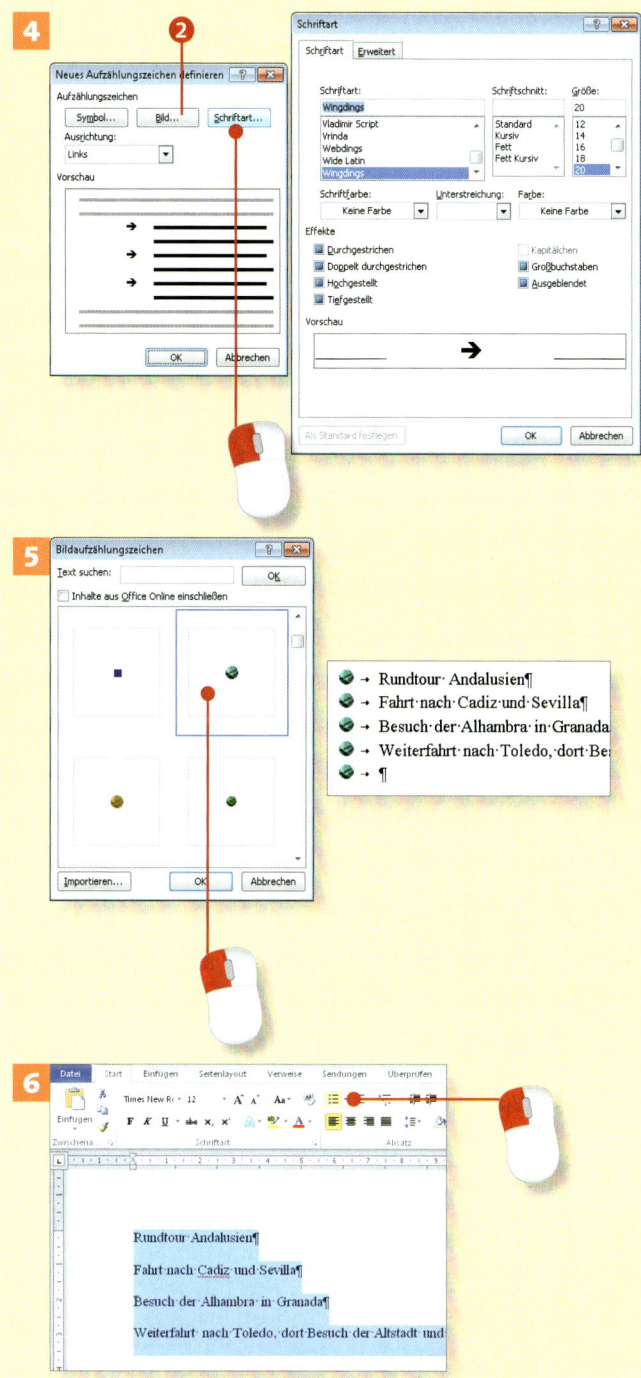

Listen mit mehreren Ebenen

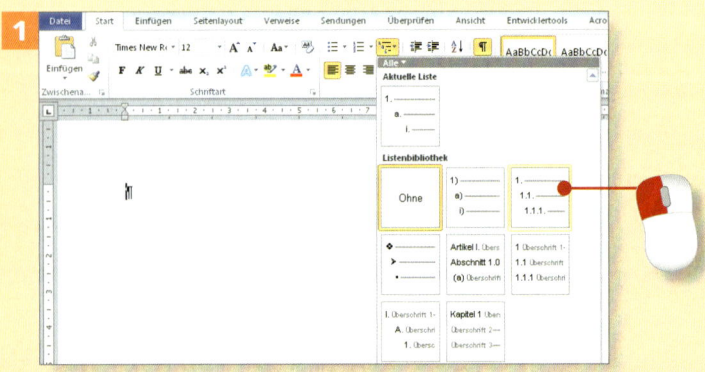

Word bietet auch die Möglichkeit, Text und Gliederungen so zu strukturieren, wie es oft in wissenschaftlichen Texten erforderlich ist. Üblich ist die dezimale Gliederung nach dem Muster 1., 1.1, 1.2, 1.3 etc.

Schritt 1

Wenn Sie eine dezimale Gliederung schreiben möchten, klicken Sie auf der Registerkarte **Start** auf **Liste mit mehreren Ebenen**, und wählen Sie eine Option aus der **Listenbibliothek**.

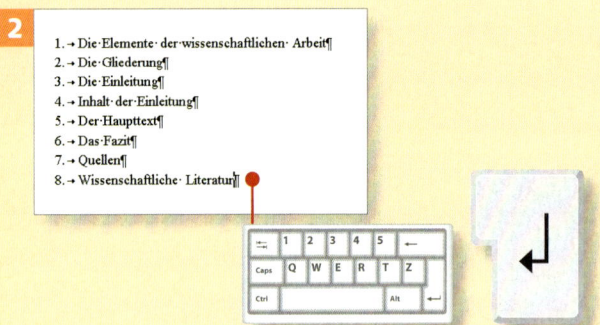

Schritt 2

Geben Sie die Überschriften ein, und drücken Sie dazwischen immer ⏎ . Zunächst stehen alle Punkte nummeriert untereinander. Im Menüband wird das Symbol **Nummerierung** hervorgehoben.

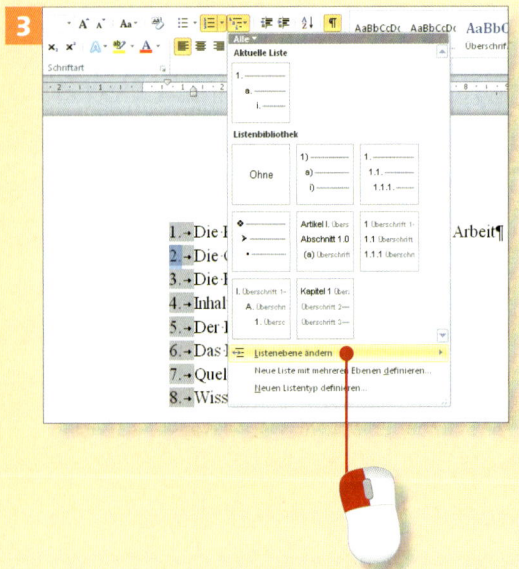

Schritt 3

Sodann beginnen Sie, die Überschriften hierarchisch zu gliedern. Setzen Sie den Cursor in die Zeile mit der zweiten Überschrift, und klicken Sie im Menü des Symbols **Liste mit mehreren Ebenen** auf **Listenebene ändern**.

Schritt 4

Im zugehörigen Menü wählen Sie die Ebene **1.1**, um die Überschrift eine Ebene herunterzustufen. Falls die nächste Überschrift (wie im Beispiel) eine Überschrift der gleichen Hierarchiestufe ist, wiederholen Sie den Schritt. Die Überschrift wird mit der Nummer 1.2 versehen.

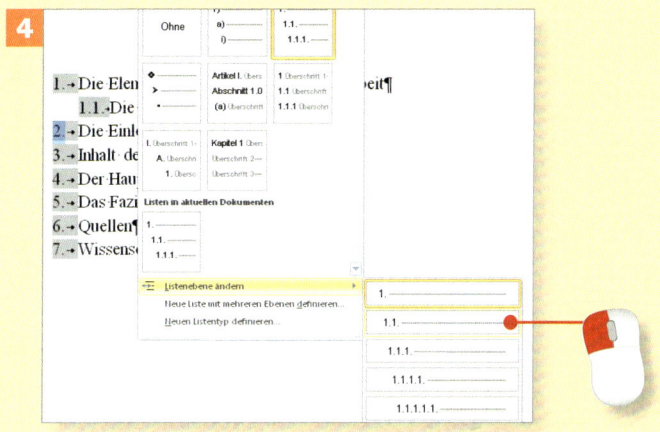

Schritt 5

Wenn die folgende Überschrift ein Unterpunkt von 1.2 ist, öffnen Sie das Menü erneut und wählen die nächste Ebene. Klicken Sie also auf **1.1.1**. Die Überschrift wird eingerückt und erhält die Nummer 1.2.1.

Schritt 6

Auf diese Weise strukturieren Sie die gesamte Gliederung hierarchisch. Übrigens: Die jeweilige Hierarchie können Sie auch mithilfe der Symbole **Einzug verkleinern** und **Einzug vergrößern** ändern.

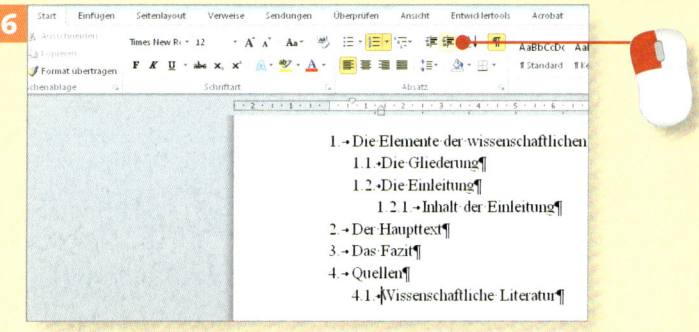

i

Neu strukturieren

Falls Sie sich bezüglich der gewählten Hierarchie nicht sicher sind, können Sie alles rückgängig machen. Markieren Sie den gesamten Text, und wählen Sie im Menü **Listenebene ändern** den Eintrag **1.** aus. Dies setzt alles wieder auf die erste Ebene zurück.

Listen formatieren

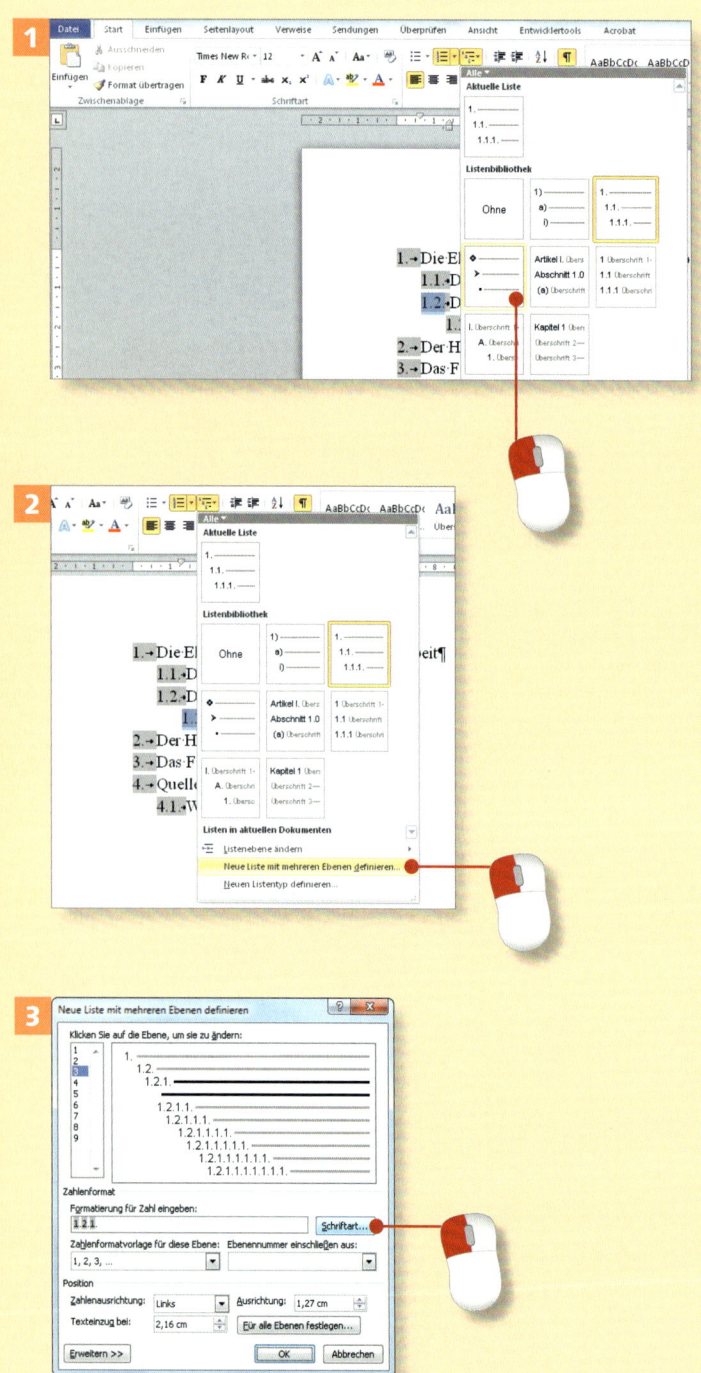

Wenn Ihnen die Angebote in der Listenbibliothek nicht ausreichen, können Sie Ihre Listen nach Gusto bearbeiten. Die neu formatierten Listen werden im Bereich »Listen im aktuellen Dokument« im Listen-Menü angezeigt.

Schritt 1

Sie können auch das Layout Ihrer Gliederung bearbeiten bzw. formatieren. Einige Möglichkeiten bietet das Menü des Symbols **Liste mit mehreren Ebenen** auf der Registerkarte **Start**. Setzen Sie den Cursor einfach irgendwo in den Text, und treffen Sie im Bereich **Listenbibliothek** Ihre Auswahl.

Schritt 2

Um das Aussehen einzelner Zeilen oder Ebenen zu ändern, setzen Sie den Cursor in die betreffende Zeile und wählen im Menü **Liste mit mehreren Ebenen** den Eintrag **Neue Liste mit mehreren Ebenen definieren**.

Schritt 3

Im gleichnamigen Dialog klicken Sie auf **Schriftart**, wenn Sie die Formatierung der Zahlen dieser Ebene bearbeiten möchten (Farbe, Schriftgröße, Schriftart etc.).

Schritt 4

Im Dialog **Schriftart** nehmen Sie die gewünschten Einstellungen vor. Sie können also z. B. die Schrift selbst, ihre Größe oder ihre Farbe ändern. Die Einstellungen wirken sich auf alle Texte der aktuellen Ebene aus.

Schritt 5

Die Einzüge der jeweiligen Listenebene können Sie ebenfalls ändern. Im Dialog **Neue Liste mit mehreren Ebenen definieren** legen Sie im Bereich **Position** fest, an welcher Stelle die Nummerierung beginnt (**Ausrichtung**) und wo der nachfolgende Text (**Texteinzug bei**). Beide Werte werden vom Seitenrand aus gemessen.

Schritt 6

Um die Formatierung für mehrere Ebenen vorzunehmen, müssen Sie den Dialog nicht jedes Mal schließen, um den Cursor neu zu positionieren. Sie können die zu formatierende Ebene oben links im Dialog mit der Zahlenliste auswählen. In der Vorschau rechts wird die ausgewählte Ebene hervorgehoben.

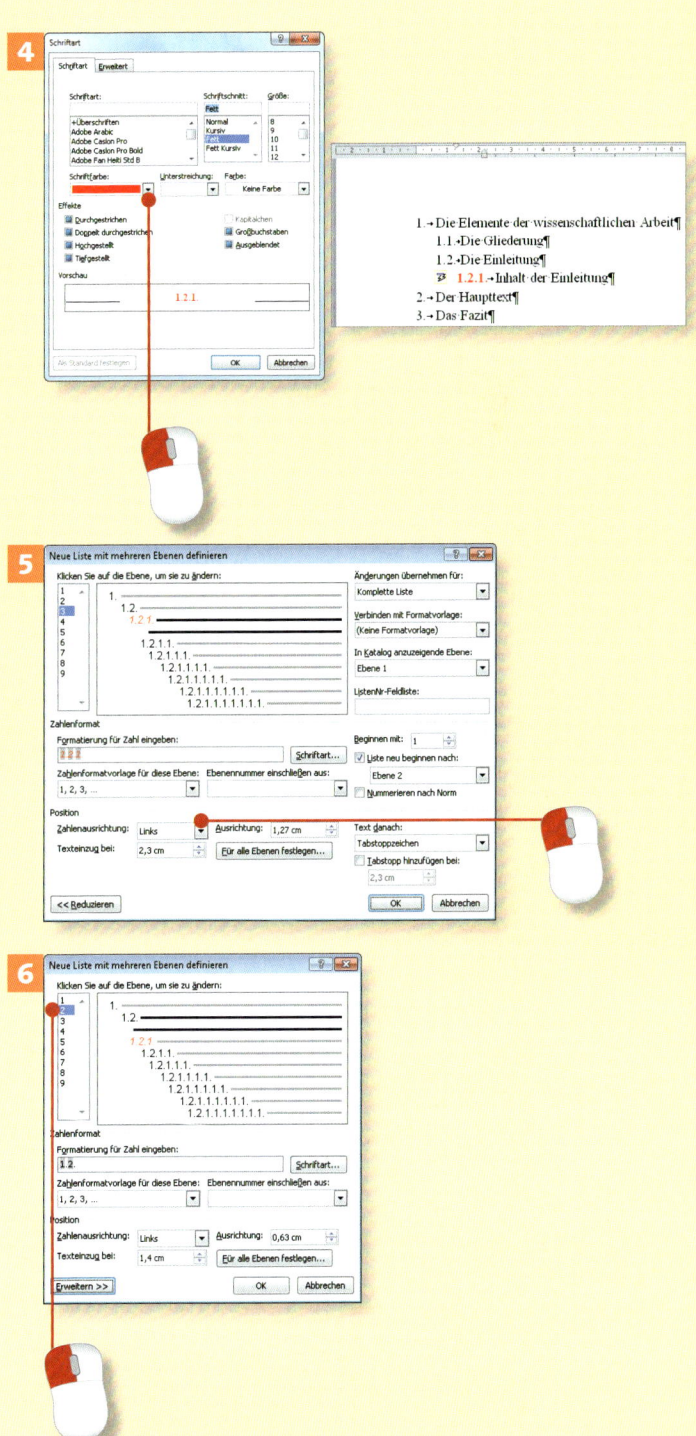

Überschriften und Listen

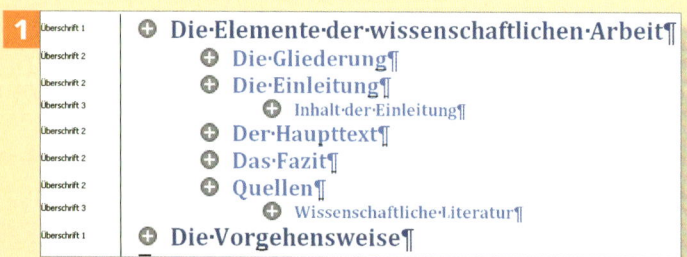

Wenn Sie die Listenfunktion für die Nummerierung von Überschriften einsetzen möchten, können Sie auf vorgefertigte Formate zurückgreifen oder eine bestehende Liste anpassen.

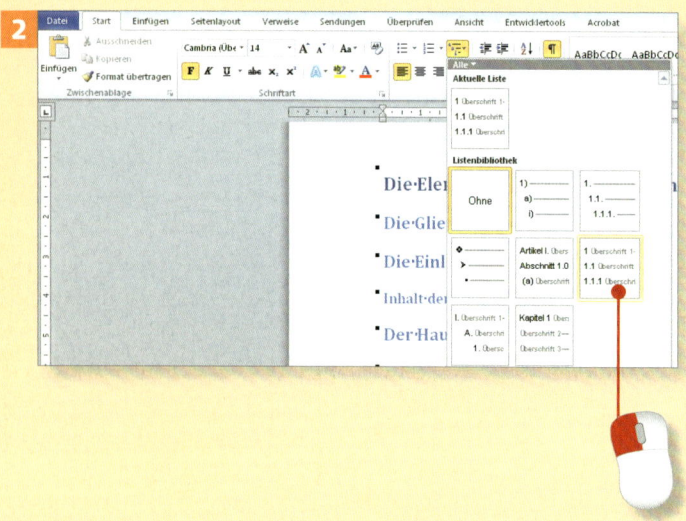

Schritt 1

Wenn Sie Ihren Text geschrieben und die Formatvorlagen **Überschrift 1**, **Überschrift 2** etc. formatiert haben, reichen wenige Mausklicks, um die Nummerierung für alle Überschriften zu übernehmen. Die Abbildung zeigt das Dokument in der Gliederungs-ansicht.

Schritt 2

Verlassen Sie die Gliederungsansicht, und klicken Sie auf der Register-karte **Start** auf das Symbol **Liste mit mehreren Ebenen**. In der Listen-bibliothek wählen Sie eine Variante, in der die Bezeichnung **Überschrift** auftaucht.

Schritt 3

Alle Überschriften, deren Formatvor-lagen in die Listendefinition aufge-nommen sind, werden jetzt mit der Nummerierung versehen. Wir zeigen den Text hier wegen der Übersicht-lichkeit wieder in der Gliederungs-ansicht.

Schritt 4

Wenn Sie jetzt eine neue Überschrift ❶ schreiben und ihr die entsprechende Formatvorlage zuweisen, z. B. **Überschrift 2**, wird automatisch die Nummerierung der gewählten Liste angewendet.

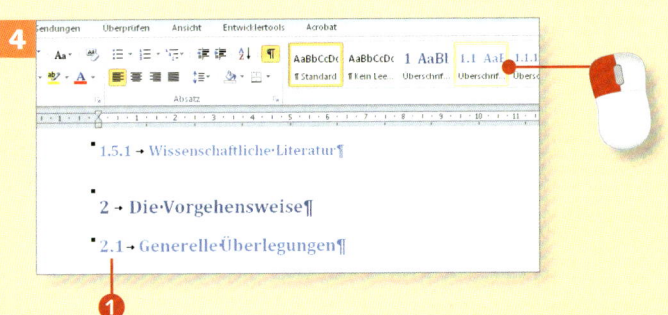

Schritt 5

Um eine eigene Formatliste zu erstellen, klicken Sie auf den Pfeil neben **Liste mit mehreren Ebenen** und wählen aus dem Menü **Neue Liste mit mehreren Ebenen definieren** ❷. Erweitern Sie gegebenenfalls den Dialog.

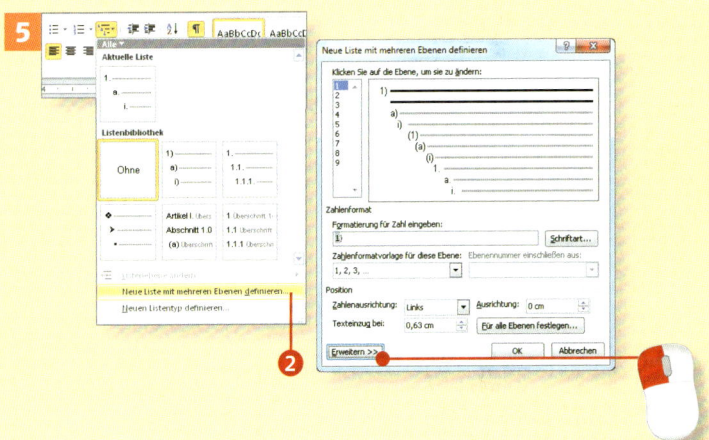

Schritt 6

Wählen Sie links oben im Dialog zunächst eine Ebene aus. Im Feld **Verbinden mit Formatvorlage** ❸ legen Sie fest, welche Formatvorlage nummeriert werden soll. Dann geben Sie die Nummerierung vor ❹. Wiederholen Sie das für alle Ebenen Ihrer Liste. Ab der zweiten Ebene müssen Sie mithilfe der Felder **Formatierung für Zahl eingeben** ❺ und **Ebenennummer einschließen aus** ❻ die Nummern der übergeordneten Ebenen aufnehmen.

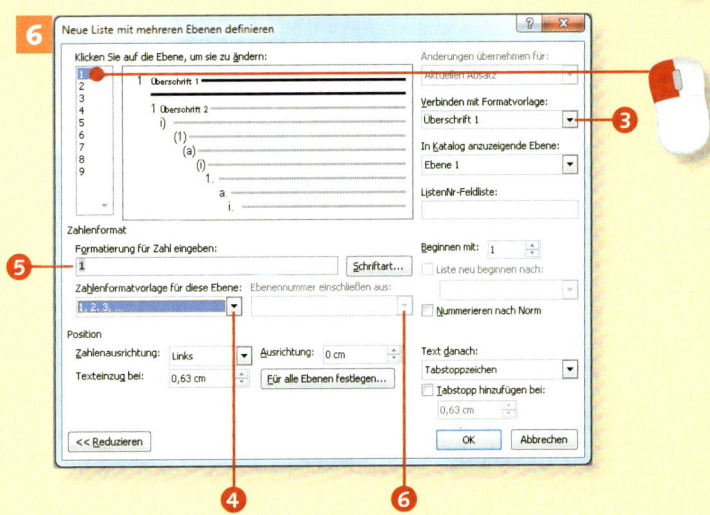

Kapitel 8:
Mit Grafiken arbeiten

Verschönern Sie Ihre Word-Dokumente mit grafischen Elementen. Dies hat nicht nur eine ästhetische Wirkung; mithilfe von Diagrammen können Sie Ihre Aussagen untermauern, und sogar Excel-Daten sind in Word verwendbar.

❶ Grafiken einfügen

Fügen Sie einfach Bilder, Fotos, Formen oder sogenannte *ClipArts* ein. Ob es sich dabei um Ihre eigenen Schöpfungen handelt oder um in Word vorhandene Grafiken – einfach ist es allemal.

❷ Grafiken bearbeiten

Haben Sie ein Grafikelement eingefügt, können Sie es über das Register **Bildtools** bearbeiten. Schneiden Sie es zu, fügen Sie z.B. einen Rahmen ein oder färben Sie es um.

❸ Diagramme

Word 2010 selbst bietet eine Diagrammfunktion, bei der Sie aus diversen Vorlagen wählen können. Genauso leicht binden Sie aber auch ein bestehendes Excel-Diagramm ein, wenn Sie möchten.

1 **Grafiken einfügen**

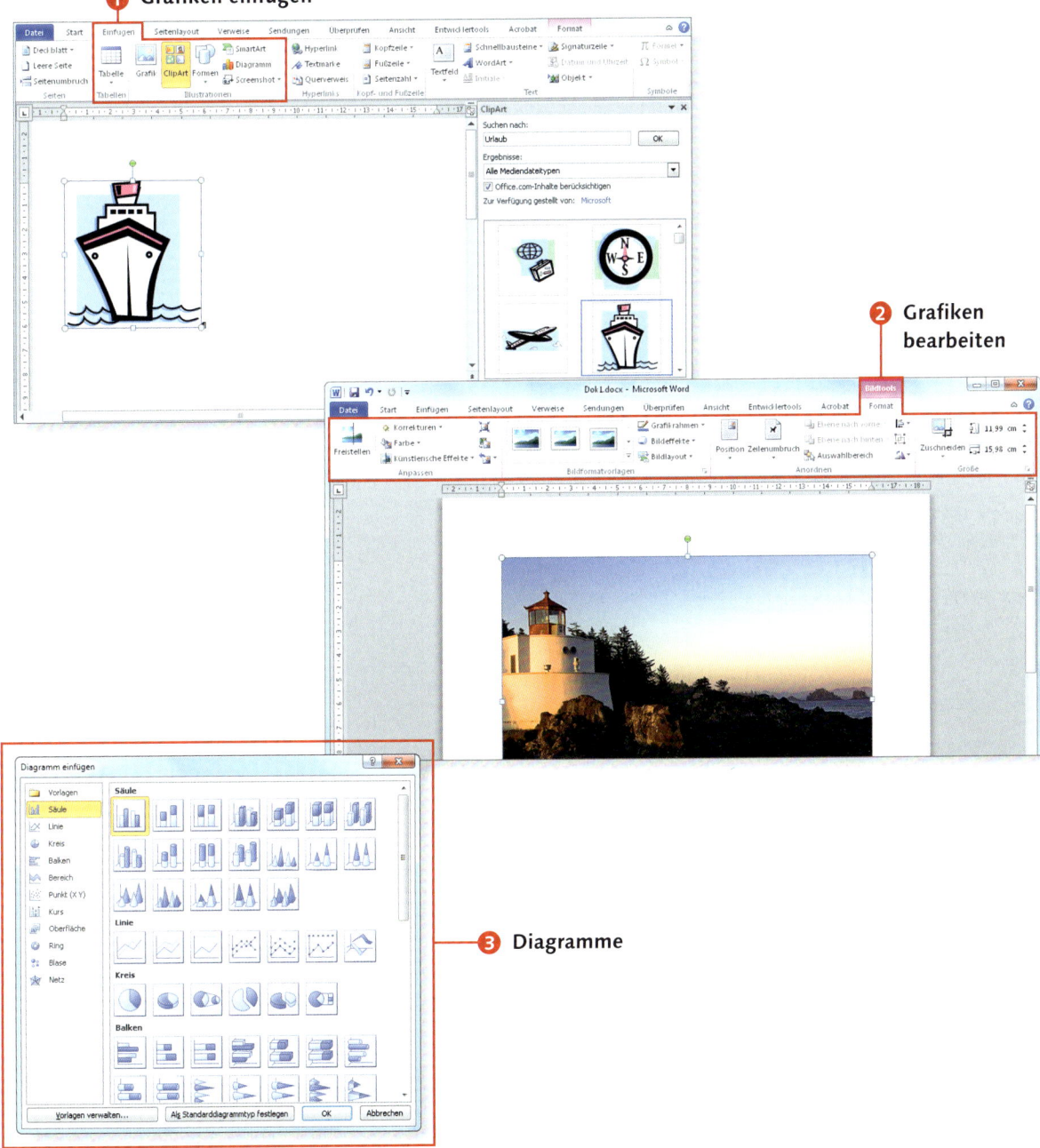

2 **Grafiken bearbeiten**

3 **Diagramme**

Bilder einfügen

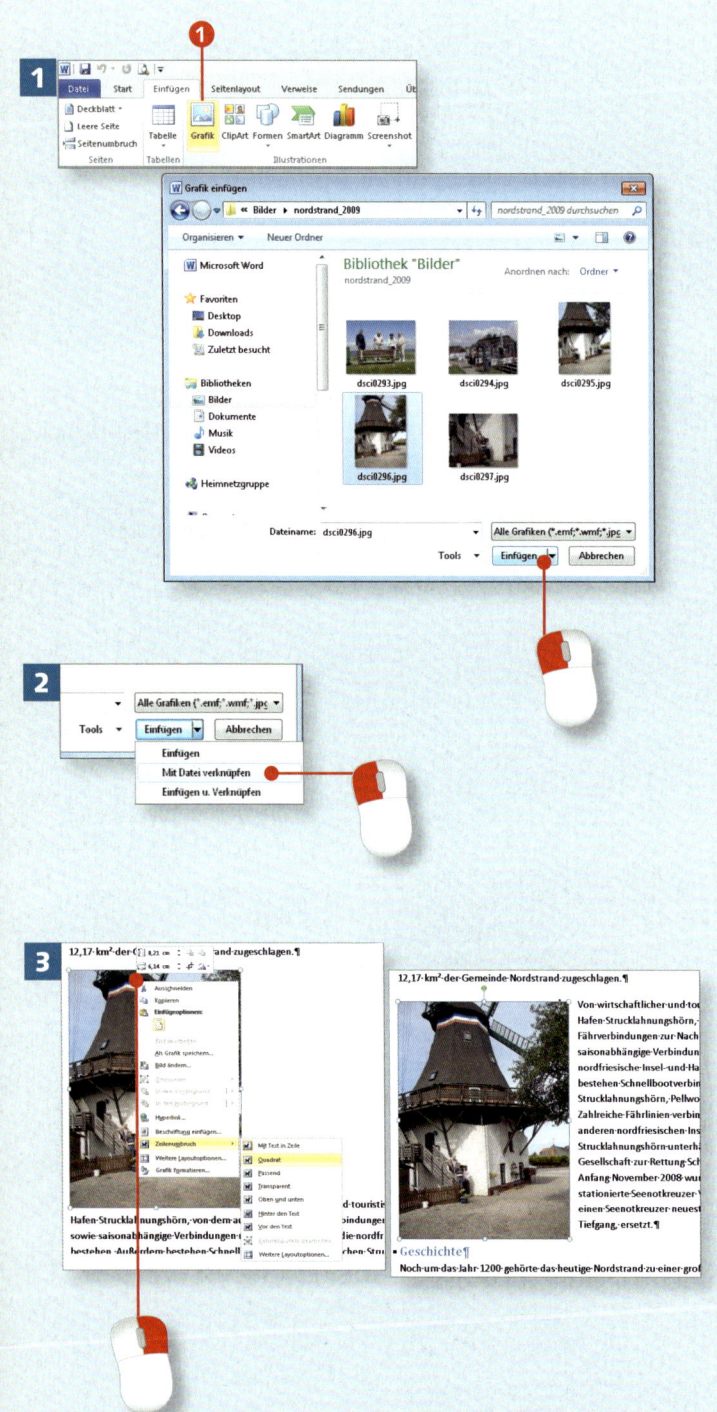

Sie sind in Word nicht darauf beschränkt, mit Texten zu arbeiten. Das Programm kann auch bestens mit Bildern umgehen. Die Resultate sind oft verblüffend.

Schritt 1

Um ein Bild in Ihr Dokument einzufügen, klicken Sie auf der Registerkarte **Einfügen** auf das Symbol **Grafik** ❶. Im Dialog **Grafik einfügen** wandern Sie zu dem Ordner, in dem das Bild liegt, markieren es und klicken auf den Pfeil neben **Einfügen**.

Schritt 2

Die Option **Einfügen** bettet das Bild in das Dokument ein. Weil es dann Teil des Dokuments ist, wächst jedoch die Größe der Gesamtdatei. Also verknüpfen Sie das Bild lieber, indem Sie **Mit Datei verknüpfen** wählen.

Schritt 3

Die Textumbruchart legt fest, wie sich das Bild zum Text verhält. Der Standard ist **Mit Text in Zeile**. Um die Textumbruchart zu ändern, klicken Sie das Bild mit rechts an, wählen **Zeilenumbruch** und im Untermenü z. B. **Quadrat**.

Schritt 4

Zur Komprimierung des eingefügten Bildes wird die Auflösung 220 ppi verwendet. Diese Einstellung können Sie ändern. Öffnen Sie über **Datei ▸ Optionen ▸ Erweitert** den entsprechenden Dialog. Rechts wandern Sie zum Bereich **Bildgröße und -qualität**.

Schritt 5

Legen Sie dort zunächst fest, ob die Einstellung nur für das aktuelle Dokument oder **Für alle neuen Dokumente** gelten soll. Die Dateigröße lässt sich mit einer verringerten Auflösung steuern. Wählen Sie z. B. 96 ppi.

Schritt 6

Ist die Bildqualität besonders wichtig, können Sie die Komprimierung komplett deaktivieren. Setzen Sie dazu ein Häkchen vor **Bilder nicht in Datei komprimieren**.

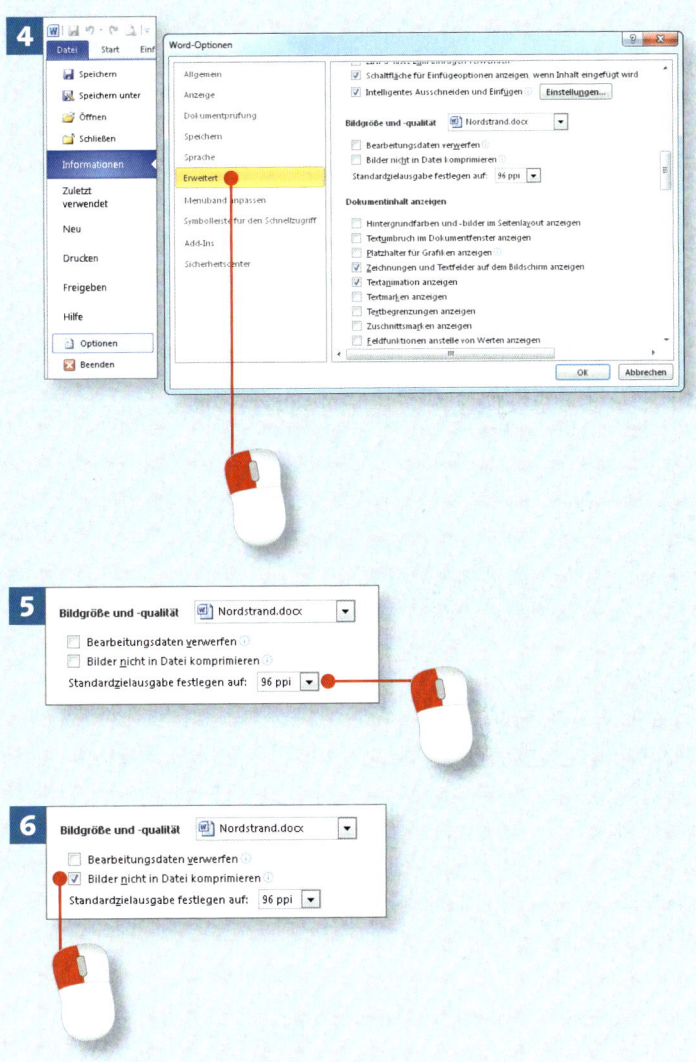

Grafiken verknüpfen

Wenn Sie ein Bild mit der Datei verknüpfen, wird nicht das Bild in der Datei gespeichert, sondern nur ein Verweis auf die Bilddatei. Wenn Sie also das Bild auf Ihrem Computer löschen, kann Word die Bilddatei nicht mehr finden.

Bildgröße ändern und zuschneiden

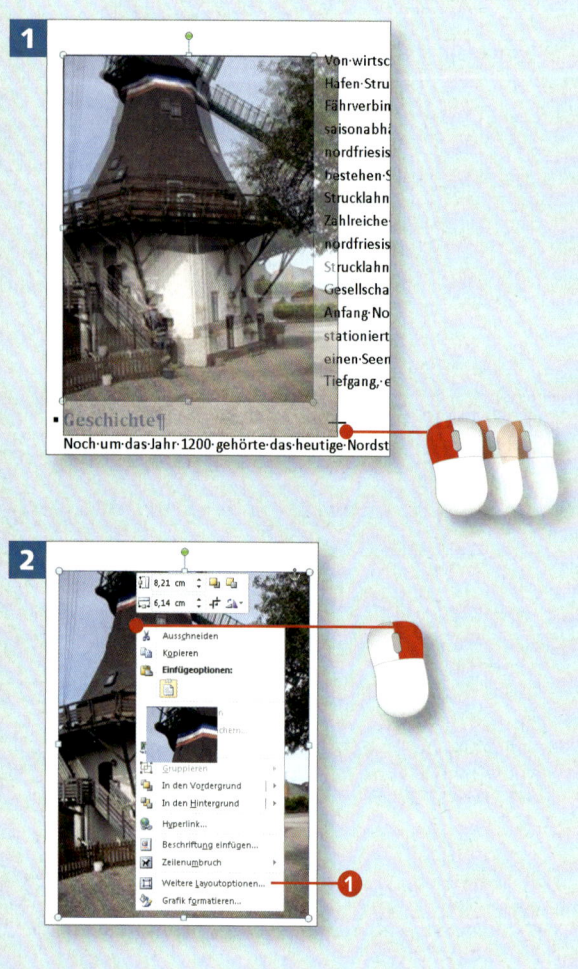

Nach dem Einfügen haben Bilder sel-
ten auf Anhieb die passende Größe.
Kein Problem, Sie können sie nach
Herzenslust in ihrer Größe verändern.

Schritt 1

Klicken Sie das eingefügte Bild an.
Führen Sie den Mauszeiger auf einen
der acht Ziehpunkte (am besten
auf einen der Eckpunkte, um die
Proportionen beizubehalten), und
ziehen Sie mit gedrückter Maustaste
nach innen oder außen.

Schritt 2

Statt Pi mal Daumen mit der Maus
können Sie die Bildmaße auch exakt
angeben. Klicken Sie das Bild mit
rechts an. Sie erhalten ein kleines
Menü mit den Feldern **Formhöhe**
und **Formbreite**. Hier können Sie
die Maße verändern, indem Sie auf
die Pfeile klicken oder eine Größe
eingeben.

Schritt 3

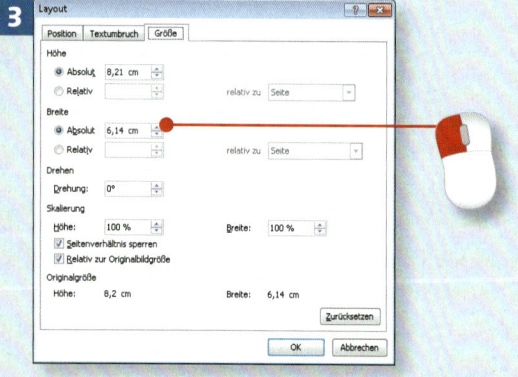

Wenn Sie das Bild mit rechts anklicken, können Sie auch im Kontextmenü **Weitere Layoutoptionen** ❶
wählen. Im Dialogfenster **Layout** geben Sie unter **Größe** in den Feldern
Höhe und **Breite** die gewünschten
Maße ein.

Schritt 4

Ein Bild lässt sich auch auf eine Form zuschneiden. Auf der Registerkarte **Format** der **Bildtools** klicken Sie auf den Pfeil am Symbol **Zuschneiden** und im Menü auf **Auf Form zuschneiden**. Dann wählen Sie per Klick die gewünschte Form.

Schritt 5

Zum Zuschneiden auf einen Ausschnitt klicken Sie im Menü auf **Zuschneiden**. Sie erhalten acht *Zuschneidemarken*. Ziehen Sie eine dieser Marken nach innen, und klicken Sie nach dem Zuschneiden zur Bestätigung irgendwo außerhalb des Bildes.

Schritt 6

Um den Ausschnitt zu verändern oder das Bild wieder in die Originalgröße zurückzusetzen, klicken Sie das Symbol **Zuschneiden** erneut an. Sie sehen den zugeschnittenen Bereich grau unterlegt und können das Bild nun mit den Schneidemarken wieder vergrößern.

➕ Seitenverhältnis bewahren

Wenn Sie die ⬆-Taste gedrückt halten, während Sie an einem der Eckpunkte ziehen, bleibt das Seitenverhältnis erhalten.

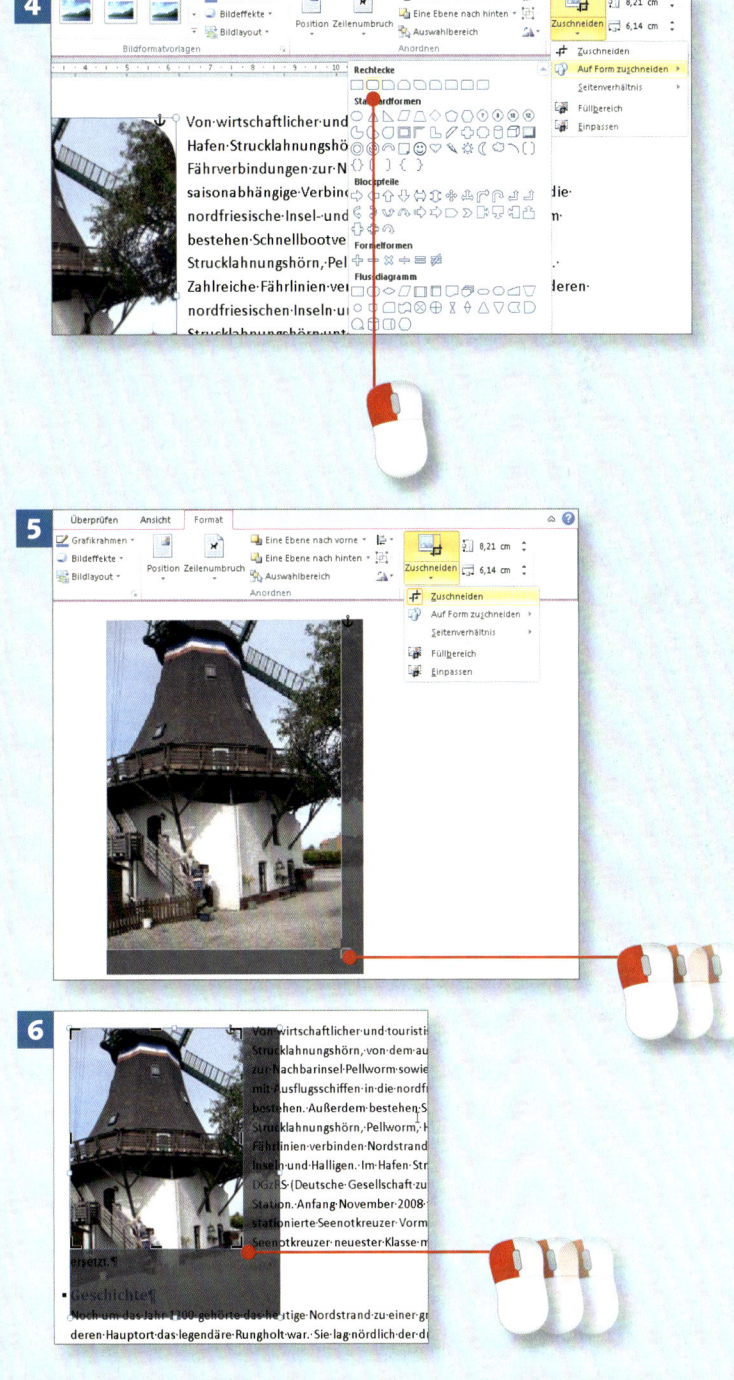

Bilder im Text positionieren

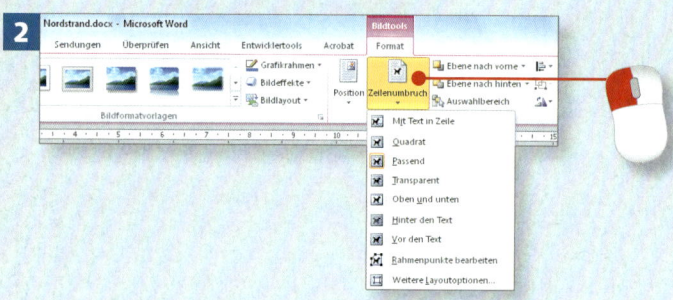

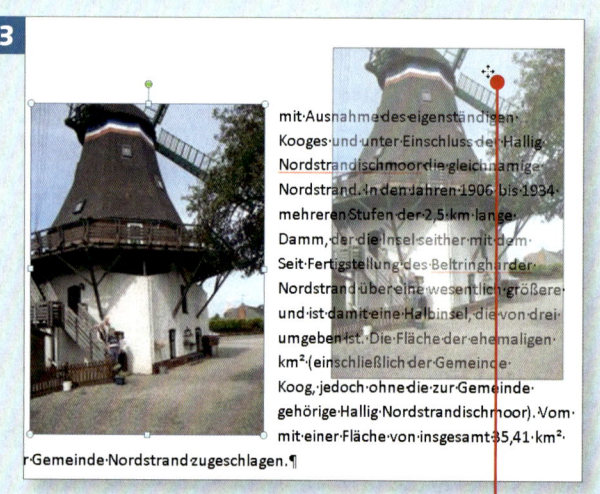

Bilder sitzen nach dem Einfügen oft nicht an der richtigen Stelle im Dokument. Sie lassen sich aber nachträglich an den passenden Ort verschieben.

Schritt 1

Ob und wie Sie ein Bild mit der Maus positionieren können, hängt vom Textumbruch ab. Die Standard-einstellung ist **Mit Text in Zeile**. Damit lässt sich ein Bild wie ein Textzeichen zentrieren oder rechts-bündig ausrichten.

Schritt 2

Um das Bild mit der Maus an die gewünschte Stelle ziehen zu können, muss der Textumbruch geändert werden. Klicken Sie auf der Register-karte **Format** der **Bildtools** auf das Symbol **Zeilenumbruch**.

Schritt 3

Mit der Einstellung **Passend** (oder jeder anderen außer **Mit Text in Zeile**) können Sie ein Bild mit der Maus positionieren. Zeigen Sie mit dem Mauszeiger einfach auf das Bild (Sie sehen einen Vierfach-Pfeil), und ziehen Sie es mit gedrückter Maus-taste an die gewünschte Stelle.

Schritt 4

Der Textumbruch bestimmt auch, wie Text um ein Bild »fließt«. Probieren Sie die verschiedenen Einstellungen aus, indem Sie ein Bild in einen Text einfügen. Markieren Sie es, und testen Sie die verschiedenen Optionen unter dem Symbol **Zeilenumbruch** (auf der Registerkarte **Format**).

Schritt 5

Um ein Bild exakt zu positionieren, klicken Sie auf der Registerkarte **Format** der **Bildtools** auf **Position ▶ Weitere Layoutoptionen**. Auf der Registerkarte **Position** des Dialogfensters können Sie in den Feldern **Absolute Position** (und **rechts von** bzw. **unterhalb**) die Position des Bildes genau bestimmen.

Schritt 6

Im Standard wird ein Bild mit dem Absatz verschoben. Soll es fest an Ort und Stelle bleiben, muss es verankert werden. Dazu aktivieren Sie im gleichen Dialog die Option **Verankert** und deaktivieren **Objekt mit Text verschieben** ❶.

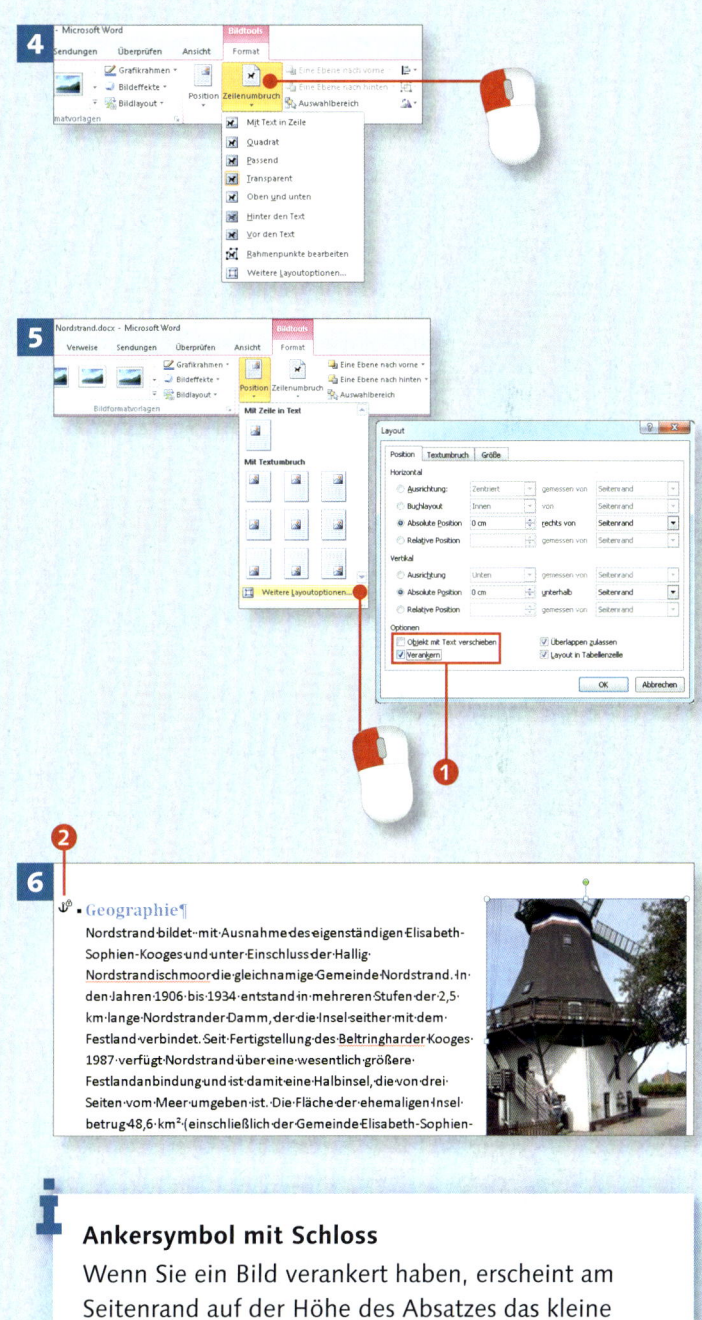

Ankersymbol mit Schloss

Wenn Sie ein Bild verankert haben, erscheint am Seitenrand auf der Höhe des Absatzes das kleine Ankersymbol mit einem Schloss ❷.

Bilder bearbeiten

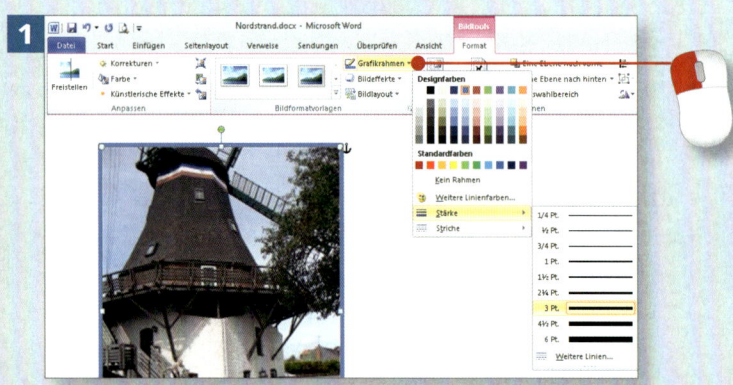

Word ist zwar ein Textverarbeitungsprogramm, aber auch die Möglichkeiten der Bildbearbeitung sind überraschend vielfältig. Sehen Sie selbst!

Schritt 1

Markieren Sie das Bild per Mausklick, und aktivieren Sie die Registerkarte **Format** der **Bildtools**. Um einen Rahmen um das Bild zu setzen, klicken Sie auf **Grafikrahmen**. Wählen Sie hier eine Farbe und aus der Auswahlliste des Eintrags **Stärke** die Dicke des Rahmens.

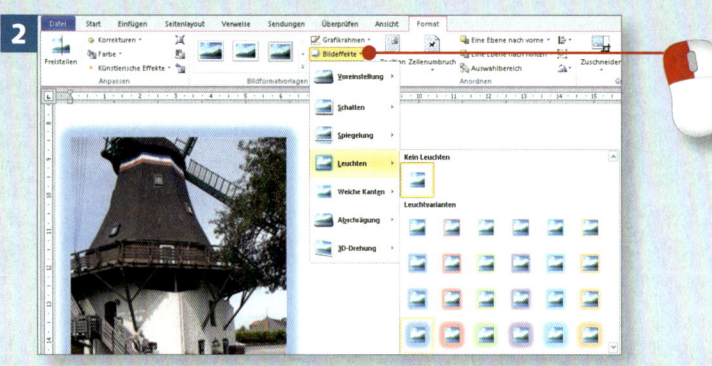

Schritt 2

Weitere Bildeffekte, die sich größtenteils auch auf die Umrandung des Bildes beziehen, erzeugen Sie mithilfe der Optionen des Symbols **Bildeffekte** auf der Registerkarte **Format** der **Bildtools**. Lassen Sie den Rahmen z. B. leuchten.

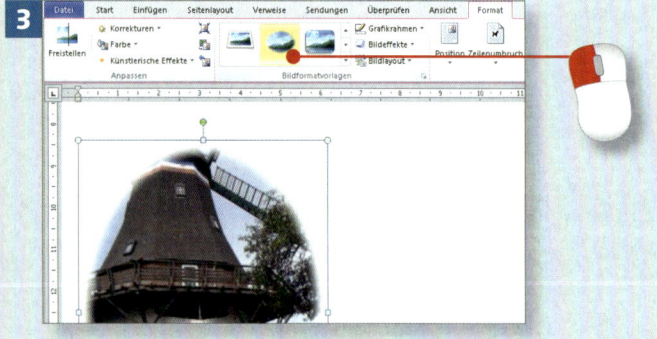

Schritt 3

Auf der Registerkarte **Format** entdecken Sie auch die **Bildformatvorlagen**. Mit ihnen können Sie Bildern auf die Schnelle ein anderes Aussehen verpassen. Wandern Sie einfach durch die Angebote, um die Effekte zu sehen. Wie wäre das Bild z. B. als **Oval mit weichen Kanten**?

Schritt 4

Helligkeit, Kontrast und Schärfe eines Bildes lassen sich ebenfalls korrigieren. Klicken Sie auf der Registerkarte **Format** auf **Korrekturen**. Im Menü können Sie durch die verschiedenen Optionen wandern. Sie sehen den Effekt, sobald Sie mit der Maus auf eine Option zeigen.

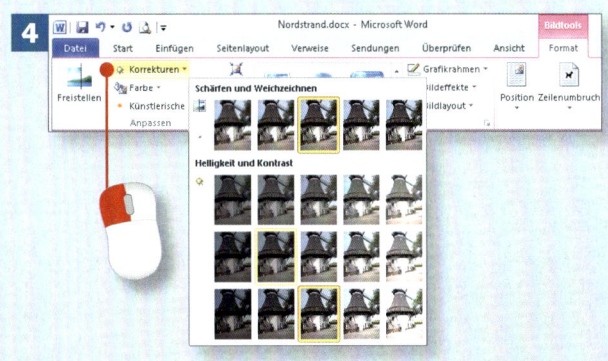

Schritt 5

Klicken Sie auf die Schaltfläche **Künstlerische Effekte** auf der Registerkarte **Format**, um die Möglichkeiten der Verfremdung (**Glas**, **Mosaik** etc.) zu entdecken.

Schritt 6

Zum Freistellen klicken Sie auf der Registerkarte **Bildtools/Format** auf **Freistellen**. Daraufhin wählen Sie das Plus oder das Minus und klicken die gewünschten Bereiche an. Word ermittelt anhand ähnlicher Farben den Umfang des Bereichs und blendet ihn ein oder aus.

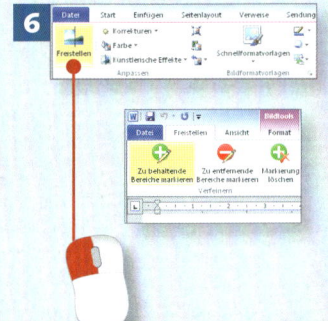

Bilder freistellen

Wenn Word die Bereiche, die Sie ein- oder ausblenden möchten, partout nicht erkennt, können Sie auch mit gedrückter Maustaste an der Kontur entlangwandern.

ClipArts hinzufügen

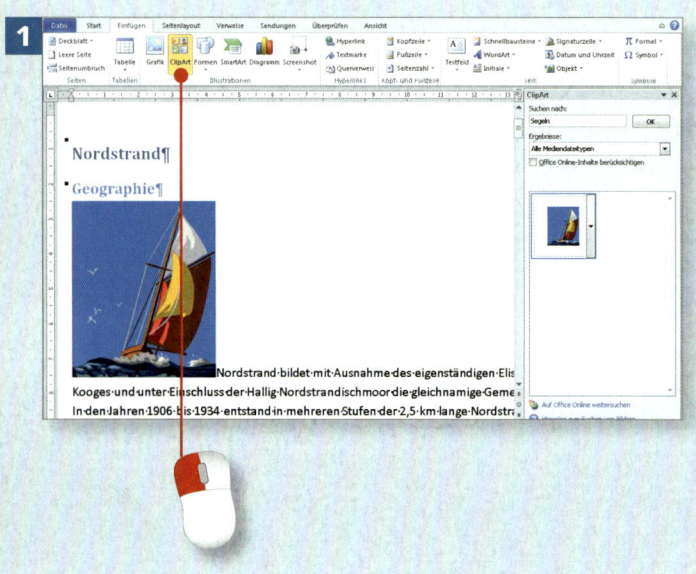

ClipArts werden seit Langem mit Word bzw. Office mitgeliefert. Es sind kleine Bildchen (Illustrationen und Fotos), die in der ClipArt-Galerie gesammelt sind.

Schritt 1

Klicken Sie auf der Registerkarte **Einfügen** auf **ClipArt**. Rechts erscheint der Aufgabenbereich **ClipArt**. Geben Sie in das Feld **Suchen nach** einen Suchbegriff ein, um die ClipArts zu diesem Thema angezeigt zu bekommen. Per Klick fügen Sie das Bildchen ins Dokument ein.

Schritt 2

Sie müssen nicht unbedingt einen Suchbegriff bzw. ein Thema eingeben. Wenn Sie das Feld **Suchen nach** leer lassen und gleich auf **OK** klicken, erhalten Sie die komplette Auswahl an ClipArts.

Schritt 3

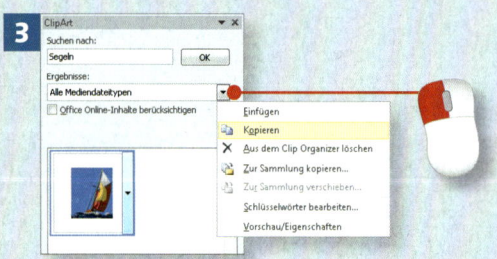

Anstatt ein Bild direkt einzufügen, können Sie eine ClipArt auch kopieren und später einfügen. Klicken Sie auf den Pfeil am rechten Rand des Bildchens, und wählen Sie aus dem Menü **Kopieren**. Nun können Sie das Bild aus der Zwischenablage einfügen.

Schritt 4

Sind Sie mit der Auswahl nicht zufrieden, können Sie sich im Internet auf die Suche begeben. Klicken Sie im Bereich **ClipArt** ganz unten auf den Link **Auf Office Online weitersuchen**. Daraufhin öffnet sich eine Microsoft-Webseite. Hier wählen Sie zunächst eine Bildkategorie.

Schritt 5

In der Auswahl zeigen Sie mit der Maus auf das gewünschte Bild. Sie sehen dann in einem eingeblendeten Bereich den Titel und einige Details. Klicken Sie hier dann auf **In Zwischenablage kopieren**.

Schritt 6

Unter Umständen verlangt Microsoft von Ihnen die Zustimmung zu einem Servicevertrag, bevor das Bild in Ihrer Zwischenablage landet. Gehen Sie dann zurück in das Dokument, und fügen Sie die Grafik über **Start ▸ Einfügen** ein.

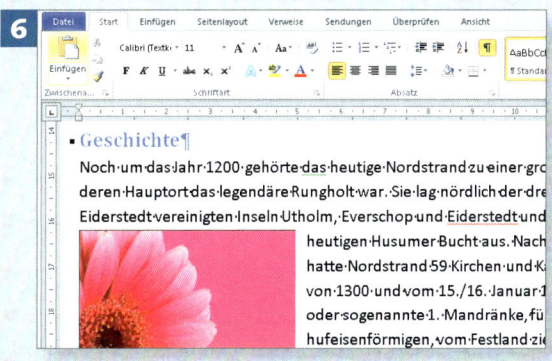

ClipArts von Microsoft

Wenn Sie nicht den Internet Explorer verwenden, können Sie die Grafik einfach mit **Speichern unter** auf Ihren Rechner übertragen.

Formen hinzufügen

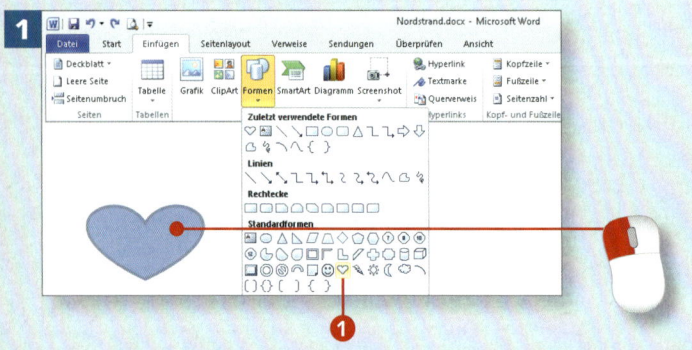

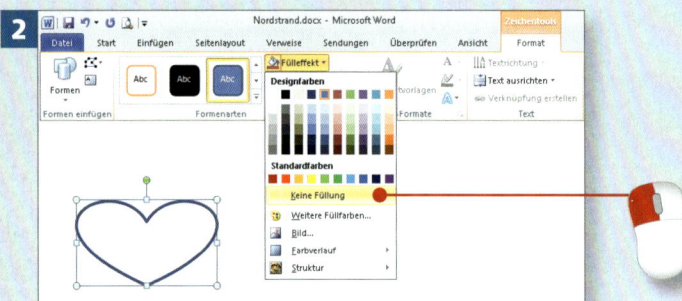

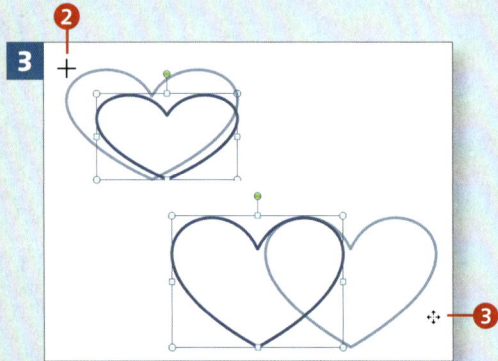

Mit dem Einfügen von Bildern und ClipArts sind Sie noch nicht am Ende der grafischen Gestaltungsmöglichkeiten. Mit der Formenpalette können Sie besonders kreativ sein.

Schritt 1

Klicken Sie auf der Registerkarte **Einfügen** auf **Formen**. Um eine der Formen aus dem Menü auf das Blatt zu zaubern, klicken Sie sie an ❶, führen den Mauszeiger an die passende Stelle auf dem Blatt und ziehen die Form mit gedrückter Maustaste auf.

Schritt 2

Sie sehen eine bläulich gefüllte Form. Diese Füllung können Sie natürlich ändern. Markieren Sie die Form, und klicken Sie auf der Registerkarte **Format** der **Zeichentools** auf **Fülleffekt**. In der Palette wählen Sie die gewünschte Farbe oder **Keine Füllung**.

Schritt 3

Die Größe verändern Sie durch Ziehen ❷ an den Ziehpunkten. Zum Verschieben setzen Sie den Mauszeiger an den Rand der Form. Sie sehen einen Vierfachpfeil ❸. Nun können Sie die Form an die gewünschte Position ziehen.

Freihandformen

Wollen Sie kreativ sein und eine eigene Form zeichnen, wählen Sie im Menü des Symbols **Formen** die Option **Freihandform**. Sie beenden den Zeichenmodus mit einem Doppelklick oder der [Esc]-Taste.

Schritt 4

Soll die Form eine sichtbare Umrandung haben, klicken Sie auf der Registerkarte **Format** auf **Formkontur**.
Im Menü bestimmen Sie die Farbe,
die Stärke und die Art der Kontur
(**Striche**). In der Abbildung sehen
Sie **Runde Punkte**, **Stärke 3 Pt**.

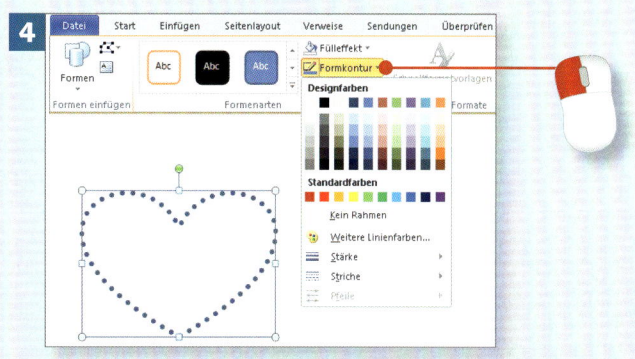

Schritt 5

Formeffekte wie Schatten, Spiegelung oder Leuchten weisen Sie
zu, indem Sie auf der Registerkarte
Format auf **Formeffekte** klicken.
Die Form in der Abbildung wurde
um eine Spiegelung ergänzt.

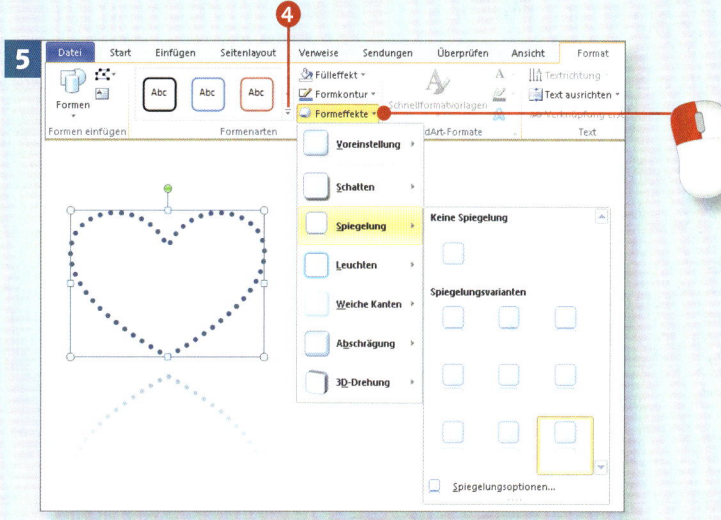

Schritt 6

Eine Menge Möglichkeiten erhalten
Sie im Dialog **Form formatieren**,
den Sie öffnen, indem Sie auf der
Registerkarte **Format** auf den Pfeil
an der Gruppe **Formenarten** ❹
klicken. Hier können Sie z. B. zwei-
farbige Farbverläufe (**Füllung ▸ Graduelle Füllung**) einstellen oder den
Formen einen 3D-Effekt zuweisen.

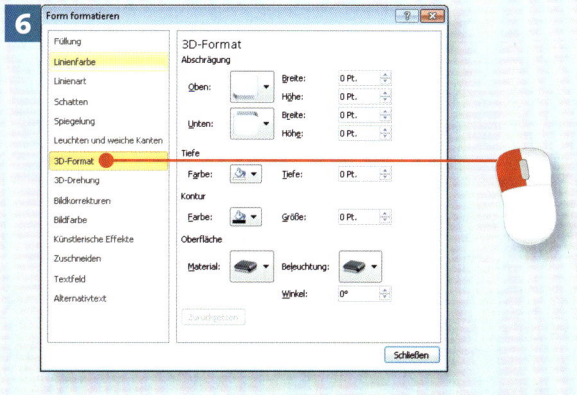

Text hinzufügen

Soll in einer Form auch ein Text
stehen, klicken Sie im Kontextmenü der Form auf **Text hinzufügen**.
Schon blinkt der Cursor in der
Form, und Sie können Text eingeben.

Formatierte Formen – WordArt

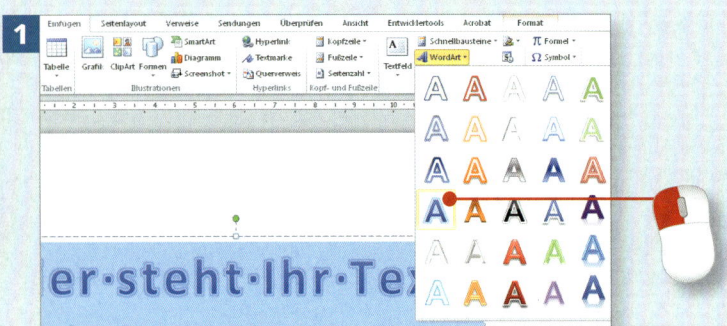

Mit WordArt wird aus einer Textzeile ein dekorativer, professionell anmutender Schriftzug, geeignet für Werbezettel, Slogans oder Plakattexte.

Schritt 1

Klicken Sie auf der Registerkarte **Einfügen** auf **WordArt**, und wählen Sie im Menü ein Design. Nun wird eine Grafik in Ihr Dokument eingefügt, in der zu lesen ist: »Hier steht Ihr Text«. Überschreiben Sie diesen Text.

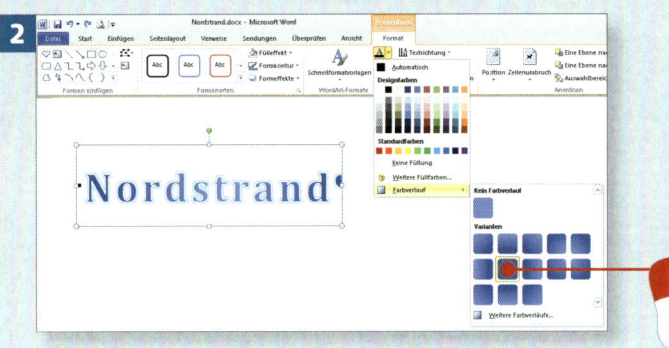

Schritt 2

Das Design können Sie weiter verändern. Um den Text mit einer anderen Volltonfarbe oder einem Farbverlauf zu füllen, klicken Sie auf den Pfeil am Symbol **Textfüllung**. Im Menü wählen Sie die gewünschte Farbe oder klicken auf **Farbverlauf** und wählen eine Option.

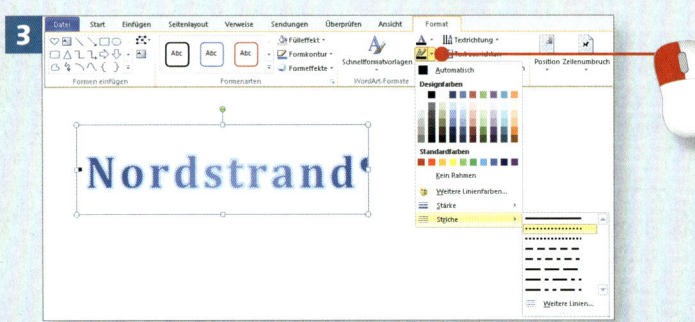

Schritt 3

Die Kontur des Schriftzuges ändern Sie, indem Sie auf der Registerkarte **Format** auf den Pfeil am Symbol **Textkontur** klicken. Hier wählen Sie eine Farbe, die Stärke der Kontur und die Strichart (**Striche**).

WordArt positionieren

WordArt-Objekte positionieren Sie genauso wie Zeichnungen oder Bilder.

Schritt 4

Um einen Grafikeffekt auf den Text bzw. die WordArt anzuwenden, klicken Sie auf der Registerkarte **Format** auf **Texteffekte**. Im Menü bzw. den jeweiligen Untermenüs finden Sie eine Vielzahl von Effekten, z. B. **Schatten**, **Leuchten** und **Abschrägung**.

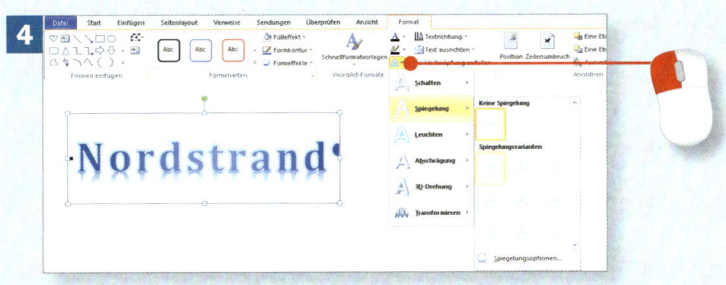

Schritt 5

Um dem Schriftzug selbst eine andere Form zu geben, klicken Sie auf der Registerkarte **Format** auf **Texteffekte ▸ Transformieren**. Im Untermenü entdecken Sie viele unterschiedliche Formen (**Kreis**, **Bogen**, **Wellen** etc.).

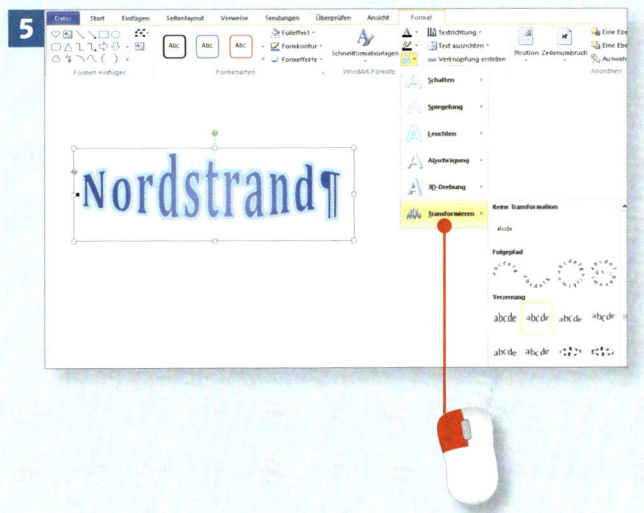

Schritt 6

Für einen farbigen Hintergrund klicken Sie auf der Registerkarte **Format** auf **Fülleffekt**. Hier wählen Sie eine Farbe, einen Farbverlauf oder eine Struktur. Einen interessanten Effekt weisen Sie mit **Fülleffekt ▸ Bild** ❶ zu. Im Dialog wählen Sie ein Bild, das dann den Hintergrund bildet.

Transformation bearbeiten

Haben Sie der WordArt eine Transformation zugewiesen, erhält sie meistens zusätzliche Ziehpunkte, mit denen Sie die Stärke der Transformation bearbeiten können.

Mehrere Grafiken anordnen und kombinieren

Bilder, ClipArts und Formen lassen sich problemlos nebeneinander- oder übereinanderlegen. Soll daraus eine einzige Grafik werden, kann man alle Objekte gruppieren.

Schritt 1

Am besten gruppieren Sie Objekte erst, wenn Sie mit der Bearbeitung der einzelnen Elemente fertig sind. Wichtig ist die Reihenfolge, mit der Sie bestimmen, welche Objekte vorne und welche hinten liegen. In der Abbildung liegt das Bild vor dem Herz; dies soll geändert werden.

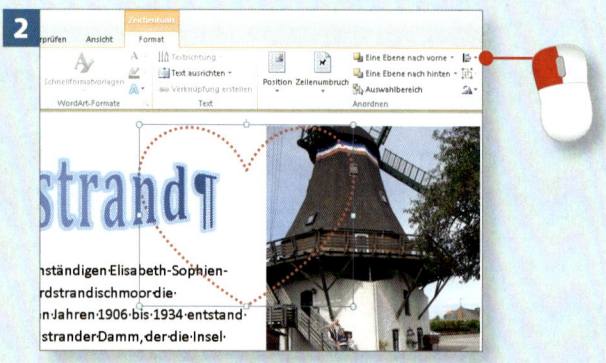

Schritt 2

Zum Anordnen markieren Sie das jeweilige Objekt und klicken auf der Registerkarte **Format** auf die Pfeile an den Symbolen **Eine Ebene nach vorne** bzw. **Eine Ebene nach hinten**. Wählen Sie eine Option aus dem jeweiligen Menü.

Strg

Schritt 3

Ist alles wunschgemäß angeordnet, markieren Sie alle Objekte, indem Sie das erste Objekt anklicken, die Strg-Taste gedrückt halten und so nach und nach die übrigen Objekte anklicken.

Uneindeutige Optionen

Die Optionen zur Ebene sind leider nicht immer eindeutig: Um z. B. eine Form hinter eine ClipArt zu legen, müssen Sie **Hinter den Text bringen** nutzen.

Schritt 4

Wenn alle Objekte markiert sind, klicken Sie mit der rechten Maustaste darauf. Aus dem Kontextmenü wählen Sie **Gruppieren ▸ Gruppieren**. Nun umgibt die Objekte nur noch ein Markierungsrahmen.

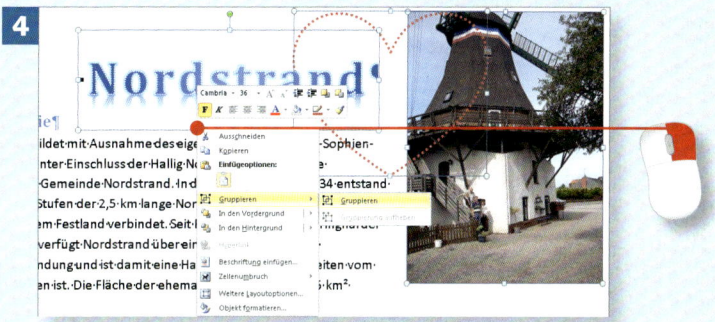

Schritt 5

Sie können die gruppierten Objekte nun en bloc mit der Maus verschieben und in ihrer Größe verändern. Leider werden die Proportionen nicht immer beibehalten, selbst wenn Sie die Größe von den Ecken aus verändern.

Schritt 6

Gruppierte Objekte lassen sich auch wieder in Einzelteile auflösen. Klicken Sie das Objekt mit rechts an, und wählen Sie im Kontextmenü **Gruppieren ▸ Gruppierung aufheben**.

Reihenfolge der Elemente

Die Reihenfolge der Elemente anzupassen, ist mitunter etwas knifflig. Stellt sich der beabsichtigte Effekt nicht ein, versuchen Sie zunächst, ein Objekt ganz nach vorn zu legen (**Vor den Text legen**) und dann Ebene um Ebene nach hinten zu verschieben.

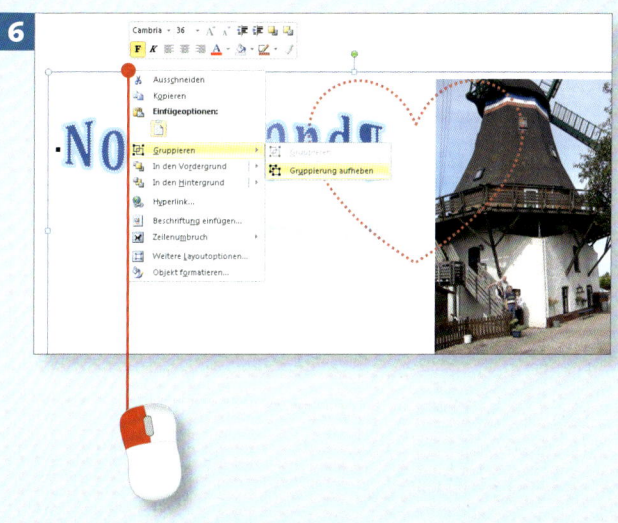

Organigramme

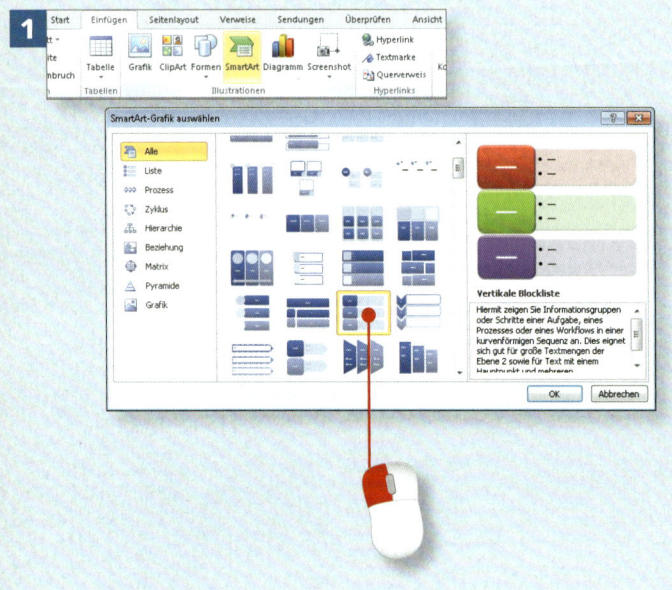

Mithilfe von Organigrammen lassen sich Hierarchien, Strukturen und Prozesse bestens grafisch darstellen. Word bietet eine große Auswahl an Vorlagen.

Schritt 1

Klicken Sie auf der Registerkarte **Einfügen** auf **SmartArt**. Im Menü wählen Sie eine Kategorie aus oder belassen es bei **Alle**. Im Bereich **Liste** entscheiden Sie sich per Klick für eine passende Vorlage (abhängig davon, was Sie darstellen möchten).

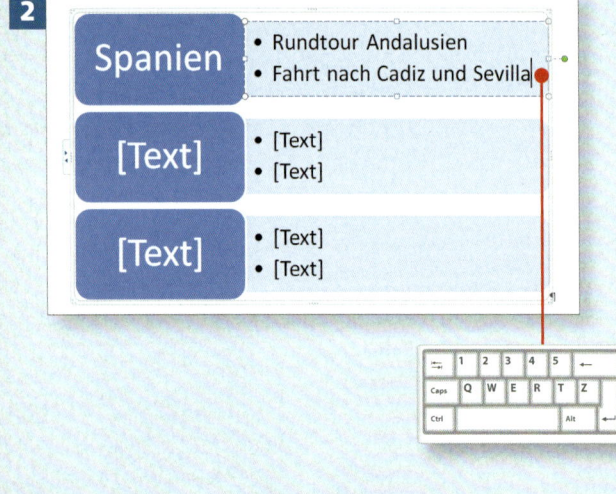

Schritt 2

Nachdem Sie eine Vorlage eingefügt haben, beginnen Sie damit, die Felder des Organigramms mit Ihrem Text zu füllen. Überschreiben Sie einfach den Standardtext.

Schritt 3

Das Aussehen des Organigramms verändern Sie mit den Optionen auf der Registerkarte **Format** der **Smart-Art-Tools**. Hier können Sie die Optik des Textes (**Textfüllung**, **Textkontur** etc.) und seine Formen (**Fülleffekt**, **Formkontur** etc.) bearbeiten.

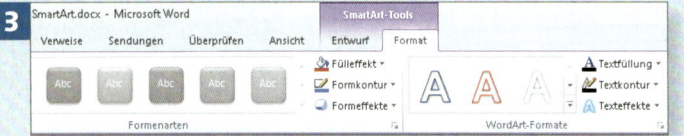

Schritt 4

Auf der Registerkarte **Entwurf** der **SmartArt-Tools** verändern Sie die gesamte Struktur und können das Organigramm ergänzen. Um eine neue Form einzufügen, markieren Sie die (letzte) Form und klicken auf den Pfeil des Symbols **Form hinzufügen**. Hier wählen Sie eine Option.

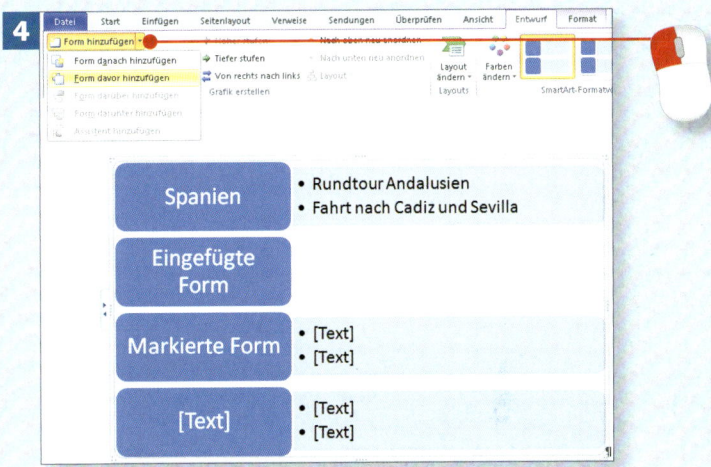

Schritt 5

Sie können Ihren Text jetzt direkt in die Form schreiben. Um im rechten Bereich Platz für die Untereinträge zu schaffen, markieren Sie die eingefügte Form und klicken auf das Symbol **Aufzählungszeichen hinzufügen**.

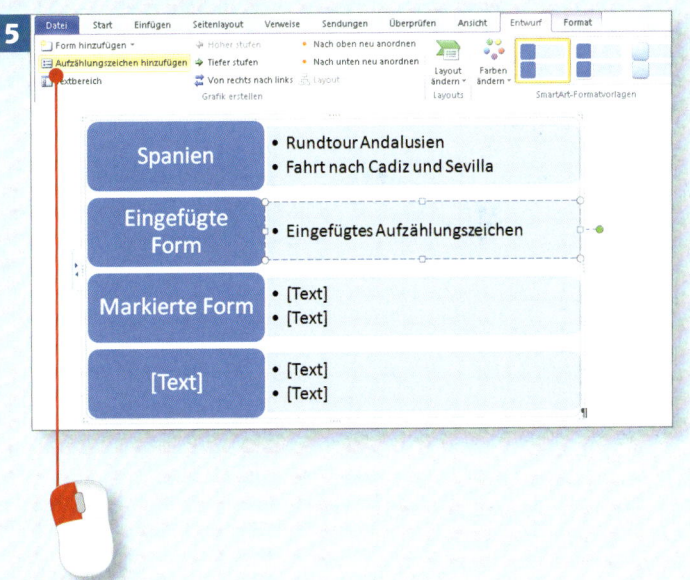

Schritt 6

Um die Hierarchie oder Anordnung zu verändern, markieren Sie die jeweilige Form und wählen auf der Registerkarte **Entwurf** entweder **Höher stufen**, **Tiefer stufen** oder **Von rechts nach links** ❶.

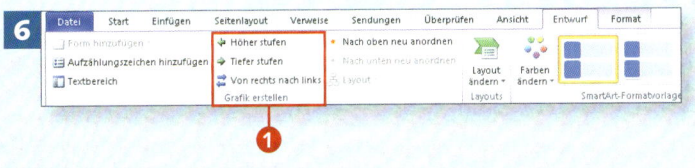

i **Textbereich**

Den Textbereich blenden Sie mit dem gleichnamigen Symbol auf der Registerkarte **Entwurf** ein. Im Textbereich können Sie die Texte des Organigramms ähnlich wie in einer Gliederung bearbeiten.

Diagramme

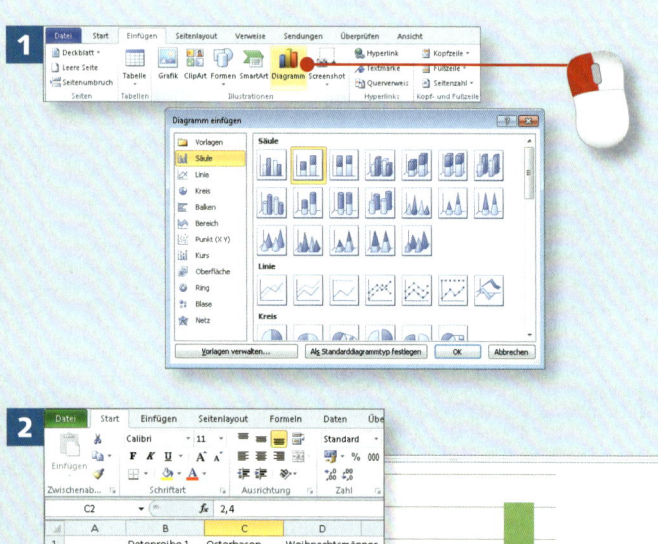

Diagramme sind die klassische Methode, um Zahlenmaterial grafisch darzustellen. Um mit Word ein Diagramm zu erstellen, arbeiten Sie eng mit Excel zusammen.

Schritt 1

Klicken Sie auf der Registerkarte **Einfügen** auf **Diagramm**. Im Menü wählen Sie eine passende Vorlage aus, und klicken Sie auf **OK**. Ein Diagramm wird eingefügt, und Excel öffnet sich in einem neuen Fenster.

Schritt 2

Überschreiben Sie die Excel-Tabelle mit Ihren Zahlen und Bezeichnungen. Die Veränderungen werden automatisch in das Diagramm übernommen. Wenn Sie alles eingegeben haben, können Sie das Excel-Fenster schließen oder minimieren.

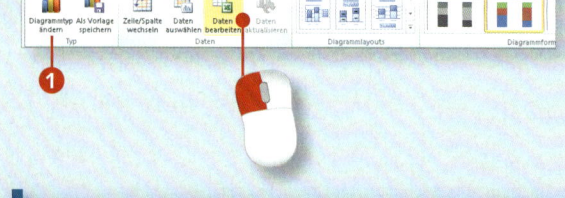

Schritt 3

Zur Bearbeitung des Diagramms stehen drei Registerkarten zur Verfügung. Wenn Sie die Daten der Tabelle modifizieren möchten, aktivieren Sie die Registerkarte **Entwurf**, und klicken Sie dann auf **Daten bearbeiten**. Das Excel-Fenster wird mit der Tabelle eingeblendet.

Diagrammtyp ändern

Wenn Sie feststellen, dass der gewählte Diagrammtyp doch nicht passt, klicken Sie auf das Symbol **Diagrammtyp ändern** ❶. Im zugehörigen Dialog bestimmen Sie den neuen Typ.

Schritt 4

Praktisch ist auch das Menü **Diagrammlayouts** auf der Registerkarte **Entwurf**. Hier finden Sie eine Auswahl an Layouts, die sich auf die Elemente des Diagramms beziehen. Sie können z. B. ein Layout mit Legende, Diagrammtitel oder weiteren vertikalen Linien wählen.

Schritt 5

Das Menü der **Diagrammformatvorlagen** auf der Registerkarte **Entwurf** bietet eine Auswahl an Vorlagen für die optische Gestaltung des Diagramms. Der Effekt zeigt sich erst, wenn Sie auf eine dieser Vorlagen klicken.

Schritt 6

Auf der Registerkarte **Layout** können Sie einzelne Diagrammelemente (Diagrammtitel, Achsentitel, Datenbeschriftungen oder Gitternetzlinien) hinzufügen oder entfernen. Klicken Sie z. B. im Menü des Symbols **Gitternetzlinien** auf **Primäre horizontale Gitternetzlinien** und dann auf **Hauptgitternetze**.

Die Diagrammtools

Die Registerkarten der **Diagrammtools** werden nur dann eingeblendet, wenn Sie das Diagramm markiert haben.

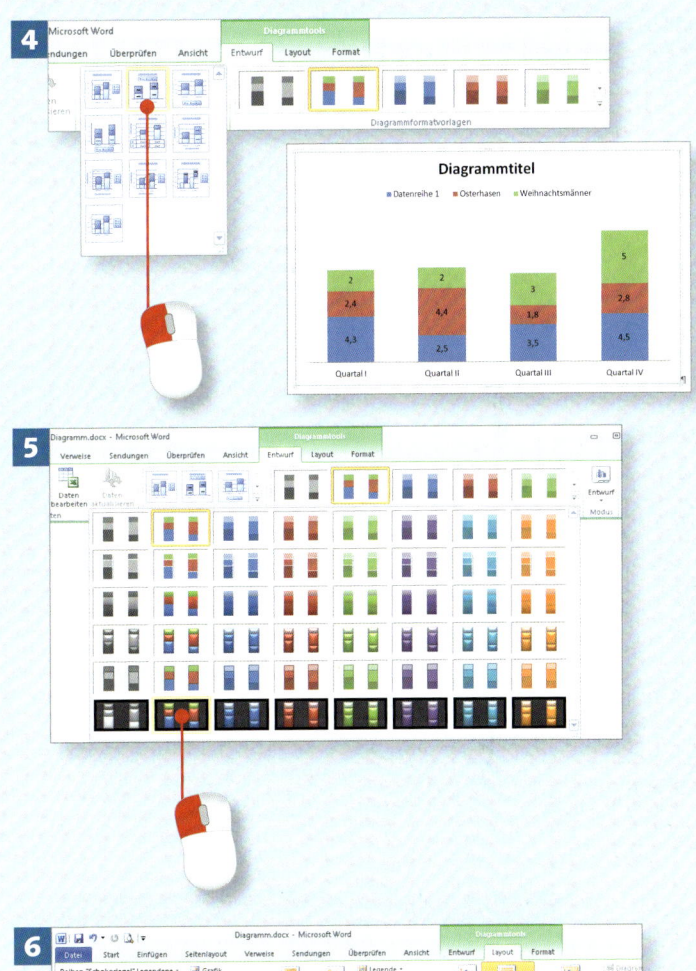

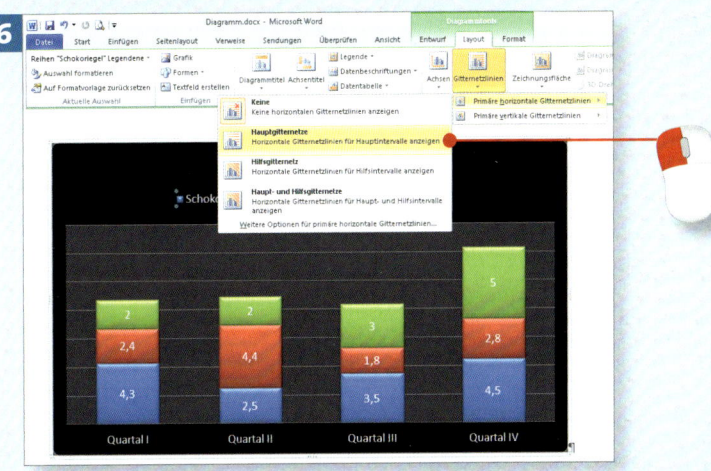

Diagramme formatieren

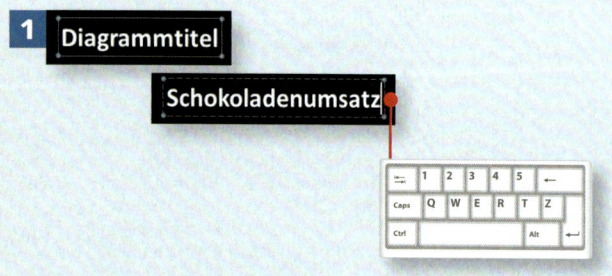

Mit Word können Sie jedes Element eines Diagramms nach Ihren Vorstellungen formatieren und zusätzliche Texte einfügen. Egal ob Sie einen Datenpunkt optisch hervorheben oder einen erklärenden Text hinzufügen möchten – all das ist schnell erledigt.

Schritt 1

Um den Diagrammtitel zu ändern, klicken Sie das Textfeld an. Wenn Sie die Markierungsumrandung sehen, klicken Sie erneut, um den Cursor in den Text zu setzen. Anschließend können Sie den Text ändern.

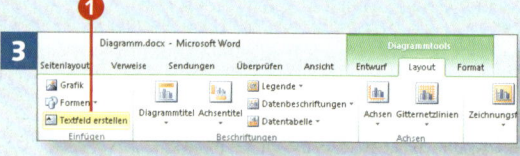

Schritt 2

Um die Schriftart des Titels zu ändern, markieren Sie das Feld durch einfaches Anklicken und wechseln dann auf die Registerkarte **Start**, wo Sie die klassischen Formatierungseinstellungen für Text zuweisen können.

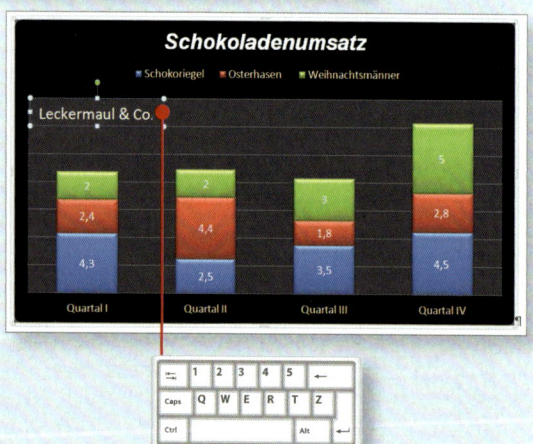

Schritt 3

Um zusätzlichen Text in das Diagramm einzufügen, klicken Sie auf der Registerkarte **Layout** auf **Textfeld erstellen** ❶. Anschließend ziehen Sie das Textfeld mit gedrückter Maustaste auf und geben Ihren Text ein.

Schritt 4

Wenn Sie z. B. die Farbe einer Datenreihe ändern möchten, wählen Sie auf der Registerkarte **Diagrammtools/Entwurf** im Feld **Diagrammbereich** die gewünschte Reihe aus (hier *Schokoriegel*). Anschließend zeigt Word diese Elemente mit Markierungsrahmen an.

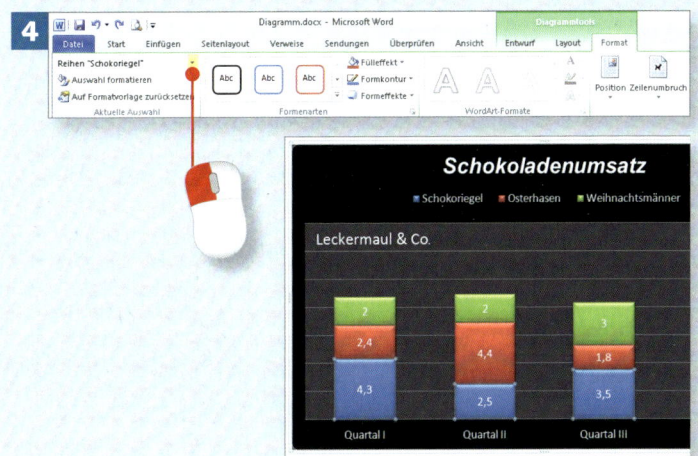

Schritt 5

Klicken Sie dann das Symbol **Auswahl formatieren** ❷ an. Im folgenden Dialog können Sie zahlreiche Formatierungen vornehmen. Wechseln Sie z. B. in den Bereich **Füllung**, und aktivieren Sie **Einfarbige Füllung**. Anschließend können Sie über die Schaltfläche **Farbe** eine Farbe aussuchen. Bestätigen Sie den Dialog mit **Schließen**.

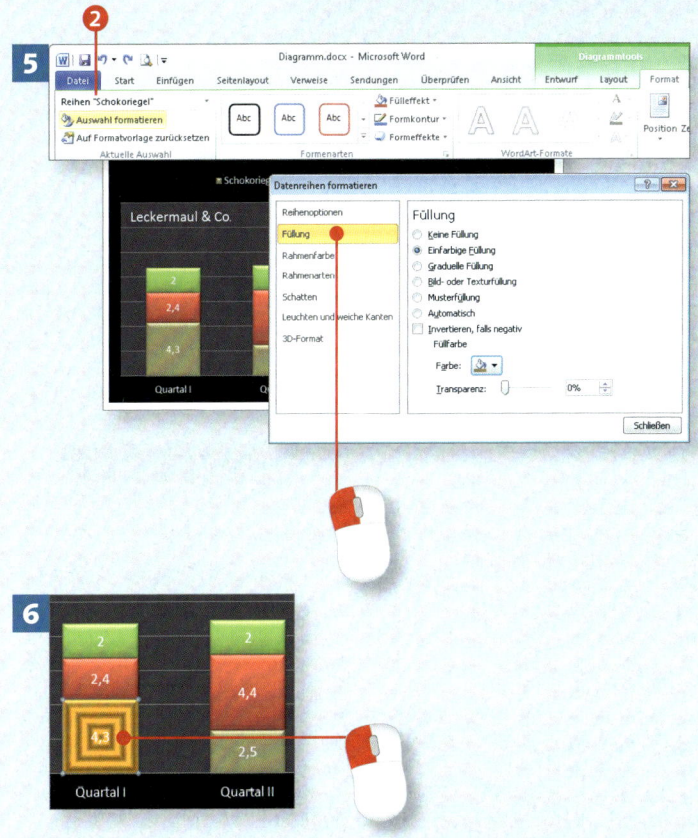

Schritt 6

Wenn Sie nur einen Datenpunkt einer Datenreihe formatieren möchten, verfahren Sie folgendermaßen: Markieren Sie zunächst die gesamte Reihe (siehe Schritt 4), und klicken Sie dann nur den gewünschten Datenpunkt an. Nun können Sie diesen Punkt formatieren (siehe Schritt 5).

Excel-Diagramme einfügen

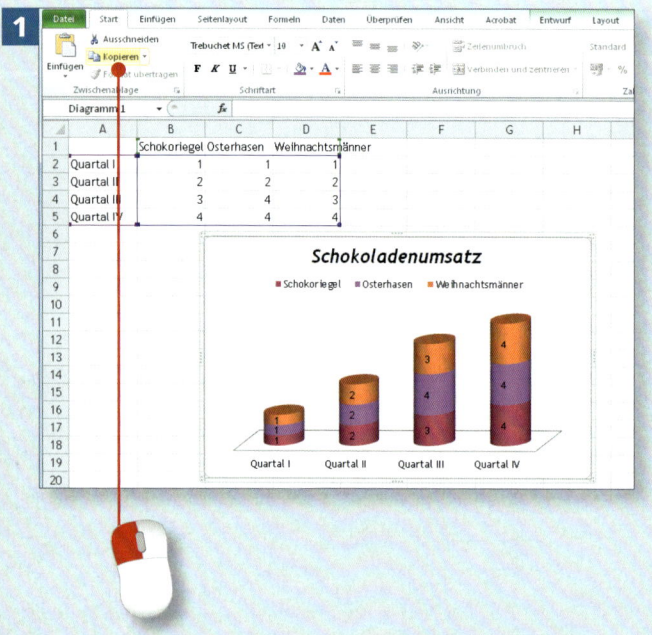

In der Regel wird in Excel in Tabellen gerechnet, und auch entsprechende Diagramme werden dort erzeugt. Ein solches Diagramm können Sie auf mehreren Wegen in ein Word-Dokument einfügen.

Schritt 1

Öffnen Sie eine Excel-Datei mit Diagramm. Klicken Sie das Diagramm an, um es zu markieren, und klicken Sie dann auf der Registerkarte **Start** auf **Kopieren**.

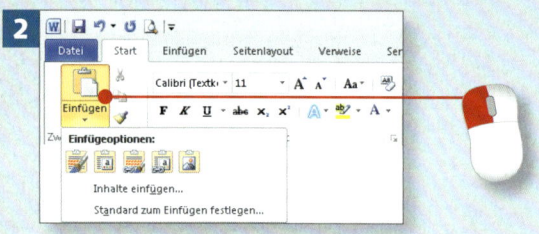

Schritt 2

Wechseln Sie zu Word, und öffnen Sie die Datei, in die Sie das Diagramm einfügen möchten. Aktivieren Sie die Registerkarte **Start**, und klicken Sie auf den Pfeil am Symbol **Einfügen**, um die verschiedenen Optionen zum Einfügen zu sehen.

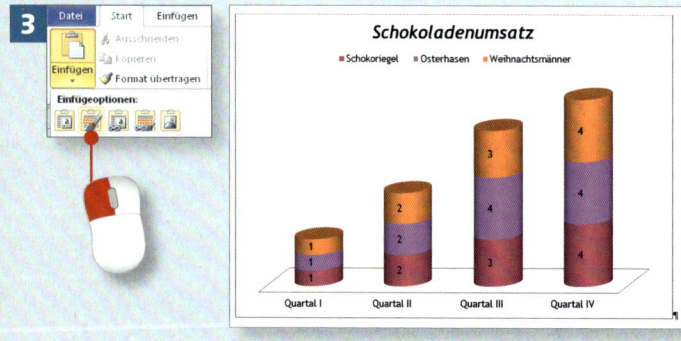

Schritt 3

Wir stellen die wichtigsten vor. Mit **Ursprüngliche Formatierung beibehalten und Arbeitsmappe einbetten** sieht das Diagramm aus wie in Excel. Wenn Sie Daten in der Excel-Arbeitsmappe ändern, bleibt das Diagramm in Word aber unverändert.

Schritt 4

Bei **Zieldesign verwenden und Arbeitsmappe einbetten** nimmt das Diagramm die Farbgebung Ihres Word-Dokuments an. Änderungen an Daten in der Excel-Arbeitsmappe werden aber auch bei dieser Option nicht übernommen.

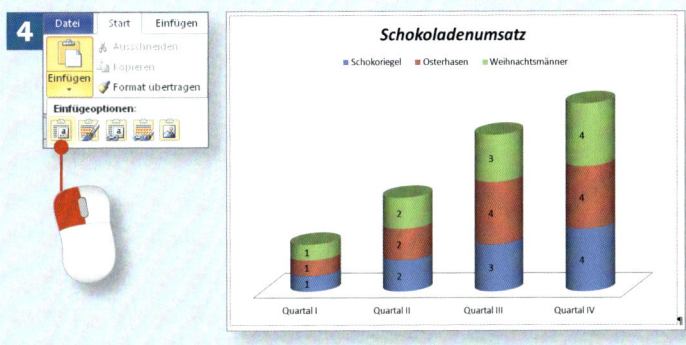

Schritt 5

Mit **Ursprüngliche Formatierung beibehalten und Daten verknüpfen** sieht das Diagramm aus wie in Excel, aber auch die Daten werden angepasst, wenn Sie sie in der Arbeitsmappe ändern. Dies geschieht beim Öffnen des Word-Dokuments; um die Anpassung zu erzwingen, markieren Sie das Diagramm und drücken F9 .

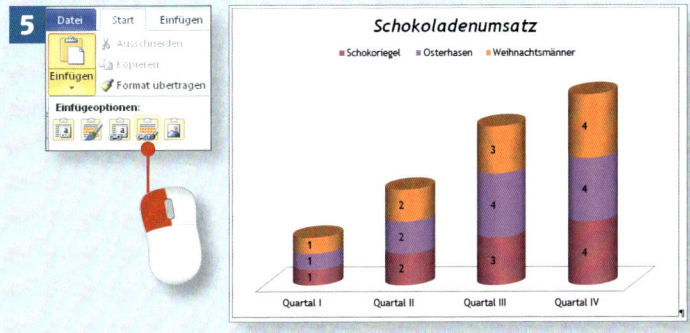

Schritt 6

Sie können das Diagramm auch als Grafik einfügen. Wählen Sie dazu die Einfügeoption **Grafik**. Dann können Sie die einzelnen Diagrammelemente jedoch nicht mehr nachbearbeiten, und die Daten werden natürlich auch nicht aktualisiert.

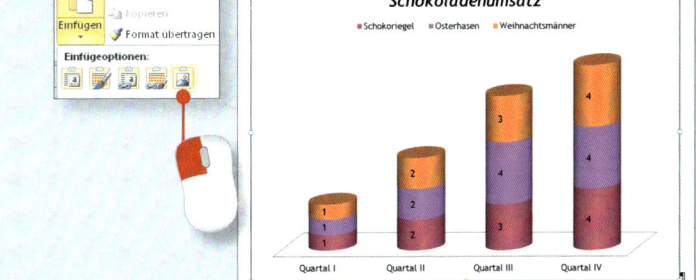

Verknüpfen

Achten Sie beim Verknüpfen von Informationen darauf, dass die Ursprungsdatei weiterhin gefunden werden kann, damit Aktualisierungen funktionieren.

Kapitel 9:
Tabellen erstellen und bearbeiten

Auch wenn in Word die Arbeit mit Tabellen nicht vorrangig ist, bietet das Programm natürlich diese Möglichkeit. Wie Sie Tabellen in Ihr Dokument einfügen und anschaulich gestalten, zeigen wir Ihnen in diesem Kapitel.

❶ Erstellen oder übernehmen?

Es könnte kaum leichter sein, eine Tabelle einzufügen, denn es geschieht über zwei einfache Mausklicks. Sie können z. B. aber auch Excel-Tabellen mit Word verknüpfen oder eine Schnelltabelle als Vorlage benutzen.

❷ In Form bringen

Damit Sie Ihre Tabellen bearbeiten können, zeigen wir Ihnen, wie Sie Zeilen und Spalten ergänzen und löschen. Die Registerkarte **Tabellentools** bietet zahlreiche Gestaltungsoptionen, und auf der Registerkarte **Entwurf** gibt es zusätzlich Formatvorlagen für eilige Fälle.

❶ Erstellen oder übernehmen?

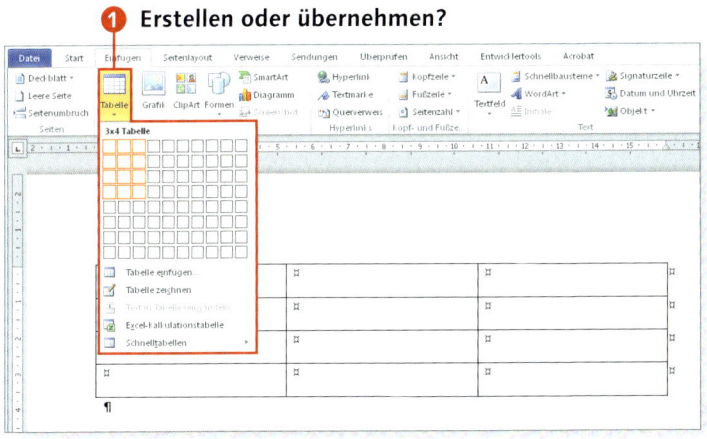

❷ In Form bringen

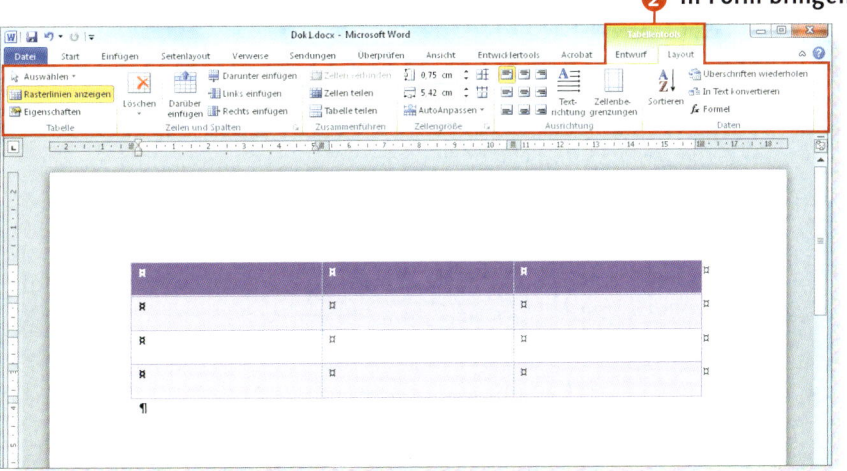

Eine Tabelle per Klick erzeugen

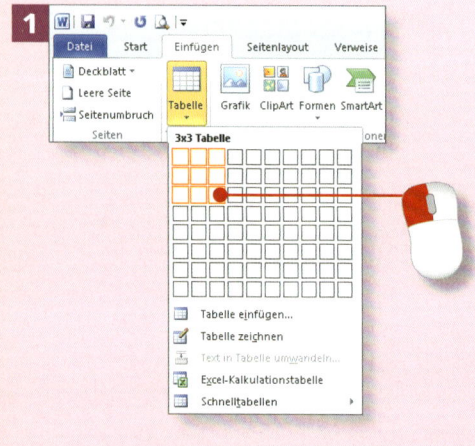

Sollen Texteinträge geordnet unterei-nander und nebeneinander in Spal-ten und Zeilen stehen, sind Tabellen dafür das geeignete Mittel. Sie lassen sich blitzschnell einfügen – hier er-fahren Sie, wie das geht.

Schritt 1

Klicken Sie auf der Registerkarte **Ein-fügen** auf das Symbol **Tabelle**. Fah-ren Sie im Menü über die Anzahl der Spalten und Zeilen, die Sie einfügen möchten (die Kästchen werden rot umrandet), und klicken Sie darauf.

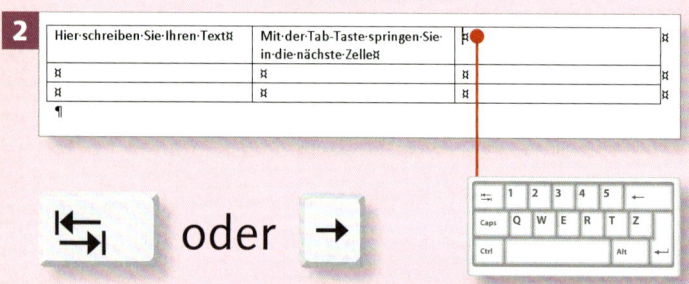

Schritt 2

Der Cursor blinkt in der ersten Zelle der Tabelle, Sie können also sofort losschreiben. Mit der [Tab]-Taste oder [→] springen Sie am bequems-ten in die nächste Zelle, Sie können aber auch die Maus benutzen.

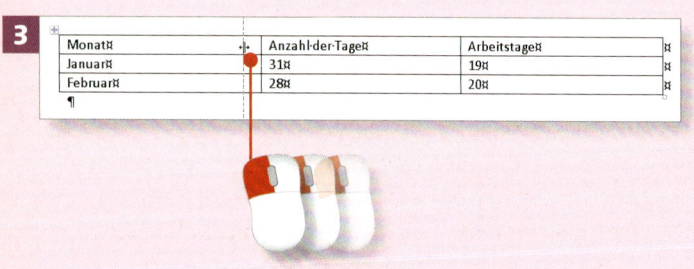

Schritt 3

Um die Spaltenbreite zu verändern, führen Sie den Mauszeiger an die vertikale Linie zwischen zwei Spal-ten. Der Mauszeiger verwandelt sich in einen Strich mit zwei Pfeilen. Ziehen Sie die Linie nach links oder rechts. Genauso verändern Sie die Zeilenhöhe, nur dass Sie an der hori-zontalen Linie ziehen.

Schritt 4

Sie können auch eine exakte Spaltenbreite und Zeilenhöhe eingeben. Auf der Registerkarte **Tabellentools/Layout** sehen Sie die Felder **Tabellenspaltenbreite** und **Tabellenzeilenhöhe**. Hier können Sie die Maße für die Zeile oder Spalte eingeben, in der der Cursor steht.

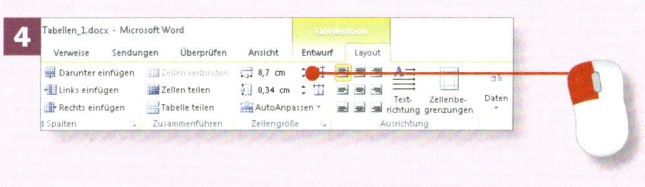

Schritt 5

In der Standardeinstellung werden Tabellen mit fester Spaltenbreite eingefügt. Man kann die Spaltenbreite aber bis zu einem gewissen Grad auch an den Text anpassen. Dazu klicken Sie auf der Registerkarte **Tabellentools/Layout** auf **AutoAnpassen**. Wählen Sie **Inhalt automatisch anpassen**.

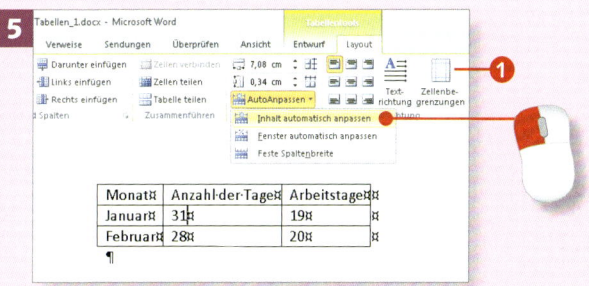

Schritt 6

Spaltenbreite, Zeilenhöhe und die Ausrichtung des Textes in einer Tabelle lassen sich auch in einem Rutsch im Dialog **Tabelleneigenschaften** festlegen. Klicken Sie auf der Registerkarte **Tabellentools/Layout** auf das Symbol **Eigenschaften**.

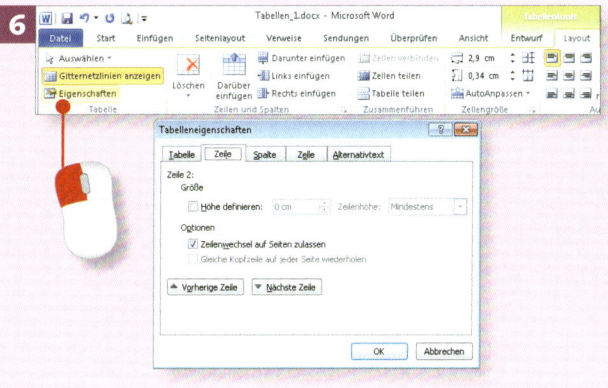

Abstand zwischen Zellen

Zwischen den Zellen gibt es standardmäßig keinen Abstand. Möchten Sie einen Abstand einstellen, klicken Sie auf der Registerkarte **Layout** auf **Zellenbegrenzungen** ❶ und legen im Dialog den Abstand fest.

Zeilen und Spalten einfügen/löschen

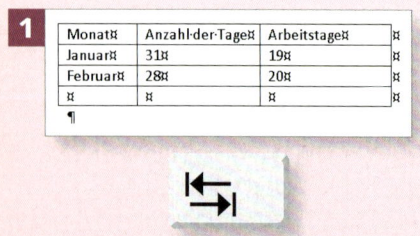

Sie haben eine Tabelle eingefügt und stellen fest, dass doch mehr Spalten und/oder Zeilen erforderlich sind? Das ist kein Grund, eine neue Tabelle einzufügen – ergänzen Sie einfach die vorhandene.

Schritt 1

Es ist ganz leicht, die Tabelle durch weitere Zeilen zu verlängern. Setzen Sie den Cursor in die letzte Zelle der Tabelle, und drücken Sie die ⎵Tab⎵-Taste. Wie Sie sehen, erhalten Sie dadurch eine weitere Zeile.

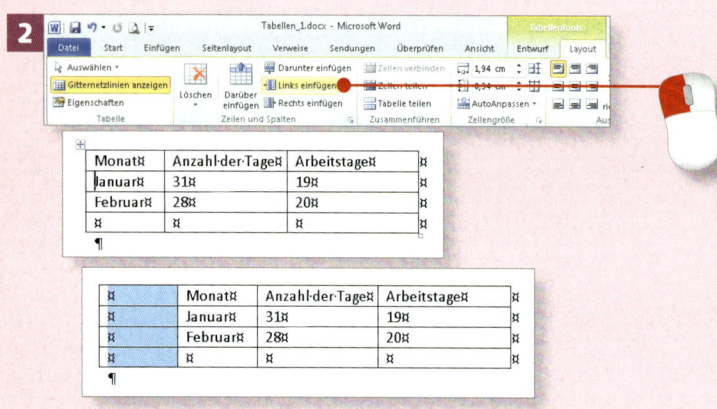

Schritt 2

Fehlt eine Spalte, ist auch das kein Problem. Setzen Sie den Cursor in die Spalte, neben der Sie eine Spalte einfügen möchten. Klicken Sie dann auf der Registerkarte **Layout** der **Tabellentools** z. B. auf **Links einfügen**.

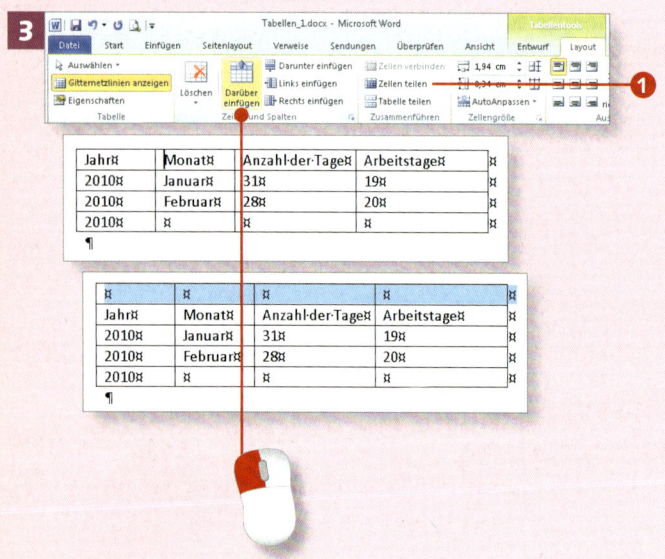

Schritt 3

Brauchen Sie eine weitere Zeile innerhalb der Tabelle, funktioniert die Methode mit der ⎵Tab⎵-Taste nicht. Setzen Sie den Cursor also in die Zeile, über oder unter der Sie eine Zeile einfügen möchten, und klicken Sie auf der Registerkarte **Layout** z. B. auf **Darüber einfügen**.

Schritt 4

Es ist auch möglich, eine Zelle in weitere Spalten (oder auch Zeilen) aufzuteilen. Setzen Sie den Cursor in die entsprechende Zelle, und klicken Sie auf der Registerkarte **Layout** auf **Zellen teilen** ❶. Im Fenster geben Sie an, in wie viele Spalten (oder Zeilen) die Zelle unterteilt werden soll.

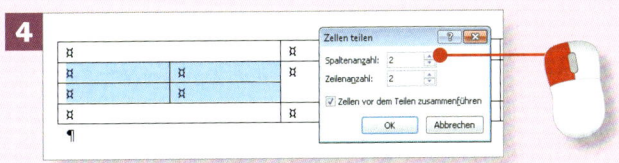

Schritt 5

Sie können Zeilen oder Spalten auch wieder loswerden. Platzieren Sie den Cursor entsprechend, und klicken Sie auf der Registerkarte **Layout** auf **Löschen**. Entscheiden Sie im Menü, was Sie löschen möchten, z. B. **Zeilen löschen**. Damit wird die Zeile gelöscht, in der der Cursor steht.

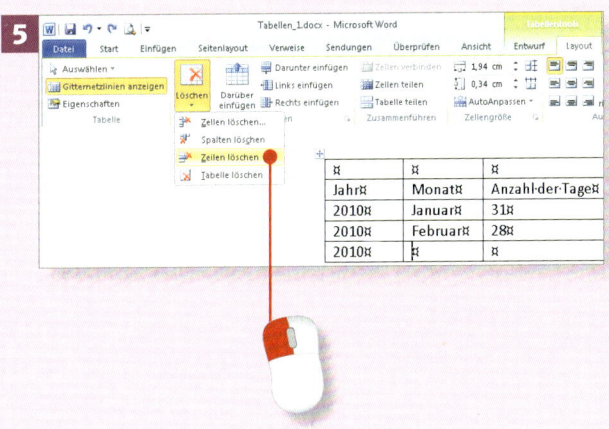

Schritt 6

Das Menü zum Symbol **Löschen** bietet auch die Möglichkeit, eine Tabelle komplett wieder zu entfernen. Es reicht, wenn der Cursor irgendwo in der Tabelle steht. Klicken Sie dann auf **Tabelle löschen**.

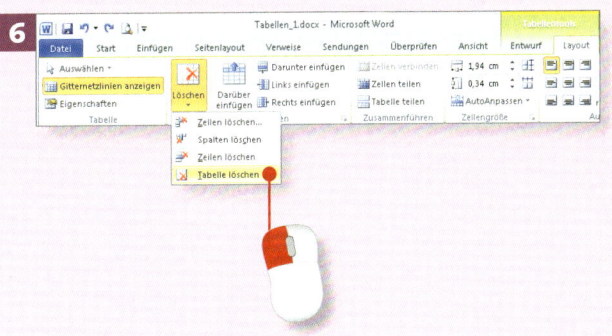

Tabellen in Tabellen

Sie können auch eine neue Tabelle in eine Zelle einfügen. Gehen Sie dabei genauso vor wie beim Einfügen von Tabellen (**Einfügen ▸ Tabelle**).

Die Tabelle formatieren

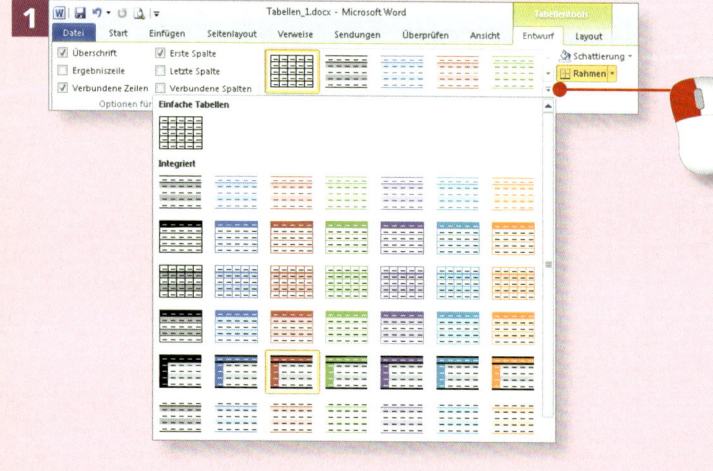

Tabellen lassen sich optisch auf vielerlei Art und Weise gestalten. Aus einer schlichten Tabelle kann mit wenigen Handgriffen ein eindrucksvolles Werk werden.

Schritt 1

Am wenigsten Arbeit ist es, die Tabelle mithilfe einer Vorlage zu formatieren. Setzen Sie den Cursor irgendwo in die Tabelle, und aktivieren Sie die Registerkarte **Entwurf**. Hier wählen Sie eine Tabellenformatvorlage aus.

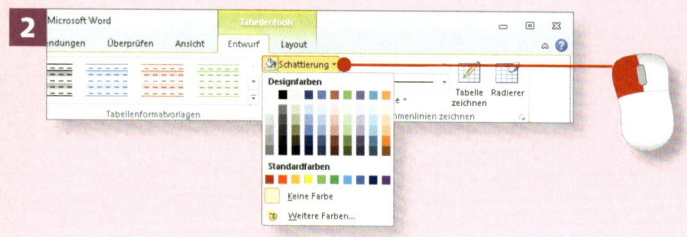

Schritt 2

Farbige Hintergründe für einzelne Zellen weisen Sie zu, indem Sie auf der Registerkarte **Entwurf** das Menü **Schattierung** öffnen und hier eine Farbe wählen. Sollen ganze Spalten oder Zeilen eingefärbt werden, müssen Sie sie vorher markieren.

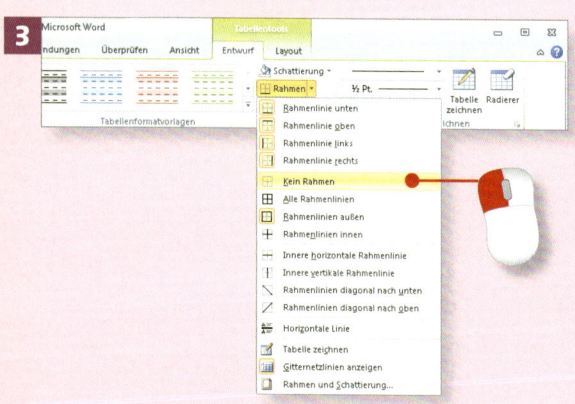

Schritt 3

Die eingefügte Tabelle hat Rahmenlinien innen und außen. Sie können diese Rahmenlinien komplett oder teilweise entfernen. Alle Rahmenlinien werden unsichtbar, wenn Sie die Tabelle markieren und auf der Registerkarte **Entwurf** auf **Rahmen ▸ Kein Rahmen** klicken.

Schritt 4

Einzelne Linien wie hier setzen Sie folgendermaßen: Markieren Sie die oberste Zeile; klicken Sie dann auf der Registerkarte **Entwurf** auf **Rahmen ▸ Rahmenlinie unten** (also unterhalb der Markierung). Markieren Sie dann die erste Spalte, und wählen Sie **Rahmenlinie rechts**.

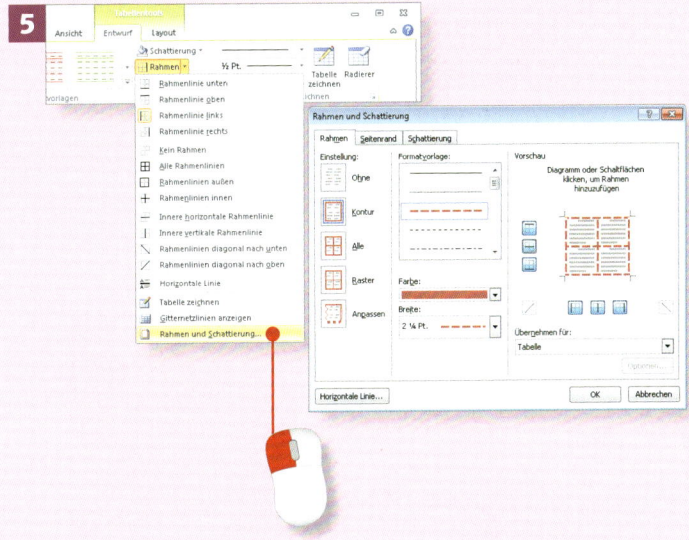

Schritt 5

Für farbige Rahmenlinien oder andere Stricharten öffnen Sie über **Rahmen ▸ Rahmen und Schattierung** den gleichnamigen Dialog. Hier können Sie eine Formatvorlage für die Linienart wählen, eine andere Farbe und die Breite der Linie(n).

Schritt 6

In der ersten Zeile soll eine zentrierte Überschrift stehen? Markieren Sie die Zeile, und klicken Sie auf der Registerkarte **Layout** auf **Zellen verbinden**. Nun können Sie den Text der Überschrift mit einem Klick auf **Zentriert ❶** in die Mitte rücken.

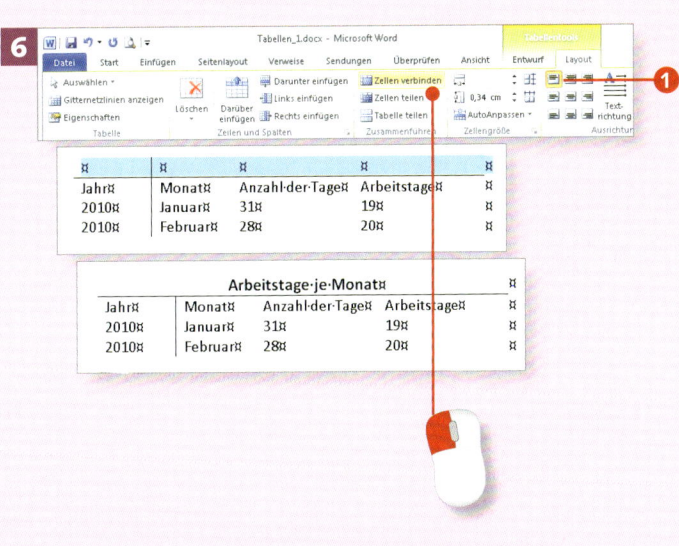

Verbundene Zellen trennen

Sie haben Zellen verbunden und brauchen nun doch wieder einzelne Spalten? Markieren Sie die Zellen, und klicken Sie auf **Zellen teilen**.

Die Tabelle formatieren (Forts.)

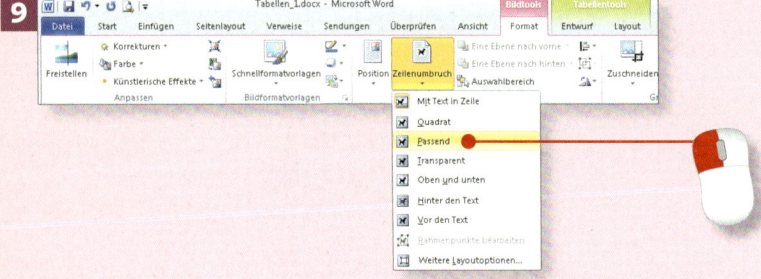

Schritt 7

Sie können auch eine Grafik in eine Zelle einfügen. Platzieren Sie den Cursor, und fügen Sie über **Einfügen ▸ Grafik** das Bild ein. Es landet in der Zelle, die entsprechend vergrößert wird.

Schritt 8

Wenn Sie das Bild mithilfe der Ziehpunkte verkleinern, wird auch die Zellgröße angepasst. Sofern Sie als Textumbruch **Mit Text in Zeile** eingestellt haben, können Sie das Bild innerhalb der Zelle zentrieren oder nach rechts rücken.

Schritt 9

Wenn Sie das Bild frei mit der Maus verschieben wollen, ändern Sie den Textumbruch. Markieren Sie das Bild, und klicken Sie unter **Bildtools/Format** auf **Zeilenumbruch ▸ Passend**.

Schritt 10

Auch die Textumbruchart **Transparent** ist eine gute Wahl für Grafiken in Zellen. Mit dieser Einstellung können Sie das Bild mit der Maus verschieben, aber die Zellgröße wird jeweils an die Bildgröße angepasst.

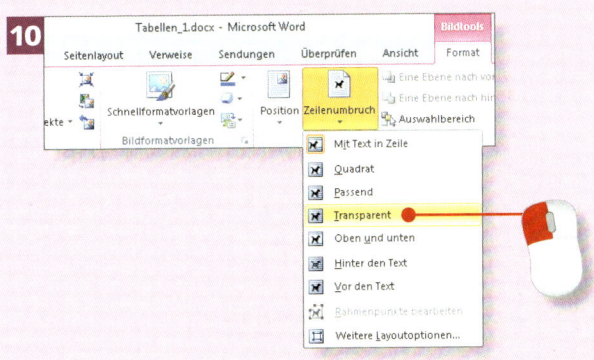

Schritt 11

Wie das Bild horizontal oder vertikal in der Zelle positioniert werden soll, können Sie mit den Optionen des Symbols **Position** auf der Register-karte **Format** der **Bildtools** bestim-men.

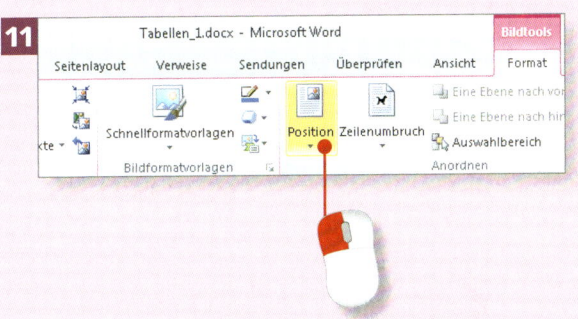

Schritt 12

Wählen Sie im Menü des Symbols **Position** beispielsweise **Mitte-Rechts-Position mit quadratischem Textfluss**. Dies rückt das Bild exakt an den rechten Rand der Zelle, und als Textumbruch wird automatisch **Quadrat** eingestellt.

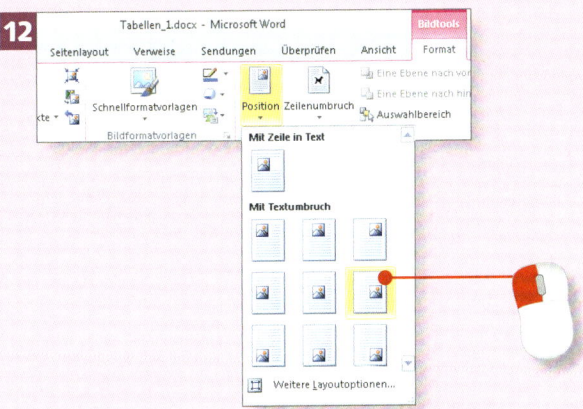

Text in Tabellen umwandeln und umgekehrt

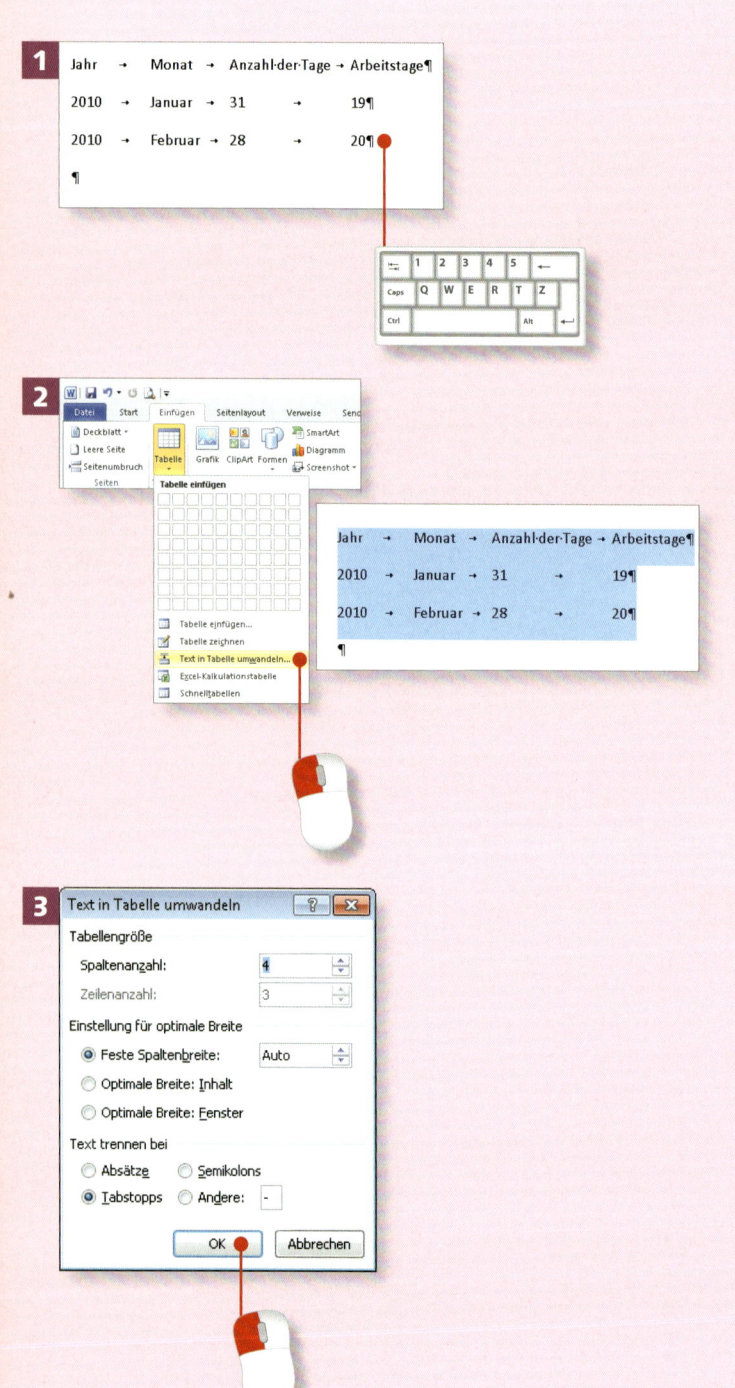

Text lässt sich auch nachträglich in eine Tabellenform bringen. Das geht problemlos, wenn Sie nur ein paar Regeln beachten.

Schritt 1

Text, der nachträglich in eine Tabelle umgewandelt werden soll, muss mit bestimmten Trennzeichen geschrieben werden. Die Umwandlung funktioniert gut, wenn Sie die (zukünftigen) Spalteneinträge durch Tabstopps trennen. Schreiben Sie also z. B. »Jahr Tab Monat«.

Schritt 2

Markieren Sie den mit Tabstopps geschriebenen Text. Klicken Sie dann auf der Registerkarte **Einfügen** auf **Tabelle** und im Menü auf den Eintrag **Text in Tabelle umwandeln**.

Schritt 3

Im nächsten Dialog sollte die passende Spalten- und Zeilenanzahl bereits eingetragen sein, da Word die festgelegten Trennzeichen erkennt. Klicken Sie also einfach auf **OK**.

Schritt 4

Sie können den Text auch durch ein anderes Zeichen trennen, z. B. durch ein Komma. Dies müssen Sie aber im Dialog **Text in Tabelle umwandeln** angeben, falls Word das Trennzeichen in Ihrem Text nicht automatisch erkannt hat. Aktivieren Sie die Option **Andere**, und geben Sie ein Komma in das Kästchen daneben ein.

Schritt 5

Umgekehrt funktioniert das auch. Setzen Sie den Cursor in die Tabelle. Aktivieren Sie die Registerkarte **Tabellentools/Layout**, und klicken Sie auf das Symbol **In Text konvertieren**.

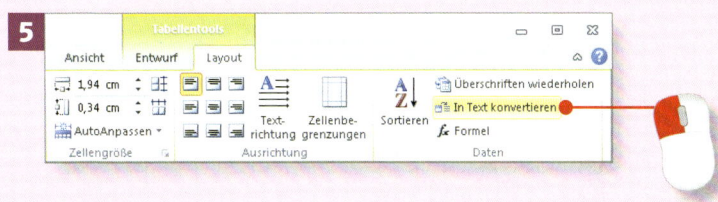

Schritt 6

Im nächsten Dialog belassen Sie es bei **Tabstopps** oder wählen ein anderes Trennzeichen aus und klicken auf **OK**. Daraufhin verschwindet die Tabelle, und der Text steht solo da.

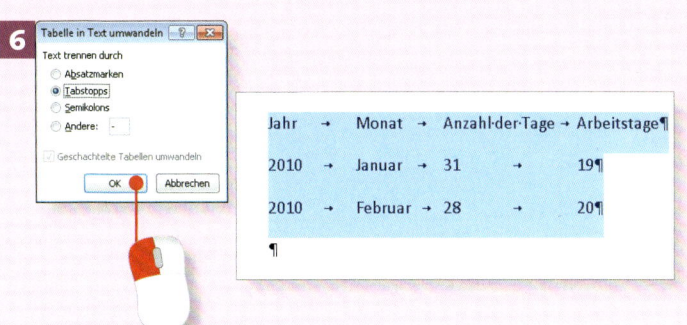

⁺⁺ Von Hand korrigieren

Sollte der Text, den Sie in eine Tabelle umwandeln möchten, nicht sauber mit Trennzeichen versehen sein (z. B. ein Trennzeichen in der Überschrift fehlen), müssen Sie die Spaltenzahl von Hand eingeben.

Tipps und Kniffe für Tabellen

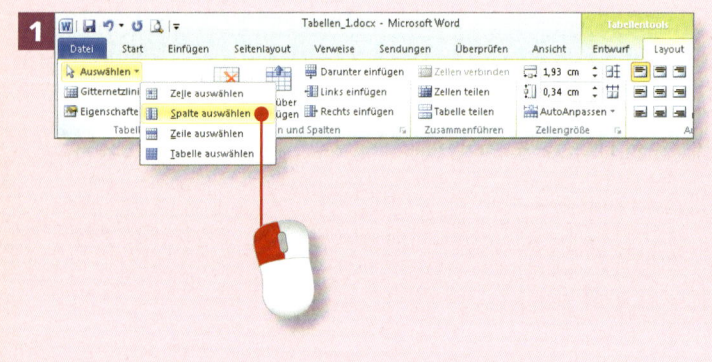

Tabellen sind eine tolles Instrument, um Texteinträge sorgfältig untereinanderzusetzen. Der Umgang mit Tabellen ist sogar noch einfacher, wenn Sie ein paar Kniffe kennen.

Schritt 1

Ganze Tabellen oder einzelne Spalten und Zeilen lassen sich sehr einfach markieren. Klicken Sie auf der Registerkarte **Layout** der **Tabellentools** auf **Auswählen**. Im Menü finden Sie Optionen zum Markieren. Klicken Sie z. B. auf **Spalte auswählen**, dann wird die Spalte markiert, in der der Cursor steht.

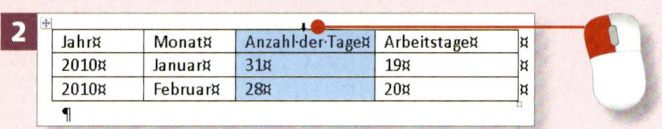

Schritt 2

Auch zum Markieren einer Tabelle mit der Maus gibt es Tricks. Führen Sie den Mauszeiger über eine Spalte. Er wird zu einem Pfeil. Wenn Sie nun klicken, wird die entsprechende Spalte markiert.

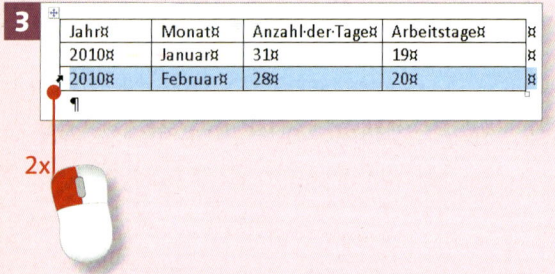

Schritt 3

Um mit der Maus eine Zeile zu markieren, führen Sie den Mauszeiger an deren linken Rand. Wenn er wie ein kleiner schwarzer Pfeil aussieht, klicken Sie doppelt. Dies markiert die entsprechende Zeile.

Schritt 4

Wenn Sie die Rahmenlinien über **Start ▸ Rahmen ▸ Kein Rahmen** entfernen, bleiben auf dem Bildschirm Gitternetzlinien sichtbar, die die Tabelle andeuten. Sie können sie aus- bzw. einblenden, indem Sie auf der Registerkarte **Tabellentools/ Layout** auf **Rasterlinien anzeigen** klicken.

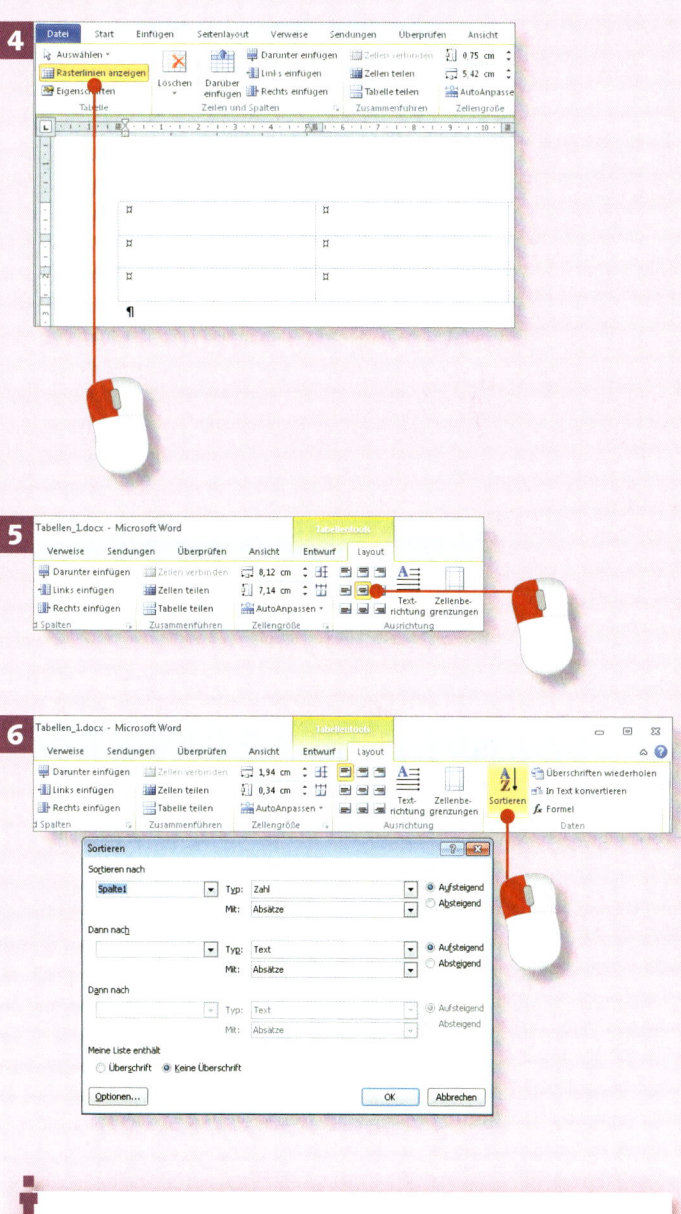

Schritt 5

Die Textausrichtung in Zellen können Sie auch auf der Registerkarte **Layout** bestimmen. Klicken Sie in der Gruppe **Ausrichtung** beispielsweise auf **Mitte ausrichten**, um den Text in einer Zelle zu zentrieren.

Schritt 6

Wenn die Einträge der Tabelle alphabetisch geordnet werden sollen, können Sie das Word überlassen. Markieren Sie die Spalte mit den Einträgen, die sortiert werden sollen. Klicken Sie dann auf der Registerkarte **Layout** auf **Sortieren** und – sofern Sie die Einstellungen übernehmen wollen – im Dialog auf **OK**.

Rechnen in Tabellen

Wie man in Tabellen Berechnungen durchführen kann, erfahren Sie in Kapitel 10 im Abschnitt »Rechnungen« ab Seite 232.

Tabellen aus Excel übernehmen

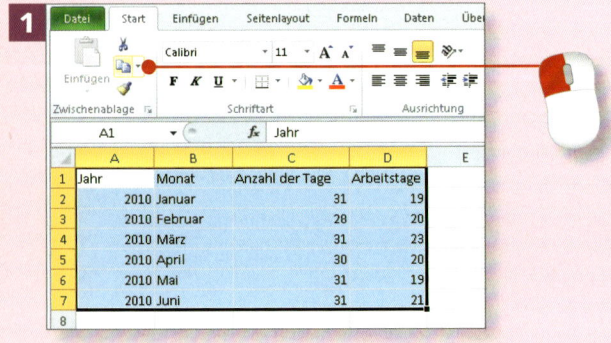

Als Programm zur Tabellenkalkulation bietet Excel sich zwar für die Arbeit mit Tabellen an, doch mitunter möchte man diese Tabellen in ein Word-Dokument einfügen. Das ist auf verschiedenen Wegen möglich.

Schritt 1

Markieren Sie in Excel die Daten, die Sie in Ihr Word-Dokument einfügen möchten, und klicken Sie auf der Registerkarte **Start** auf das Symbol **Kopieren**.

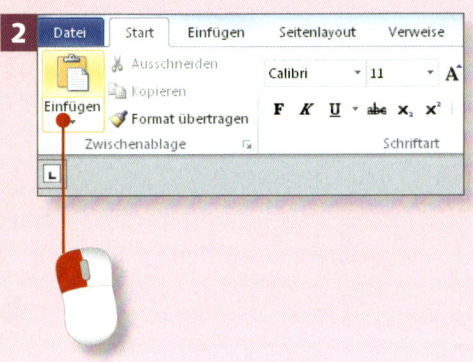

Schritt 2

Wechseln Sie in Ihr Word-Dokument, und setzen Sie den Cursor an die Position, an der die Tabellendaten eingefügt werden sollen. Klicken Sie dann auf der Registerkarte **Start** auf den Pfeil am Symbol **Einfügen**.

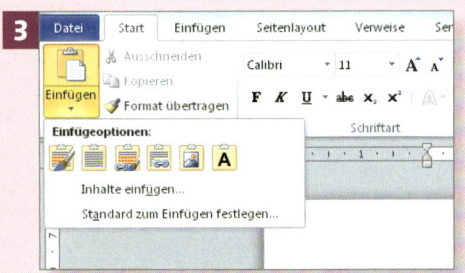

Schritt 3

Im Untermenü entscheiden Sie, wie die Daten eingefügt werden sollen. Prinzipiell müssen Sie festlegen, ob die Daten verknüpft werden oder nicht, wie sie formatiert sein sollen und ob die Daten als Grafik oder als reiner Text eingefügt werden.

Schritt 4

Wenn Sie den Cursor in Word direkt unter eine bestehende Tabelle mit gleicher Struktur setzen, können Sie diese Word-Tabelle einfach um die Excel-Daten ergänzen, indem Sie auf das mittlere Symbol klicken.

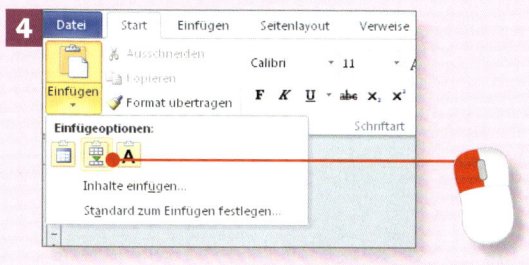

Schritt 5

Wenn Sie die Excel-Daten als Grafik in Ihr Word-Dokument einfügen möchten, markieren Sie den Zellbereich und klicken dann im Auswahlmenü des Symbols **Kopieren** auf **Als Bild kopieren**.

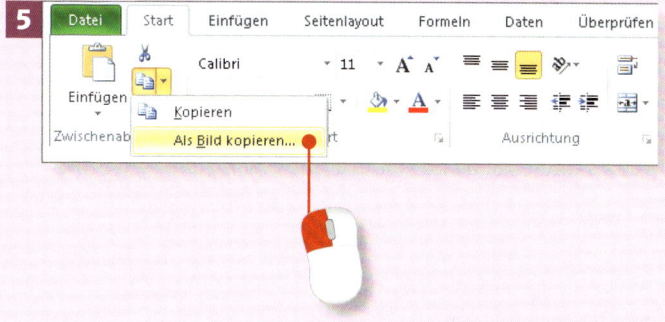

Schritt 6

Anschließend können Sie festlegen, wie die Grafik erstellt werden soll. Wenn Sie z. B. **Wie ausgedruckt** wählen, werden die Gitternetzlinien, die in Excel angezeigt werden, in der Grafik ausgeblendet. Fügen Sie die Grafik dann ganz normal in Word ein.

ℹ️ Smarttags am Text

Nachdem Sie die Daten eingefügt haben, erscheint am Text ein *Smarttag*. In dessen Menü können Sie die Art und Weise des Einfügens nachträglich ändern.

Kapitel 10:
Die große Vorlagensammlung

In diesem Kapitel haben wir einige praktische Anwendungsfälle zusammengestellt, die Sie in Word umsetzen können. Sicherlich ist auch für Sie ein nützliches Beispiel dabei.

❶ Zum Mitmachen

Alle Beispiele werden Schritt für Schritt vorgestellt, sodass Sie jeden Klick und jeden Arbeitsschritt nachvollziehen können. Dabei steht es Ihnen selbstverständlich frei, eigene Ideen umzusetzen und die Vorlage nach Ihrem Geschmack umzugestalten.

❷ Auch zum Herunterladen

Diese elf Vorlagen lassen sich als Grundlage verwenden und individuell anpassen. Die fertigen Dateien stehen auf unserer Website unter *http://www.vierfarben.de/2474* zum Download bereit, sodass Sie sofort loslegen können. Wenn Sie möchten, können Sie diese Beispiele aber natürlich auch von Grund auf selbst anfertigen.

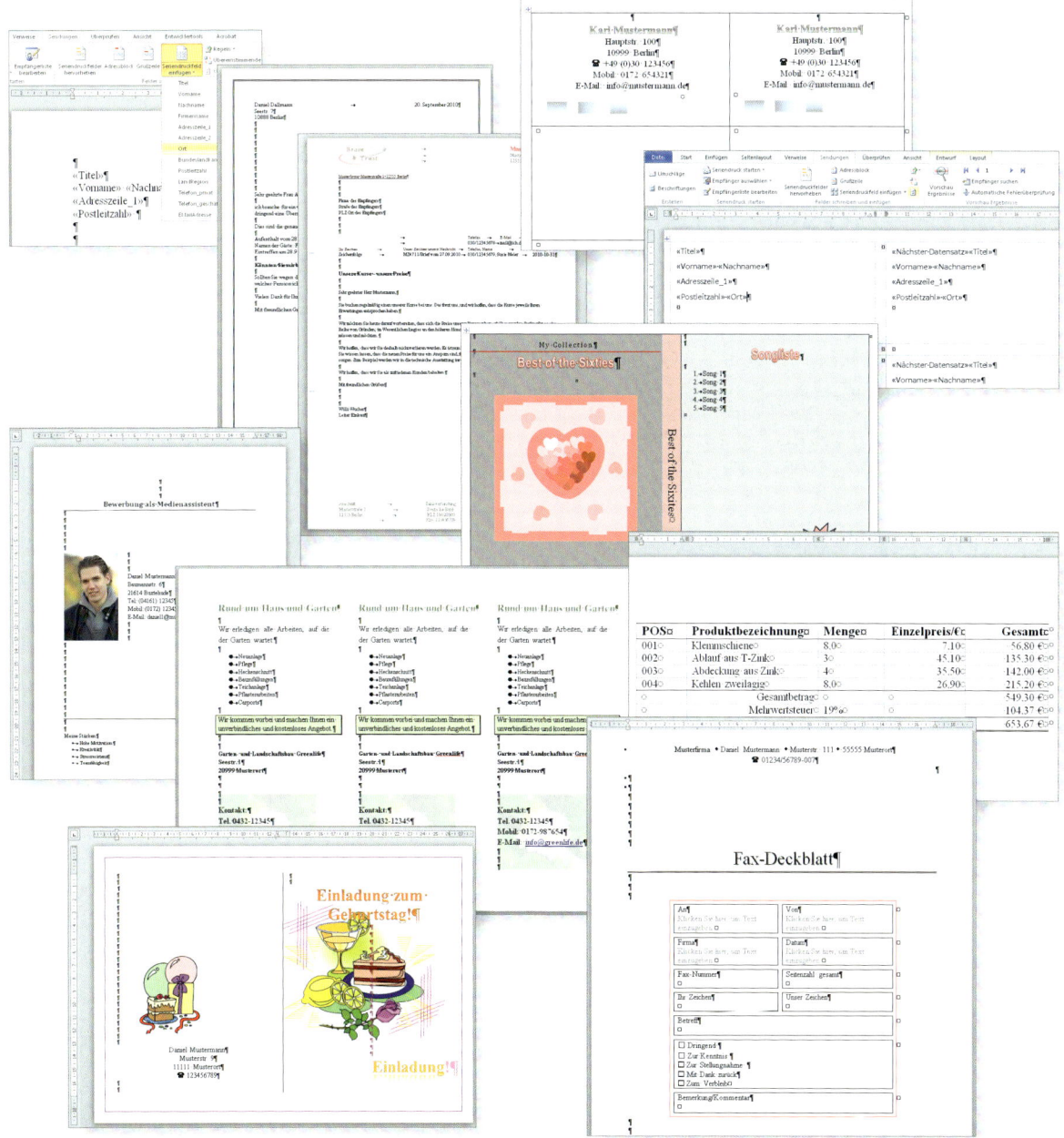

Serienbriefe

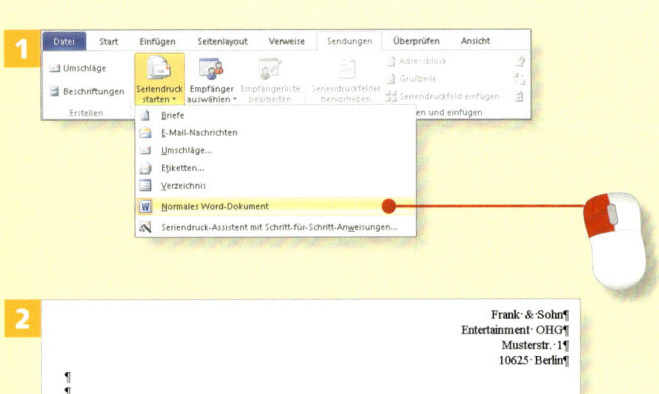

Wenn Sie den gleichen Brief viele Empfänger schicken wollen, verwenden Sie die Seriendruckfunktion. Die variablen Elemente wie Namen und Adressen werden aus einer Datenquelle gezogen und mit dem Dokument verbunden.

Schritt 1

Sie starten ein Dokument, das ein Serienbrief werden soll, auf der Registerkarte **Sendungen**. Klicken Sie auf **Seriendruck starten ▸ Normales Word-Dokument**.

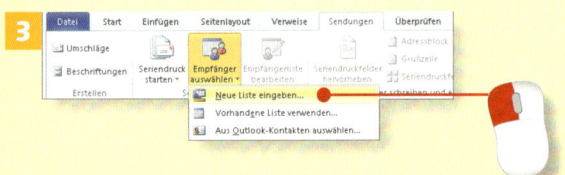

Schritt 2

In das leere Dokument schreiben Sie den Text für den Serienbrief, allerdings nur den Text, der für alle Empfänger gilt, also keine variablen Elemente wie Namen oder Adressen. Speichern Sie das Dokument unter einem aussagekräftigen Namen.

Schritt 3

Sodann klicken Sie auf das Symbol **Empfänger auswählen**. Im Menü wählen Sie **Neue Liste eingeben**, da Sie noch nicht auf eine vorhandene Datenquelle zurückgreifen können.

---

i

Vorhandene Datenquelle nutzen

Gibt es bereits eine Empfängerliste, wählen Sie an dieser Stelle die Option **Vorhandene Liste verwenden**. Im Dialog **Datenquelle auswählen** öffnen Sie dann die gewünschte Datei mit den Daten.

Schritt 4

Im Dialog **Neue Adressliste** geben Sie nun die Daten des ersten Datensatzes (also die Informationen für den ersten Adressaten des Briefes) in die dafür vorgesehenen Felder ein. Sie müssen nicht alle Felder füllen. Den Straßennamen tragen Sie am besten im Feld **Adresszeile 1** ein.

Schritt 5

Um den nächsten Datensatz einzugeben, klicken Sie auf **Neuer Eintrag**. Achten Sie darauf, dass Sie die gleichen Felder nutzen, also den Straßennamen wieder in das Feld **Adresszeile 1** eingeben. Erst wenn Sie alle Datensätze eingegeben haben, klicken Sie auf **OK**.

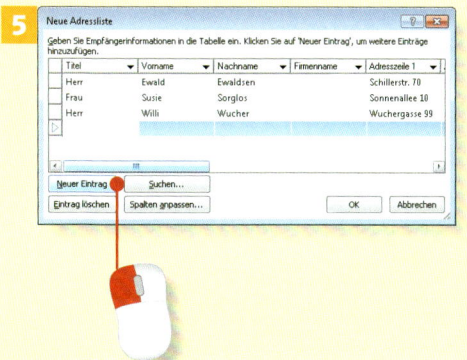

Schritt 6

Daraufhin wird der Dialog **Adressliste speichern** geöffnet, und zwar automatisch im Ordner **Meine Datenquellen**. Geben Sie der Adressliste einen Namen, und klicken Sie auf **Speichern**.

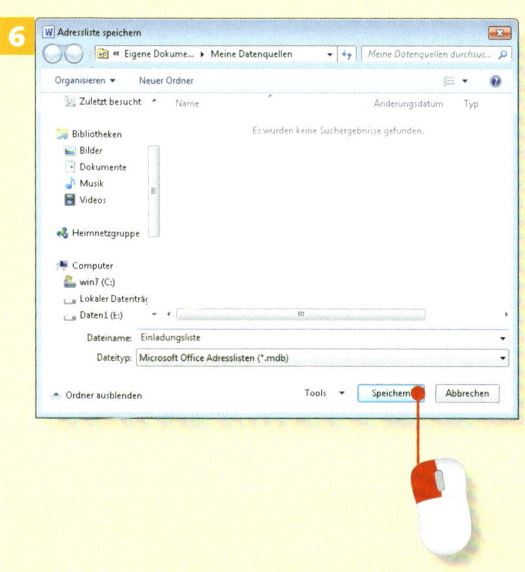

Empfängerliste bearbeiten

Wenn Sie die Empfängerliste bearbeiten oder ergänzen möchten, klicken Sie auf das Symbol **Empfängerliste bearbeiten**.

Serienbriefe (Forts.)

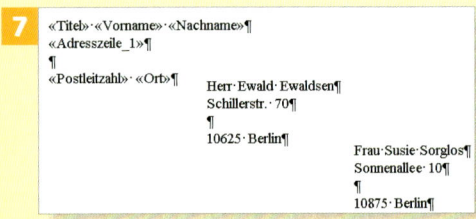

Schritt 7

Nach dieser Aktion können Sie das Dokument um die Felder der Empfängerliste ergänzen. Diese dienen als Platzhalter und werden später durch die entsprechenden konkreten Daten ersetzt.

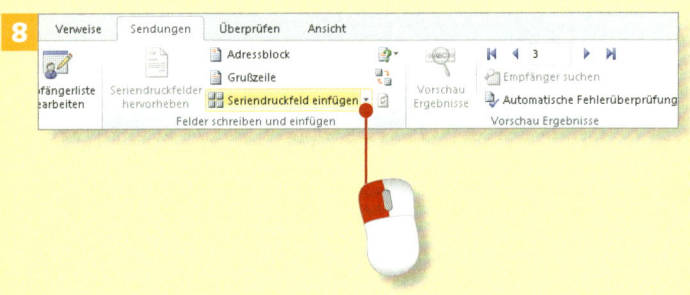

Schritt 8

Platzieren Sie den Cursor in der Zeile des Dokuments, an der das Adressfeld beginnen soll, also oben links. Die Felder der Empfängerliste nennt man *Seriendruckfelder*. Klicken Sie auf den Pfeil am Symbol **Seriendruckfeld einfügen**.

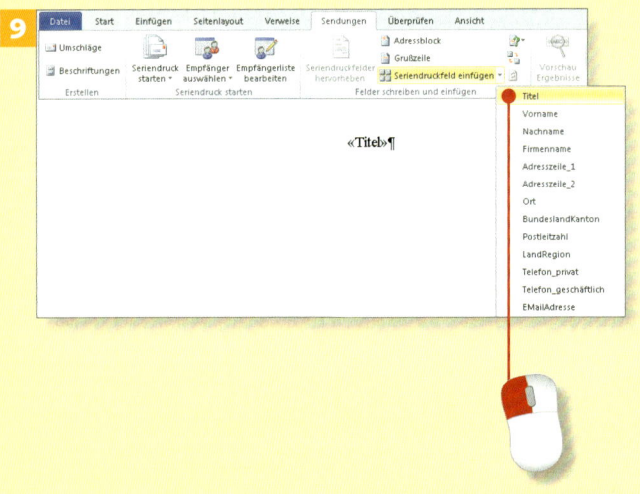

Schritt 9

Sie sehen die Liste der Felder, die Sie eben beim Erstellen der Empfängerliste ausgefüllt haben. Klicken Sie auf **Titel**, um das Feld für die Anrede im Adressfeld einzufügen. Im Text erscheint nun das Seriendruckfeld **«Titel»**.

Schritt 10

Bauen Sie auf die Art nach und nach das Adressfeld auf. Fügen Sie nur die Felder ein, in die Sie beim Erstellen der Empfängerliste Daten eingegeben haben, also **Titel**, **Vorname**, **Nachname**, **Adresszeile 1** (für die Straße) etc.

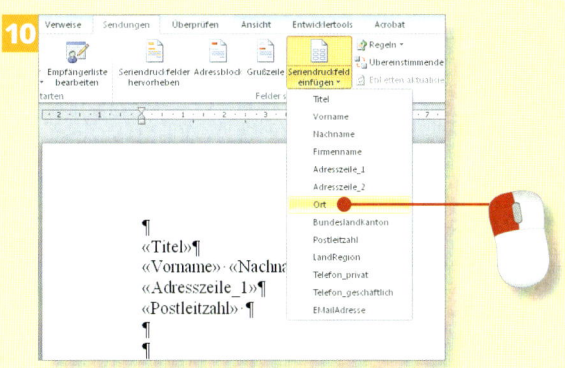

Schritt 11

Um einen ersten Eindruck vom Serienbrief zu erhalten, können Sie die eingegebenen Adressdaten anstelle der Seriendruckfelder einblenden. Klicken Sie dazu auf **Vorschau Ergebnisse**. Mit den daneben liegenden Schaltflächen können Sie durch die Datensätze wandern.

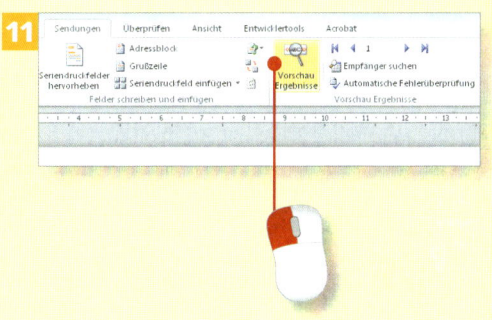

Schritt 12

Wenn Sie alle Seriendruckfelder eingefügt haben, ist das Adressfeld für den Serienbrief vorbereitet.

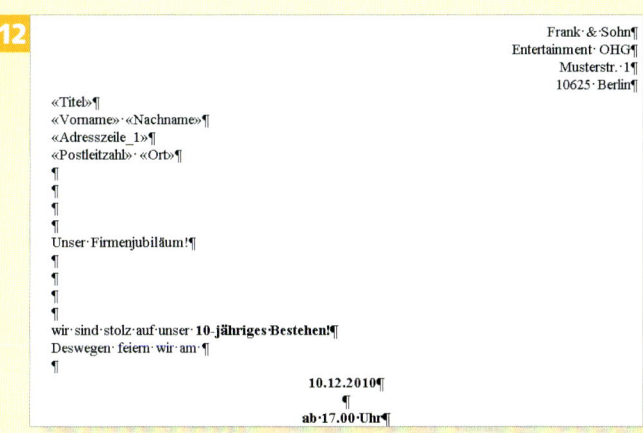

++ Einfügen der Seriendruckfelder

Sie können alle Felder hintereinander einfügen und sie dann durch Leerzeichen bzw. die ⏎-Taste trennen, oder Sie drücken nach dem Einfügen eines Feldes jeweils die ⏎-Taste, klicken erneut auf **Seriendruckfeld einfügen** und wählen das nächste Feld.

Serienbriefe (Forts.)

Schritt 13

Jetzt geht es um die Anredezeile, die ebenfalls individuell sein soll. Setzen Sie den Cursor mit einer Freizeile über den Text, also dorthin, wo nach den Regeln des Briefeschreibens die Anrede steht. Klicken Sie auf den Pfeil am Symbol **Regeln**.

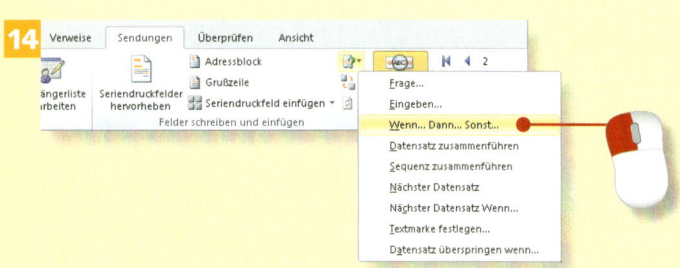

Schritt 14

Die Anrede soll mithilfe einer Bedingung vorbereitet werden. Daher wählen Sie die Option **Wenn… Dann… Sonst…** aus dem Menü.

Schritt 15

Im Dialog **Bedingungsfeld einfügen: WENN** definieren Sie die Bedingung. Belassen Sie es im Feld **Feldname** bei **Titel**. Im Feld **Vergleich** wählen Sie den Vergleichsoperator **Gleich** und im Feld **Vergleich mit** tragen Sie »Frau« ein.

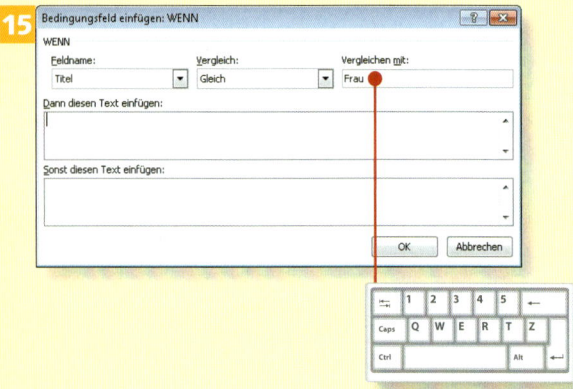

Schritt 16

Die Bedingung lautet im Klartext: Wenn im Feld **Titel** das Wort »Frau« zu finden ist, soll die Anrede lauten: ... Wie die Anrede genau lautet, geben Sie im Bereich **Dann diesen Text einfügen** an. Tragen Sie hier also »Sehr geehrte Frau« ein.

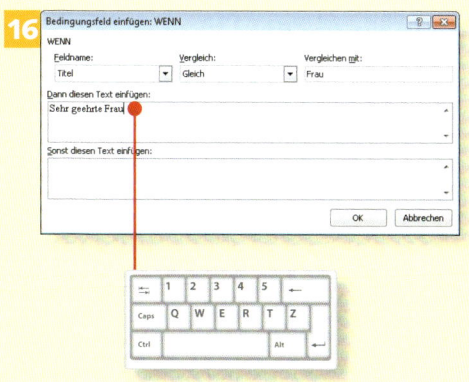

Schritt 17

In den Bereich **Sonst diesen Text einfügen** schreiben Sie die Anrede, die auftauchen soll, wenn die Bedingung *Titel = Frau* nicht erfüllt ist, also »Sehr geehrter Herr«.

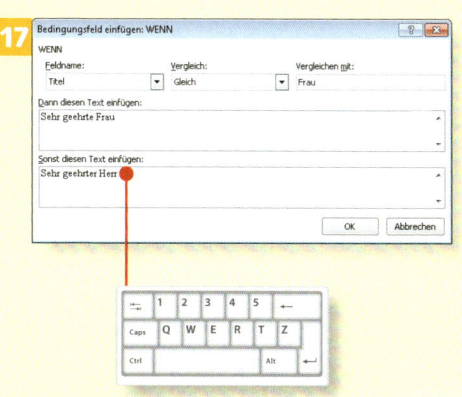

Schritt 18

Da in der Anredezeile erneut der Name des Empfängers auftauchen soll, brauchen wir nach dem bisherigen Text für die Anrede nochmals das Seriendruckfeld **Nachname**. Klicken Sie also auf **Seriendruckfeld einfügen ▸ Nachname**.

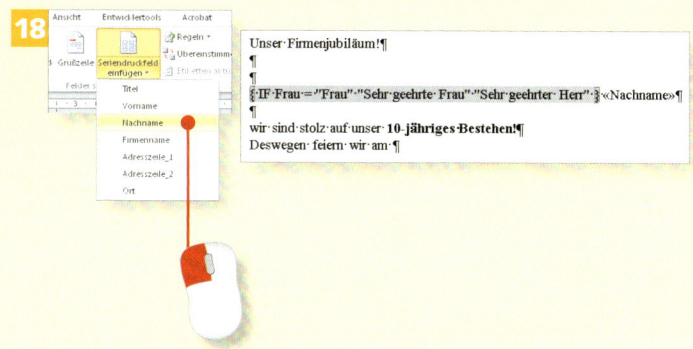

Seriendruckfelder wiederholen
Seriendruckfelder können Sie so oft in das Dokument einfügen, wie Sie möchten.

Serienbriefe (Forts.)

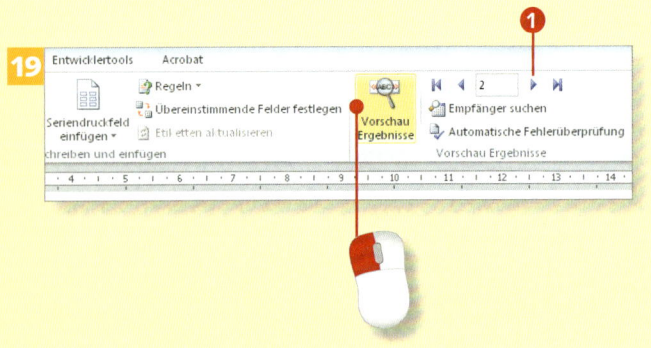

Schritt 19

Das Dokument ist nun für den Serienendruck vorbereitet. Um zu prüfen, ob die Serienbriefe nach der Verbindung mit der Datenquelle korrekt aussehen werden, können Sie sich die Briefe in einer Vorschau anzeigen lassen. Klicken Sie auf **Vorschau Ergebnisse**.

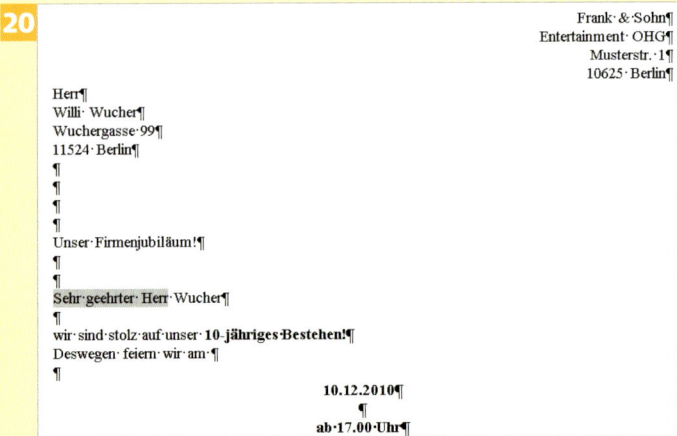

Schritt 20

In der Vorschau werden die »fertigen« Briefe angezeigt. Mit der Schaltfläche **Nächster Datensatz** ❶ können Sie durch die Briefe wandern. Durch einen erneuten Klick auf **Vorschau Ergebnisse** beenden Sie die Vorschau wieder.

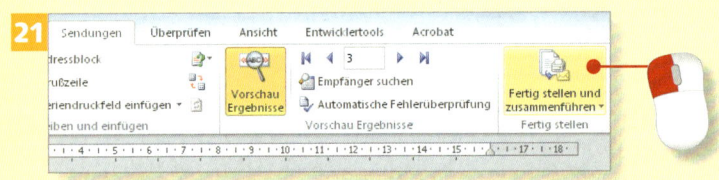

Schritt 21

Wenn in der Vorschau alles nach Wunsch aussieht, können Sie den Seriendruck nun abschließen. Die Datenquelle wird mit dem Dokument verbunden. Klicken Sie auf den Pfeil am Symbol **Fertig stellen und zusammenführen**.

Briefe in der Datei

Die Datei mit den Briefen erhält automatisch den Dateinamen *Serienbriefe1*. Diese Datei speichern Sie im Regelfall nicht, weil Sie sie jederzeit wiederherstellen können (solange Sie das Hauptdokument und die Empfängerliste nicht löschen).

Schritt 22

Das Menü bietet drei Optionen.
Wenn Sie keine weiteren Korrekturen vornehmen möchten, können
Sie die Serienbriefe direkt an den
Drucker schicken. Wählen Sie **Dokumente drucken** und im Dialogfeld
dann **Alle ❷**. Anschließend öffnet
sich der Drucken-Dialog.

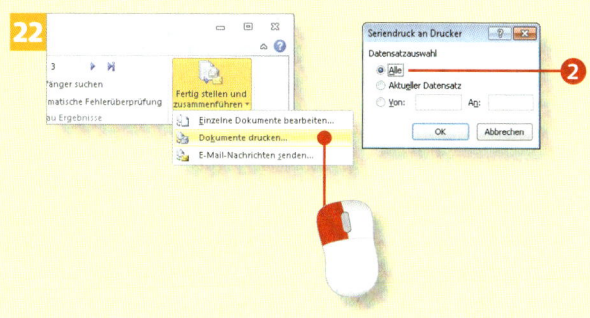

Schritt 23

Sollen die Briefe nochmals am Bildschirm angezeigt werden, klicken Sie
auf **Einzelne Dokumente bearbeiten** und dann auf **Alle ❸**. Nun wird
jeder Brief in einem eigenen Abschnitt präsentiert. Notfalls können
Sie hier einzelne Briefe korrigieren.

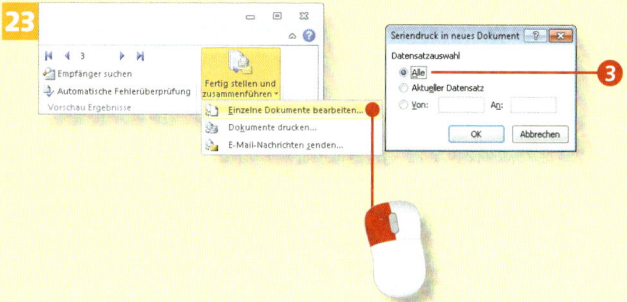

Schritt 24

Grundsätzliche Veränderungen am
Text müssen Sie stets im Hauptdokument vornehmen. Danach stellen Sie
die Verbindung erneut her, klicken
also nochmals auf **Fertig stellen
und zusammenführen** und eine der
Optionen.

Der private Brief

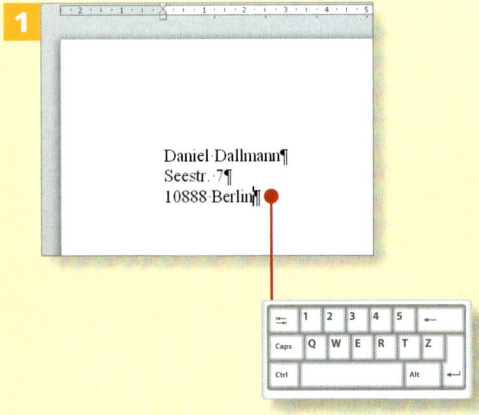

Für den privaten Brief gibt es keine DIN-Empfehlungen wie für den Geschäftsbrief. Aber auch ein privater Brief sollte ordentlich aussehen, sinnvoll gegliedert und gut lesbar sein.

Schritt 1

Sie haben ein leeres Dokument vor sich. Tragen Sie oben links Ihren Namen und Ihre Adresse ein. Die Seitenränder können Sie in der Standardeinstellung belassen, da es für den privaten Brief keine Vorgaben gibt.

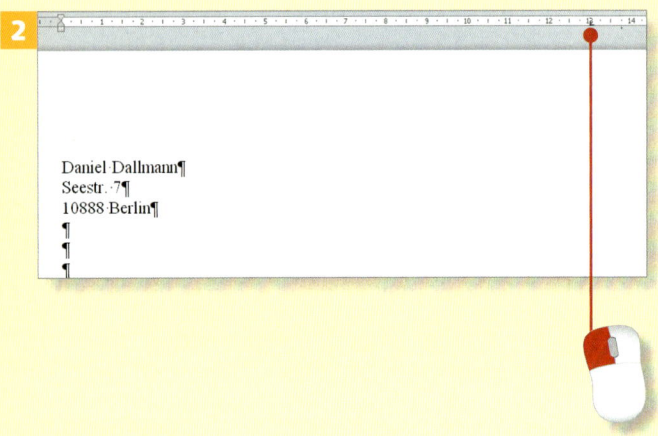

Schritt 2

Auch in den privaten Brief gehört in der Regel das Datum. Positionieren Sie den Cursor in dieser Zeile, und fügen Sie einen Tabstopp ein. Klicken Sie dazu mit der Maus bei ca. 13 cm in das Lineal. Es erscheint ein **L** (Tabstopp links).

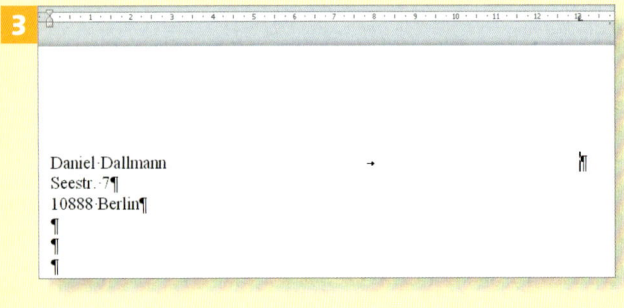

Schritt 3

Der Cursor steht unmittelbar hinter Ihrem Nachnamen. Drücken Sie nun einmal die ⌨ Tab -Taste, um direkt zum Tabstopp zu springen. Der Cursor blinkt genau an dieser Stelle.

Schritt 4

Anstatt das Datum jeweils einzu-
tippen, nutzen Sie die Möglichkeit,
automatisch das aktuelle Datum
einzufügen. Klicken Sie dazu auf der
Registerkarte **Einfügen** auf das Symbol **Datum und Uhrzeit**.

Schritt 5

Im Dialog wählen Sie ein Format
aus. Für den privaten Brief ist das
Format mit einem ausgeschriebe-
nen Monat netter als die Kurzform.
Wählen Sie also das entsprechende
Format, und klicken Sie auf **OK**. Das
Datum wird eingefügt.

Schritt 6

Setzen Sie den Cursor nun wieder
unter den Absender, und drücken
Sie mehrfach die ⏎ -Taste. Schauen
Sie auf das vertikale Lineal. Etwa bei
7 cm schreiben Sie die Anrede; sie
beginnt also etwa 10 cm unter dem
Blattrand.

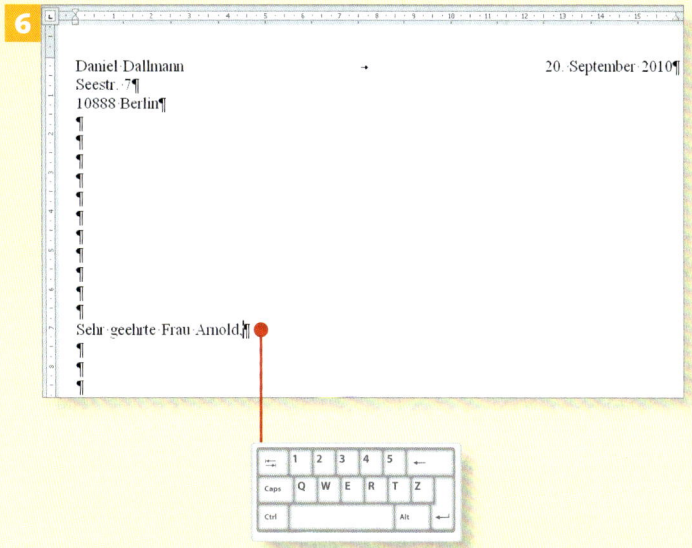

Der private Brief (Forts.)

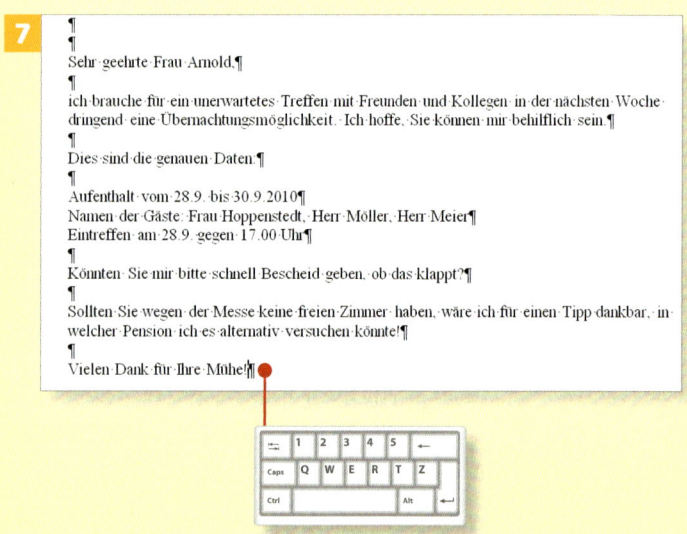

Schritt 7

Drücken Sie nach der Anrede zweimal die ⏎-Taste, um eine Leerzeile zu erzeugen. Dann schreiben Sie den Text. Schreiben Sie Fließtext, aber gliedern Sie den Brief durch Absätze, das macht ihn lesbarer.

Schritt 8

Am Ende des Textes drücken Sie wieder zweimal die ⏎-Taste, um nach einer Leerzeile die Grußformel zu schreiben. Erst nach dem Ausdruck unterschreiben Sie den Brief mit der Hand.

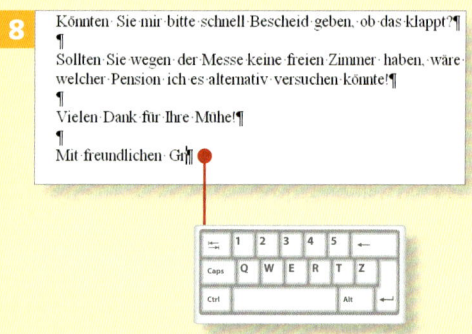

Schritt 9

Private Briefe kann man durch diverse Formatierungen verschönern. Wählen Sie für den Text z. B. eine Schriftart, die ein wenig wie handgeschrieben aussieht, aber dennoch leserlich ist. Hier haben wir **Bradley Hand** verwendet. Denken Sie daran, zuerst den Text zu markieren.

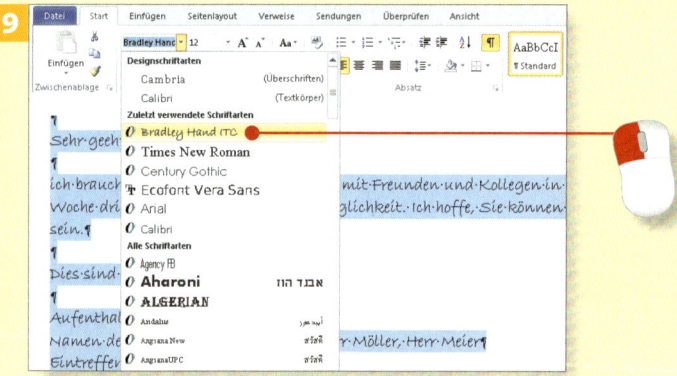

Schritt 10

Enthält der Brief eine wichtige Mitteilung, heben Sie diese Zeile(n) durch eine zentrierte Ausrichtung hervor. Setzen Sie den Cursor also in die entsprechende Zeile, und klicken Sie auf **Start ▸ Zentriert**.

Schritt 11

Ein privater Brief kann unter Umständen auch einen Seitenrahmen haben. Klicken Sie auf der Registerkarte **Seitenlayout** in der Gruppe **Seitenhintergrund** auf **Seitenränder**. Im Dialog wählen Sie aus der Liste **Formatvorlage** die Art der Linie.

Schritt 12

Zu guter Letzt soll Ihr Brief gedruckt werden. Klicken Sie also auf **Datei ▸ Drucken**. Sie sehen Ihren Brief rechts in der Vorschau. Ist alles in Ordnung, klicken Sie auf das Symbol **Drucken ❶**.

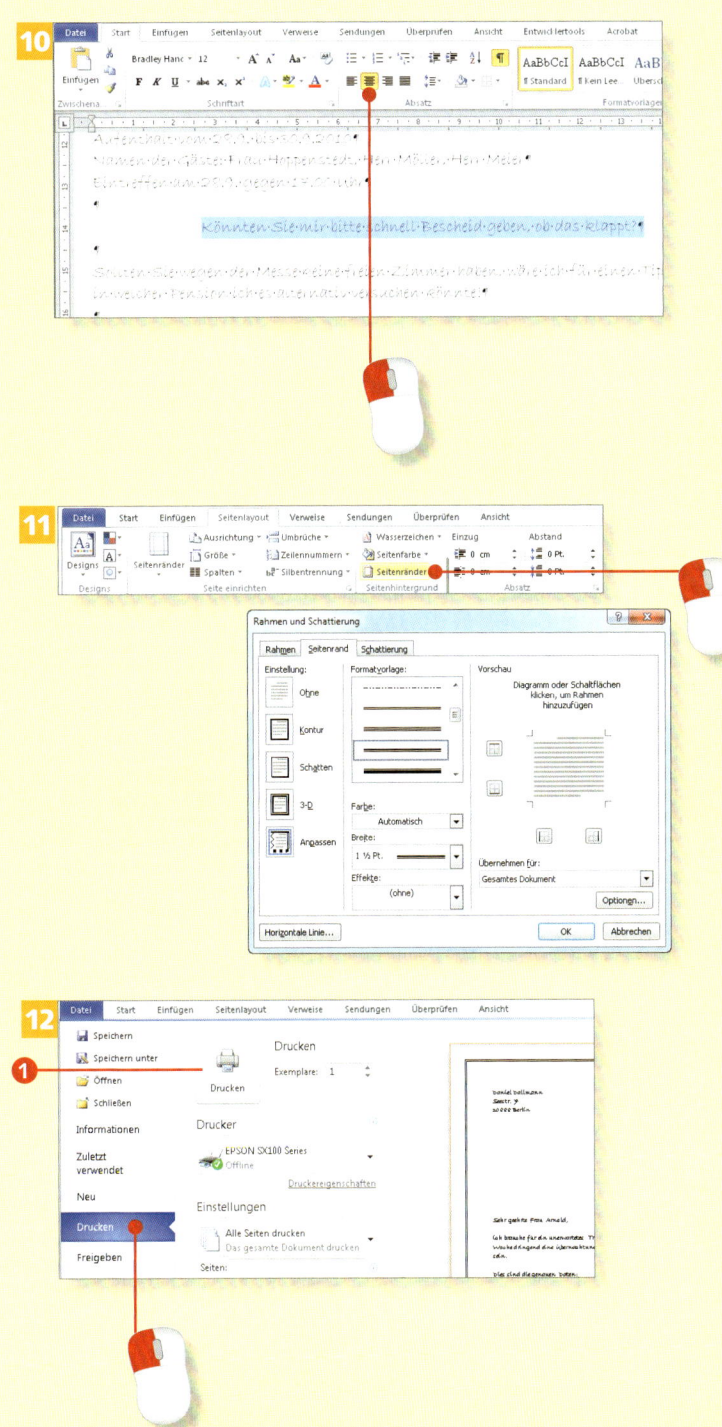

Der Geschäftsbrief

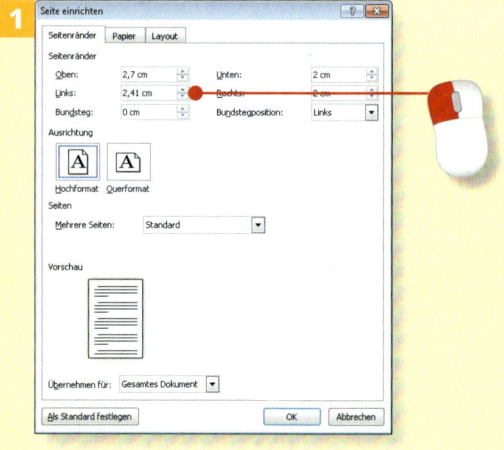

Damit Geschäftsbriefe professionell wirken und Sie sie problemlos in Fensterbriefhüllen verschicken können, orientieren Sie sich bei der Gestaltung am besten an den Empfehlungen der DIN 676 (Form A oder Form B). Die Vorlage dieses Abschnitts entspricht Form A (schmaler Briefkopf).

Schritt 1

Stellen Sie zuerst die Seitenränder ein. Klicken Sie auf der Registerkarte **Seitenlayout** auf den Pfeil an der Gruppe **Seite einrichten**. Stellen Sie im Dialog als oberen Rand 2,7 cm ein und als linken Rand 2,41 cm. Rechts ist ein Rand von 2 cm oder weniger üblich (mindestens 0,8 cm). Klicken Sie dann auf **OK**.

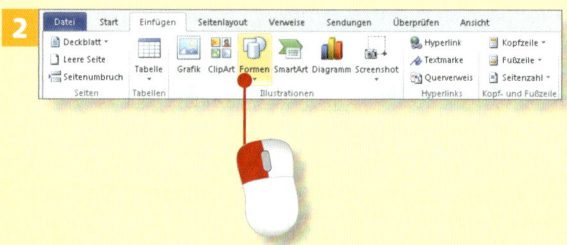

Schritt 2

Zum Brief gehören zwei Falzmarken. Diese sollen diskret ganz am linken Rand erscheinen. Dazu nutzen Sie einfach eine kleine Linie. Aktivieren Sie die Registerkarte **Einfügen**, und klicken Sie auf **Formen**.

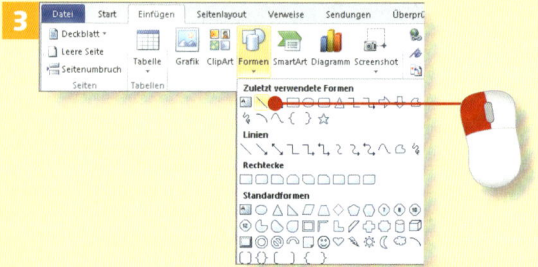

Schritt 3

Im zugehörigen Menü klicken Sie auf **Linie**. Ziehen Sie mit gedrückter linker Maustaste eine kurze horizontale Linie auf das Blatt.

Geschäftsbrief als Dokumentvorlage
Denken Sie daran, dieses Dokument als Dokumentvorlage zu beginnen: **Datei ▶ Neu ▶ Meine Vorlagen**. Wählen Sie **Leeres Dokument** und dann **Vorlage**.

Schritt 4

Zum Positionieren der Linie markieren Sie sie und klicken auf der Registerkarte **Format** der **Zeichentools** auf **Position ▸ Weitere Layoutoptionen**.

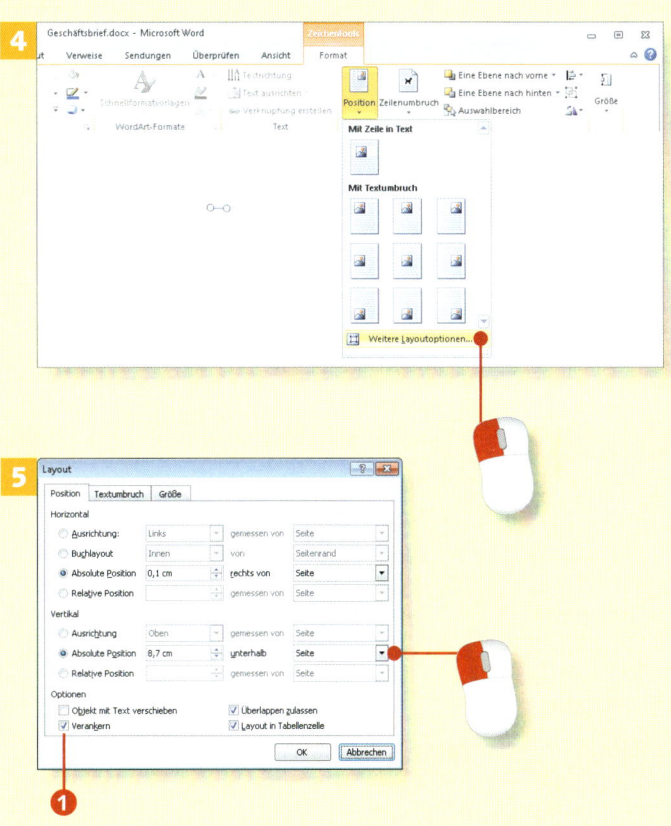

Schritt 5

Im Dialog geben Sie auf der Registerkarte **Position** im Bereich **Horizontal** im Feld **Absolute Position** »0,1« ein, und im Feld **rechts von** wählen Sie **Seite**. Im Bereich **Vertikal** geben Sie als absolute Position »8,7« ein und wählen im Feld **unterhalb** die Option **Seite**. Aktivieren Sie die Option **Verankern ❶**.

Schritt 6

Kopieren Sie die Linie (**Kopieren ▸ Einfügen**) und öffnen Sie erneut den Dialog **Layout** mit der Registerkarte **Position**. Geben Sie jetzt im Bereich **Vertikal** im Feld **Absolute Position** »19,2« ein (alles andere machen Sie wie bei der ersten Falzmarke).

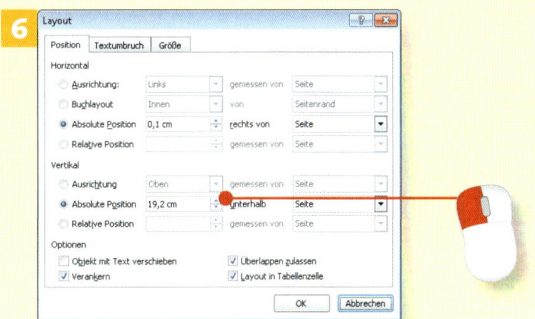

Lochmarke

Sie könnten zusätzlich noch eine Lochmarke am linken Rand in der Mitte des Briefbogens einfügen, also bei 14,85 cm.

Der Geschäftsbrief (Forts.)

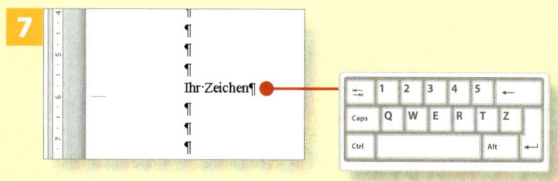

Schritt 7

Die Vorlage soll auch eine *Bezugszeichenzeile* erhalten (»Ihr Zeichen« etc.). Die Leitwörter für diese Zeile sollen 8,4 cm entfernt vom Blattrand stehen. Den oberen Seitenrand berücksichtigend, beginnen Sie, die Leitwörter bei ca. 5,7 cm des vertikalen Lineals zu schreiben.

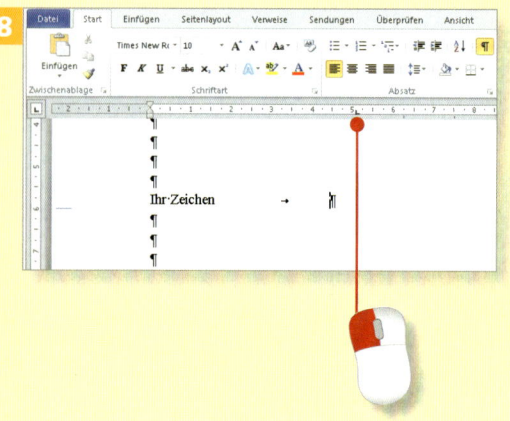

Schritt 8

Das erste Leitwort »Ihr Zeichen« steht linksbündig. Nun arbeiten Sie wieder mit Tabstopps. Fügen Sie im Lineal einen Tabstopp bei 5,08 cm ein, und setzen Sie den Cursor per Tab-Taste dorthin. Schreiben Sie »Unser Zeichen/unsere Nachricht«.

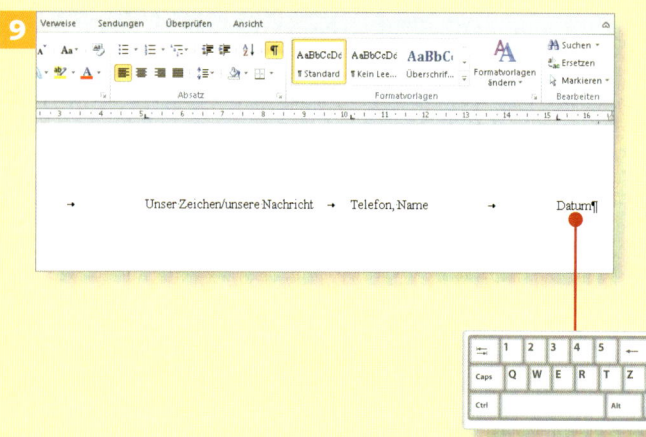

Schritt 9

Für das nächste Leitwort »Telefon, Name« setzen Sie erneut einen Tabstopp, und zwar bei 10,16 cm. Dann folgt das Leitwort »Datum«, für das Sie einen Tabstopp bei 15,24 setzen. Drücken Sie am Ende der Zeile die ↵-Taste, um die Tabstopps in die nächste Zeile zu übernehmen.

Leitwörter formatieren

Formatieren Sie die Leitwörter der Bezugszeichenzeile über **Start ▸ Schriftgrad** in einer kleineren Schriftart, z.B. 9 Punkt.

Schritt 10

Umfassen die Kommunikations-
angaben mehr als nur das Telefon,
wird häufig eine Kommunikations-
zeile zwei Zeilen oberhalb der
Bezugszeichenzeile eingefügt. Die
Leitwörter lauten z. B. »Telefax,
E-Mail, Internet«. Die Maße für die
jeweiligen Tabstopps sind 10,16 cm,
12,7 cm und 15,24 cm.

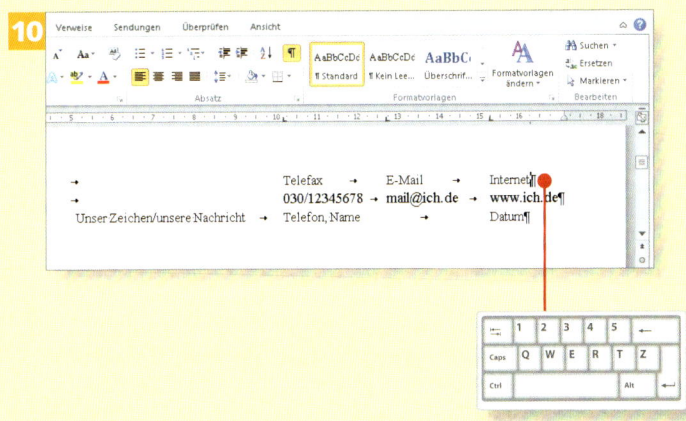

Schritt 11

Geschäftsbriefe haben meist auch
einen Brieffuß. Hier werden Daten
zum Unternehmen wie Geschäfts-
räume, Handelsregistereintrag
oder Bankverbindung(en) genannt.
Je nach Unternehmensform sind
bestimmte Angaben Pflicht. Für
Rechnungen sind weitere Angaben
vorgeschrieben.

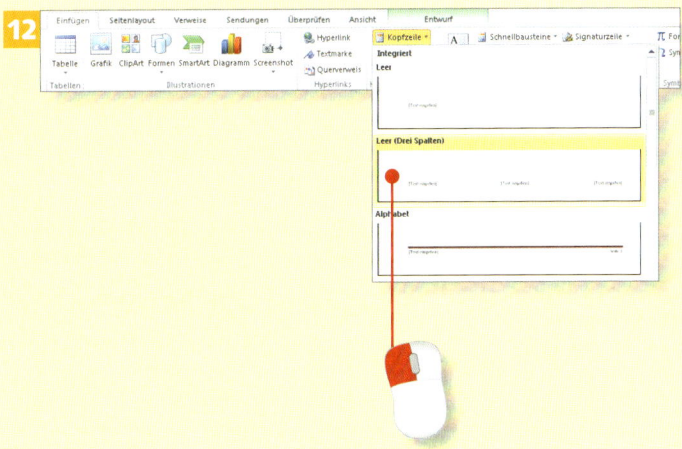

Schritt 12

Schreiben Sie diese Angaben in eine
Fußzeile. Klicken Sie auf der Registerkarte **Einfügen** auf **Fußzeile**, und
wählen Sie **Leer** oder **Leer (Drei
Spalten)**. Geben Sie die Angaben
dann am besten wieder mit Tabstopps ein.

Infoblock

Statt der Bezugszeichenzeile wird heutzutage auch
oft ein *Infoblock* verwendet. Er steht auf der rechten
Seite und beginnt auf der Höhe des Adressfeldes. Die
Leitwörter stehen untereinander.

Der Geschäftsbrief (Forts.)

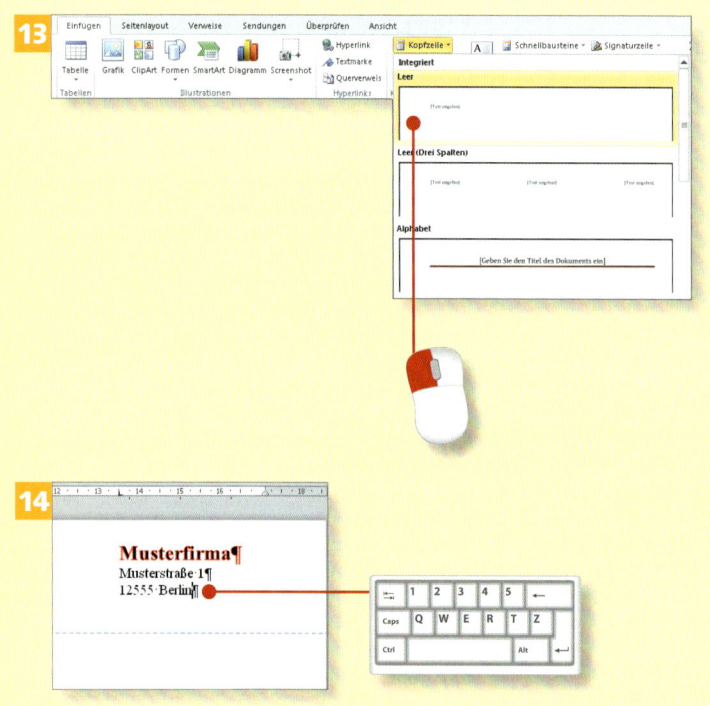

Schritt 13

Für den Briefkopf nutzen Sie eine Kopfzeile. Klicken Sie auf der Registerkarte **Einfügen** auf **Kopfzeile**, und wählen Sie als Layout **Leer**.

Schritt 14

In den Kopfzeilenbereich schreiben Sie nun Ihren Firmennamen und die weiteren Angaben, die dort stehen sollen. Zum Formatieren nutzen Sie die bekannten Symbole und Funktionen.

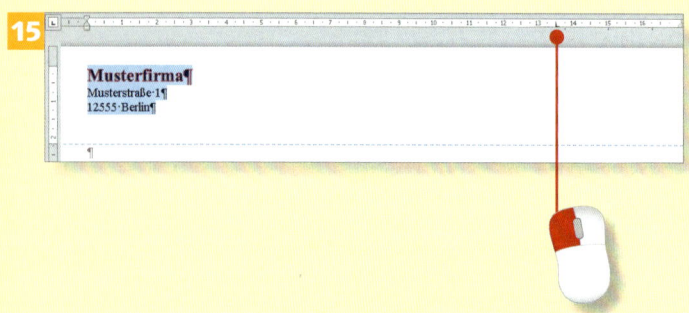

Schritt 15

Sollen die Firmenangaben rechts auf der Seite stehen (aber nicht rechtsbündig), arbeiten Sie mit Tabstopps: Markieren Sie die Zeilen, und klicken Sie bei ca. 12 oder 13 cm (je nach Länge des Firmennamens) in das Lineal, um einen linksbündigen Tabstopp zu setzen.

Schritt 16

Setzen Sie den Cursor vor den Firmennamen, und drücken Sie die Tab -Taste, um den Firmennamen genau zur Tabstopp-Position hüpfen zu lassen. Verfahren Sie mit den übrigen Zeilen ebenso.

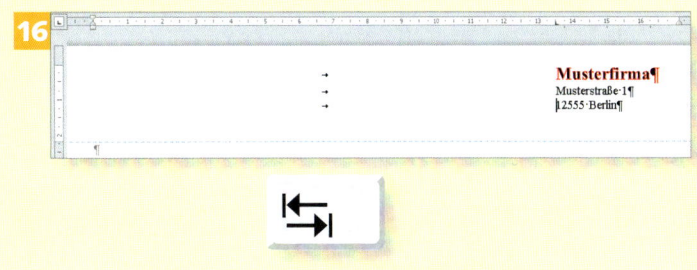

Schritt 17

Der Briefkopf ist auch der Ort für ein Logo. Sofern Sie eine entsprechende Grafikdatei auf Ihrem Rechner haben, fügen Sie sie in die Kopfzeile ein. Klicken Sie auf der Registerkarte **Kopf- und Fußzeilentools** unter **Entwurf** auf **Grafik**.

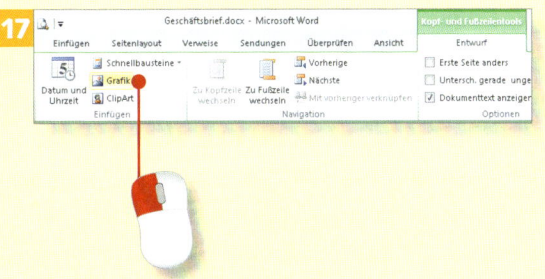

Schritt 18

Im Dialog **Grafik einfügen** öffnen Sie den Ordner, in dem Sie Ihre Grafiken und Bilder ablegen, markieren Sie die gewünschte Grafik, und klicken Sie auf **Einfügen**.

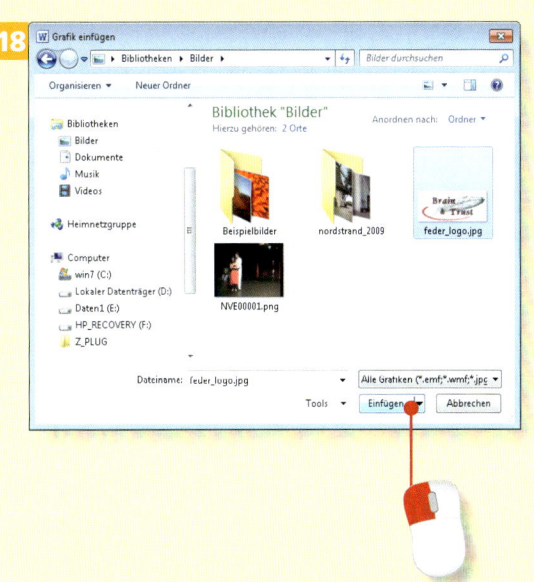

Der Geschäftsbrief (Forts.)

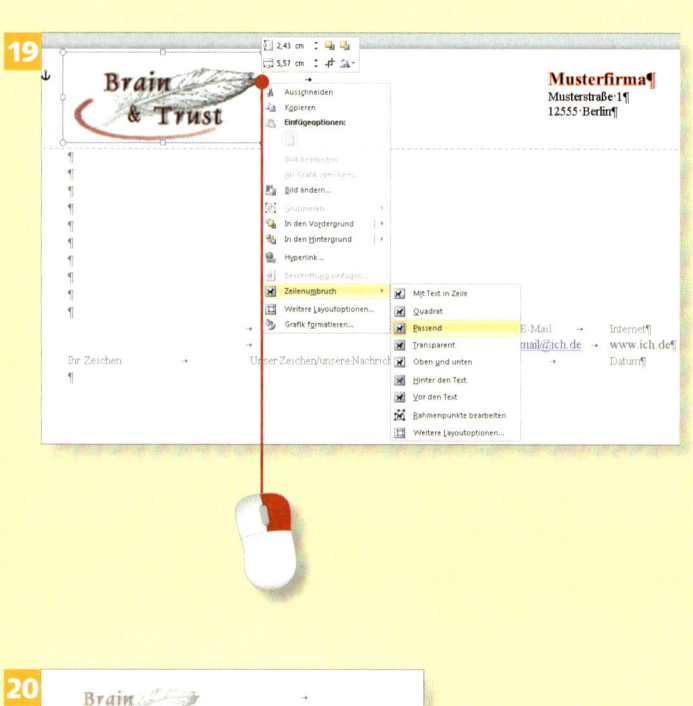

Schritt 19

Verändern Sie gegebenenfalls die Größe der Grafik an den Ziehpunkten. Wenn Sie die Grafik mit der Maus an die richtige Stelle ziehen möchten, stellen Sie den Zeilenumbruch **Passend** ein. Wählen Sie dazu im Kontextmenü der Grafik **Zeilenumbruch ▸ Passend**.

Schritt 20

Geben Sie nun die Adresszeile (Anschrift des Absenders) ein, die oberhalb des Adressfeldes erscheint. Damit der Text nicht zu lang ist, sollte er mit einer kleineren Schriftgröße formatiert werden. Wählen Sie auf der Registerkarte **Start** im Feld **Schriftgrad** den Wert 9. Sie können die Zeile zudem unterstreichen.

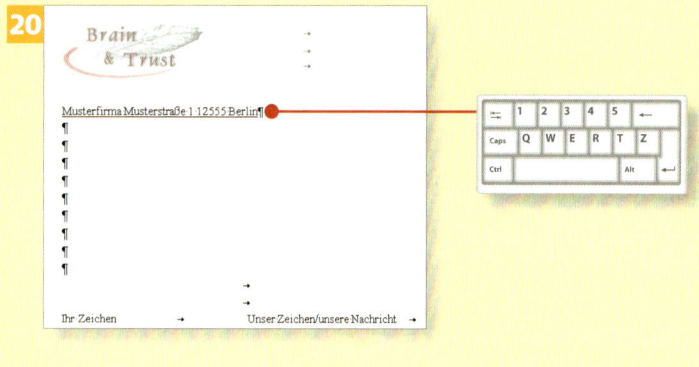

Schritt 21

Hausnummer und PLZ stehen nun nebeneinander. Um diese Angaben besser zu trennen, bietet sich ein kleines Zeichen an. Positionieren Sie den Cursor, und klicken Sie auf der Registerkarte **Einfügen** auf **Symbol ▸ Weitere Symbole**.

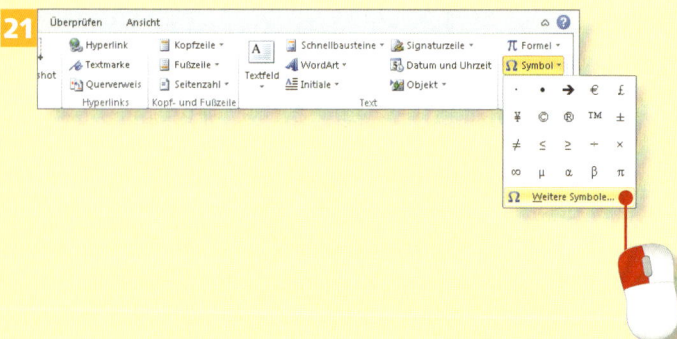

Schritt 22

Stellen Sie im Dialog **Symbol** die Schriftart **Wingdings** ❶ ein, und markieren Sie in der Palette einen kleinen Punkt. Klicken Sie dann auf **Einfügen**, und schließen Sie den Dialog. Auch zwischen die anderen Angaben können Sie diesen Punkt setzen.

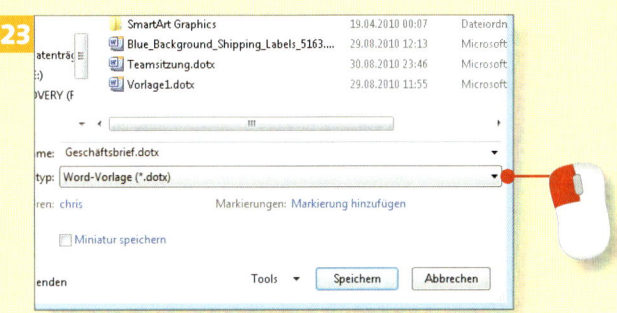

Schritt 23

Die Briefvorlage enthält jetzt die nicht variablen Elemente. Speichern Sie sie als Dokumentvorlage im Ordner *Templates*, sodass Sie sie für jeden neuen Brief verwenden können. Wählen Sie dazu **Datei ▸ Speichern unter**, und stellen Sie dort **Word-Vorlage** (*.**dotx**) ein. Vergeben Sie einen passenden Namen und klicken Sie auf **Speichern**.

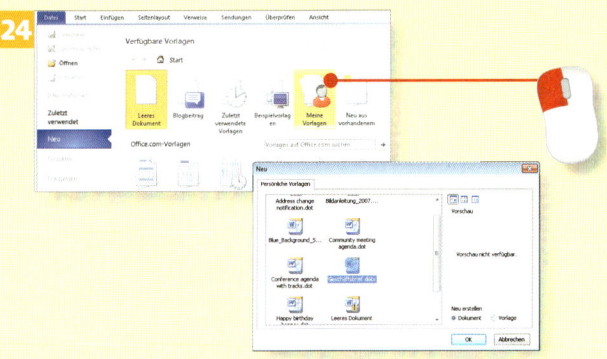

Schritt 24

Um die Vorlage anzuwenden, klicken Sie auf **Datei ▸ Neu ▸ Meine Vorlagen**. Im Dialog markieren Sie die Briefvorlage, belassen es im Bereich **Neu erstellen** bei **Dokument** und klicken auf **OK**.

Der Geschäftsbrief (Forts.)

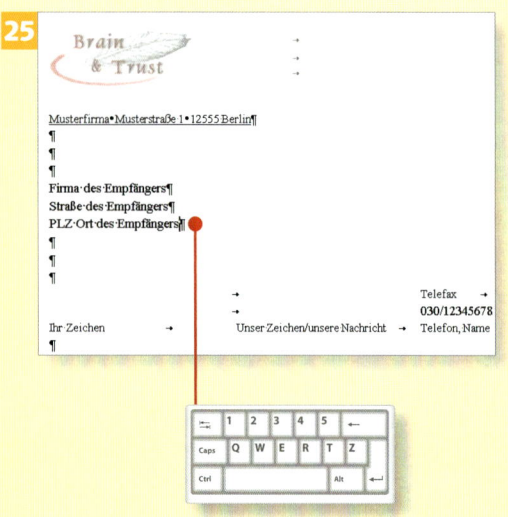

Schritt 25

Für das Adressfeld sind neun Zeilen vorgesehen. Schreiben Sie den Firmennamen in die vierte Zeile (die ersten drei Zeilen sind für Vermerke wie »Einschreiben« oder Ähnliches reserviert) und darunter ohne Leerzeilen die weiteren Angaben.

Schritt 26

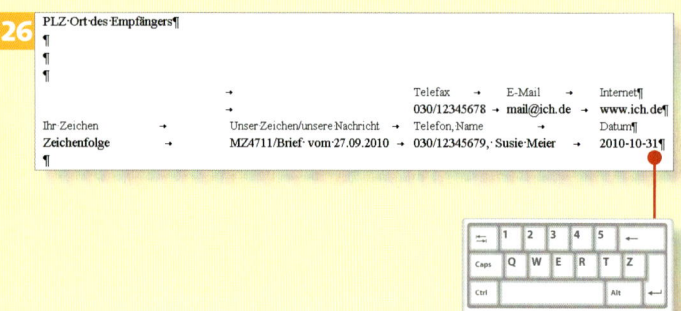

Schreiben Sie die Angaben für die Bezugszeichenzeile in die Zeile unter den Leitwörtern. Nutzen Sie die Tab-Taste, um zu den jeweiligen Tabstopps zu springen. Als Datum können Sie für den modernen Geschäftsbrief die anglo-amerikanische Variante wählen, also *Jahr-Monat-Tag*. Sie können aber natürlich auch die klassische deutsche Variante benutzen.

Schritt 27

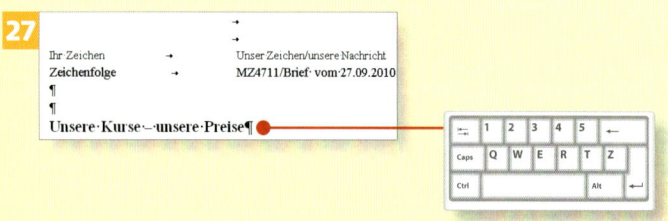

Nach diesen Angaben erzeugen Sie zwei Leerzeilen, um den Betreff einzugeben (ein kurzes Stichwort zum Inhalt des Briefes). Diesen Text können Sie anders formatieren (fett, etwas größere Schrift).

Datum ohne Bezugszeichenzeile

In Briefen ohne Bezugszeichenzeile setzen Sie das Datum rechtsbündig in Zeile 10, d. h. in die Zeile unterhalb des Adressfeldes.

Schritt 28

Erzeugen Sie erneut zwei Leerzeilen, und geben Sie dann die Anrede ein. Ergänzen Sie ein Komma, drücken Sie zweimal die ⏎-Taste, und schreiben Sie den Brieftext (beginnend mit einem Kleinbuchstaben, es sei denn, es folgt z. B. eine Anrede).

Unsere·Kurse·–·unsere·Preise¶
¶
¶
Sehr·geehrter·Herr·Mustermann,¶
¶
Sie·buchen·regelmäßig·einen·unserer·Kurse·bei·uns.·Das·freut·uns,·und·wir·hoffen,·dass·die·Kurse·jeweils·Ihren·Erwartungen·entsprochen·haben.¶

Schritt 29

Am Ende des Textes folgt wieder eine Leerzeile, und dann schreiben Sie die Grußformel, die auf der gleichen Höhe steht wie der Text, also nicht eingerückt wird.

¶
Wir·hoffen,·dass·wir·Sie·deshalb·nicht·verlieren·werden.·Es·ist·nun·mal·so,·dass·„alles·teurer·wird".·Aber·wir·möchten·Sie·wissen·lassen,·dass·die·neuen·Preise·für·uns·ein·Ansporn·sind,·für·einen·noch·höheren·Standard·unserer·Kurse·zu·sorgen.·Zum·Beispiel·werden·wir·in·die·technische·Ausstattung·investieren·und·die·Räume·mit·Beamern·ausstatten.·¶
¶
Wir·hoffen,·dass·wir·Sie·als·zufriedenen·Kunden·behalten.¶
¶
Mit·freundlichen·Grüßen¶

Schritt 30

Nach der Grußformel bleiben drei Leerzeilen für die Unterschrift und den Firmenstempel frei. Zuletzt folgt der Name des Unterzeichnenden, unter Umständen mit Zusatzangaben wie »Leiter Einkauf« oder Ähnlichem. Denken Sie daran, den Brief als neues Dokument zu speichern.

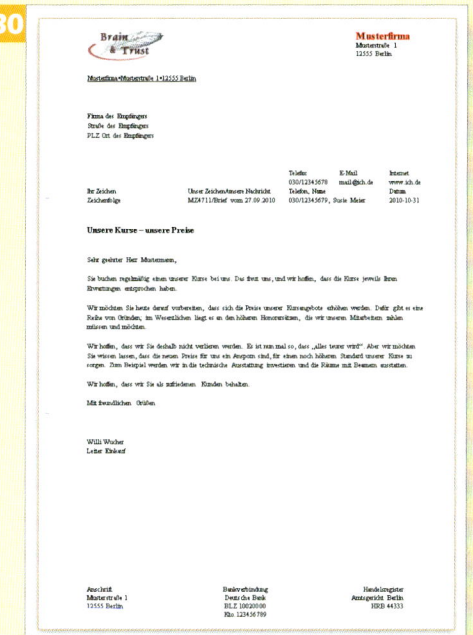

Schriftart

Im Sinne der guten Lesbarkeit sollten Sie keine ausgefallenen Schriftarten und keine Schriftgrößen kleiner als 10 Punkt für den Brieftext verwenden.

Visitenkarten

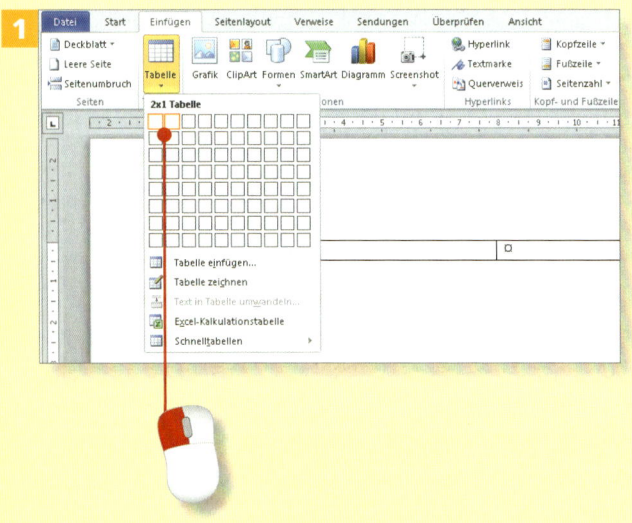

Es gibt verschiedene Wege, mit Word Visitenkarten zu erstellen. Wir bauen die Seite hier mithilfe einer Tabelle auf, da Tabellen grundsätzlich etwas pflegeleichter sind als z. B. Textfelder. Wir gestalten die Visitenkarte relativ schlicht, aber pfiffig.

Schritt 1

Um zunächst die Seite mit der erforderlichen Tabelle einzurichten, aktivieren Sie die Registerkarte **Einfügen**. Klicken Sie hier auf **Tabellen**, und wählen Sie mit der Maus zwei Spalten aus.

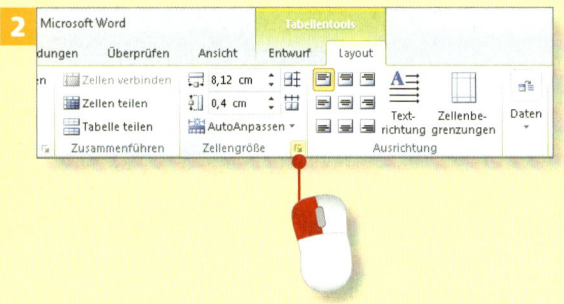

Schritt 2

Nun sorgen Sie für die richtige Größe der Zeilen und Spalten. Klicken Sie auf der Registerkarte **Layout** der **Tabellentools** auf den Pfeil an der Gruppe **Zellengröße**.

Schritt 3

Aktivieren Sie die Registerkarte **Zeile** und dort die Option **Höhe definieren**. Geben Sie in das Feld daneben »5 cm« ein, und im Feld **Zeilenhöhe** wählen Sie **Genau**.

Schritt 4

Aktivieren Sie dann die Registerkarte **Spalte**. Dort aktivieren Sie **Bevorzugte Breite** und geben »9 cm« in das Feld ein. Die Maßeinheit belassen Sie bei **Zentimeter**.

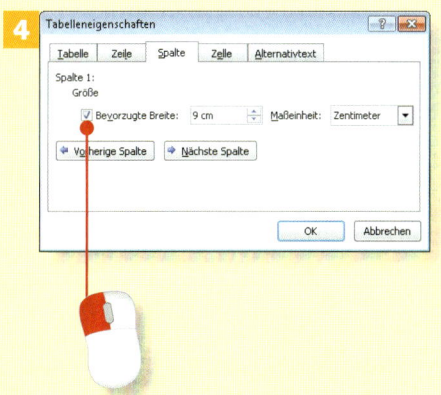

Schritt 5

Setzen Sie den Cursor in die zweite Spalte, und drücken Sie die ⎶Tab⎶-Taste, um eine neue Zeile zu erhalten. Dies wiederholen Sie viermal, sodass Sie insgesamt fünf Zeilen auf dem Blatt haben.

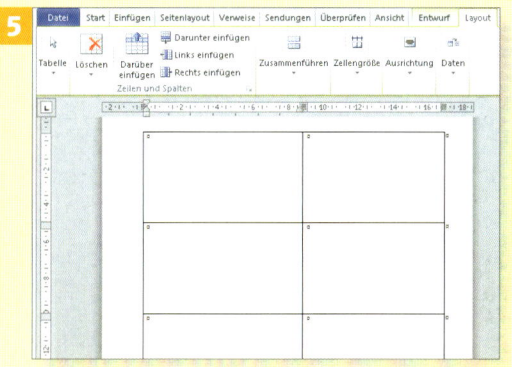

Schritt 6

Sie können natürlich auch direkt beim Anlegen die Zeilenanzahl festlegen. Dazu wählen Sie mit der Maus im Menü des Symbols **Tabelle** fünf Zeilen aus. Dann müssen Sie die Zeilenhöhe für jede Zeile festlegen.

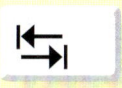

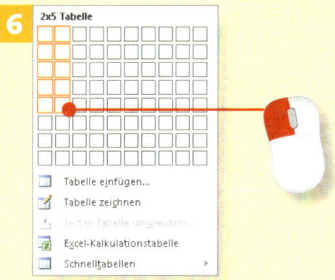

Visitenkarten (Forts.)

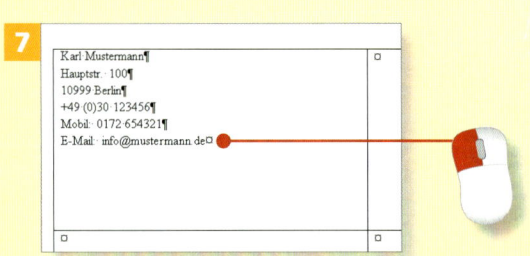

Schritt 7

Nun setzen Sie den Cursor in die erste Zelle und füllen sie mit den Angaben für die Visitenkarte, also mit Name, Adresse, Telefonnummer und sonstigen Angaben.

Schritt 8

Formatieren Sie den Text mithilfe der bekannten Befehle. In der Beispiel-Visitenkarte wurde der Text in die Mitte gerückt (**Start ▸ Zentriert**), für den Namen der Schriftgrad »14 Pt« und für den Rest »12 Pt« verwendet.

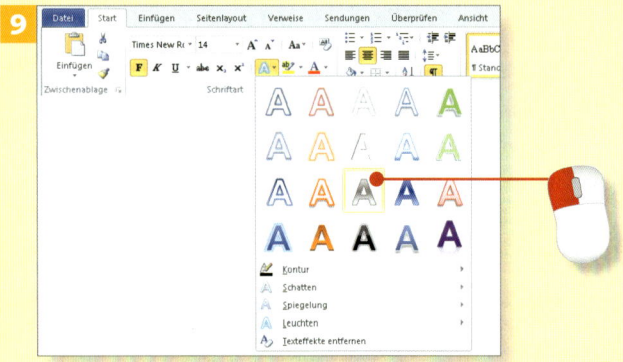

Schritt 9

Dem Namen weisen wir nun eine Füllung zu. Markieren Sie die Zeile, und wählen Sie auf der Registerkarte **Start** in der Gruppe **Schriftart** die Option **Texteffekte** und im Menü **Graduelle Füllung ▸ Grau, Kontur ▸ Grau**.

Telefonsymbol

Für die Telefonnummer macht sich auch ein kleines Telefonsymbol gut. Sie finden es im Dialog **Symbol** in der Schriftart Wingdings.

Schritt 10

Drei Rechtecke geben der Visitenkarte mehr Pfiff. Klicken Sie dazu
auf der Registerkarte **Einfügen** auf
das Symbol **Formen**, und wählen Sie
ein einfaches Rechteck **1**. Mit dem
kreuzförmigen Mauszeiger können
Sie nun ein Rechteck aufziehen.

Schritt 11

Der Rahmen des Rechtecks, der
zunächst erscheint, wird auf der Registerkarte **Format** der **Zeichentools**
über **Formkontur ▸ Kein Rahmen**
entfernt.

Schritt 12

Für Füllung und Farbe öffnen Sie
den Dialog **Form formatieren**. Wählen Sie diese Option dazu im Kontextmenü der Form aus. (Alternativ
klicken Sie auf **Fülleffekte ▸ Farbverlauf ▸ Weitere Farbverläufe**.)

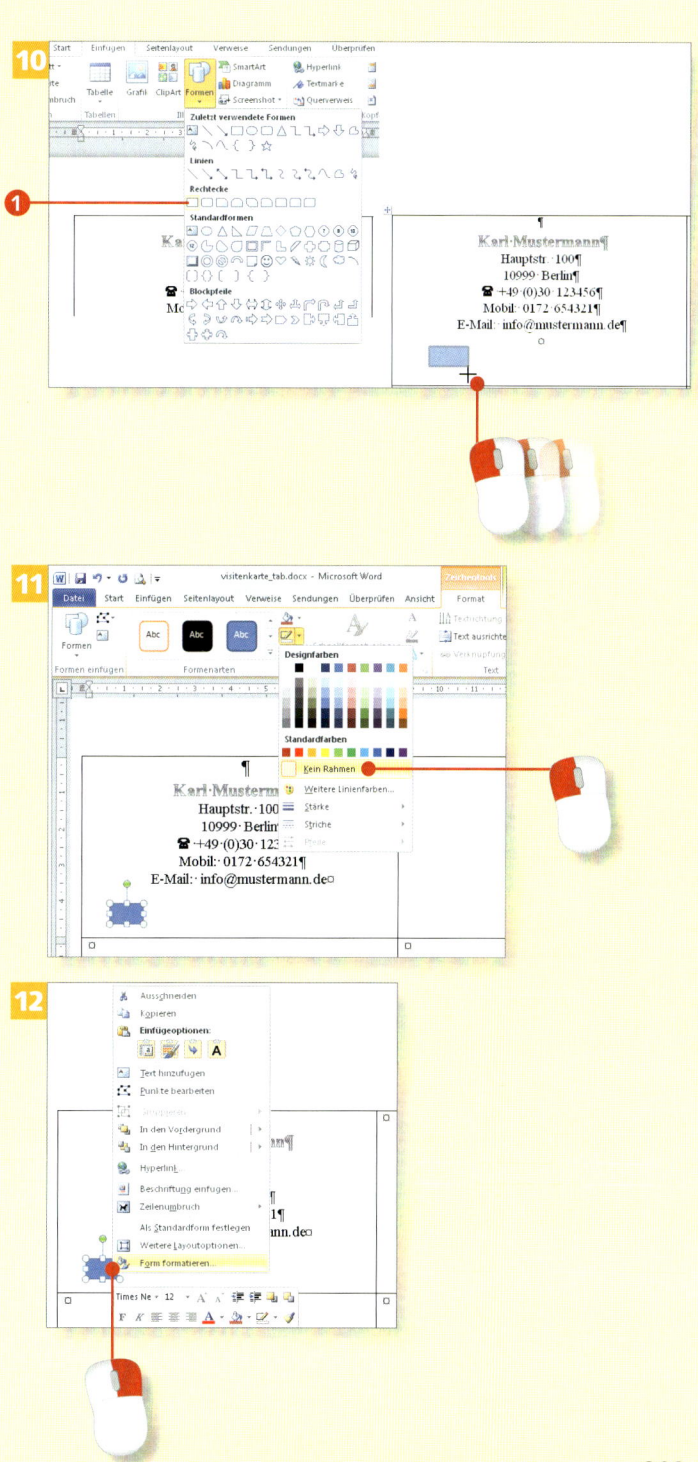

Visitenkarten (Forts.)

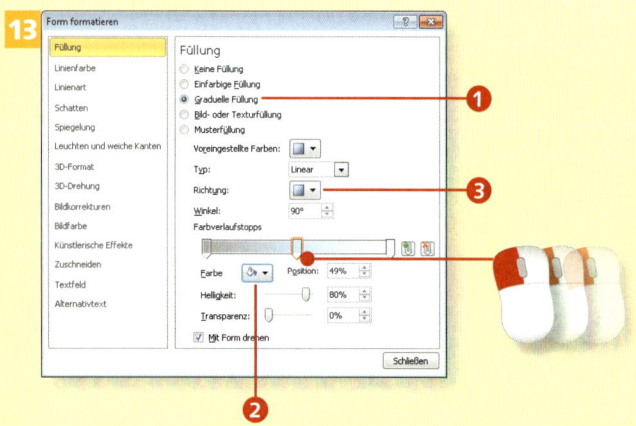

Schritt 13

Klicken Sie im Dialog im linken Bereich auf **Füllung**. Im rechten Bereich wählen Sie **Graduelle Füllung** ❶, im Bereich **Farbverlaufstopps** wählen Sie im Feld **Farbe** ❷ für jeden Schieberegler die Farbe und stellen auf dem Balken mit der Maus den Verlauf ein. Die Richtung des Farbverlaufs bestimmen Sie im gleichnamigen Feld ❸.

Schritt 14

Wenn Sie drei gleiche Kästchen haben möchten, ist es am bequemsten, das erste, fertig bearbeitete Rechteck zu kopieren und einzufügen (mit Strg + C und Strg + V). Zum Positionieren mit der Maus müssen Sie eventuell den Textumbruch ändern. Wählen Sie dazu im Kontextmenü der Form **Textumbruch ▸ Passend**.

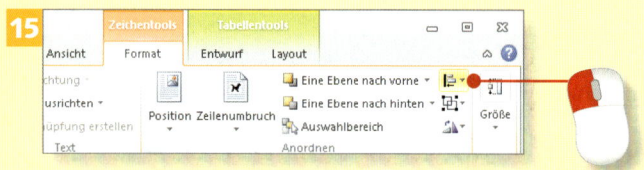

Schritt 15

Um die Abstände zwischen den Rechtecken nicht Pi mal Daumen, sondern präzise zu bestimmen, markieren Sie alle Kästchen und klicken dann auf der Registerkarte **Format** der **Zeichentools** auf den Pfeil am Symbol **Ausrichten**.

Schritt 16

Klicken Sie im Menü auf **Horizontal verteilen**. Vielleicht sehen Sie keinen Effekt bzw. keine Veränderung; in diesem Fall hatten Sie die Rechtecke schon gut ausgerichtet.

Schritt 17

Markieren Sie alle Rechtecke erneut, und klicken Sie auf der Registerkarte **Format** der **Zeichentools** auf das Symbol **Gruppieren** und im Menü erneut auf **Gruppieren**. Nun könnten Sie die Formen als einen Block noch etwas verrücken.

Schritt 18

Wenn Sie die erste Karte fertig gestaltet haben, markieren Sie die gesamte Karte und klicken auf **Kopieren**. Setzen Sie den Cursor in die nächste Zelle, und wählen Sie **Einfügen ▸ Ursprüngliche Formatierung beibehalten**.

Formen verankern

Damit Formen nicht verrutschen, markieren Sie die Form, öffnen Sie den Dialog **Layout**, und aktivieren Sie die Option **Verankern** auf der Registerkarte **Position**.

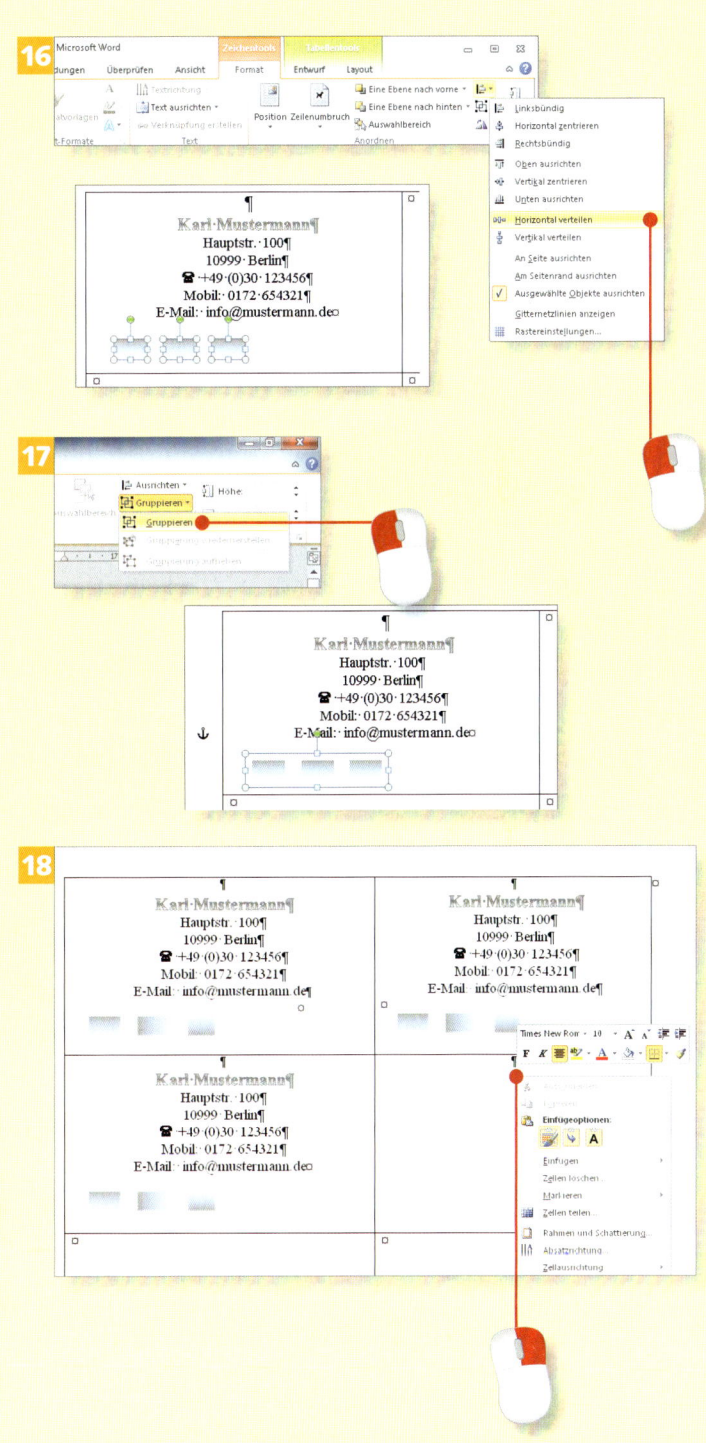

Etiketten

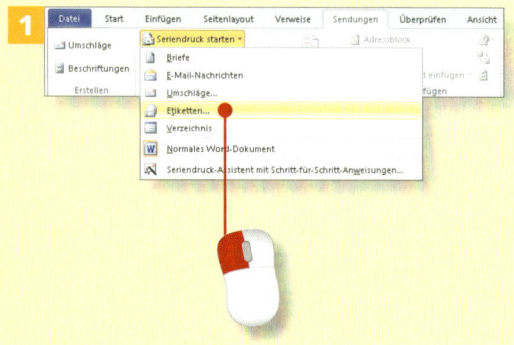

Für den Versand mehrerer Briefe sind Etiketten praktisch. Wir erstellen sie hier mithilfe des Seriendrucks. Deutlich schneller können Sie Etiketten zudem erstellen, wenn Sie eine vorhandene Empfängerliste nutzen.

Schritt 1

Öffnen Sie eine leere Seite, und klicken Sie auf der Registerkarte **Sendungen** auf **Seriendruck starten**. Im Menü wählen Sie **Etiketten**.

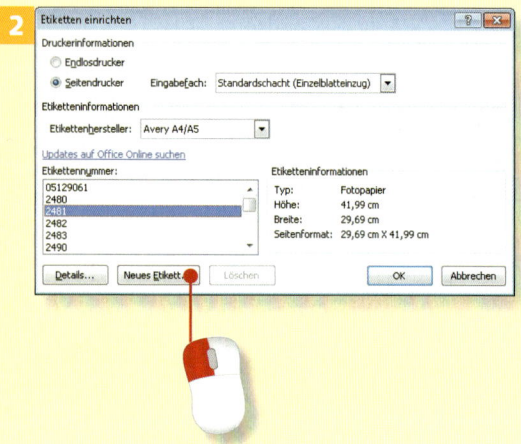

Schritt 2

Der Dialog **Etiketten einrichten** öffnet sich. Wenn Sie in den Feldern **Etikettenhersteller** und **Etikettennummer** Ihr Etikettenpapier entdecken, wählen Sie es aus, und überspringen Sie die nächsten beiden Schritte. Ansonsten klicken Sie auf die Schaltfläche **Neues Etikett**.

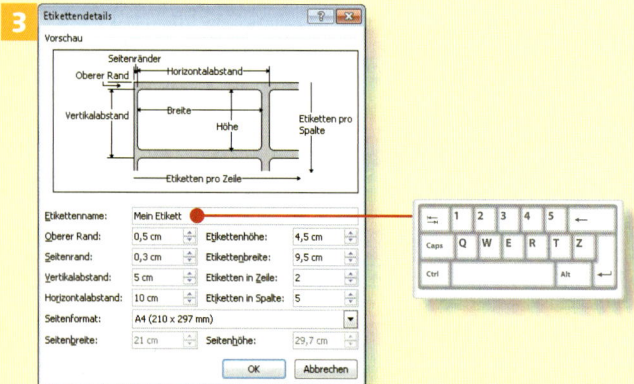

Schritt 3

Im Dialog **Etikettendetails** geben Sie die Maße für die Etiketten ein (wir halten uns in etwa an die Maße, die ein Briefumschlagfenster hat). Messen Sie Ihre Etiketten aus, und geben Sie die entsprechenden Maße ein. Sie können dem Etikett auch einen Namen geben.

Schritt 4

Nach einem Klick auf **OK** sind Sie
wieder im Dialog **Etiketten einrichten**. Hier werden die Maße nochmals angezeigt. Klicken Sie auf **OK**.

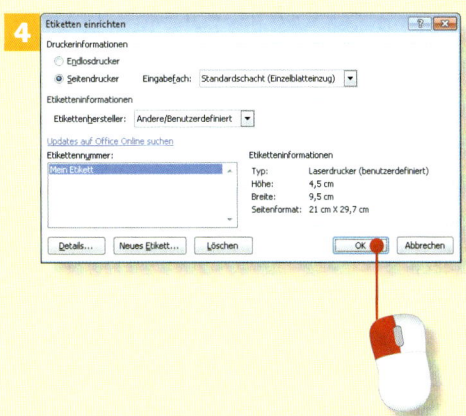

Schritt 5

Nun sehen Sie (je nach den eingegebenen Maßen) zehn Leeretiketten
auf Ihrem Blatt, und zwar in Form
einer Tabelle. Nun muss die Empfängerliste mit den Adressen erstellt
werden. Klicken Sie also auf **Empfänger auswählen ▸ Neue Liste
eingeben**.

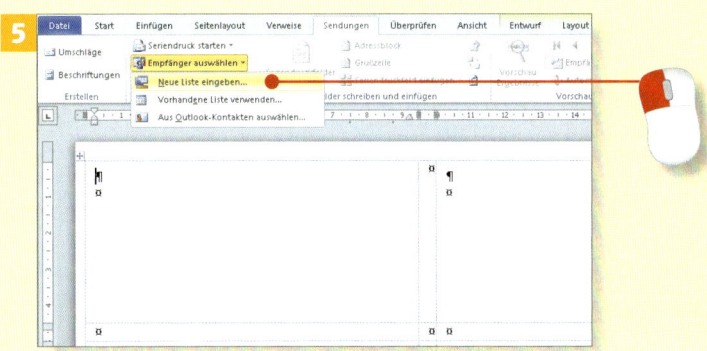

Schritt 6

Wie schon in Zusammenhang mit
dem Serienbrief beschrieben, tragen
Sie nun die Empfängerinformationen
in die Tabelle ein. Verwenden Sie für
die Straße das Feld **Adresszeile 1**.

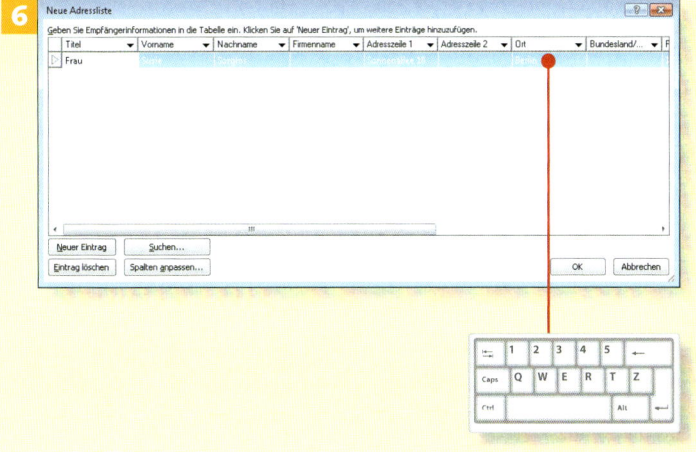

Etiketten (Forts.)

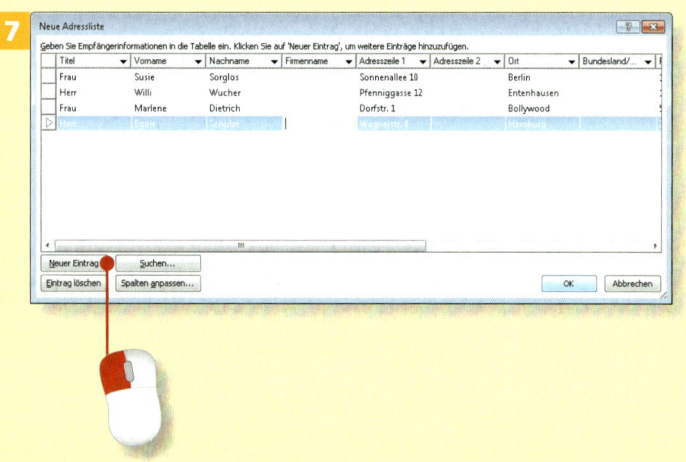

Schritt 7

Für den nächsten Datensatz klicken Sie jeweils auf **Neuer Eintrag**. Erst wenn Sie alle Informationen eingegeben haben, klicken Sie auf **OK**.

Schritt 8

Der Dialog **Adressliste speichern** öffnet sich, und zwar mit dem Ordner **Meine Datenquellen**. Geben Sie der Adressatenliste einen sinnvollen Namen, und wählen Sie das Dateiformat *.mdb* für eine Datenbank im Access-Format. Klicken Sie auf **Speichern**.

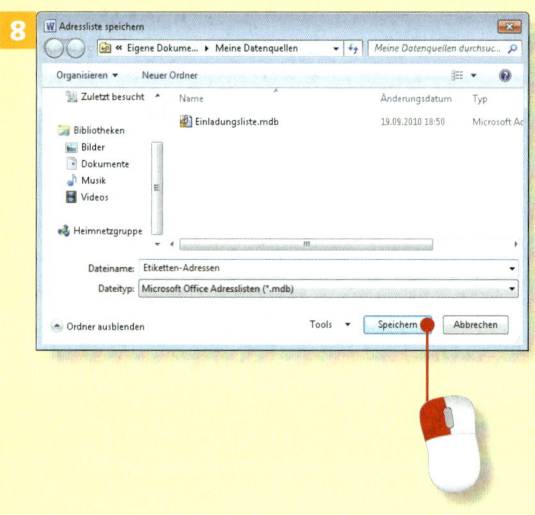

Schritt 9

Nun können Sie die Seriendruckfelder einfügen, die später mit den konkreten Angaben aus der Datenquelle ausgetauscht werden. Platzieren Sie den Cursor in der ersten Zeile der ersten Zelle, und klicken Sie auf den Pfeil neben dem Symbol **Seriendruckfeld einfügen**.

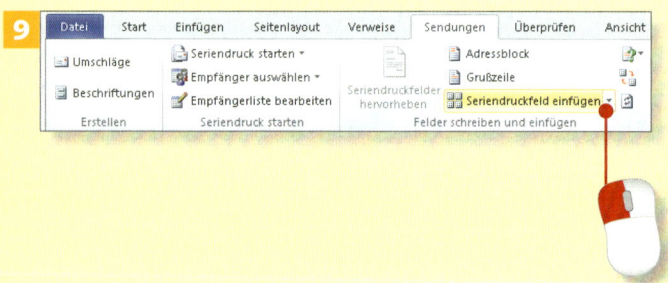

Schritt 10

Im Menü wählen Sie **Titel** (für die Anrede »Herr« oder »Frau«). Eine Zeile darunter fügen Sie **Vorname** und **Nachname** ein, darunter **Adresszeile_1** (für die Straße) und dann nebeneinander **Postleitzahl** und **Ort**.

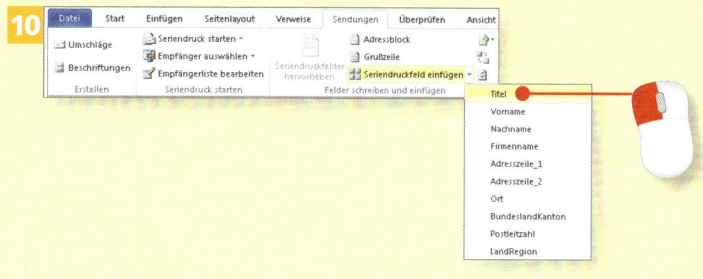

Schritt 11

In den übrigen Etiketten lassen Sie den Platzhalter «Nächster Datensatz» stehen. Er steuert, dass die Adresse bei jedem Feld neu aus der Datenbank geholt wird. Klicken Sie nun auf **Etiketten aktualisieren**. Danach werden die eingefügten Felder in allen Etiketten angezeigt.

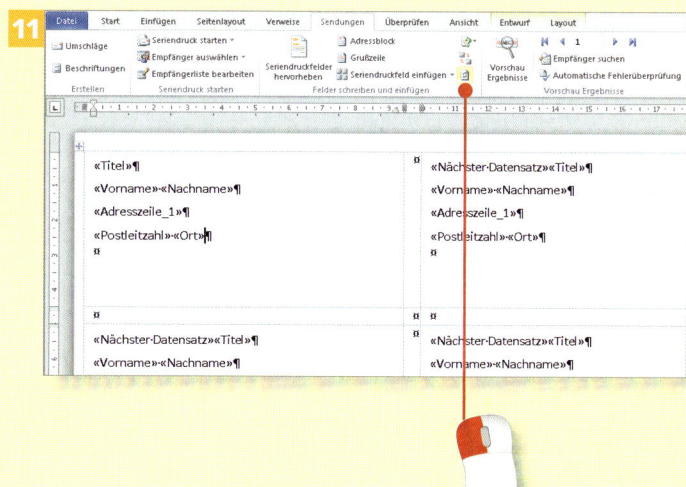

Schritt 12

Zu guter Letzt klicken Sie auf **Fertig stellen und zusammenführen** auf der Registerkarte **Sendungen**. Um die Etiketten direkt zu drucken, wählen Sie **Dokumente drucken**. Sie müssen natürlich das passende Papier in den Drucker legen.

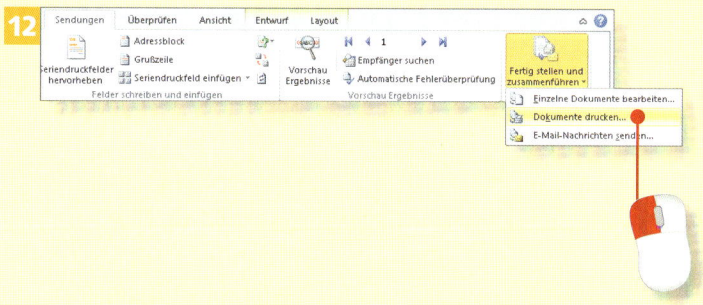

Vorschau

Um zu prüfen, ob die Etiketten in Ordnung sind, blenden Sie die Vorschau ein. Klicken Sie dazu auf **Vorschau Ergebnisse**.

Etiketten (Forts.)

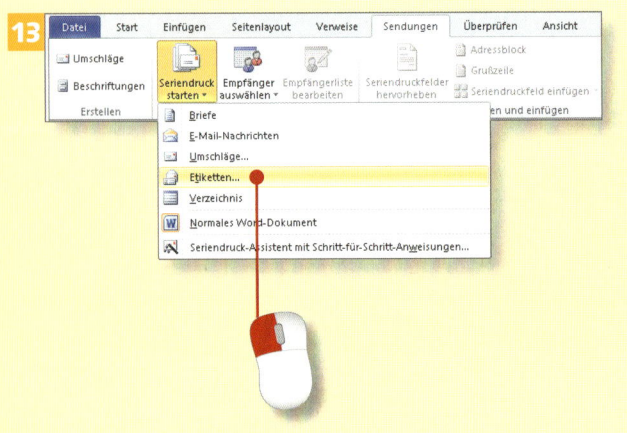

Schritt 13

Deutlich schneller erstellen Sie Etiketten, wenn Sie bereits über eine Datei mit Empfängeradressen verfügen. Beginnen Sie wie zuvor: Klicken Sie auf der Registerkarte **Sendungen** auf **Seriendruck starten** und dann im Menü auf **Etiketten**.

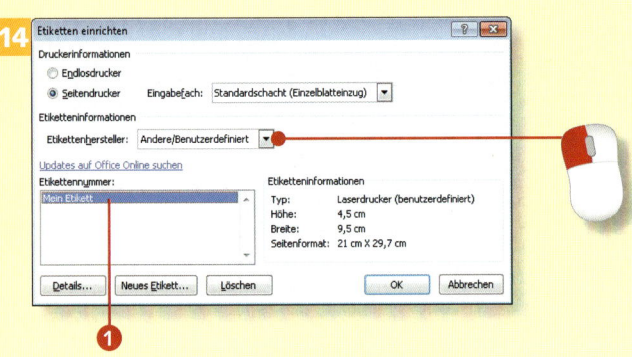

Schritt 14

Möchten Sie das bereits erstellte Etikett verwenden, wählen Sie im Feld **Etikettenhersteller** den Eintrag **Andere/Benutzerdefiniert**. Sodann taucht das Etikett mit seiner Bezeichnung im Feld **Etikettennummer** ❶ auf. Klicken Sie auf **OK**.

Schritt 15

Nun klicken Sie auf das Symbol **Empfänger auswählen**. Im Menü entscheiden Sie sich für **Vorhandene Liste verwenden**.

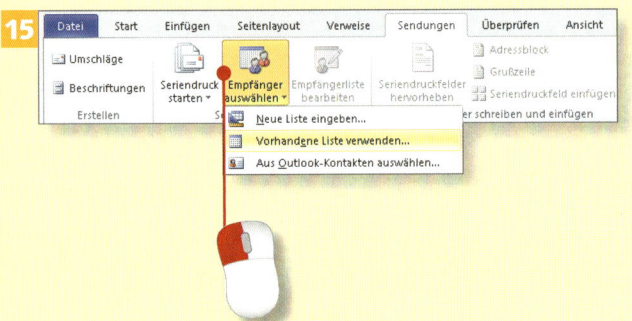

Schritt 16

Der Dialog **Datenquelle auswählen** wird geöffnet. Wenn nicht der richtige Ordner angezeigt wird, müssen Sie oben den Ordner auswählen, der die Datenquellen enthält (**Alle Datenquellen**). Markieren Sie dann die Datei, und klicken Sie auf **Öffnen**.

Schritt 17

Nun verfahren Sie wie bisher: Klicken Sie erst auf **Seriendruckfeld einfügen ❷** und danach auf **Etiketten aktualisieren ❸**. Wenn Sie auf **Fertig stellen und zusammenführen** klicken, werden die Etiketten gedruckt.

Schritt 18

Wenn Sie an der Empfängerliste Änderungen vornehmen möchten, klicken Sie auf der Registerkarte **Sendungen** auf das Symbol **Empfängerliste bearbeiten ❹**. Dies öffnet die Tabelle mit den Daten.

Datensätze filtern

Wenn Sie nicht alle Etiketten ausdrucken möchten, sondern z. B. nur die zu elner Frau gehörenden Adressen, können Sie die Datensätze filtern. Klicken Sie auf **Empfängerliste bearbeiten** und im Dialog auf den Link **Filtern ❺**.

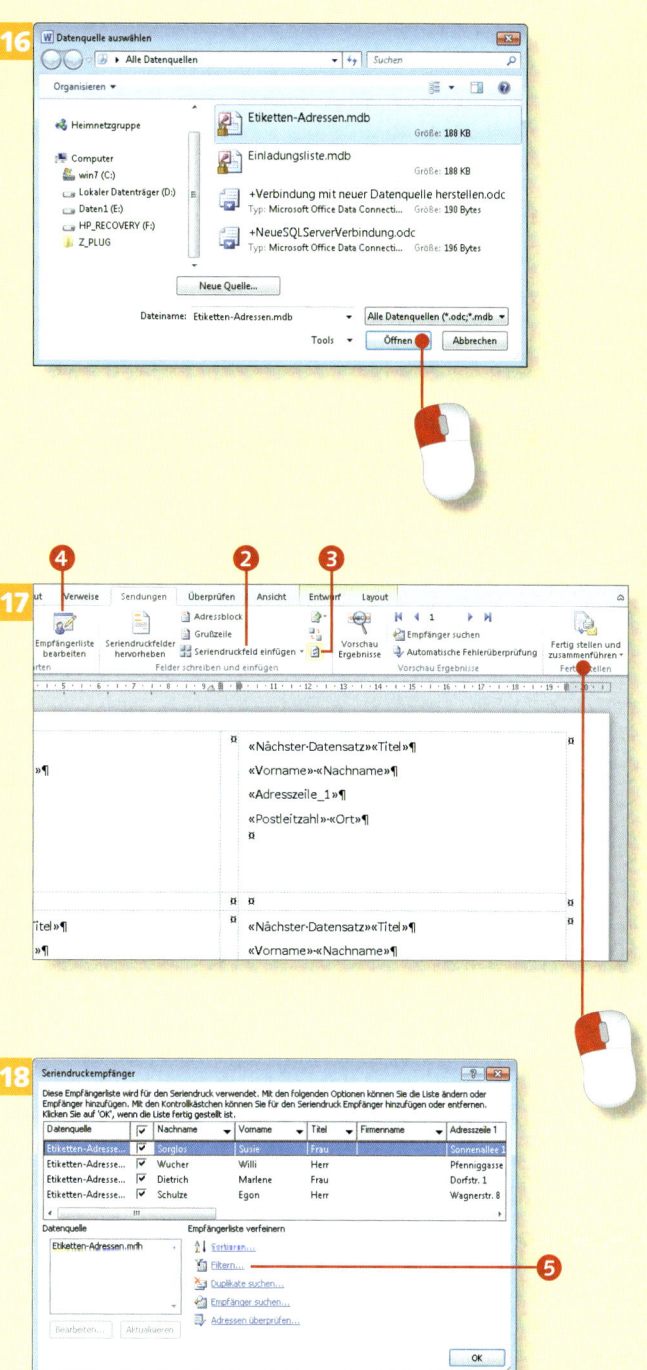

CD- oder DVD-Hüllen

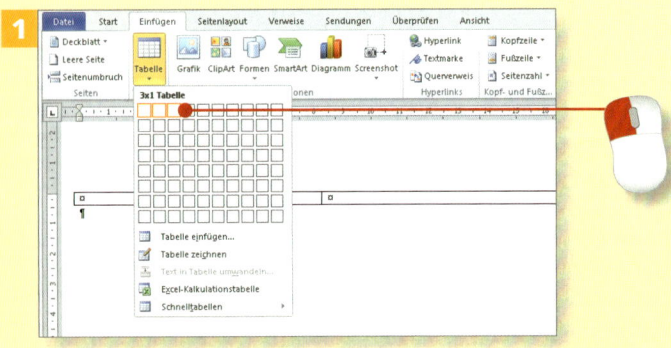

Word bietet vielfältige Möglichkeiten zur Gestaltung von CD- oder DVD-Hüllen – ganz nach Geschmack schlicht oder grell. Wir erstellen hier eine DVD-Hülle.

Schritt 1

Fügen Sie auf einer Seite im Querformat drei Tabellenspalten ein. Klicken Sie also auf **Einfügen ▸ Tabelle** und fahren Sie mit dem Mauszeiger über drei Spalten.

Schritt 2

Nun stellen Sie die notwendige Zellengröße ein. Die Zeilenhöhe soll 18,3 cm betragen. Klicken Sie auf den Pfeil an der Gruppe **Zellengröße**, und wechseln Sie auf die Registerkarte **Zeile**. Hier aktivieren Sie die Option **Höhe definieren** und geben das Maß ein.

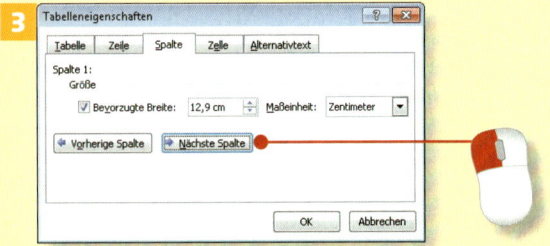

Schritt 3

Wechseln Sie auf die Registerkarte **Spalte**, und aktivieren Sie die Option **Bevorzugte Breite**. Geben Sie »12,9« ein. Dann klicken Sie auf **Nächste Spalte** und geben »1,4« ein. Für die dritte Spalte geben Sie wieder »12,9« ein.

Schritt 4

Für den farbigen Hintergrund setzen Sie den Cursor in die erste Spalte und klicken unter **Tabellentools** auf **Entwurf ▸ Schattierung**. Wählen Sie ein dunkles Grau.

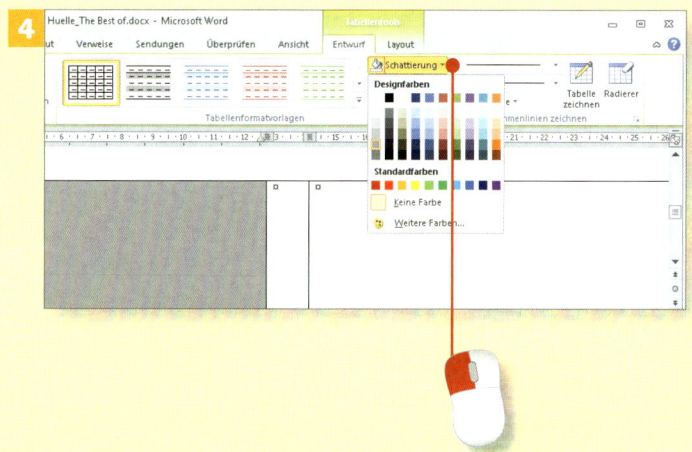

Schritt 5

Wiederholen Sie diesen Vorgang für die nächsten beiden Spalten. Für die zweite Spalte wählen Sie eine Rot-schattierung (klicken Sie auf **Weitere Farben ❶**, wenn Sie eine größere Auswahl haben möchten) und für die dritte Spalte ein helles Grau.

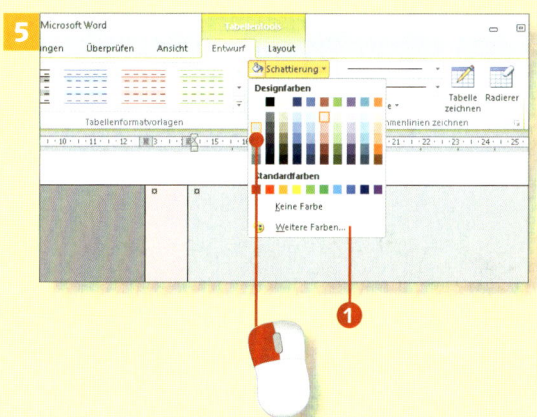

Schritt 6

Wenn Sie für die Hülle keine Umrandungen haben möchten, müssen Sie den Rahmen der Tabelle entfernen. Klicken Sie dazu auf den Auswahlpfeil des Symbols **Rahmen ▸ Rahmen und Schattierung**. Im Dialog wählen Sie die Einstellung **Ohne ❷**. Im Feld **Übernehmen für** wählen Sie **Tabelle**.

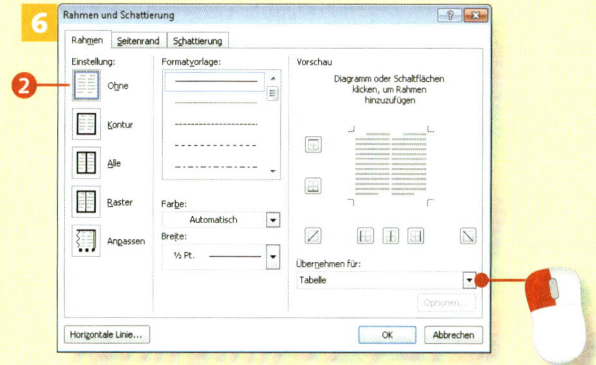

✚ Maße für CD-Hüllen

Für die klassische CD-Hülle benötigen Sie andere Maße und arbeiten am besten mit zwei Tabellen. Die Rückseite der CD-Hülle ist knapp 11,7 cm hoch; die erste Tabellenspalte ist 0,6 cm breit, die mittlere 13,8 cm und die dritte 0,6 cm.

CD- oder DVD-Hüllen (Forts.)

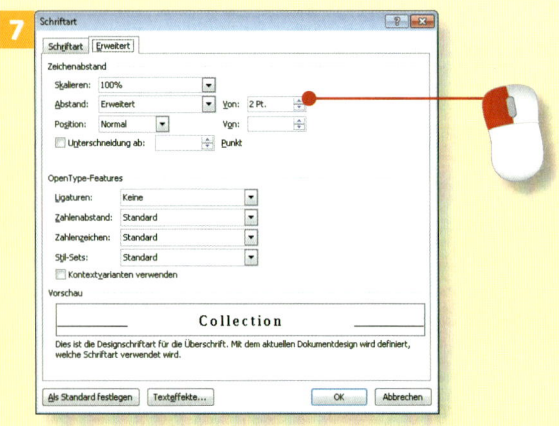

Schritt 7

Schreiben Sie die erste Zeile, und formatieren Sie sie. Wählen Sie als Schriftart **Cambria**, **14 Pt**, und stellen Sie eine andere Laufweite ein. Öffnen Sie dazu den Dialog **Schriftart**, und wechseln Sie auf die Registerkarte **Erweitert**. Wählen Sie im Feld **Abstand** die Option **Erweitert** und **2 Pt** im Feld **Von**.

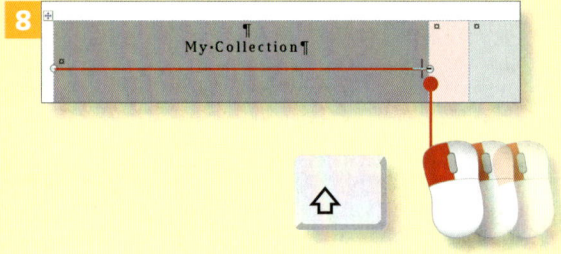

Schritt 8

Für die Linie klicken Sie auf **Einfügen ▸ Formen ▸ Linie** und ziehen die Linie mit gedrückter Maustaste größer. Halten Sie dabei die ⇧-Taste gedrückt, um eine gerade Linie zu zeichnen.

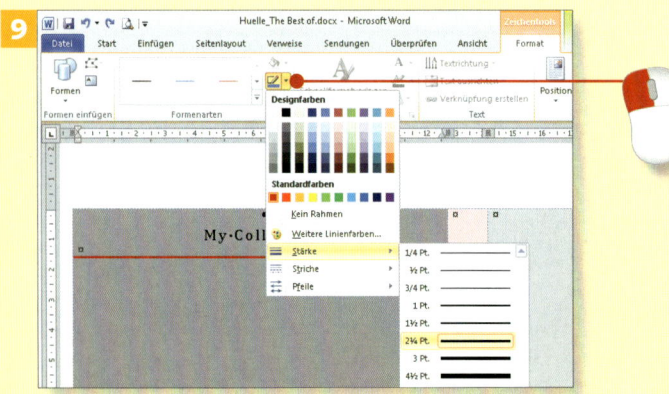

Schritt 9

Um die Linie zu bearbeiten, markieren Sie sie und klicken auf der Registerkarte **Format** der **Zeichentools** auf **Formkontur**. Im Menü wählen Sie z. B. **Stärke** und im Untermenü eine Stärke von **2¼ Pt**.

Linie ausrichten

Die genaue Position der Linie legen Sie im Dialog **Layout** (Kontextmenü **Weitere Layoutoptionen**) auf der Registerkarte **Position** fest. Als **Absolute Position** wählen Sie **0 cm rechts von Innerer Rand**.

Schritt 10

Den Titel »Best of the Sixties« forma-
tieren Sie mithilfe eines Texteffekts.
Markieren Sie die Zeile, und wählen
Sie zunächst als Schriftart **Arial Nar-
row**, **26 Pt**. Im Menü des Symbols
Texteffekte weisen Sie der Zeile
**Füllung – Rot, Akzent 2, Doppelte
Kontur** zu.

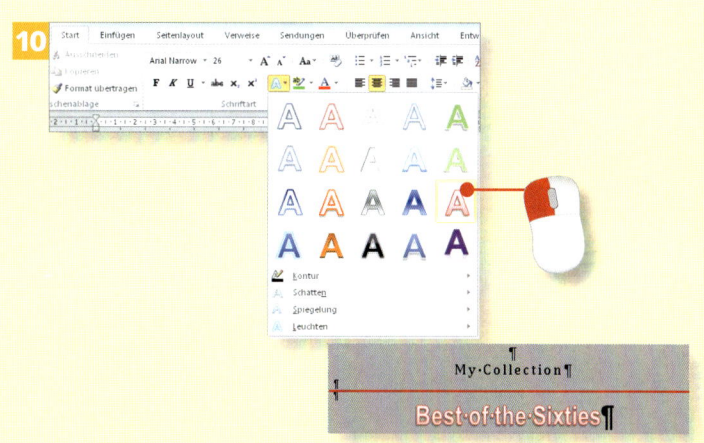

Schritt 11

Das Bild ist eine ClipArt. Klicken Sie
auf **Einfügen ▸ Clipart** ❶. Im Aufgabenbereich **ClipArt** rechts geben
Sie z. B. »Feiern« in das Suchfeld ein.
Sodann taucht die ClipArt auf. Mit
einem Mausklick fügen Sie sie ein.

Schritt 12

Zur Bearbeitung des Bildes wählen
Sie im Kontextmenü **Zeilenumbruch**
und anschließend **Vor den Text**.
Positionieren Sie die ClipArt, und
passen Sie ihre Größe an.

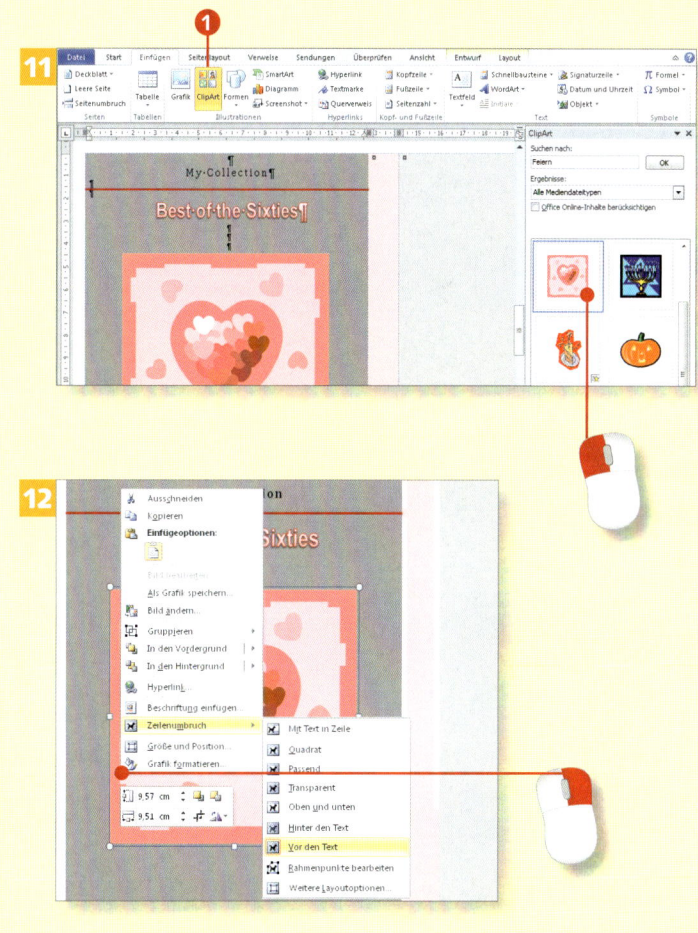

Bild verankern

Denken Sie daran, das Bild zu
verankern. Die Option finden Sie
auf der Registerkarte **Position** des
Dialogs **Layout**.

CD- oder DVD-Hüllen (Forts.)

Schritt 13

Der Text auf dem Hüllenrücken soll vertikal ausgerichtet werden. Dazu markieren Sie ihn und klicken auf der Registerkarte **Layout** der **Tabellentools** so oft auf **Textrichtung**, bis die vertikale Schrift auftaucht. Wählen Sie als **Schriftgrad** die Größe 22, und zentrieren Sie den Text.

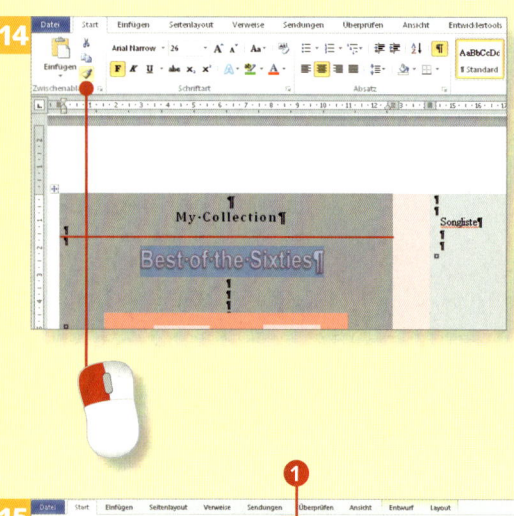

Schritt 14

Auf der Rückseite (dritte Spalte) sollen die Songtitel aufgelistet werden. Die Überschrift »Songliste« soll aussehen wie der Titel auf der Vorderseite. Markieren Sie diesen, klicken Sie auf das Symbol **Format übertragen**, und klicken Sie dann in die Überschrift auf der Rückseite.

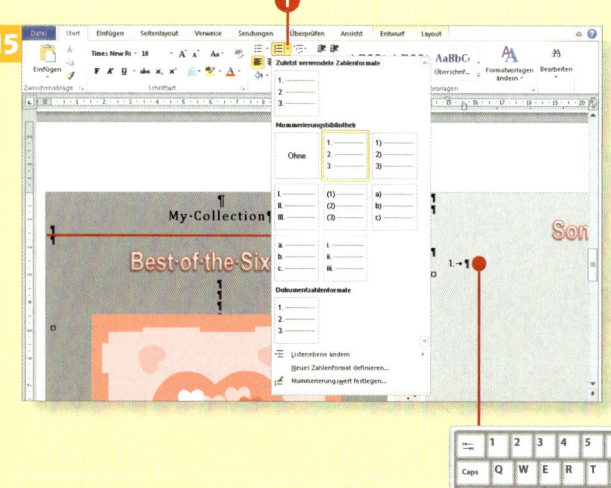

Schritt 15

Für die Liste der Lieder brauchen Sie eine Nummerierung. Positionieren Sie den Cursor unter den Titel, klicken Sie auf der Registerkarte **Start** auf den Auswahlpfeil des Symbols **Nummerierung** ❶, und wählen Sie eine passende Option. Geben Sie das erste Lied ein.

Schritt 16

Formatieren Sie die Zeile. Markieren Sie sie dazu, und wählen Sie z. B. die Schriftart **Times New Roman** und im Feld **Schriftgrad** die Größe 14. Drücken Sie die ⏎-Taste, und setzen Sie die Nummerierung auf diese Weise fort.

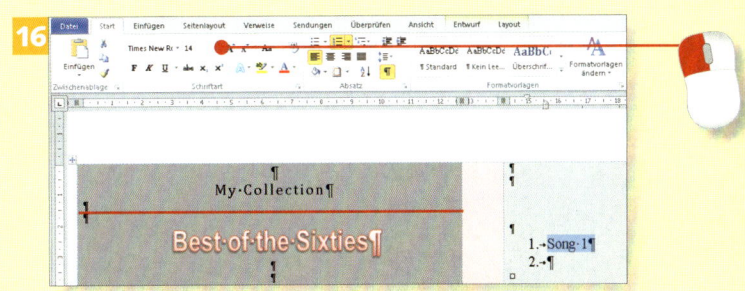

Schritt 17

Auch die Rückseite erhält eine Form. Wählen Sie auf der Registerkarte **Einfügen** im Menü **Formen** die Option **Explosion 2**. Sie finden diese Form in der Kategorie **Sterne und Banner**.

Schritt 18

Markieren Sie die Form, und wählen Sie auf der Registerkarte **Zeichentools** im Menü **Fülleffekt** eine Farbe. Den Farbverlauf stellen Sie über **Farbverlauf** ❷ ein. Denken Sie daran, über **Seitenlayout ▸ Position ▸ Weitere Layoutoptionen** die Position festzulegen (**Verankern**) und die Option **Objekt mit Text verschieben** zu deaktivieren.

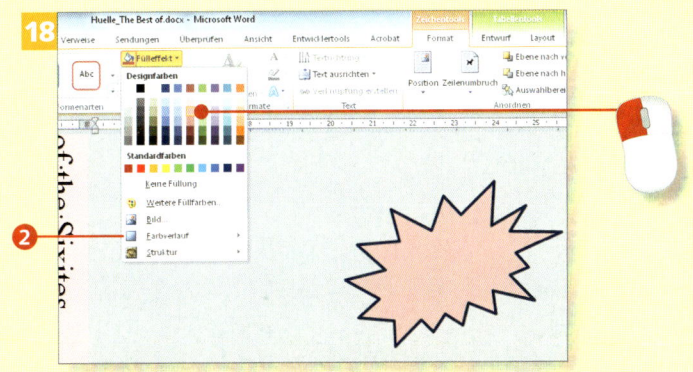

Bewerbungsunterlagen

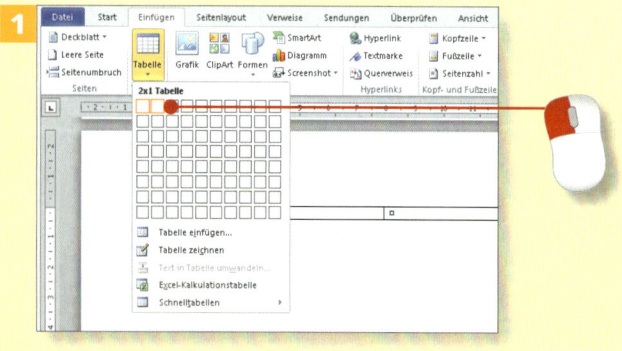

Wir beschreiben in diesem Abschnitt die Gestaltung von Bewerbungsunterlagen – mit Lebenslauf, Anschreiben und Deckblatt.

Schritt 1

Belassen Sie es bei den Standard-Seitenrändern, drücken Sie zwei- oder dreimal die ⏎-Taste, und fügen Sie eine Tabelle mit zwei Spalten ein (über **Einfügen ▸ Tabelle**).

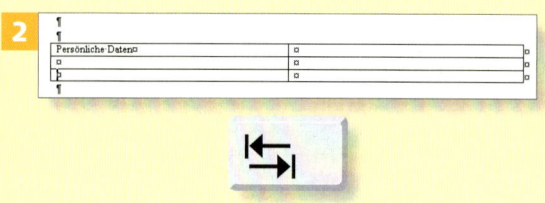

Schritt 2

Schreiben Sie einen Text wie etwa »Persönliche Daten« in die erste Zelle. Drücken Sie dann die Tab-Taste, um die Tabelle um eine Zeile zu erweitern. Um unter der Überschrift eine freie Zeile zu lassen, drücken Sie in der zweiten Spalte erneut die Tab-Taste.

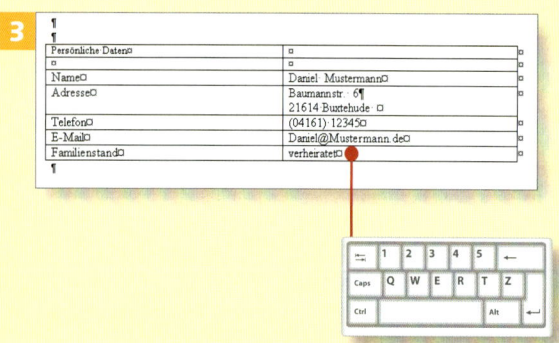

Schritt 3

Schreiben Sie »Name« in die dritte Zeile, und bauen Sie Zeile für Zeile den Block mit den persönlichen Daten auf. Stören Sie sich nicht an den Linien, sie werden später entfernt.

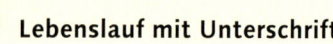

Lebenslauf mit Unterschrift
Unterhalb des Lebenslaufs schreiben Sie »Ort« und »Datum« und unterschreiben ihn dann handschriftlich.

Schritt 4

Vor dem nächsten Block, etwa »Berufliche Erfahrung«, lassen Sie wieder eine Zeile der Tabelle leer. Ähnlich verfahren Sie dann für die weiteren Blöcke (»Berufsausbildung«, »Schulbildung«, »Sonstige Kenntnisse«, »Hobbys«).

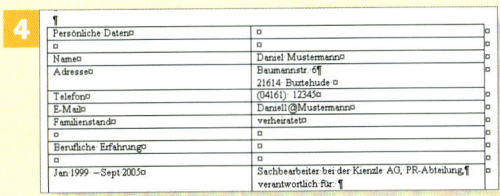

Schritt 5

Formatieren Sie nun den Text der Überschriften. Hier sehen Sie als Schriftart **Times New Roman** in Schriftgröße **14**, **fett**. Diese Formatierung wenden Sie auch auf alle anderen Überschriften an.

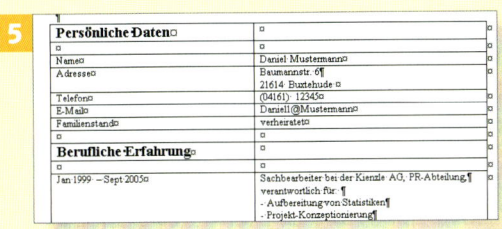

Schritt 6

Die Linien sollen später im Ausdruck natürlich nicht zu sehen sein. Markieren Sie daher die ganze Tabelle, und klicken Sie auf der Registerkarte **Start** auf den Pfeil am Symbol **Rahmen**. Wählen Sie hier **Kein Rahmen**.

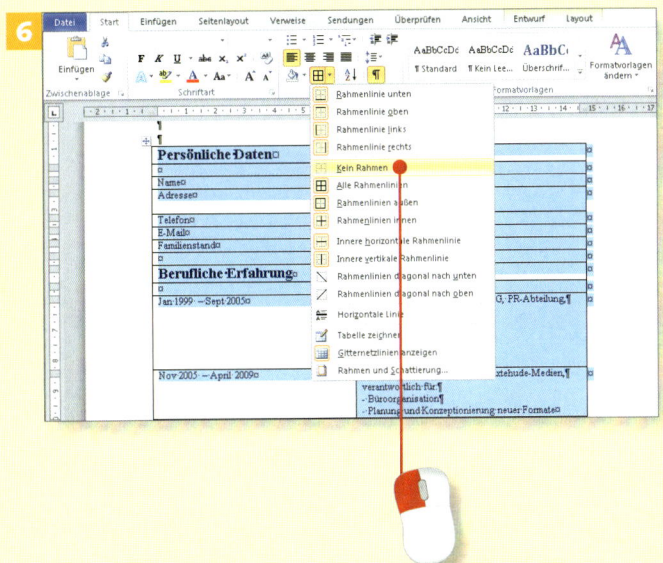

Mit Kopfzeilen arbeiten

Natürlich könnten Sie Name, Adresse etc. auch in eine Kopfzeile schreiben und dort die Angaben formatieren.

Bewerbungsunterlagen (Forts.)

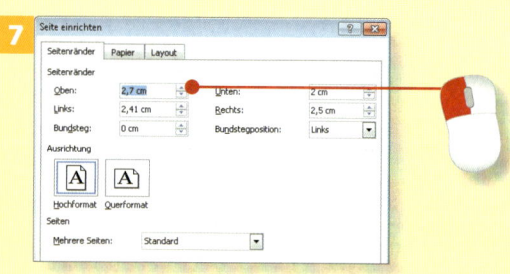

Schritt 7

Nun ist das Anschreiben an der Reihe. Stellen Sie zunächst die Seitenränder ein: oben 2,7 cm und links 2,41 cm (**Seitenlayout ▸ Seitenränder ▸ Benutzerdefinierte Seitenränder**). Für das Seitenlayout können Sie sich an die Empfehlungen für den Geschäftsbrief halten (siehe dazu den Abschnitt »Der Geschäftsbrief« ab Seite 190).

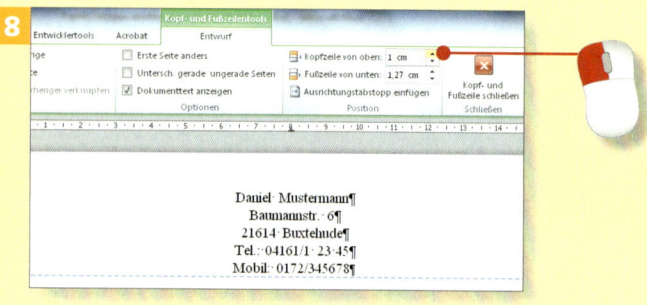

Schritt 8

Fügen Sie über **Einfügen ▸ Kopfzeile** eine leere Kopfzeile ein. Tragen Sie Ihren Namen, Ihre Adresse etc. ein, und zentrieren Sie diese Angaben. Den Abstand zum Blattrand setzen Sie auf der Registerkarte **Kopf- und Fußzeilentools** über **Kopfzeile von oben** auf 1 cm. Schließen Sie die Kopfzeile.

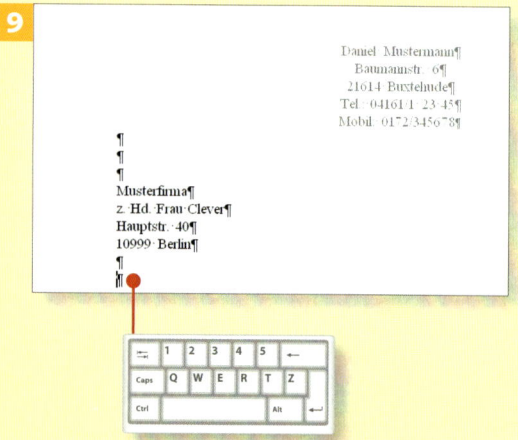

Schritt 9

Tragen Sie drei Zeilen unter Ihrer Adresse die Empfängeranschrift ein. Reservieren Sie für den Adressblock neun Zeilen – auch wenn Sie sie nicht benötigen.

Schritt 10

Lassen Sie eine Zeile frei, und fügen Sie das Datum über **Einfügen ▸ Datum und Uhrzeit** ❶ ein. Setzen Sie das Datum mithilfe eines Tabstopps (bei etwa 12 cm im Lineal) nach rechts. Drücken Sie die [Tab]-Taste, um das Datum an die Position des Tabstopps zu setzen.

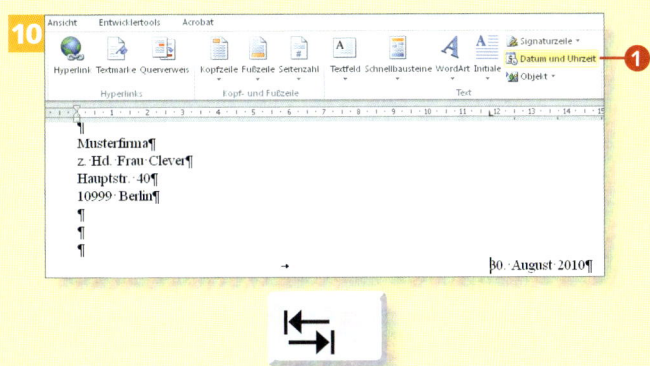

Schritt 11

Nach zwei weiteren freien Zeilen schreiben Sie den Text für die Betreffzeile (»Bewerbung als [Berufsbezeichnung]«). Dann brauchen Sie erneut zwei Leerzeilen und schreiben die Anrede. Nach einer weiteren Leerzeile beginnen Sie schließlich den Text Ihres Anschreibens.

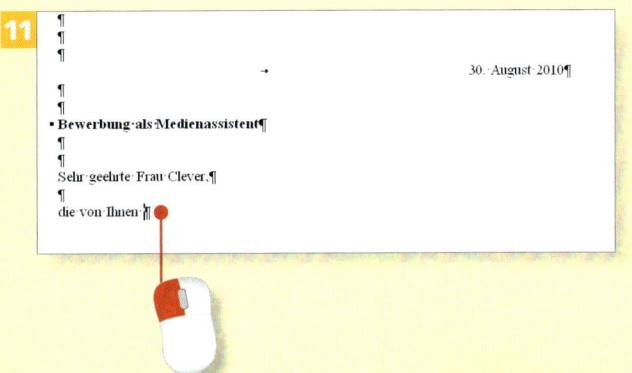

Schritt 12

Achten Sie darauf, dass Sie Ihr Anschreiben auch optisch strukturieren (Absätze, Einzüge etc.). Den Text beenden Sie nach einer Leerzeile mit der Grußformel. Da Sie z. B. Zeugnisse beilegen, schreiben Sie nach einer Leerzeile unter Ihren Namen noch »Anlagen«.

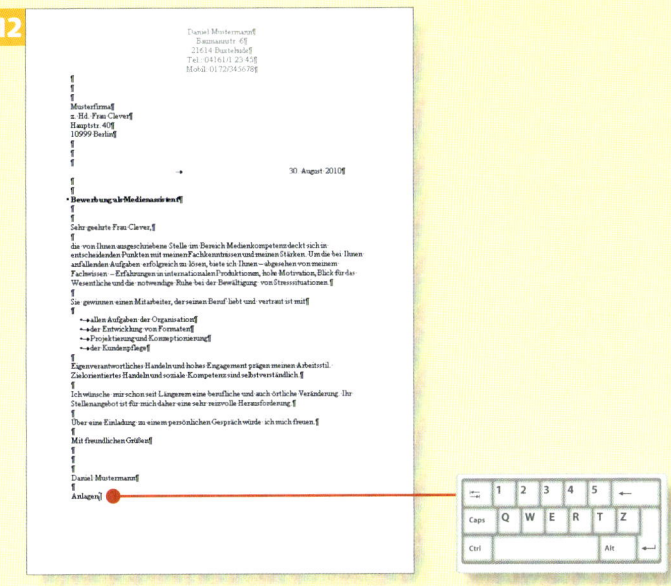

Bewerbungsunterlagen (Forts.)

Schritt 13

Zum Schluss gestalten wir das Deckblatt. Oben schreiben Sie »Bewerbung als [Berufsbezeichnung]«. Diese Zeile formatieren Sie in einer relativ großen Schriftgröße und zentrieren sie: **Cambria**, **18 Pt**, **fett**. Über **Rahmen ▸ Rahmenlinie unten** ❶ wird die Linie gezogen.

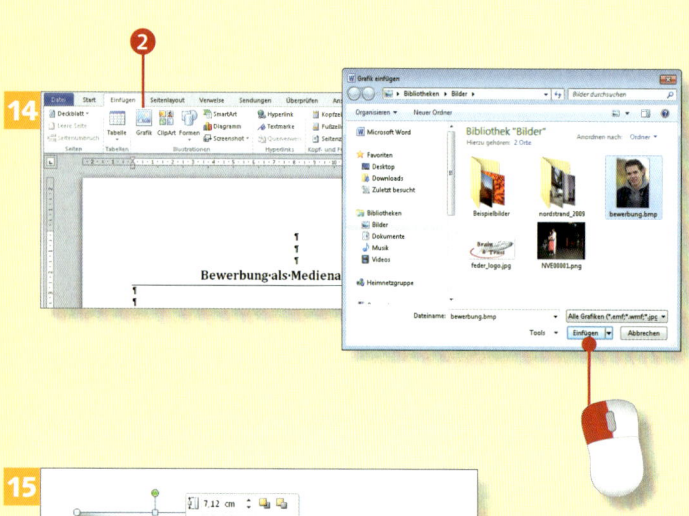

Schritt 14

Fügen Sie Ihr Foto in das Deckblatt ein. Dazu klicken Sie auf der Registerkarte **Einfügen** auf **Grafik** ❷. Im Dialog suchen Sie den Ordner mit Ihren Fotos, markieren das gewünschte Foto und klicken auf **Einfügen**.

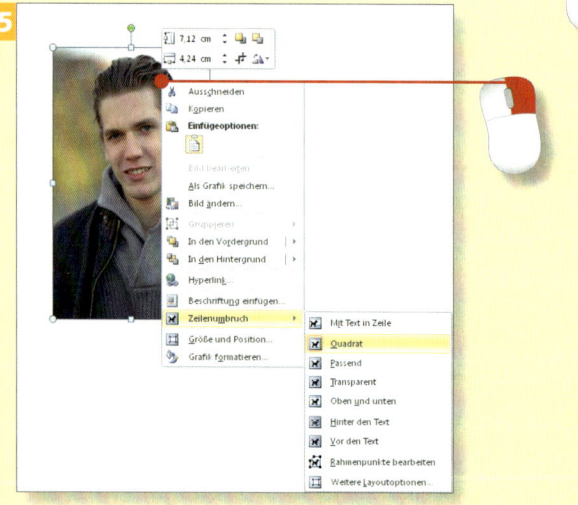

Schritt 15

Zur Weiterbearbeitung und Positionierung klicken Sie das Foto mit der rechten Maustaste an und wählen im Kontextmenü **Zeilenumbruch ▸ Quadrat**. Ziehen Sie das Foto an die passende Stelle.

Schritt 16

Rechts neben dem Foto sollen Ihr Name und Ihre Anschrift erscheinen. Für einen kleinen Abstand von der rechten Kante des Fotos wählen Sie in seinem Kontextmenü **Größe und Position**.

Schritt 17

Auf der Registerkarte **Textumbruch** im unteren Bereich **Abstand vom Text** geben Sie im Feld **Rechts** den Wert »0,8 cm« an. Damit schaffen Sie einen kleinen Abstand.

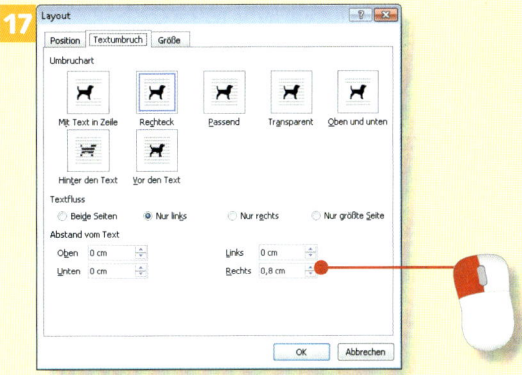

Schritt 18

Schreiben Sie nun Ihren Namen und weitere Angaben untereinander neben das Foto. Der Schriftgrad wird mit dem Symbol **Schriftart vergrößern** um einen Punkt hochgesetzt.

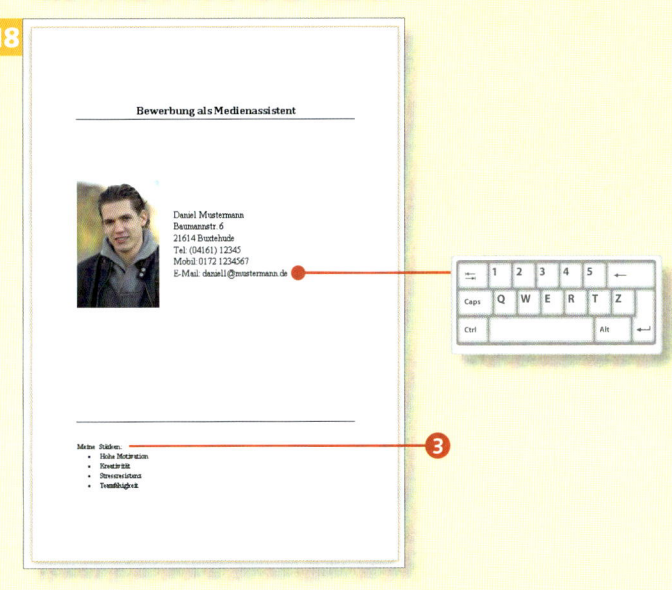

Originelle Deckblätter

Besonders in Kreativberufen können Sie ruhig weitere Gestaltungselemente in ein Deckblatt einbauen. Es ist auch möglich, besondere Stärken schon auf dem Deckblatt zu erwähnen ❸.

Flyer

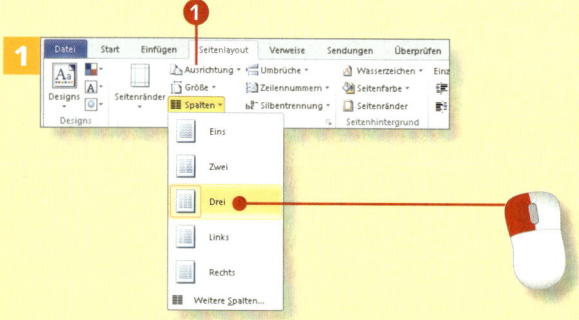

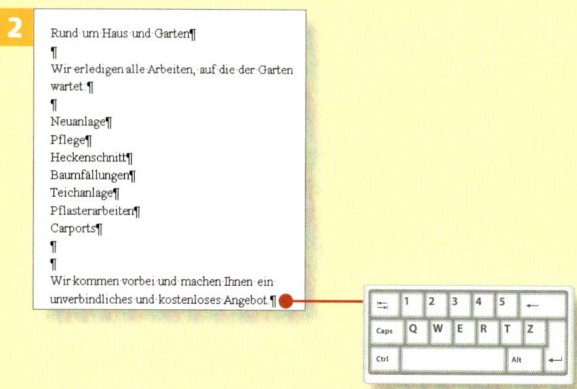

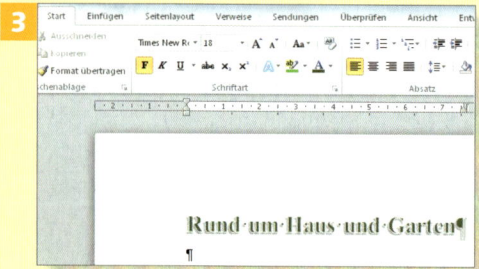

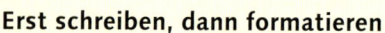

Wir erstellen hier einen Flyer, der dreimal auf eine DIN-A4-Seite im Querformat passt. Auf diese Weise können Sie Ihren Flyer schnell vervielfältigen.

Schritt 1

Stellen Sie über **Seitenlayout ▸ Ausrichtung** das Querformat ein ❶. Dann richten Sie für das Blatt drei Spalten ein. Klicken Sie dazu auf der Registerkarte **Einfügen** auf das Symbol **Spalten**, und wählen Sie im Menü **Drei**.

Schritt 2

Geben Sie zuerst den Text ein, der auf dem Flyer erscheinen soll. Wir basteln hier einen Flyer für einen Garten- und Landschaftsbau-Betrieb. Die Formatierung kommt später an die Reihe.

Schritt 3

Formatieren Sie die erste Zeile relativ auffällig. Stellen Sie einen **Schriftgrad** von **18 Pt** ein, als Schriftfarbe **Olivgrün, Akzent 3**, und weisen Sie der Zeile über das Symbol **Texteffekte** die Füllung **Olivgrün** zu.

Erst schreiben, dann formatieren

Sie tun sich selbst einen Gefallen, wenn Sie erst den Text schreiben und dann die Formatierung vornehmen. So vermeiden Sie, dass Sie Formatierungen durch Drücken der ⏎-Taste aus Versehen nach unten »mitnehmen«.

Schritt 4

Die Auflistung erhält Aufzählungszeichen. Markieren Sie die Liste,
und klicken Sie auf der Registerkarte **Start** auf den Pfeil am Symbol
Aufzählungszeichen. Wählen Sie ein
Aufzählungszeichen aus der **Aufzählungszeichenbibliothek**.

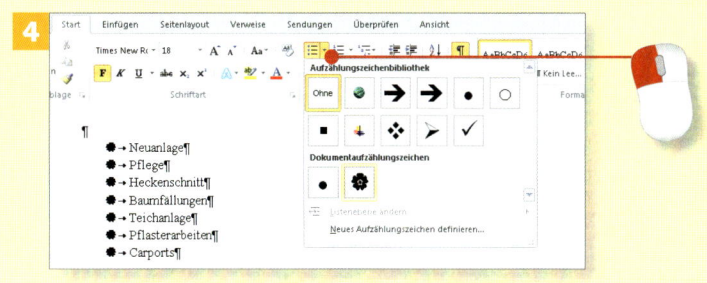

Schritt 5

Wenn Sie das gesuchte Zeichen
nicht in der Bibliothek finden, klicken Sie auf **Neues Aufzählungszeichen definieren ②** und dann auf die
Schaltfläche **Symbol**.

Schritt 6

Wählen Sie im Dialog **Symbol** die
Schriftart **Wingdings ③**. Suchen Sie
in der Palette der Symbole das gewünschte Zeichen, markieren Sie es,
und klicken Sie auf **OK**. Schließen
Sie alle Dialoge.

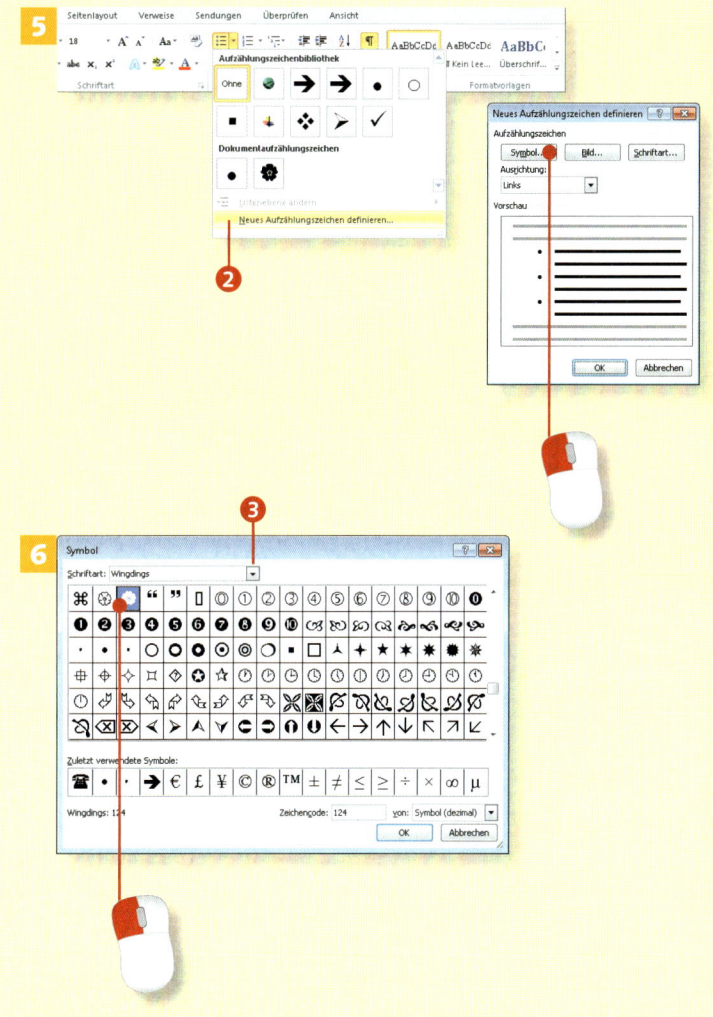

Flyer (Forts.)

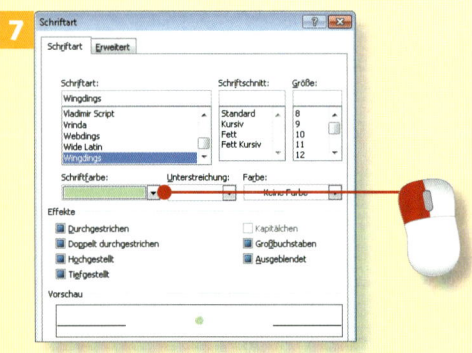

Schritt 7

Auch die Farbe der Aufzählungszeichen lässt sich anpassen. Klicken Sie im oben gezeigten Dialog **Neues Aufzählungszeichen definieren** auf die Schaltfläche **Schriftart**, und wählen Sie im neuen Dialogfenster im Feld **Schriftfarbe** eine Farbe aus der Palette.

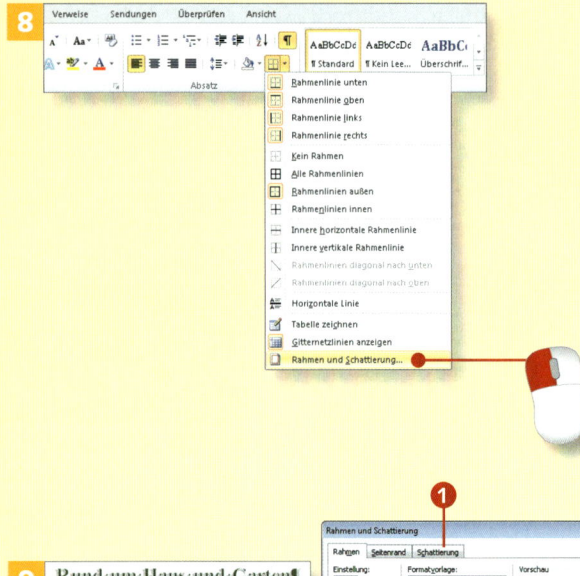

Schritt 8

Die nächsten Zeilen erhalten einen Rahmen. Markieren Sie den Text, und klicken Sie auf der Registerkarte **Start** auf **Rahmen ▸ Rahmen und Schattierung**.

Schritt 9

Im zugehörigen Dialog klicken Sie auf der Registerkarte **Rahmen** im linken Bereich auf **Schatten** (für einen Rahmen mit Schattierung). Auf der Registerkarte **Schattierung ❶** geben Sie dem Rahmen dann noch eine Hintergrundfarbe.

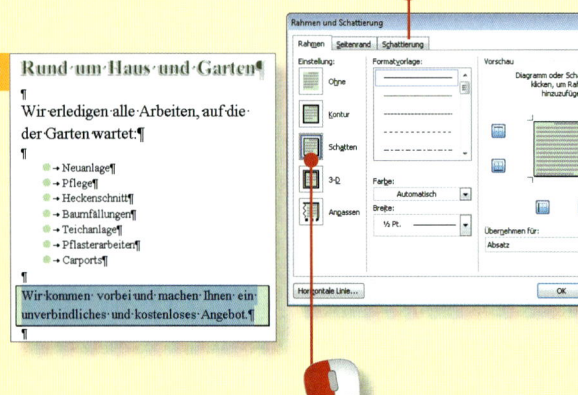

Schritt 10

Das Bild auf dem Flyer fügen Sie über **Einfügen ▸ Grafik** ein. Es soll als eine Art Wasserzeichen hinter dem Text liegen. Daher klicken Sie auf der Registerkarte **Format** der **Bildtools** auf den Pfeil am Symbol **Farbe**. Im Bereich **Neu einfärben** wählen Sie die Variante **Ausgeblichen**.

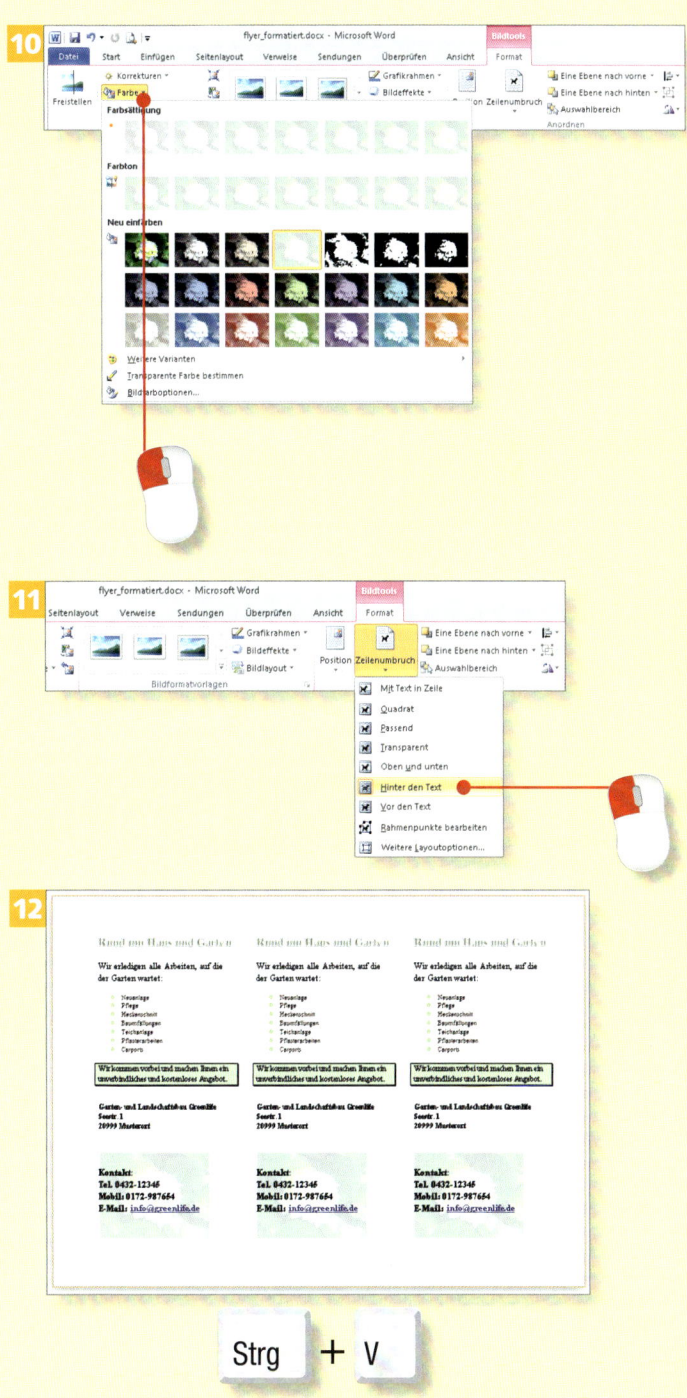

Schritt 11

Klicken Sie dann auf der Registerkarte **Format** der **Bildtools** auf **Zeilenumbruch**, und wählen Sie **Hinter den Text**.

Schritt 12

Nachdem Sie den ersten Flyer gestaltet haben, markieren und kopieren Sie den kompletten Inhalt und fügen ihn in die nächsten beiden Spalten ein, indem Sie jeweils [Strg] + [V] drücken. Denken Sie daran, den Cursor vor dem Einfügen richtig zu positionieren.

Zwischenlinien einfügen

Wenn Sie Schnittlinien zwischen den Spalten einfügen wollen, klicken Sie auf der Registerkarte **Seitenlayout** im Menü des Symbols **Spalten** auf **Weitere Spalten**. Im Dialog aktivieren Sie die Option **Zwischenlinie**.

Einladungen

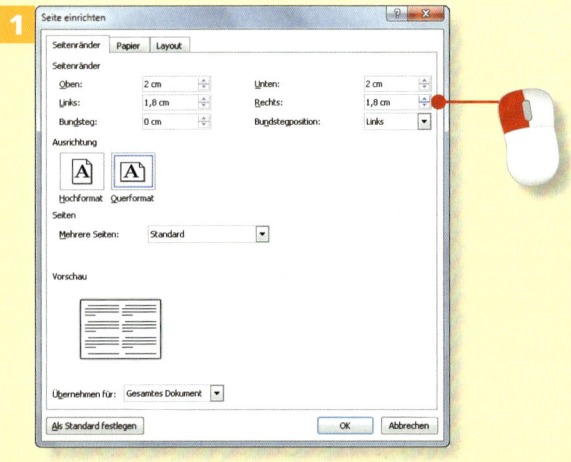

Wir erstellen eine Einladung als Klappkarte im DIN-A4-Format, die außen gestaltet ist und innen Platz für Ihren Text bietet.

Schritt 1

Geben Sie zunächst im Dialog **Seite einrichten (Seitenlayout ▸ Seitenränder ▸ Benutzerdefinierte Seitenränder)** für den oberen und den unteren Rand 2 cm ein, für den linken und rechten Rand jeweils 1,8 cm. Wählen Sie das Querformat und bestätigen Sie mit **OK**.

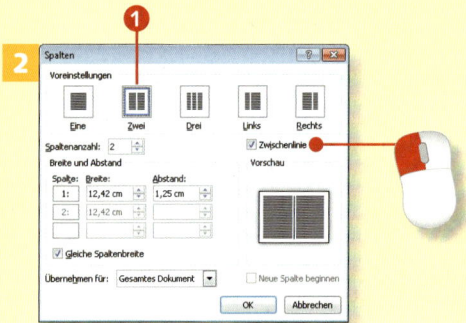

Schritt 2

Klicken Sie auf der Registerkarte **Seitenlayout** auf **Spalten** und im Menü auf **Weitere Spalten**. Im Dialogfenster markieren Sie das Symbol für zwei Spalten ❶ und aktivieren die Option **Zwischenlinie**.

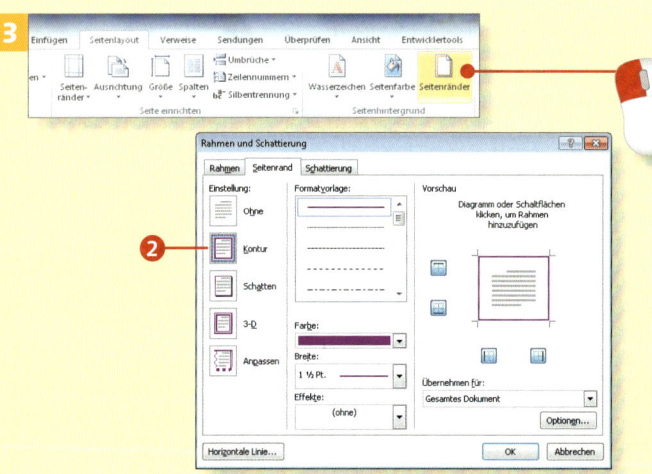

Schritt 3

Klicken Sie dann auf der Registerkarte **Seitenlayout** in der Gruppe **Seitenhintergrund** auf **Seitenränder**. Im Dialogfenster wählen Sie unter dem Reiter **Seitenrand** im Feld **Farbe** Ihre Wunschfarbe und im Feld **Breite** die Stärke des Seitenrahmens. Klicken Sie dann auf **Kontur** ❷.

Schritt 4

Die linke Spalte bildet die Rückseite der Klappkarte. Diese Seite enthält eine Grafik. Sofern sie als Datei auf Ihrem Rechner liegt, klicken Sie auf der Registerkarte **Einfügen** auf **Grafik**, wählen die Datei aus und klicken auf **Einfügen**.

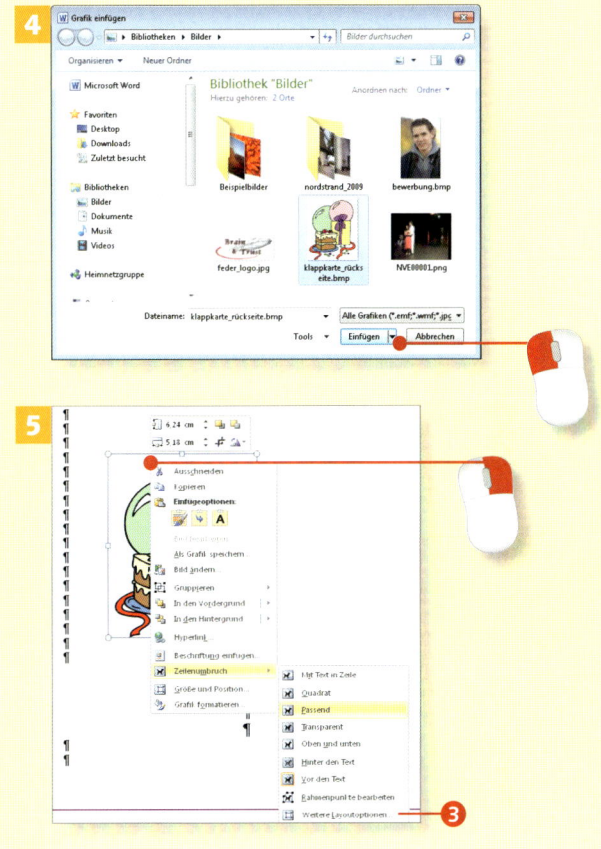

Schritt 5

Zum Positionieren mit der Maus ändern Sie den Standard-Zeilenumbruch. Wählen Sie im Kontextmenü der Grafik **Zeilenumbruch** und anschließend **Passend**. Ziehen Sie die Grafik an die gewünschte Position.

Schritt 6

Damit die Grafik dort stabil bleibt, verankern Sie sie. Dazu klicken Sie im Kontextmenü auf **Weitere Layoutoptionen** ❸. Im Dialog **Layout** aktivieren Sie auf der Registerkarte **Position** die Option **Verankern** und klicken auf **OK**.

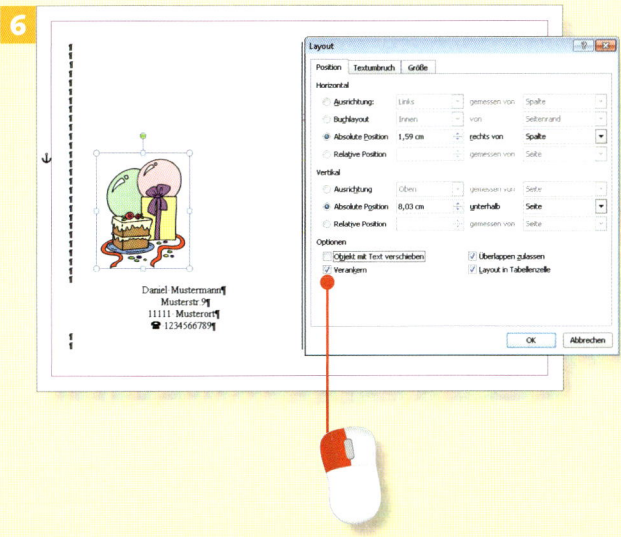

Einladungen (Forts.)

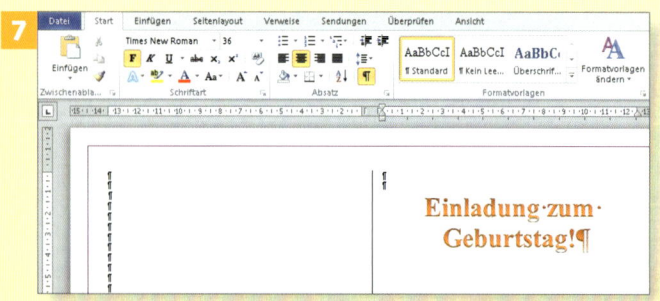

Schritt 7

Für den Text auf der Vorderseite der Klappkarte (»Einladung zum Geburtstag«) wählen Sie die Schriftart **Times New Roman**, **36 Pt** und als Texteffekt (Symbol **Texteffekte**) **Graduelle Füllung – Orange, Akzent 6**.

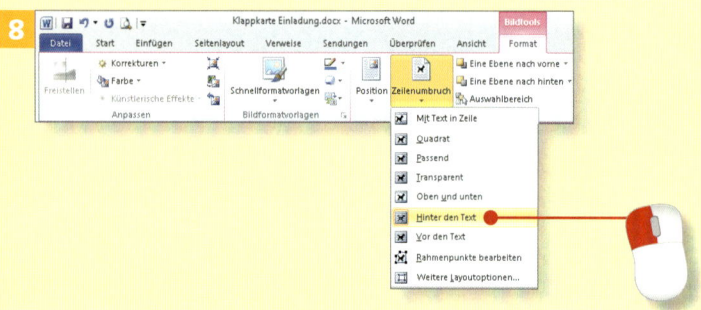

Schritt 8

Auch auf der Vorderseite fügen Sie über **Einfügen ▸ Grafik** eine Grafik ein. Passen Sie ihre Größe an, und setzen Sie sie in den Hintergrund. Klicken Sie dazu auf der Registerkarte **Format** der **Bildtools** auf **Zeilenumbruch**, und wählen Sie **Hinter den Text**.

Schritt 9

Verankern Sie auch diese Grafik. Aktivieren Sie dazu auf der Registerkarte **Position** des Dialogs **Layout** (aufzurufen über **Größe und Position** im Kontextmenü der Grafik) die Option **Verankern**. Der kleine Anker mit Schloss ❶ erscheint.

Schritt 10

Unterhalb der Grafik wird das Wort »Einladung« wiederholt. Wählen Sie auch hier die Schriftgröße **36 Pt**, und setzen Sie das Wort an den rechten Rand, indem Sie es markieren und auf **Start ▸ Rechtsbündig** klicken.

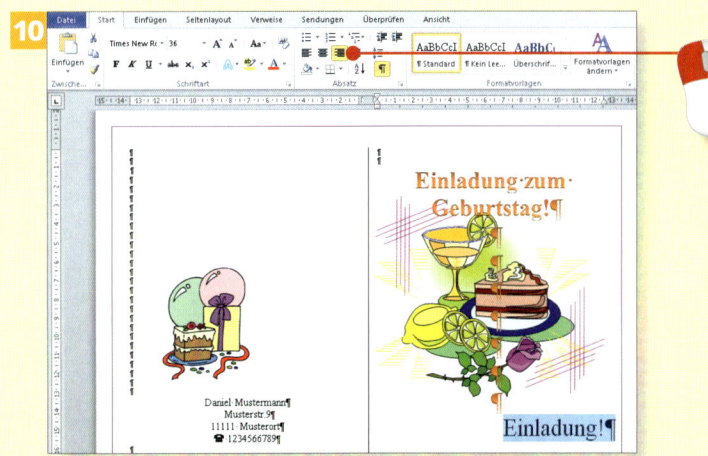

Schritt 11

Als Formatierung setzen Sie die Schriftfarbe und einen Texteffekt ein. Markieren Sie das Wort, klicken Sie zunächst auf das Symbol **Schriftfarbe** auf der Registerkarte **Start**, und wählen Sie **Orange**.

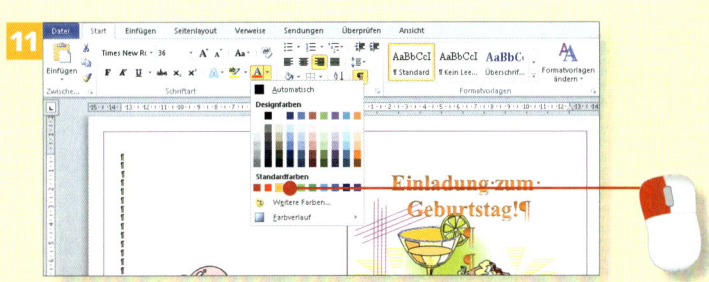

Schritt 12

Zur weiteren Formatierung klicken Sie auf **Start ▸ Texteffekte** und wählen im Menü **Farbverlauf – Orange, Akzent 6, Innerer Schatten ②**. Anschließend weisen Sie über **Texteffekte ▸ Spiegelung** den Effekt **Enge Spiegelung, 8 Pt, Offset ③** zu.

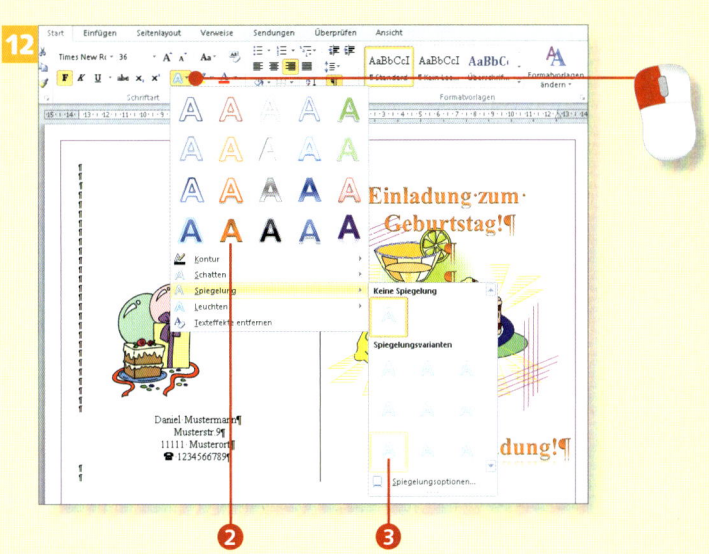

Die Karte als PDF

Wenn Sie die Karte in großen Stückzahlen anfertigen wollen, speichern Sie sie als PDF, und gehen Sie in den nächsten Copyshop. Dort können Sie hochwertige Ausdrucke anfertigen (vor allem empfehlenswert, wenn die Karte Fotos enthält).

Rechnungen

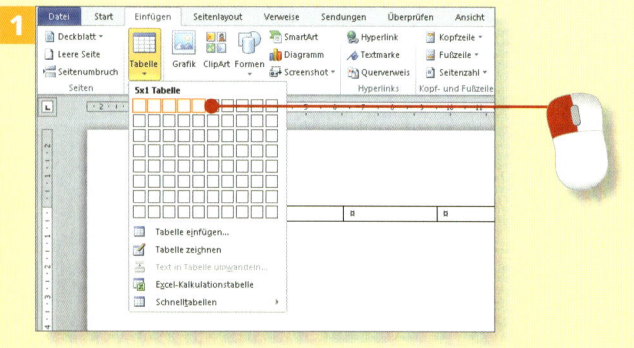

Rechnungen kann man mit Excel schreiben (da in der Regel bestimmte Berechnungen angestellt werden), aber auch Word bietet dafür gute Möglichkeiten – sogar Rechenoperationen können Sie an Word delegieren.

Schritt 1

Für eine klassische Rechnung benötigen Sie fünf Spalten. Legen Sie also über **Einfügen ▸ Tabelle** fünf Spalten an. Um die Anzahl der Zeilen brauchen Sie sich erst einmal nicht zu kümmern.

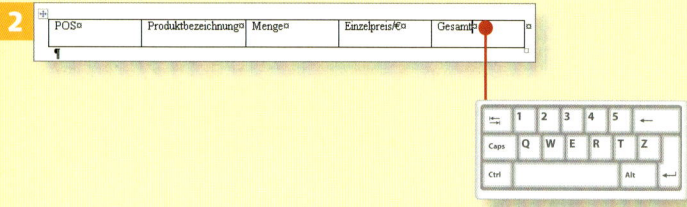

Schritt 2

In der ersten Zeile der Tabelle stehen die Überschriften der Tabelle. Geben Sie z. B. »POS«, »Produktbezeichnung«, »Menge«, »Einzelpreis/€« und »Gesamt« ein.

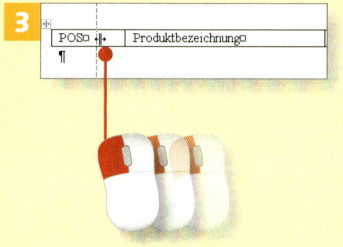

Schritt 3

Passen Sie die Spaltenbreite an. Die Spalte *POS* enthält lediglich eine Nummer, kann also sehr schmal sein. Setzen Sie den Cursor an die rechte vertikale Linie, und ziehen Sie sie mit gedrückter Maustaste ein wenig nach links. Die Spalte *Produktbezeichnung* verbreitern Sie etwas.

Euro-Zeichen

Das Euro-Zeichen erzeugen Sie, indem Sie die Taste `Alt Gr` gedrückt halten und `E` drücken.

Schritt 4

Setzen Sie den Cursor in die letzte Spalte, und drücken Sie die [Tab]-Taste. Sie erhalten eine neue Zeile. Schreiben Sie nun den Text für die Rechnung: »001« in der Spalte *POS*, dann die Produktbezeichnung etc.

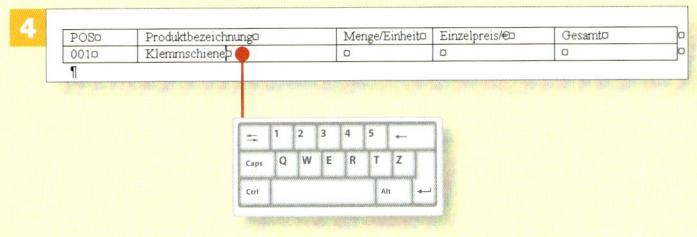

Schritt 5

Die Spalte *Gesamt* lassen Sie frei, da Sie die Aufgabe der Berechnung (Menge x Einzelpreis) später Word überlassen.

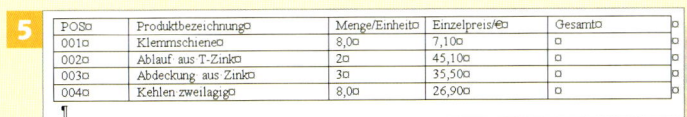

Schritt 6

Formatieren Sie nun die erste Zeile der Rechnung. Markieren Sie dazu die gesamte Zeile, und stellen Sie **14 Pt**, **fett** ein. Die Schriftart bleibt Ihnen überlassen; wir empfehlen **Times New Roman**.

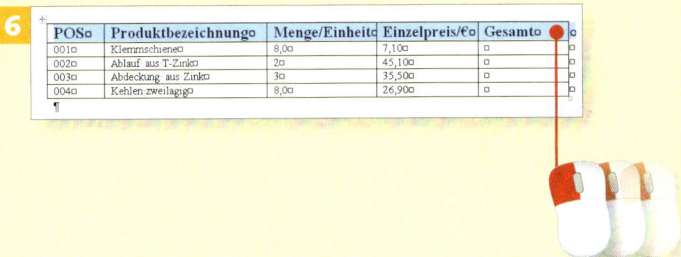

Zeilen markieren

Sie können eine Zeile markieren, indem Sie den Mauszeiger links neben die Zeile setzen (Sie sehen einen Pfeil) und klicken.

Rechnungen (Forts.)

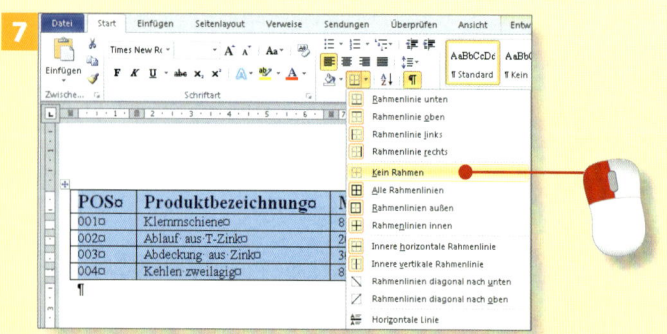

Schritt 7

Wenn Sie nicht alle Linien anzeigen lassen möchten, markieren Sie die Tabelle und entfernen zunächst alle Linien. Klicken Sie also auf der Registerkarte **Start** auf **Rahmen ▸ Kein Rahmen**.

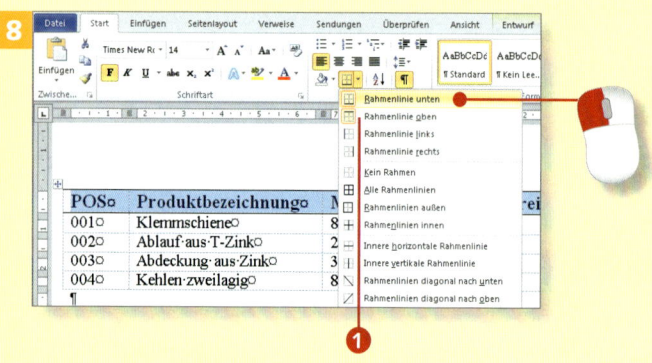

Schritt 8

Markieren Sie nun die erste Zeile. Wählen Sie im Menü des Symbols **Rahmen** die Option **Rahmenlinie unten** und dann **Rahmenlinie oben ❶**.

Schritt 9

Fügen Sie eine neue Zeile hinzu. Setzen Sie den Cursor dazu in die letzte Zelle, und drücken Sie die ⎆Tab-Taste. Schreiben Sie »Gesamtbetrag« in die zweite Spalte.

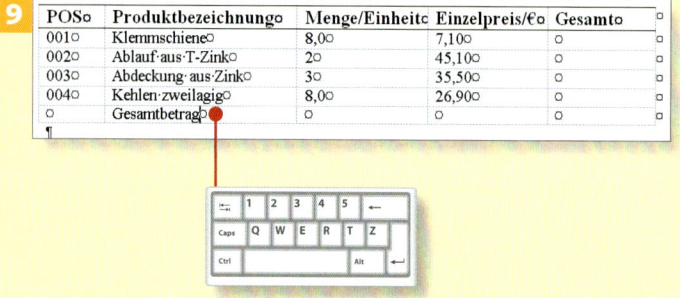

Schritt 10

Fügen Sie zwei weitere Zeilen hinzu. Schreiben Sie »Mehrwertsteuer« in die zweite Spalte, und »19 %« in die dritte. In die letzte Zeile schreiben Sie »Bruttobetrag«.

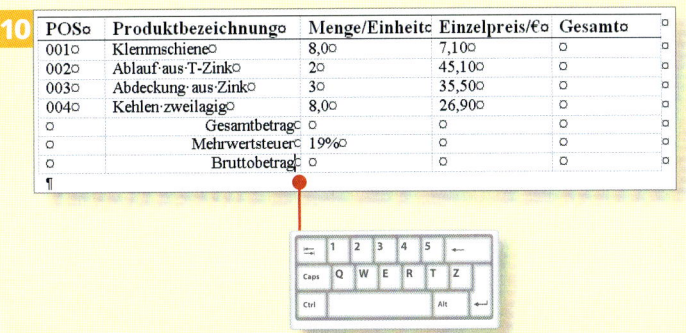

Schritt 11

Auch über der Zeile *Gesamtbetrag* soll eine Linie zu sehen sein. Markieren Sie also die Zeile, und wählen Sie im Menü des Symbols **Rahmen** die Option **Rahmenlinie oben**.

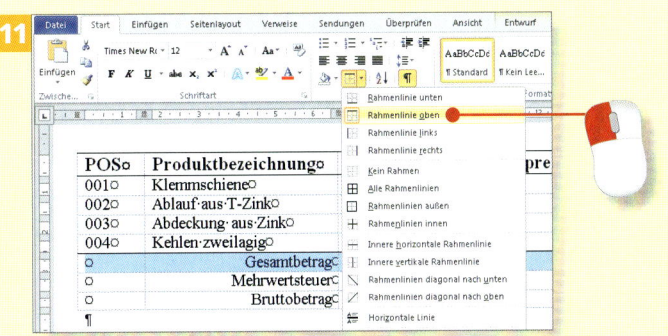

Schritt 12

In der letzten Zelle wird der Bruttobetrag stehen. Auch sie soll Linien erhalten. Markieren Sie nur diese Zelle, und klicken Sie im Menü des Symbols **Rahmen** auf **Rahmen und Schattierung** (weil Sie eine doppelte Linie brauchen).

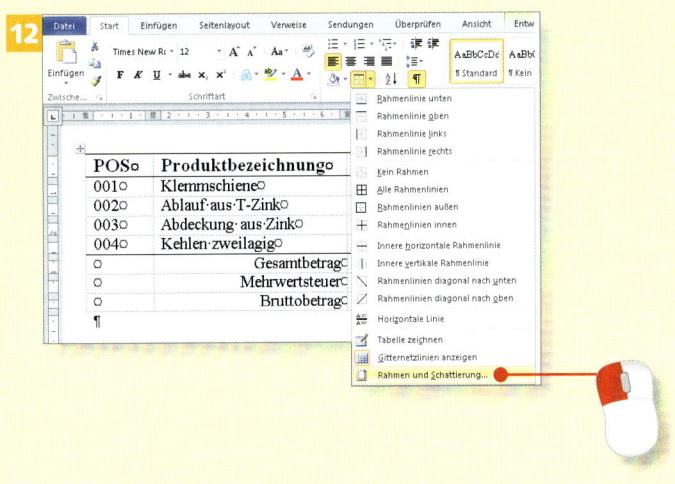

Gitternetzlinien

Ob Sie nach der Formatierung der Linien noch »zarte« Linien auf dem Bildschirm sehen oder nicht, hängt von den Einstellungen zu Gitternetzlinien ab. Sie (de)aktivieren sie auf der Registerkarte **Layout** über das Symbol **Gitternetzlinien anzeigen**.

Rechnungen (Forts.)

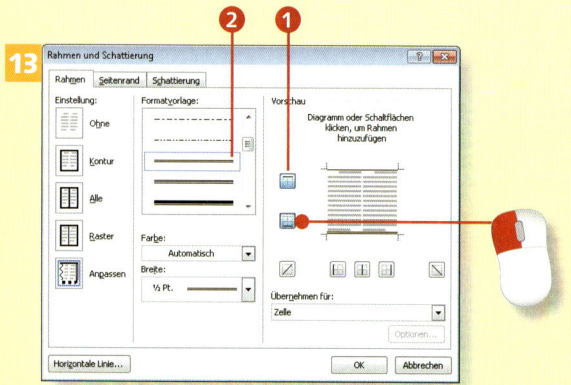

Schritt 13

Klicken Sie im Vorschaubereich auf das Symbol für eine Linie oben ❶, und wählen Sie dann in der Liste **Formatvorlagen** eine doppelte Linie ❷. Klicken Sie danach auf das Symbol für eine Linie unten. Bestätigen Sie mit **OK**.

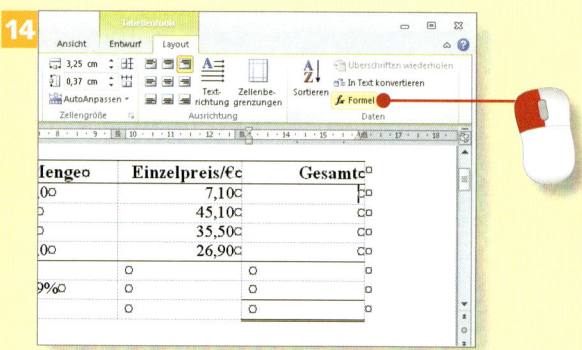

Schritt 14

Die Tabelle ist vorbereitet; nun fehlen nur noch die berechneten Beträge. Setzen Sie den Cursor in die erste Zeile der Spalte *Gesamt*. Klicken Sie auf der Registerkarte **Layout** der **Tabellentools** auf **Formel**.

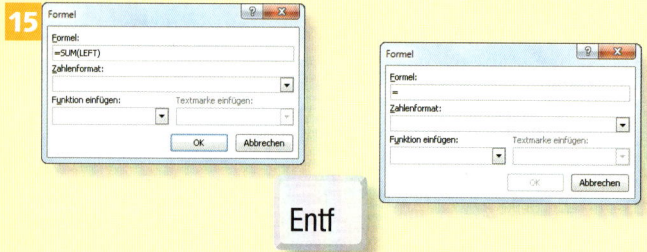

Schritt 15

Im Dialog **Formel** geben Sie die Formel bzw. Funktion ein, die Sie für die Berechnung benötigen. Word schlägt **SUM** vor, was an dieser Stelle nicht funktioniert, weil Sie multiplizieren wollen. Löschen Sie **SUM(LEFT)**, aber nicht das Gleichheitszeichen.

»LEFT« und »ABOVE«

Diese Angabe drückt aus, dass die Zahlen, mit denen Sie rechnen wollen, links oder oberhalb vom Cursor stehen. Word akzeptiert auch deutsche Begriffe. Statt wie vorgeschlagen »LEFT« können Sie auch »links« schreiben (oder »RIGHT« bzw. »rechts«), statt »ABOVE« geht auch »über«, statt »BELOW« auch »unter«.

Schritt 16

Wählen Sie im Feld **Funktion einfügen** die Funktion **Product** ❸. In die Klammer im Feld Formel schreiben Sie dann »LEFT«. Im Feld **Zahlenformat** wählen Sie ein Format mit zwei Nachkommastellen. Bestätigen Sie die Formel mit **OK**.

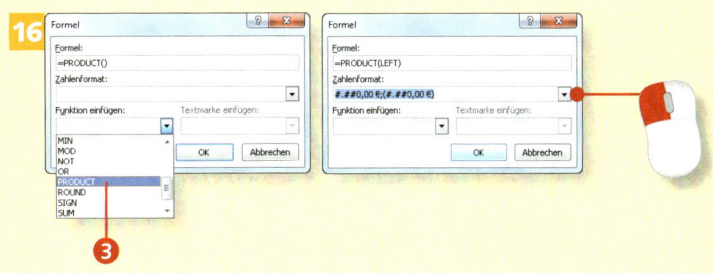

Schritt 17

Diese Funktion setzen Sie auch für die nächsten drei Zeilen ein. In der Zelle, in der der Gesamtbetrag zu errechnen ist, können Sie den Vorschlag **=SUM(ABOVE)** übernehmen, denn es geht ja darum, die Summe der Zahlen über dem Cursor zu bilden.

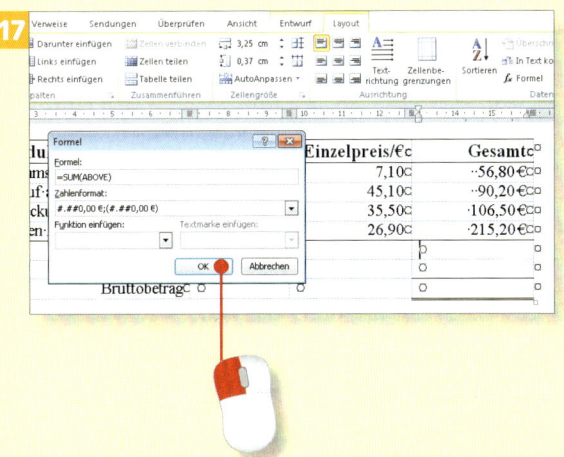

Schritt 18

In die Zelle mit der Mehrwertsteuer geben Sie im Dialog **Formel** »=E6 * 19%« ein, für den Bruttobetrag »=E6 + E7«. Um die Berechnung zu aktualisieren, markieren Sie die gesamte Tabelle und drücken F9 .

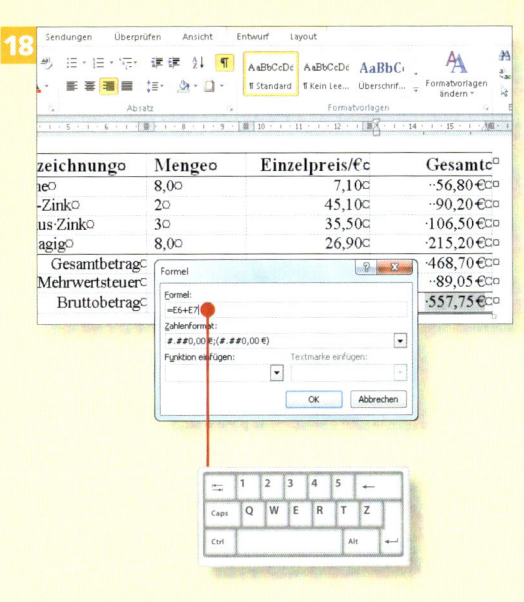

ℹ Zelladressen in Word

Sie können mit den Werten einzelner Zellen rechnen. Dazu verwenden Sie die Adressen der Zellen, wobei Word die Spalten mit Buchstaben benennt (A aufsteigend) und die Zeilen beginnend mit 1 nummeriert.

Faxvorlagen

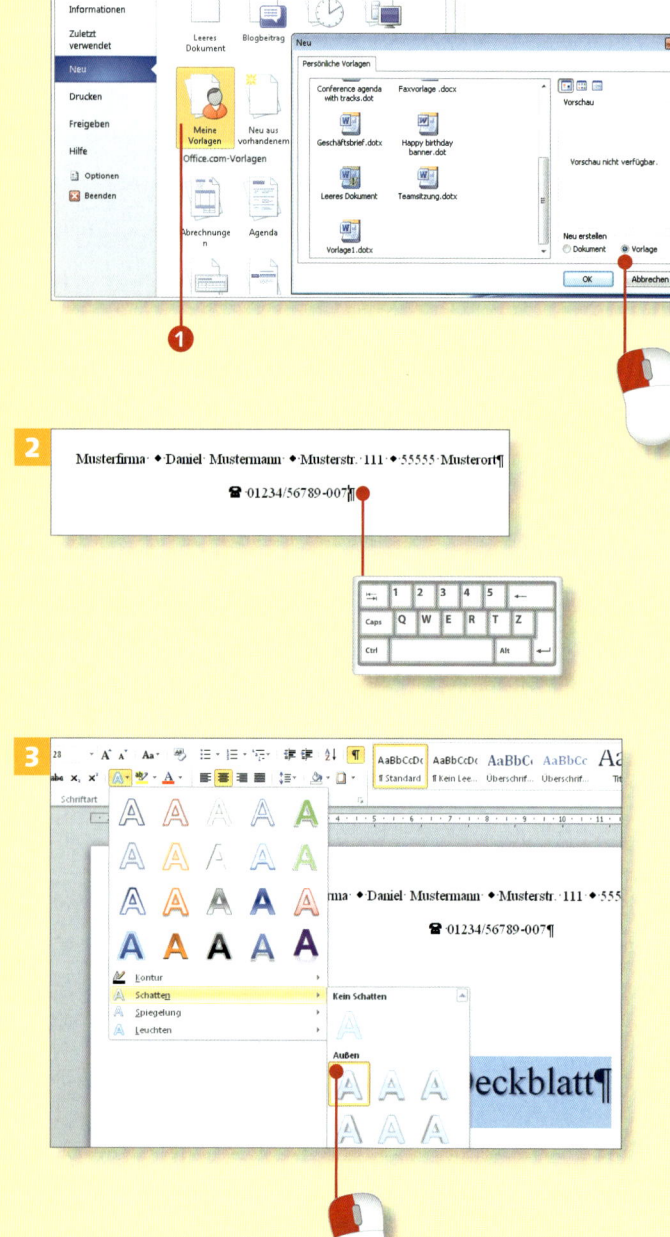

Die Faxvorlage wird als Dokumentvorlage erstellt. Textvorgaben und Kästchen zum Ankreuzen erleichtern dem Empfänger das Verständnis.

Schritt 1

Klicken Sie auf **Datei ▸ Neu ▸ Meine Vorlagen** ❶, und wählen Sie im Dialog **Neu** die Option **Leeres Dokument**. Im Bereich **Neu erstellen** aktivieren Sie **Vorlage** und klicken auf **OK**.

Schritt 2

Ergänzen Sie nun am Kopf der Seite Ihren Firmennamen und Ihre Adresse. Verringern Sie den oberen Rand des Blattes auf ca. 1 cm. Das Telefon- und die Trennzeichen, die Sie hier sehen, sind Symbole aus der Schriftart **Wingdings**.

Schritt 3

Geben Sie nun »Fax-Deckblatt« ein, und formatieren Sie die Zeile: Schriftart **Times New Roman**, **28 Pt**, **Zentriert**. Als Effekt wird ein äußerer Schatten eingestellt. Klicken Sie dazu auf **Texteffekte ▸ Schatten ▸ Offset diagonal unten rechts**. Unter die Zeile kommt ein doppelter Rahmen (**Start ▸ Rahmen und Schattierung**).

Schritt 4

Als Nächstes fügen Sie eine zwei-
spaltige Tabelle mit sieben Zeilen
ein. Klicken Sie auf der Registerkarte
Einfügen auf **Tabelle**, und markieren
Sie mit der Maus zwei Spalten und
sieben Zeilen.

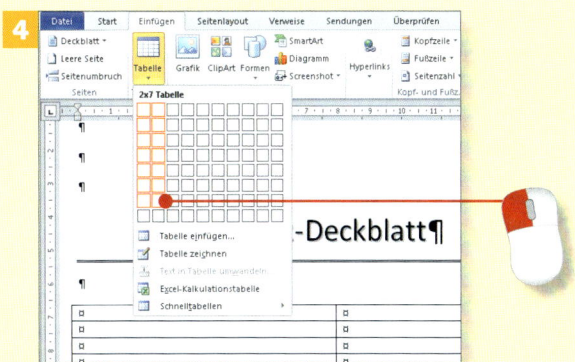

Schritt 5

Die Spalten der unteren drei Zeilen
sollen verbunden werden. Markieren Sie dazu eine ganze Zeile, und
klicken Sie auf der Registerkarte
Tabellentools/Layout auf **Zellen
verbinden**. Verfahren Sie mit den
anderen beiden Zeilen ebenso.

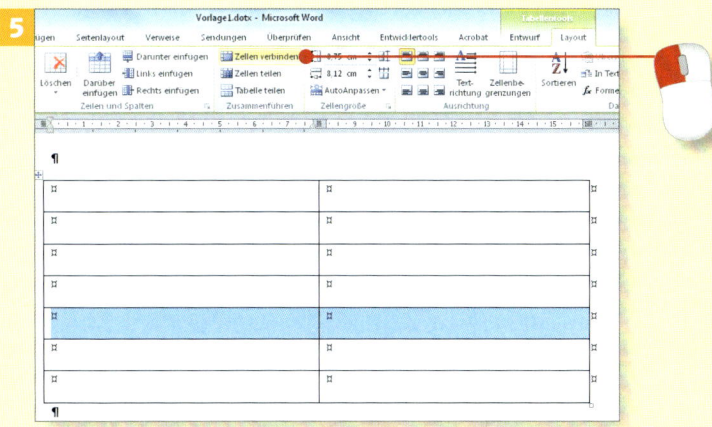

Schritt 6

Den Abstand zwischen den Linien
stellen Sie folgendermaßen ein:
Klicken Sie auf der Registerkarte
Layout auf **Zellenbegrenzungen** ❷.
Aktivieren Sie im Dialog die Option
Abstand zwischen Zellen zulassen,
und wählen Sie im Feld daneben
»0,18 cm«.

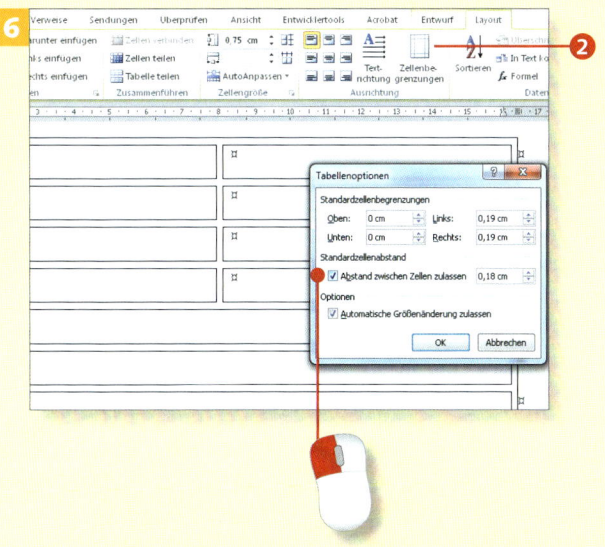

Faxvorlagen (Forts.)

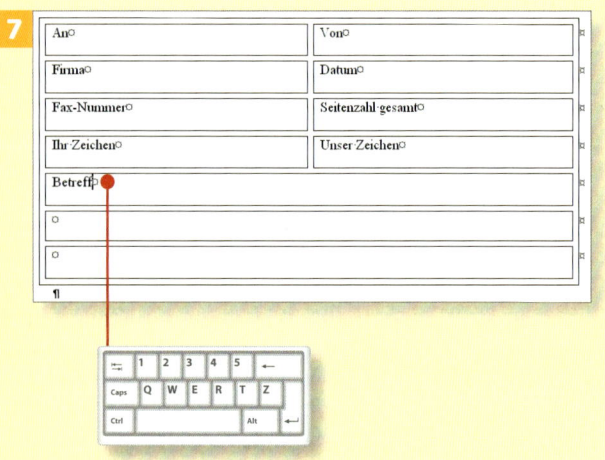

Schritt 7

Geben Sie nun den Text in die Tabelle ein. Drücken Sie nach der Eingabe jeweils einmal die ⏎-Taste. Als Formatierung stellen Sie die Schriftart **Times New Roman**, **12 Pt** ein.

Schritt 8

In der vorletzten Zeile geben Sie untereinander »Dringend«, »Zur Kenntnis«, »Zur Stellungnahme«, »Mit Dank zurück« und »Zum Verbleib« ein. In die letzte Zeile schreiben Sie »Bemerkung/Kommentar«.

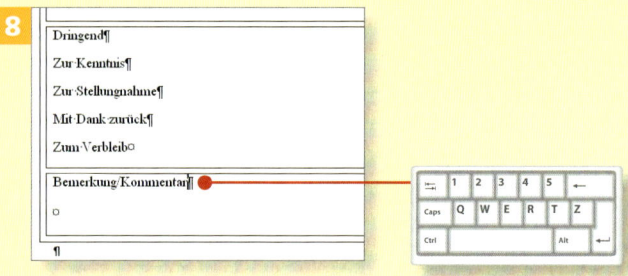

Schritt 9

Aktivieren Sie nun die Registerkarte **Entwicklertools**. Klicken Sie auf **Datei ▸ Optionen**, und wechseln Sie zu **Menüband anpassen**. Aktivieren Sie im rechten Bereich **Hauptregisterkarten** das Häkchen vor **Entwicklertools**. Bestätigen Sie den Dialog mit **OK**.

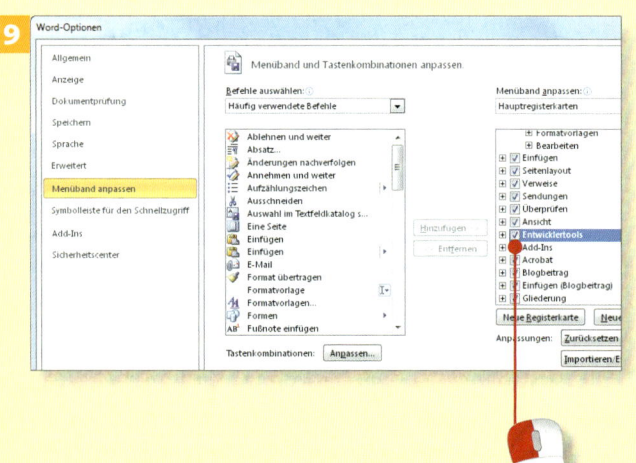

Schritt 10

Um Kästchen zum Ankreuzen einzufügen, setzen Sie den Cursor an
den Anfang der jeweiligen Zeile,
und klicken Sie auf der Registerkarte
Entwicklertools auf **Kontrollkäst-
chen-Steuerelement**.

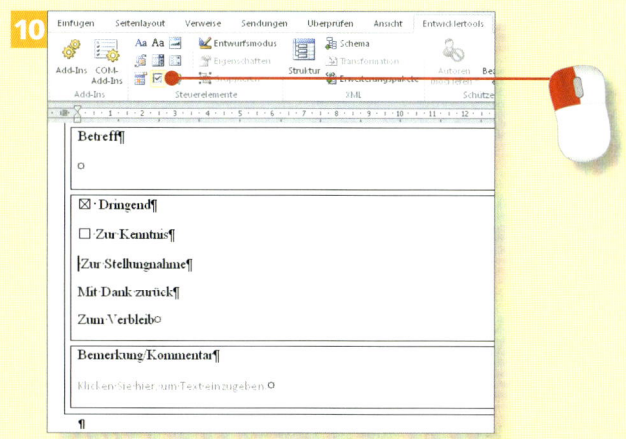

Schritt 11

Nun setzen Sie den Cursor in eine
Zelle, in die später etwas eingetragen werden soll. Fügen Sie
dann mit dem Symbol **Nur-Text-
Inhaltssteuerelement** ein Eingabefeld für Text ein. Verfahren Sie
ebenso mit den anderen Zellen.

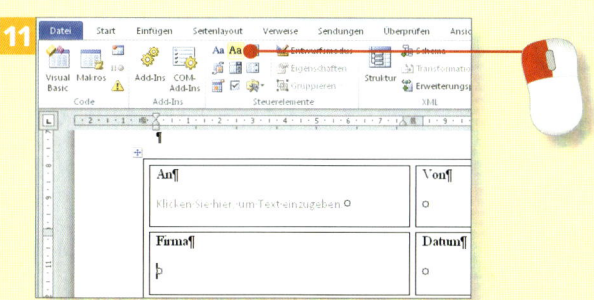

Schritt 12

Im untersten Eingabefeld sollen Zei-
lenumbrüche möglich sein. Markieren Sie es also, und klicken Sie auf
der Registerkarte **Entwicklertools**
auf **Eigenschaften** ❶. Im Dialog aktivieren Sie die Option **Wagenrück-
läufe zulassen (mehrere Absätze)**.

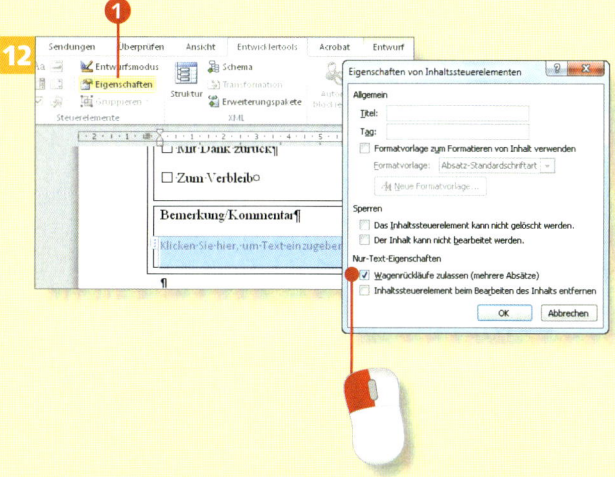

! Absätze in Textfeldern

Ohne die Einstellung aus Schritt
12 kann zwar langer Text in das
Feld eingegeben werden, aber das
Drücken der ⏎-Taste erzeugt
keinen Absatz.

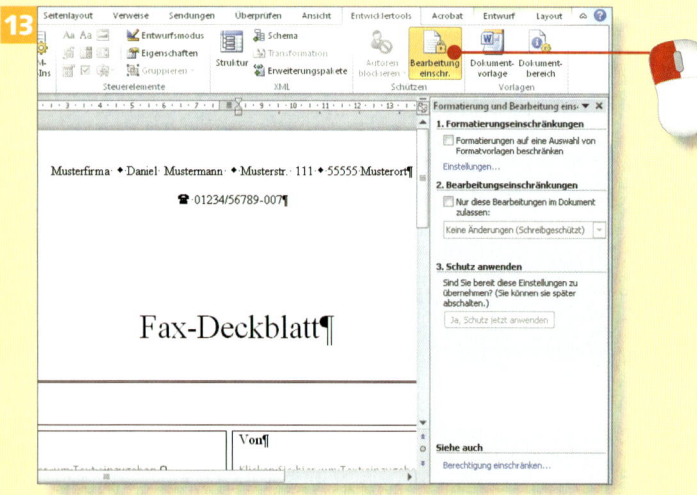

Schritt 13

Nun müssen Sie das Dokument noch schützen. Klicken Sie auf der Registerkarte **Entwicklertools** auf **Bearbeitung einschränken**. Der Bereich **Formatierung und Bearbeitung einschränken** wird geöffnet.

Schritt 14

Aktivieren Sie die Option **Nur diese Bearbeitungen im Dokument zulassen**, und wählen Sie im Auswahlfeld darunter die Option **Ausfüllen von Formularen**. Klicken Sie dann auf **Ja, Schutz jetzt anwenden**.

Schritt 15

Dies reicht normalerweise aus, um das Dokument vor versehentlichen Änderungen zu schützen. Allerdings kann jeder den Schutz wieder aufheben und das Dokument verändern. Arbeiten Sie deshalb lieber mit einem Kennwort.

Schutz aufheben

Um geschützte Dokumente zu ändern, klicken Sie auf der Registerkarte **Entwicklertools** ebenfalls auf **Bearbeitung einschränken** und im Aufgabenbereich dann auf **Schutz aufheben**.

Schritt 16

Die Dokumentvorlage ist nun fertig und kann gespeichert werden. Klicken Sie dazu auf **Datei ▸ Speichern unter**. Der Vorlagenordner wird geöffnet. Geben Sie der Vorlage einen Namen, und speichern Sie sie.

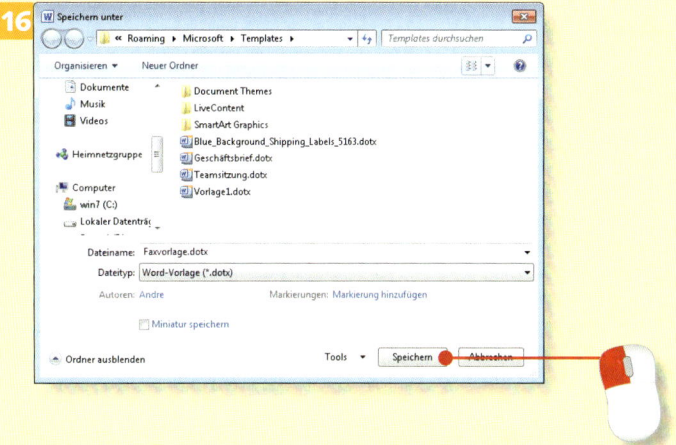

Schritt 17

Um die Faxvorlage zu verwenden, klicken Sie auf **Datei ▸ Neu ▸ Meine Vorlagen**, und wählen Sie im Dialog die soeben gespeicherte Vorlage aus. Achten Sie darauf, dass im Bereich **Neu erstellen** die Option **Dokument** aktiviert ist.

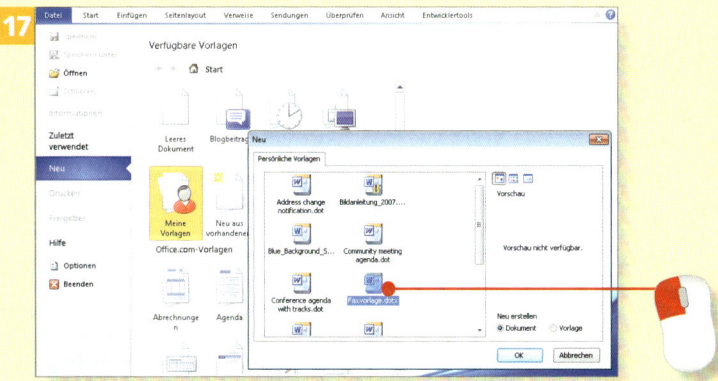

Schritt 18

Im neuen Dokument können Sie aufgrund des eingestellten Schutzes nur in den vorgegebenen Feldern Text eingeben und die Ankreuzfelder aktivieren. Alle anderen Änderungen am Dokument werden unterbunden.

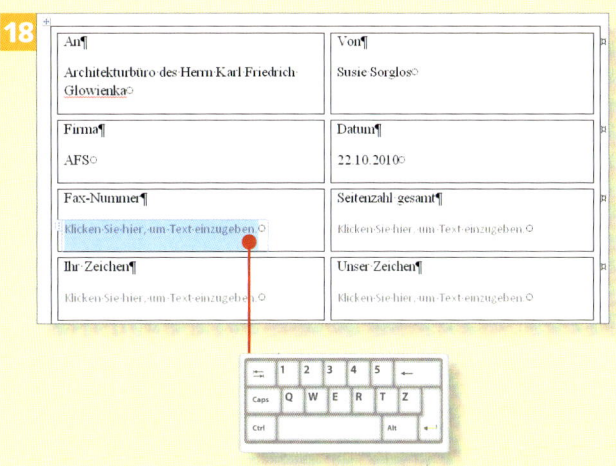

i Datumsfelder

Wenn Sie im Dokument für das Datumsfeld eine kalenderartige Auswahl einblenden möchten, wählen Sie in der Dokumentvorlage ein **Datumsauswahl-Inhaltssteuerelement**.

Glossar

Absatz	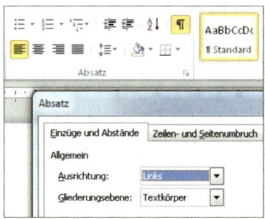	Ein Absatz ist der Text zwischen zwei Absatzmarken. Sobald Sie die ⏎-Taste drücken, erzeugen Sie einen neuen Absatz, der beendet wird, wenn Sie erneut die ⏎-Taste drücken. Dazwischen steht Fließtext, also fortlaufender Text.
Ausrichtung	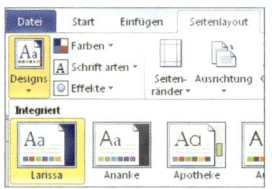	Die Ausrichtung bezieht sich auf die Anordnung von Absätzen auf einer Seite. Standardmäßig ist sie linksbündig (die ersten Zeichen stehen Zeile für Zeile untereinander), Absätze können aber auch zentriert, rechtsbündig oder im Blocksatz ausgerichtet werden.
Design		Das gewählte Design bestimmt das Aussehen des gesamten Dokuments, einschließlich Schriftarten, -farben oder Texteffekten. Word 2010 bietet (nur im Dateiformat *.docx*) zahlreiche Designs an.
ClipArt		ClipArts sind Bilder (Illustrationen, Fotos) und andere Mediendateien, die mit Word (bzw. Office) mitgeliefert werden und in ein Dokument eingefügt werden können. Microsoft bietet online weitere ClipArts an.
Dokumentvorlage	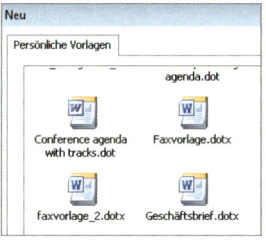	Dokumentvorlagen sind vorgefertigte Dokumente. Sie können Formatierungen, Text und andere Elemente enthalten. Selbst erstellte Dokumentvorlagen werden unter **Meine Vorlagen** gesammelt; Word bietet zahlreiche Vorlagen für unterschiedliche Zwecke an.
Einzug		Wenn man Text ein wenig vom eingestellten Seitenrand aus einrückt (meistens vom linken Seitenrand), spricht man von einem Einzug. Der Befehl wirkt sich auf den Absatz aus, in dem der Cursor steht.

Entwurfsansicht	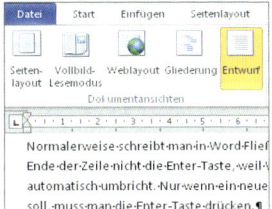	Die Entwurfsansicht ist eine der möglichen Ansichten in Word. Im Gegensatz zum Seitenlayout werden hier keine Ränder, Seitenumbrüche oder Ähnliches angezeigt; das Dokument sieht also nicht so aus wie der Ausdruck.
Formatieren	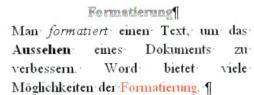	Die optische Bearbeitung eines Textes nennt man Formatieren. Man unterscheidet zwischen *Zeichenformatierung* (die Veränderung einzelner markierter Zeichen), *Absatzformatierung* (die Bearbeitung von Absätzen) und *Seitenformatierung* (die Bearbeitung des ganzen Dokuments oder einzelner Abschnitte).
Formatvorlage		Formatvorlagen sind gebündelte Formatierungen (z. B. eine bestimmte Schriftart, eine Schriftgröße oder eine Farbe), die man einem Absatz per Mausklick zuweisen kann. Auf diese Weise kann man Textabschnitte sehr schnell und immer gleichbleibend formatieren. Es gibt fertige Formatvorlagen (z. B. **Überschrift 1**), die sich anpassen lassen.
Fußnote	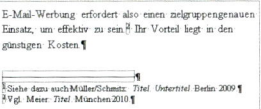	Fußnoten sind Texte, die an den Fuß einer Seite geschrieben werden. Es handelt sich um Ergänzungen zum Textinhalt, z. B. Literaturhinweise, Quellenangaben oder Kommentare. Fußnotenzeichen im Text verweisen auf die Fußnoten, denen das entsprechende Zeichen ebenfalls vorangestellt wird.
Fußzeile	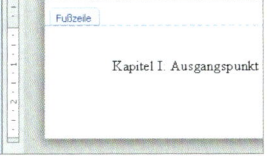	Die Fußzeile ist der Bereich am Fuß der Seite, der Text aufnimmt, der auf jeder Seite des Dokuments stehen soll. Die Wiederholung des Textes erfolgt automatisch. Typischerweise wird der Fußzeilenbereich auch dafür verwendet, Seitenzahlen einzufügen.

Glossar

Hochformat		Das Hochformat beschreibt eine Seite, bei der sich die kürzeren Blattkanten oben und unten befinden. Öffnet man ein neues Dokument in Word, ist standardmäßig das Hochformat eingestellt. Das Pendant (mit den längeren Blattkanten oben und unten) ist das Querformat.
Kopieren		Kopieren bedeutet in der Textverarbeitung, dass eine Textpassage mithilfe des Befehls **Kopieren** dupliziert wird. Die kopierte Textpassage landet in der Zwischenablage und kann dann an anderer Stelle eingefügt werden.
Kopfzeile		Die Kopfzeile ist der Bereich am Kopf der Seite, der Text aufnimmt, der auf jeder Seite des Dokuments stehen soll. Die Wiederholung des Textes erfolgt automatisch. Oft steht in der Kopfzeile ein Firmenname, die Überschrift des Kapitels oder der Name des Dokuments.
Kursivierung		Die Kursivierung ist eine Schriftauszeichnungsart. Sie dient zur Hervorhebung der Schrift innerhalb von Texten und Textpassagen. Kursivschrift ist im Gegensatz zur normalen Schrift schräglaufend (normalerweise nach rechts geneigt).
Laufweite		Die Laufweite bezeichnet den Abstand zwischen den Zeichen einer Schrift. In Word kann man die Standard-Laufweite einer Schrift sowohl verkleinern (um die Zeichen näher zusammenrücken zu lassen) als auch erweitern (sodass sich der Abstand zwischen den Zeichen vergrößert).
Lineal		In Word lassen sich Lineale anzeigen. Es gibt das horizontale Lineal am oberen Bildschirmrand und ein vertikales Lineal am linken Rand. Beide sind in Zentimeter gegliedert und zeigen u. a. die Breite der Seitenränder an.

Markieren

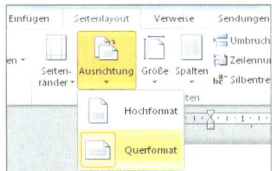

Markieren bedeutet, dass man eine Anzahl von Zeichen auswählt, um Word »mitzuteilen«, dass Formatierungseigenschaften nur auf diesen Text angewendet werden sollen. Üblicherweise markieren Sie mit der linken Maustaste, es geht aber z. B. auch mit der ⇧ -Taste und einer der Pfeiltasten.

Querformat

Das Querformat beschreibt eine Seite, bei der sich die längeren Blattkanten oben und unten befinden. Es eignet sich beispielsweise für Tabellen mit vielen Spalten.

Rechtschreibprüfung

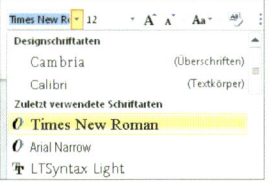

Die Rechtschreibprüfung in Word überprüft den geschriebenen Text anhand eines programmeigenen Wörterbuchs. Wurde ein Wort nicht so geschrieben, wie es im Wörterbuch steht, oder ist der Begriff unbekannt, erscheint unter dem Wort eine rote Wellenlinie.

Registerkarte

Registerkarten sind die Bereiche auf dem Menüband, auf denen zu unterschiedlichen Themen passende Befehle und Funktionen gesammelt sind. Mit einem Klick auf den jeweiligen Reiter wechselt man die Registerkarten. Auch Dialogfenster können mehrere Registerkarten beinhalten.

Schriftart

Als Schriftart bezeichnet man die grafische Gestaltung eines Zeichensatzes. Zur Unterscheidung der typografischen Eigenschaften erhalten Schriften Namen, z. B. **Arial**, **Courier** oder **Times New Roman**. Word wird standardmäßig mit einer Menge verschiedener Schriftarten ausgeliefert.

Glossar

Seitenlayout	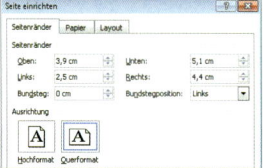	Das Seitenlayout bezieht sich sowohl auf die eingestellten Seitenränder eines Dokuments als auch auf die Ausrichtung des Blattes, wobei zwischen Hochformat und Querformat unterschieden werden kann.
Serienbrief	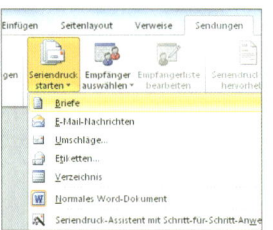	Ein Serienbrief ist ein Dokument, das an mehrere Empfänger versendet wird. Eine Datenbank enthält die variablen Elemente, z. B. die Namen der Empfänger und ihre Adressen. Diese werden mithilfe von Feldern in die Textvorlage/das Dokument integriert. Durch das Zusammenführen des Dokuments mit der Datenquelle ergeben sich die fertigen Serienbriefe.
Spalte		Ein Dokument kann einspaltig geschrieben sein (Standard) oder in mehrere Spalten unterteilt werden. Die Zeilen werden am Ende der Spalte umbrochen. Am Ende einer Spalte springt der Cursor zum Anfang der nächsten Spalte (oder in die erste Spalte der Folgeseite).
Statusleiste		Die Statusleiste befindet sich am unteren Rand des Word-Fensters. Hier werden u. a. Informationen über die Anzahl der Seiten und Wörter angezeigt. Rechts in der Statusleiste können Sie den Zoom einstellen oder die Ansicht ändern.
Tabelle	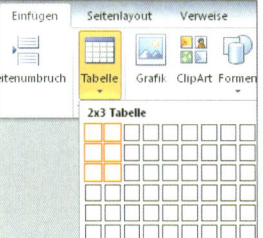	Eine Tabelle ist eine geordnete Zusammenstellung von Texten und/oder Daten. Die Inhalte werden dabei in Zeilen und Spalten gegliedert. Um in Word mit einer Tabelle zu arbeiten, fügt man sie einfach mit der gewünschten Spalten- und Zeilenanzahl in das Dokument ein.

Tabellenspalte	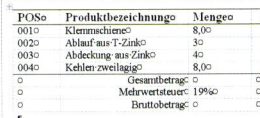	In den Tabellenspalten stehen die Informationen, die zur Spaltenüberschrift des jeweiligen Datensatzes passen. Unter der Überschrift *Produktbezeichnung* stehen z. B. die unterschiedlichen Produkte, die in die Tabelle aufgenommen werden.
Texteffekt		Mithilfe der Texteffekte wendet man einen Grafikeffekt auf den markierten Text an. Zu diesen Effekten zählen z. B. **Schatten**, **Spiegelung** oder **Leuchten**. Das Menü ist nur im Dateiformat *.docx* nutzbar.
WordArt		Mit WordArt kann Text dekorativ gestaltet werden. So erreichen Sie Effekte, die mit »normaler« Formatierung nicht einzustellen wären, z. B. Konturen und unterschiedlichste Verformungen von Schriftzügen (z. B. Bogen oder Wellen).
Zeilenumbruch		Text wird in Word automatisch umbrochen, wenn das Ende der Zeile, also der rechte Seitenrand erreicht ist. Der Cursor springt dann in die nächste Zeile. Die ⏎-Taste wird nur gedrückt, um bewusst einen neuen Absatz zu beginnen.
Zoom		Mit dem Zoom wird die Anzeige auf dem Bildschirm gesteuert. Je höher der Zoomwert ist, desto größer wird die Anzeige der Schrift, doch der Ausschnitt verkleinert sich entsprechend.

Index

Index

Index

Index

Leicht verständlich,
Bild für Bild erklärt

Windows 7 sicher im Griff

Dateien und Ordner, Internet,
Foto, Musik u.v.m.

Robert Klaßen

Windows 7

Die Anleitung in Bildern

So einfach ist Windows 7! Mit diesem Buch lernen Sie das Betriebssystem auf leicht nachvollziehbare Weise kennen. Denn es erklärt Ihnen nicht nur, sondern zeigt Ihnen Bild für Bild, was zu tun ist: Sie sehen, wie Sie Maus und Tastatur geschickt bedienen, mit Dateien und Ordnern umgehen, im Internet surfen, Ihre Foto- und Musiksammlung verwalten, Geräte anschließen, ein Heimnetzwerk einrichten und vieles mehr. Außerdem verrät unser Experte Robert Klaßen Ihnen eine Menge Tipps und Tricks und was Sie unternehmen können, wenn Windows einmal nicht ganz so will wie Sie. So werden Sie Schritt für Schritt zum Windows-Profi!

357 S., 2011, komplett in Farbe, 9,90 Euro
ISBN 978-3-8421-0004-6

Originelle Ideen und Lösungen für eigene Präsentationen

Präsentations- und Foliendesign, Grafiken, Animationen u.v.m.

Alle Beispiele und Vorlagen auf CD

Matthias Garten

PowerPoint

Das Kreativbuch für bessere Präsentationen

Mit diesem Buch gehen Ihnen die Ideen für kreative und gelungene Präsentationen nie aus. Matthias Garten, Experte für multimediale Präsentationen, zeigt Ihnen, wie Sie mit PowerPoint zu optimalen und professionellen Ergebnissen kommen und Präsentationen halten, die überzeugen. Er erklärt, wie Sie PowerPoint nutzen, um Texte und Bilder wirken zu lassen. Die zahlreichen Workshops im Buch liefern leicht nachvollziehbare Anleitungen und zugleich anpassbare Vorlagen für Ihre eigenen Präsentationen. Mit diesem Buch werden Sie zum Folienmaster!

ca. 370 S., komplett in Farbe, mit DVD, 24,90 Euro
ISBN 978-3-8421-0001-5, Februar 2011

>> www.vierfarben.de/2255

Leicht verständlich,
Bild für Bild erklärt

Anschaulich und leicht
nachvollziehbar

Schnell und sicher zum Ziel

Mit zahlreichen Vorlagen

Petra Bilke, Ulrike Sprung

Excel 2010

Die Anleitung in Bildern

Sie möchten Excel nutzen, aber Sie wissen nicht, wie? Dann ist dieses
Buch genau das richtige für Sie. Schritt für Schritt führen die Autorinnen
Sie durch die Software und zeigen Ihnen alle Funktionen, die Sie im
Alltag benötigen. Sie lernen, wie Sie Daten in Excel einfügen und
bearbeiten, Tabellen und Diagramme gestalten und vieles mehr. Dabei
wird jeder Schritt mit einem Screenshot verdeutlicht, sodass Sie Ihr Ziel
schnell und mühelos erreichen werden.

345 S., 2011, komplett in Farbe, 9,90 Euro
ISBN 978-3-8421-0003-9

>> www.vierfarben.de/2472

Word: Texte schreiben und gestalten

Excel: Rechnen und Diagramme

Outlook: E-Mails und Termine verwalten

PowerPoint: Beeindruckende Präsentationen

Frank Möller

Office 2010

Die Anleitung in Bildern

Mit Word Briefe schreiben, mit Excel rechnen, Ihre E-Mails mit Outlook verwalten oder gelungene Präsentationen mit PowerPoint erstellen – Schritt für Schritt zeigt Ihnen dieses Buch, wie Sie Office gekonnt für sich nutzen. Dabei setzen Sie auch fortgeschrittene, aber häufiger vorkommende Funktionen wie den Serienbrief ein. Außerdem erfahren Sie, wie Sie Office zusammen mit dem Internet verwenden. Und das Wichtigste: All das lernen Sie mithilfe anschaulicher Anleitungen und zahlreichen Abbildungen.

ca. 320 S., komplett in Farbe, 12,90 Euro
ISBN 978-3-8421-0013-8, März 2011

>> www.vierfarben.de/2517

Vierfarben